# 시귀詩鬼의 노래
## 완역 이하李賀 시집

홍상훈 譯註

조선시대 활자본으로 찍은 이하 시집

明文堂

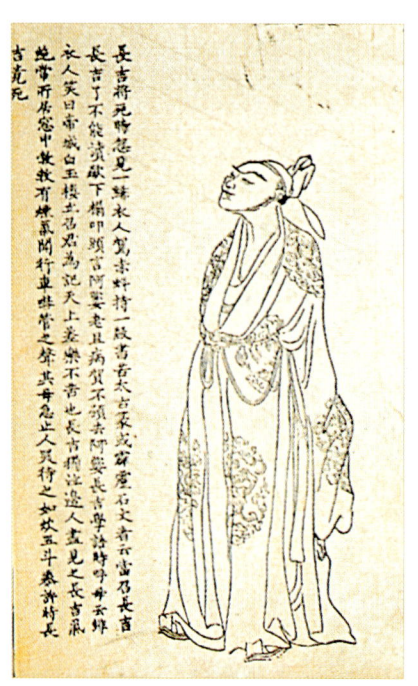

▲ 이하(李賀) 당(唐)나라 시대의 시인. 자는 장길(長吉, 790~816).

▶ 한유(韓愈) 이하를 위해 「휘변(諱辯)」을 써서 변호했다.

▲ 악공의 모습이 새겨진 은잔[銀杯] 당대(唐代) 장안성 유적에서 출토된 금은기(金銀器) 중 하나

▼ 당나라 도읍 장안성지(長安城址) 지금의 시안(西安) 시가지와 멀리 서문(西門)이 보인다.

▲ 설도(薛濤) 중당(中唐)의 여류시인. 영락하여 가기(歌妓)가 되었다.

▲ 미인용(美人俑) 당나라 시대의 궁녀들

▼ 맹촉궁기도(孟蜀宮妓圖) 명(明) 당인(唐寅) 그림

◀ 군선축수도(群仙祝壽圖) 청(淸) 임백년(任伯年) 그림

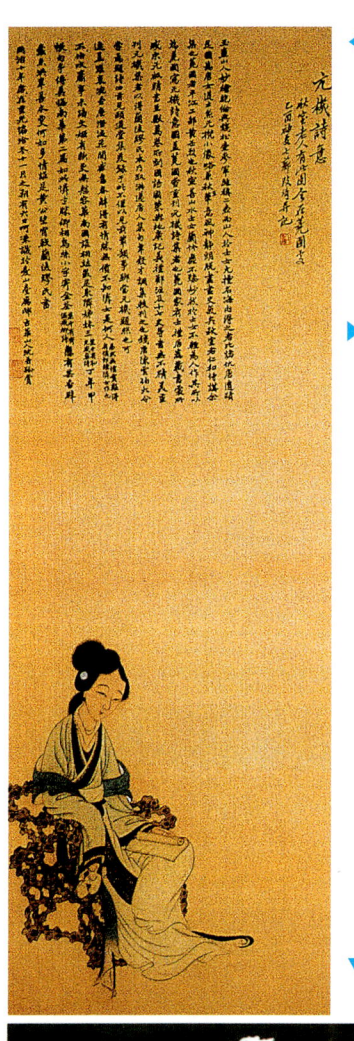

◀ 어현기(魚玄機) 당나라 때의 여류 시인. 장안의 창기(娼妓)로 시에 능했다. 청(淸) 개기(改琦) 그림

▶ 도원선경도(桃源仙境圖) 명(明) 구영(仇英) 그림

▼ 당나라 시대의 무용극

# 시귀詩鬼의 노래

## 완역 이하李賀 시집

# 책머리에

『시경詩經』이후 5천년 중국 시의 역사에서 이하(李賀 : 790~816)만큼 독특한 시풍詩風을 지닌 사람은 없다. 그러나 공자孔子의 《시경》에 대한 몇 가지 언급들이 실용성을 위주로 하고 있고, 그 뒤를 이은 유가儒家 문인들의 시에 대한 관점이 이른바 「시대서詩大序」에서 강조한 '도덕적 교화의 수단'이라는 관점에서 크게 벗어나지 않았던 까닭으로, '온화하고 부드러우면서 우회적인〔溫柔敦厚〕' 교화보다는 비판과 조롱, 풍자를 내포한 비틀린 언어를 구사하는 이하에 대해서는 전통적인 논자들의 평가에 대개 바람직하지 못한 의미에서 '귀鬼'라는 글자가 따라다니는 경우가 많았다.

예를 들어, 송나라 때의 송기(宋祁 : 998~1062)는 이하를 '귀신의 재능〔鬼才〕'을 갖춘 시인이라 했고, 엄우(嚴羽 : 1197?~1242?)는 '아름다운 거짓〔瑰詭〕'이라는 말로, 원나라 때의 신문방(辛文房 : ?~?)은 '기이한 거짓〔奇詭〕'이라는 말로, 그리고 청나라 때의 요문섭(姚文燮 : ?~?)은 '의미가 깊으면서도 표현과 소재가 황당무계하다〔幽深詭譎〕'는 말로 이하 시의 성격을 특징지었다. 또한 시의 창작에서 이른바 '개성'의 중요성에 대해 자각하고 있었던 몇몇 사람들조차도 이하에 대해서 이러한 견해들과 관점을 달리하는 언급은 거의 하지 않았다. 다만 명나라 말엽의 서위(徐渭 : 1521~1593)가 짧은 글에서 한유와 맹교(孟郊 : 751~814), 노동(盧仝 : 795?~835) 등과 더불어 이하의 시를 언급하면서, 시의 새로운 경지를 개척했다고 극찬한 점이 두드러질 따름이다.

그러나 현대에 들어서 이하의 시에 대한 논자들의 견해는 훨씬 다양하고 긍정적인 측면을 보여주고 있다. 특히 일반적인 중국 시사에서는 찾아보기 힘든 유미주의적 성향을 띤 강렬한 상징성과 염세적 제재가 서양의 현대 상징주의 시가 갖는 유사성 때문에 그러한 관심은 더욱 고조되었다. 이런 맥락에서 논자들은 이하를 요절夭折한 프랑스의 상징주의 시인 보들레르(C. P. Baudelaire : 1821~1867)와 키츠(J. Keats : 1795~1821)에 비교하기도 하고, 만당晚唐의 시파詩派에 대해 장적(張籍 : 768~830?)과 가도(賈島 : 779~843)를 중심으로 설명하는 기존의 논의에 반대하며, 이하를 한유의 문하門下와는 별개의 독자적인 시파로 내세워야 한다는 식으로 문학사적 위상을 재정립하려는 노력들이 보이고 있다.

다만 국내에서는 아직 이 놀라운 시인에 대해 그다지 알려진 바가 없다는 점이 필자에게는 늘 아쉽게 느껴졌다. 최근까지 국내의 중국문학 연구자 가운데 이하의 시를 전문적으로 연구한 이는 한두 명을 꼽을 수 있을 정도이며, 그의 시 작품도 두세 편의 선집選集을 통해 개략적으로 소개되어 있을 뿐이기 때문이다. 필자는 중국 고전소설 이론을 주제로 학위논문을 썼기 때문에 이른바 '정통적인' 중국 시 전공자는 아니지만, 이하에 대해서는 개인적인 관심을 가지고 조금씩 번역을 해왔으며, 그 사이에 졸견을 정리하여 몇 편의 소논문을 발표한 적도 있다. 그러다가 번역 원고가 쌓이면서, 분수넘게도 시집 전체의 완역을 시도하게 되었다.

이 번역서는 1995년부터 3년에 걸쳐 초고를 끝낸 후, 지금까지 틈틈이 교정과 보완을 계속한 끝에 완성한 것이다. 필자는 기본적으로 청나라 때 왕기王琦가 편찬한 『이장길가시휘해李長吉歌詩彙解』(여기에는 총 160개의 제목 아래 243수가 수록되어 있다)를 저본으로 삼았으며, 그 밖에 송대宋代부터 현대에 이르기까지 주로 중국에서 간행된 각종 문헌들의 주석을 두루 참조했다. 워낙 난해한 작품이 많은지라 이전까지 축적된 주석의 분량 역시 방대한 까닭에, 번역을 하면서도 필자는 작품마다 따로 해설을 붙일 여유가 없었다. 다만 독자의 이해를 돕기 위해 필요한 경우에는 주석 가운데에 작품의 이해에 반드시 필요하다고 생각되는 내용을 간략히 덧붙였다. 물론 필자 나름대로 최대한 자세한 자료를 찾아 주석을 달긴 했으나, 솔직히 고백하자면 몇몇 작품의 경우에는 아직 의미가 모호한 것들이 있다는 사실은 밝혀둘 필요가 있겠다.

개략적인 몇몇 작품만 보더라도 이하의 시는 확실히 '낭송'을 위한 것이라기보다는 '읽기' 위한 것임을 알 수 있다. 독특하게 변용된 진고典故와 상식을 뒤집은 서술, 시청각이 혼용된 묘사 등으로 엮어진 그의 작품들은 특히 현대 독자들로서는 여러 차례 곱씹으면서 행간에 숨겨진 의미를 찾으려고 눈을 부릅뜨지 않으면 제대로 이해할 수 없도록 되어 있다. 또한 이하의 시에는 난해성이라는 독자적 특성 위에 다중적 해석의 가능성이라는 한시 특유의 속성까지 함께 내재되어 있다. 게다가 한국어로는 도저히 자연스럽게 번역될 수 없는 독특한 감각의 묘사는 어떤 의미에서 호사가들의 자존심을 자극하는 경향까지 내보인다. 그러므로 부족한 필자에게 이 시집을 완역한다는 것 자체가 애초에 일종의 무모한 도전이었을 수도 있다. 그러나 필자는 이 번역서를 토대로 한국에서 이하 시에 대한 연구가 좀 더 깊이 진행된다면, 이 오류들도 자연스럽게 바로잡아질 수 있게 될 것으로 기대하는 바이다. 그리고 차후로 여력이 있으면, 이 시집 가운데 대표작을 뽑아 본격적인 작품 해설을 시도해볼 계획을 세워두고 있지만, 현재로서는 탈고할 날짜를 기약할 수 없다. 그러므로 현 단계에서는 그저 이 번역이 중국 이외의 국가에서 아마도 최초로 이루어진 완역이라는 데에 의의를 두고, 미진한 부분들에 대해서는 독자들의 질정을 기다리고자 한다.

마지막으로 이 번역서가 책으로 나올 수 있게 해주신 여러분들께 이 지면을 빌려 감사의 마음을 표하고자 한다. 먼저, 이른바 '인문학의 위기'라는 현재 국내의 상황은 차치하고, 출판계 전체의 불황 속에서도 적지 않은 분량의 이 원고가 출간되도록 흔쾌히 허락해주신 명문당의 김동구 사장님, 그리고 꼼꼼한 편집과 교정으로 수많은 오자誤字를 바로잡아주신 편집부의 모든 분들에게 감사하는 바이다. 또한 항상 모자란 필자에게 격려와 질정을 아끼지 않으신 서울대학교의 이영주 선생님께도 담배 몇 개비가 아닌 것으로 보은할 기회가 생긴 듯하여 기쁘다.

2006년 12월 홍상훈

# 차 례

책머리에 |3|

## 시귀詩鬼의 노래 권수卷首

이장길가시휘해서 李長吉歌詩彙解敍 ─ 왕기 王琦  |21|
이장길가시서 李長吉歌詩敍 ─ 두목 杜牧  |24|
이장길소전 李長吉小傳 ─ 이상은 李商隱  |27|
서이하소전후 書李賀小傳後 ─ 육구몽 陸龜蒙  |29|
사건 기록 두 가지(事記二則)  |31|
시평 여덟 가지(詩評八則)  |34|

## 시귀詩鬼의 노래 권1

이빙의 공후인 李憑箜篌引  |39|
아지랑이의 노래 殘絲曲  |41|

회계에서 돌아오며 — 서문과 함께 還自會稽歌 幷序 |43|

도성을 나서면서 권거와 양경지에게 出城寄權璩楊敬之 |45|

아우에게 示弟 |46|

대나무 竹 |47|

심부마와 함께 어구수에서 同沈駙馬賦得御溝水 |48|

처음 봉례랑이 되어 창곡의 산속 거처를 생각하며
　　始爲奉禮憶昌谷山居 |49|

칠석 七夕 |51|

화청궁에서 過華淸宮 |52|

심아지를 보내면서 — 서문과 함께 送沈亞之歌 幷序 |53|

회포를 노래함 詠懷 二首 |55|

유운을 추모하여 화답함 追和柳惲 |57|

춘방정자의 칼 春坊正字劍子歌 |58|

귀공자의 밤샘놀이 貴公子夜闌曲 |61|

안문 태수의 노래 雁門太守行 |62|

대제의 노래 大堤曲 |63|

촉나라의 노래 蜀國絃 |65|

소소소의 무덤 蘇小小墓 | 66 |

꿈에 하늘을 오르다 夢天 | 68 |

당나라 아들의 노래 唐兒歌 | 69 |

도사의 초례 綠章封事 | 70 |

하남부에서 지어본 12월의 노래 — 윤달을 포함해서
　　河南府試十二月樂詞 并閏月 | 72 |

천상의 노래 天上謠 | 84 |

호탕하게 노래하다 浩歌 | 86 |

가을이 왔다 秋來 | 88 |

제자들의 노래 帝子歌 | 89 |

진왕의 음주 秦王飮酒 | 91 |

낙양의 미녀 진주 洛姝眞珠 | 93 |

이부인 李夫人 | 96 |

주마인 走馬引 | 97 |

상비 湘妃 | 98 |

남쪽 정원에서 지은 13편 南園十三首 | 99 |

## 시귀詩鬼의 노래 권2

금동선인 한나라를 떠나다 — 서문과 함께
  金銅仙人辭漢歌 幷序 | 111 |

아득한 옛날 古悠悠行 | 113 |

뱃사공 黃頭郞 | 114 |

말을 주제로 한 23편의 시 馬詩 二十三首 | 115 |

신호자의 필률 — 서문과 함께 申胡子觱篥歌 幷序 | 130 |

옥 캐는 노인 老夫採玉歌 | 133 |

상심의 노래 傷心行 | 134 |

호수의 노래 湖中曲 | 135 |

황씨 오랑캐 마을 黃家洞 | 136 |

병풍의 노래 屛風曲 | 138 |

남산의 밭에서 南山田中行 | 139 |

공주의 나들이 貴主征行樂 | 140 |

술자리가 끝나고 장철에게 酒罷張大徹索贈詩時張初效潞幕 | 141 |

나부산 산사람이 갈포를 주다 羅浮山人與葛篇 | 144 |

인화리에서 황보식에게 仁和里雜敍皇甫湜 | 146 |

궁궐 미녀의 노래 宮娃歌 | 149 |

건물들이 겹겹이 堂堂 | 151 |

면애행 2수 ─ 여산으로 떠나는 아우를 전송하며
　　勉愛行二首 送小季之廬山 | 152 |

술 권하는 노래 致酒行 | 155 |

긴 노래와 짧은 노래를 연이어 부르다 長歌續短歌 | 156 |

그대 춤추지 마오 ─ 서문과 함께 公莫舞歌 幷序 | 158 |

창곡 북쪽 정원에 새로 돋은 죽순 昌谷北園新筍 四首 | 160 |

골치 아픈 사람 惱公 | 163 |

느낌을 풍자하다 感諷 五首 | 176 |

삼월에 행궁을 지나며 三月過行宮 | 183 |


## 시귀詩鬼의 노래 *권3*

사조와 하손의 「동작기」를 떠올리며 화창함 追和何謝銅雀妓 | 187 |

북으로 출정하는 진 광록대부를 전송하며 送秦光祿北征 | 188 |

주고받은 시 酬答 二首 | 193 |

용동성 그림 畫角東城 | 194 |

사수재의 첩 호련이 남에게 개가하다 謝秀才有妾縞練, 改從于人,
　秀才引留之不得, 後生感憶, 座人製詩嘲誚, 賀復繼四首 | 196 |

창곡에서 책을 읽다가 하인에게 보여주다 昌谷讀書示巴童 | 200 |

하인의 대답 巴童答 | 200 |

최씨 가문을 대신해서 나그네를 전송하다 代崔家送客 | 201 |

성을 나서다 出城 | 201 |

나무 심지 마오 莫種樹 | 202 |

길 떠나려 하다 將發 | 203 |

강담원 그림을 보고 追賦畫江潭苑 四首 | 204 |

장철의 집에서 술병이 들어 열넷째 형에게 부침
　潞州張大宅病酒, 遇江使寄上十四兄 | 208 |

잊기 어려워 難忘曲 | 210 |

가충의 귀한 사위 賈公閭貴壻曲 | 211 |

밤새 술 마시고 아침에 잠들다 夜飲朝眠曲 | 213 |

차례 11

왕준의 무덤 아래서 王浚墓下作 |214|

나그넷길 客游 |215|

장안의 숭의리에서 비에 길이 막히다 崇義里滯雨 |216|

풍소련 馮小憐 |217|

진상에게 贈陳商 |218|

낚시 釣魚詩 |221|

관직을 마치고 연주로 돌아오는 둘째 형에게
　　奉和二兄罷使遣馬歸延州 |223|

화답 答贈 |224|

조선비 집의 벽에 쓰다 題趙生壁 |226|

봄날의 감회 感春 |227|

신선 仙人 |228|

하양성의 노래 河陽歌 |229|

꽃놀이 노래 — 서문과 함께 花游曲 并序 |231|

봄날의 낮 春畫 |232|

안락궁 安樂宮 |233|

나비 날다 蝴蝶飛 |235|

양나라 공자 梁公子 | 235 |

모란을 심다 牡丹種曲 | 237 |

뒤뜰에 우물 파다 後園鑿井歌 | 239 |

슬픔을 털자 — 꽃 아래에서 開愁歌 花下作 | 240 |

진궁 — 서문과 함께 秦宮詩 幷序 | 241 |

조조를 풍자한 왕찬을 칭송한 옛날 업성의 동요
    古鄴城童子謠效王粲刺曹操 | 244 |

양선비의 청화자석연 楊生靑花紫石硯歌 | 245 |

규방 안의 그리움 房中思 | 246 |

석성의 새벽 石城曉 | 247 |

괴로워라, 짧은 낮이여 苦晝短 | 248 |

장화 2년에 章和二年中 | 251 |

봄에 창곡으로 돌아가다 春歸昌谷 | 252 |

창곡의 시 — 5월 27일에 昌谷詩 五月二十七日作 | 257 |

구리 낙타의 슬픔 銅駝悲 | 265 |

창곡에서 낙양의 후문까지 自昌谷到洛後門 | 266 |

7월 1일 새벽에 태행산을 들어서며 七月一日曉入太行山 | 268 |

쌀쌀한 가을 — 춘방정자로 있는 열두번째 형에게
　秋凉詩 寄正字十二兄　| 269 |

## 시귀詩鬼의 노래  권4

쑥이 무성하게 艾如張　| 275 |

구름 위로 오르는 즐거움 上雲樂　| 276 |

마다루자 摩多樓子　| 277 |

사나운 호랑이 猛虎行　| 279 |

해가 뜨네 日出行　| 281 |

쓸쓸한 피리소리 苦篁調嘯引　| 282 |

불무가사 拂舞歌辭　| 284 |

밤에 앉아 읊조리다 夜坐吟　| 286 |

공후인 箜篌引　| 287 |

무산은 높기만 하다 巫山高　| 289 |

평성 아래에서 平城下　| 290 |

강남의 놀이 江南弄　| 292 |

영화락 榮華樂　| 293 |

서로 술 권하며 相勸酒 | 298 |

요화락 瑤華樂 | 300 |

북방의 추위 北中寒 | 303 |

양나라 누대의 옛 뜻 梁臺古意 | 304 |

그대여, 대문 나가지 마오 公無出門 | 306 |

귀신의 노래 神絃曲 | 308 |

신의 악기 神絃 | 310 |

귀신을 보내는 노래 神絃別曲 | 311 |

녹수의 노래 綠水詞 | 312 |

모랫길 노래 沙路曲 | 313 |

주상께서 돌아오시다 上之回 | 314 |

높은 관리께서 내 집을 찾아오시다 高軒過 | 315 |

패궁부인 貝宮夫人 | 317 |

난향신녀의 사당 蘭香神女廟 | 319 |

변방으로 가는 위인실 형제를 전송하며
　　　　　送韋仁實兄弟入關 | 322 |

낙양성 밖에서 황보식과 작별하다 洛陽城外別皇甫湜 | 323 |

저물녘 서늘한 계곡 溪晚涼 | 325 |

나리는 오지 않고 — 황보식 선배의 대청에 쓰다
　官不來 題皇甫湜先輩廳 | 326 |

장평 땅의 화살촉 長平箭頭歌 | 326 |

강가의 누대 江樓曲 | 328 |

변방에서 塞下曲 | 330 |

물들인 실 봄날 베틀에 얹다 染絲上春機 | 331 |

작은 오립송의 노래 — 서문과 함께 五粒小松歌 幷序 | 333 |

못가에서 塘上行 | 334 |

여장군의 노래 呂將軍歌 | 335 |

붉은 천 빨지 마오 休洗紅 | 337 |

들판의 노래 野歌 | 338 |

술 마시세 將進酒 | 339 |

머리 빗는 미녀 美人梳頭歌 | 340 |

달빛은 촉촉하고 月漉漉篇 | 341 |

경성 京城 | 342 |

큰길의 북소리 官街鼓 | 343 |

허공자의 첩 정씨 — 성원에서 성씨의 청을 받고 지음
　許公子鄭姬歌 鄭園中請賀作 | 344 |

새로 맞는 여름 新夏歌 | 347 |

귀향의 꿈 題歸夢 | 348 |

사원을 지나며 經沙苑 | 349 |

성을 나서 장우신과 작별하며 이한에게 지어주다
　出城別張又新酬李漢 | 350 |

## 시귀詩鬼의 노래　외집外集

남쪽 정원 南園 | 357 |

가짜 용울음을 노래함 假龍吟歌 | 358 |

느낌을 풍자한 여섯 편 感諷 六首 | 360 |

막수의 노래 莫愁曲 | 366 |

밤에 들리는 음악소리 夜來樂 | 367 |

눈을 비웃다 嘲雪 | 369 |

봄날의 회포 春懷引 | 370 |

백호의 노래 白虎行 | 371 |

그리운 그대 有所思 | 374 |

젊은이를 비웃다 嘲少年 |376|

고평현 동쪽의 내 길 高平縣東私路 |377|

신선의 노래 神仙曲 |378|

용이 밤에 울다 龍夜吟 |379|

곤륜산으로 보낸 사자 崑崙使者 |380|

한나라 당희의 음주가 漢唐姬飮酒歌 |381|

영사의 거문고 연주를 듣고 聽穎師琴歌 |384|

민간의 노래 謠俗 |386|

[**보유** 補遺]

  얌전한 여인의 봄날 새벽 靜女春曙曲 |387|

  소년의 즐거움 少年樂 |388|


해 제 |389|

이하李賀 연보年譜 |405|

색 인 |411|

이하 시대의 지도 |431|

# 시귀詩鬼의 노래

## 권수卷首

# 이장길가시휘해서 李長吉歌詩彙解敍

왕기 王琦

이하의 시집은 『당서唐書』와 『송서宋書』의 『예문지藝文志』와 송나라 때 정초鄭樵의 『통지通志·제략諸略』에서 모두 『이하집李賀集』이라 칭했다. 후세 사람들은 그의 이름을 직접 가리키려 하지 않아서 그가 살던 지역의 이름을 따라 명칭을 붙이며 『창곡집昌谷集』이라 했다. 오늘날 『이장길가시』라고 부르는 것은 오정자吳正子 판본과 두목杜牧의 서문에 따른 것이다.

창곡은 낙양洛陽에 있는데, 지방지地方志에 빠진 부분이 많다. 시의 원주原注에 따르면, 창곡은 여궤산女几山 고개와 이어져 있으며, 그 산은 바로 난향신녀蘭香神女가 하늘로 올라간 곳이라 했다. 또 창곡 동쪽에는 수隋나라 때의 복창궁福昌宮이 있다고 한다. 이곳은 모두 지금의 허난성河南省 이양현宜陽縣에 속하는데, 이양현은 당·송 시대에는 복창현福昌縣이라 불렸던 곳이다.

그러므로 송나라 때 왕응린王應麟의 『곤학기문困學紀聞』에서는 창곡이 하남 복창현 삼향三鄕의 동쪽에 있다고 했던 것이다. 송나라 때의 장뢰張耒가 쓴 「춘유창곡방장길고거春遊昌谷訪長吉故居」라는 시와 「복창회고福昌懷古」가운데 한 장章은 전적으로 이하의 거처에 대해 얘기하고 있는데, 모두 분명하여 근거로 삼을 만하다. 역대로 이하의 시집에 주석을 달았던 여러 사람들은 모두 이에 대해서는 고찰하지 않았고, 어떤 이는 이하의 작품 가운데 '농서隴西 장길長吉'이라는 구절[1]이 있다는 것 때문에 망령되게 창곡 땅이 농서 지방에 있다고 여기기도 했다. 이처럼 잘못된 해설이 분분하자 도리어 올바른 이

---

[1] 권2에 수록된 「술자리가 끝나고 장철에게酒罷張大徹索贈詩時張初效潞幕」를 가리킨다.

해를 방해하는 사족蛇足이 되었다.

또한 두목의 서문에서 계속 칭송하면서 이하의 시 가운데 훌륭한 부분이 모두 아홉 가지가 있다고 했는데, 후대의 해설자들은 그저 "입을 벌린 고래나 몸을 던지는 거북, 옛날이야기에 등장하는 무시무시한 괴물들도 그 허황되고 환상적인 분위기를 나타내기에 부족하다.(鯨呿鼇擲, 牛鬼蛇神, 不足爲其虛荒誕幻也.)"라는 한 가지만을 단서로 삼아 온갖 교묘한 말을 덧붙이니, 이하 시의 본래 면모와 차이가 더욱 심해졌다.

나는 읽어본 여러 사람들의 주석을 모으면서 쓸데없이 번잡한 말만 늘어놓은 것들은 없애버리고 정확한 것들만 기록했으며, 간혹 그 사이에 내 보잘것없는 의견으로 한 분석을 덧붙이기도 했다. 그러나 끝내 해석할 수 없는 작품들도 있는데, 이것들은 대부분 글자가 잘못 전해져서 뜻을 짐작하기 어려운 것들인지라, 차라리 부족한대로 둘지언정 억지로 해석하지는 않았다. 이것은 원시原詩의 본래 면모를 잃지 않게 하고, 후세의 독자들이 불분명한 주석 때문에 오히려 어두운 안개 속에 떨어지지 않게 하려는 의도 때문이었다.

이하가 작품을 쓸 때에는 힘찬 기세를 발휘하는 데에 힘썼으나 인도人道를 넘어선 지나친 말들을 지어내는 것에는 가치를 두지 않았다. 그러나 그 원류는 사실 『초사楚辭』에서 나와 한漢나라와 위魏나라 때의 옛 악부[古樂府]에까지 걸음이 미친 것이다. 주희朱熹가 시를 논하면서 이하는 조금 괴상한 데가 있어서 느긋하게 자재自在하는 이백李白보다 못하다고 했다. 대개 세상 사람들은 이백의 시는 풍모가 빼어나고[飄逸] 이하의 시는 괴상하고 난해하다[奇險]고 한다. 그래서 송나라 사람들은 신선의 재능[仙才]이니 귀신의 재능[鬼才]이니 하는 명칭을 붙였다. 그러나 주희도 오히려 이하와 이백 사이의 차이가 '조금'이라고 했으니, 그야말로 비흥比興과 풍아風雅의 미묘한 내용을 이해하고 자구字句를 다듬어 꾸미는 수사 기교는 따지지 않는, 이른바 "그 정수를 얻고 조잡한 것은 버리는(得其精而遺其麤)" 감상의 태도가 아닌가! 이러한 수희의 해설을 체득體得하여 이하 시 속의 미묘한 뜻을 탐구하고, 또 『초사』 및 한나라와 위나라 때의 옛 악부에 대한 해석을 통해 이하의 시를 해석한다면, '육의六義2)'의 뜻에 거의 부합할 것이다. 이른바 "입을 벌린 고래나 몸을 던지는 거북, 옛날이야기에 등장하는 무시무시한 괴물들"이라는 것이 어찌 보고 듣는 이들을 놀라게 할 만한 것이겠는가!

건륭乾隆 25년(1760) 동지冬至 뒤 이렛날<br>
서령西泠의 왕기王琦(자字는 탁애琢崖)가 평안리平安里 거처의 보홀루寶笏樓에서 쓰다

---

2) 『시경詩經』의 창작 및 해석에 관한 이론으로, 이른바 풍風, 아雅, 송頌, 부賦, 비比, 흥興을 가리킨다. 그러나 이것들의 실제 내용에 대해서는 역대로 이견들이 분분하다. 당나라 이전에는 이것이 그저 『시경』에 담긴 여섯 가지 체재體裁에 대한 분류이자 표현 방법에 관한 설명이라고 뭉뚱그려 이해하는 경향이 강했다. 그러나 당나라 때의 공영달孔穎達이 풍, 아, 송은 『시경』에 수록된 노래들의 체재에 대한 구분이고, 나머지 셋은 『시경』의 표현 방법을 가리키는 것이라고 설명하면서, 청나라 때까지 이 해설이 보편적으로 채용되었다. 그러나 근대의 장병린章炳麟은 풍, 아, 송이란 음악으로 연주되는 시를 가리키고, 부, 비, 흥은 음악으로 연주되지 않았기 때문에 훗날 공자孔子가 『시경』을 편찬할 때 빼버리게 된 것들이라고 설명하기도 했다.

## 이장길가시서 李長吉歌詩敍

두목杜牧

태화太和 5년 10월 어느 날, 한밤중에 관사官舍 밖에서 누군가 급하게 소리치며 전할 편지가 있다고 했다. 나는 "틀림없이 무슨 일이 생긴 모양이니, 어서 불을 밝혀라!"하고 편지를 열어보니, 과연 집현학사集賢學士 심자명沈子明이 보낸 것으로, 그 내용은 다음과 같았다.

죽은 제 친구 이하와는 원화元和 연간에 우의가 무척 두터워서 하루 종일 함께 지내며 먹고 마시는 것도 같이했습니다. 죽음이 임박하자 이하는 일찍이 그가 평생 지은 시기詩歌를 제게 건네줬는데, 그것은 네 편編으로 나뉘어져 있었고, 모두 233수首[1]였습니다. 저는 몇 년 동안 사방으로 떠돌다가 그 일을 까맣게 잊어먹고 있었는데, 오늘 저녁에 술이 깨지 않아서 책 상자를 열어보고 정리하다가 문득 전에 제게 준 이하의 시들을 발견했습니다. 지난날을 돌이켜 생각해보니, 그와 얘기를 나누며 즐겁게 다녔던 장소며 보았던 사물, 기후, 낮과 밤, 술과 밥 등이 모두 하나도 잊혀지지 않고 또렷해서 저도 모르게 눈물이 나왔습니다.

---

1) 왕기王琦의 주석에 따르면, 오늘날 전하는 『창곡집昌谷集』은 네 권으로만 되어 있는데, 아마 심자명이 얻었다는 판본도 네 권으로 나뉘어 있었을 것이라 했다. 그것은 이하가 직접 편집한 것이기 때문에, 진짜와 가짜에 대한 시비가 없다는 것이다. 그러나 지금 남아 있는 판본들은 219편篇을 수록한 것도 있고, 242편을 수록한 것도 있어서 이「서문」에 밝혀진 숫자와는 다르니, 아마 후세 사람들에 의해 바뀌게 된 듯하다. 한편 『당서唐書』에는 이 글의 제목이 「이하집서李賀集敍」라고 되어 있는데, 왕기가 「이장길가시서」로 바꿔놓았다.

이하는 보살펴줘야 할 처자식도 없어서, 저는 일찍이 그 사람을 생각하고 그가 한 말들을 읊조리며 맛볼 수밖에 없다는 것이 안타까웠습니다. 그대는 제게 온후하게 대해주시니, 제게 이하의 시집을 위한 서문을 써서 그 유래를 모두 밝혀주시고, 또한 제 마음을 조금이나마 풀어주시기 바랍니다.

나는 그날 저녁에 할 수 없다는 편지를 보내지 못하고, 이튿날 심자명에게 찾아가 사죄하면서 "사람들 말로는 이하의 재능이 남보다 탁월했다고 하더군요."하고 말했다. 일을 사양하고 며칠 후에, 나는 심자명을 깊이 생각해서 이렇게 말했다.

"그대는 시에 깊은 지식과 재능이 있고 또한 이하 시의 잘잘못을 훤히 알고 있을 터입니다. 그러니 지금 제가 이하의 시집에 서문을 쓰는 일을 사양하지 않는다면, 틀림없이 그대의 마음에 들게 할 수 없을 게 아닙니까?"

내가 이렇게 다시 사양하며 감히 이하의 시집에 서문을 쓰지 못하겠노라고 극구 설명하자, 심자명은 "그대가 이처럼 고집을 부린다면 이는 분명 나를 업신여기는 것이오."라고 말했다. 이에 나는 감히 다시 사양하지 못하고 억지로 이하의 시집에 서문을 쓰게 되었으니, 종내 부끄럽기 짝이 없다.

이하는 당나라 황제의 후손으로, 자는 장길長吉이다. 원화 연간에 이부상서 吏部尙書를 지낸 한유韓愈 또한 그의 시에 대해 자주 언급했다. 은은히 펼쳐진 안개도 그 자태를 나타내기에 부족하고, 아득히 펼쳐진 물도 그 정감을 나타내기에 부족하다. 봄날의 따뜻함도 그 온화함을 나타내기에 부족하고, 가을의 청결함도 그 품격을 나타내기에 부족하다. 바람을 가득 안은 돛과 일진一陣 군마軍馬도 그 용맹을 나타내기에 부족하고, 오래된 옹기 관이나 전서篆書가 새겨진 솥도 그 고졸古拙함을 나타내기에 부족하다. 때맞춰 피는 꽃과 아름다운 여인도 그 색깔을 나타내기에 부족하고, 황량한 나라의 무너진 궁전과 가시나무 우거진 언덕도 그 원한과 슬픈 수심을 나타내기에 부족하다. 입을 벌린 고래나 몸을 던지는 거북, 옛날이야기에 등장하는 무시무시한 우귀사신牛鬼蛇神도 그 허황되고 환상적인 분위기를 나타내기에 부족하다.

그의 시는 『이소離騷』의 후예라 할 수 있는데, 작품에 담긴 이치는 비록 부족하지만 구사된 언어는 그것을 뛰어넘는 경우도 있다. 『이소』에는 원망에 찬 감정과 풍자가 들어 있고, 군주와 신하 사이의 관계나 정치의 순리와 어지러움이 언급되어 있어, 가끔 읽는 사람의 마음을 격발시킨다. 그렇다면 이하의 시에 이런 것이 없겠는가? 이하가 지난 일을 잘 찾아내는 것은 고금을 통해 일찍이 겪어보지 못한 것을 깊이 한탄하기 위함이니, 예를 들어서「금동선인 한나라를 떠나다金銅仙人辭漢歌」는 육조시대 양梁나라 유견오庾肩吾(490?~551?)의 궁체시宮體詩를 보완하고 있다. 그는 정감과 형상을 추구하여 찾아내는 것이 단순히 문장을 다듬어 쓰는 일에서 멀리 떨어져 있기 때문에, 또한 그것을 알아내기가 무척 어렵다.

그러나 이하는 27세의 나이로 죽고 말았다! 세상 사람들은 모두 말한다. 만약 이하가 죽지 않고 작품에 이치[理]를 조금만 더 보탰다면, 그걸 『이소離騷』라고 불러도 괜찮겠다고.2)

    이하 사후死後 15년
    경조京兆의 두목이 쓰다.

---

2) 왕기의 주석에서는 이하 시의 장점은 오히려 '이치의 바깥'에 있으니 두목이 이하를 올바로 이해하지 못했다고 비판한 유진옹劉辰翁의 설명을 인용했다. 그러나 왕기는 이러한 비판이 오히려 잘못된 것이라며, 이해할 수 없는 시에서 무슨 '오묘함[妙]' 따위를 찾을 수 있겠느냐고 반문했다.

# 이장길소전 李長吉小傳

이상은 李商隱

경조의 두목이 이하의 시집을 위한 서문을 썼는데, 이하의 기이함을 매우 상세히 묘사하여 세상에 전해지게 했다. 이하의 누이 가운데 왕씨王氏 집안으로 시집간 이가 이하의 사적에 관해 이야기한 것은 더욱 자세하다.

(그에 따르면) 이하는 몸집이 가냘프고 말랐으며, 눈썹은 하나로 이어졌고, 손가락과 손톱이 길었다. 어려운 시를 잘 읊어내고 글을 빨리 써서, 가장 먼저 한유에게 명성이 알려졌다. 그와 더불어 노닐었던 사람들 가운데 왕삼원王參元, 양경지楊敬之, 권거權璩, 최식崔植 등이 가까운 사이였다.

그는 매일 아침 여러 친구들과 놀러 나갔는데, 제목을 정한 뒤에 시를 지은 적이 없었다. 마치 다른 사람의 생각을 끌어와 합치고 한도를 정해서 시의 내용을 만드는 것 같았다. 그는 항상 어린 하인에게 나귀를 탄 채 등에 낡고 해진 비단 주머니를 지고 멀찍이 따라오게 해서, 우연히 떠오른 구절이 있으면 즉시 써서 주머니 속에 던져 넣었다. 그렇게 날이 저물면 집으로 돌아왔는데, (하루는) 그의 모친이 하인에게 주머니에 들어 있는 것을 꺼내보라 하더니, 써놓은 글이 많은 것을 보고 문득 이렇게 탄식했다.

"이 아이가 심장을 토해낼 때에야 그만두겠구나!"

불을 밝히고 함께 식사를 하고 나면 이하는 하인에게서 글을 받아, 먹을 갈고 종이를 접어 만족할 만한 작품을 써내면 다른 주머니에 던져 넣었다. 술에 몹시 취했을 때와 상중喪中이 아니면 항상 이러했는데, 지나고 나면 다시 돌아보지 않았다. 왕삼원이나 양경지 등은 가끔 다시 와서 그 구절을 찾아 베껴갔다.

이하는 종종 혼자 말을 타고 장안長安이나 낙양洛陽을 다녀왔는데, 가는 곳마다 가끔 시를 지어서 아무렇게나 내버렸다. 그렇기 때문에 심자명의 집에 남겨진 것이 네 권뿐이었던 것이다.

　이하는 죽을 무렵에 문득 대낮에 붉은 옷을 입고 붉은 규룡虯龍을 탄 사람을 만났는데, 그 사람은 아주 옛적의 전서篆書나 벽력석문霹靂石文 같은 글씨가 적힌 서판書板을 들고 말했다.

"그대를 데려가야 하오!"

　이하는 그 글을 읽을 수 없었지만, 얼른 걸상에서 내려와 고개 숙여 절하며 대답했다.

"어머님께서 연로하고 병들어 계시니, 저는 가고 싶지 않습니다."

　그러자 붉은 옷을 입은 사람이 웃으며 말했다.

"상제上帝께서 백옥루白玉樓를 지으셨는지라, 그대를 불러 기록하게 하려는 것이오. 하늘나라는 이곳보다 즐거운 곳이라 괴로움이 없다오!"

　이 말을 듣고 이하가 홀로 눈물을 흘리니, 주위 사람들이 모두 그것을 보았다. 얼마 후에 이하의 숨이 멎었다. 그가 항상 거처하던 방의 창에서 뭉게뭉게 연기가 생기더니, 수레 모는 소리와 피리소리가 들려왔다. 이하의 모친은 급히 사람들에게 곡을 멈추게 하고, 기장 다섯 말을 삶아 제사를 올렸다. 한참 후에 이하가 결국 죽었다.

　왕씨 집안으로 시집간 누이가 이하의 일을 조작해서 얘기했을 리 없으니, 실제로 이와 같이 목격했던 것이다.

　아! 하늘은 푸르고 높은데, 저 위에 과연 상제가 있는 것인가? 상제도 과연 정원과 궁궐과 누각 같은 것을 지어놓고 즐기시는가? 만약 정말 그렇다면 높고 아득한 하늘과 존엄한 상제 또한 인물과 고상한 풍채가 이 세상 사람보다 뛰어난 것이 분명한데, 왜 하필 이하에게 집착해서 그의 타고난 수명을 누리지 못하게 했을까? 아! 또 어째서 세상의 이른바 재능 있고 기이한 인물이 지상에서도 적을 뿐만 아니라 하늘에서도 많지 않단 말인가?

　이하는 살아 있던 시간이 27년이요, 지위는 봉례태상奉禮太常에 지나지 않았는데, 당시 사람들 가운데서 그를 배적하고 헐뜯는 이들이 많았다. 그러니 또 재능 있고 기이한 사람을 어찌 상제만 홀로 중시하고 사람들은 중시하지 않았단 말인가? 또 어찌 사람들의 견해가 상제보다 뛰어나겠는가?

## 서이하소전후 書李賀小傳後

**육구몽** 陸龜蒙

이상은이 지은 이하의 전기에 따르면, 그는 항상 아침에 놀러 나갈 때 어린 하인에게 나귀를 탄 채 등에 낡고 해진 비단 주머니를 지고 멀찍이 따라오게 하고, 우연히 떠오른 구절이 있으면 즉시 써서 주머니 속에 던져 넣었다고 한다. 그렇게 날이 저물면 집으로 돌아와 작품을 완성할 수 있었다고 했다.

나는 어릴 적 율양溧陽에서 늙은 서기書記가 들려주는 이야기를 들은 적이 있다.

맹교孟郊(751~814, 자는 동야東野)는 정원貞元 연간 이전에 수재秀才가 되었는데, 집안이 가난했다. 나중에 율양 현위縣尉에 임명되었다. 율양은 옛날에는 평릉平陵이라 불렸는데, 현에서 남쪽으로 5리쯤에 투금뢰投金瀨라는 여울이 있고, 다시 그곳에서 남쪽으로 8리 정도 떨어진 곳의 길 동쪽에 옛 평릉성平陵城이 있다. 성 주위는 천여 걸음이고, 성터는 비탈진 곳에 자리 잡고 있는데, 높이가 서너 척이나 되었다. 그리고 초목이 아주 무성했는데, 대부분 둘레가 수십 아름이나 되는 큰 상수리나무였다. 잔풀과 가지가 우산처럼 뒤덮고 있어서, 마치 둑이나 동굴 같기도 했다. 땅 아래 웅덩이에는 물이 가득 고여 있는데, 개중 큰 곳에는 물고기나 자라 따위가 살 수 있었다. 숲이 깊고 적막한 데다 기후가 맑아서 좋은 곳이긴 했지만, 나무하거나 물고기 잡는 마을 사람들을 제외하고 들어가는 사람이 없었다.

맹교는 그곳을 알고 나서 한번 놀러 가면 돌아올 줄 몰랐다. 그는 날마다 혹은 며칠 걸러 한번씩 나귀를 타고, 아전들을 이끌고 투금뢰 주변을 둘러보고, 평릉에 이르면 큰 상수리나무 그늘이나 움푹 파인 은밀한 바위 구멍을 찾았다. 그리고 물가에 앉아 해가 서쪽으로 기울 때까지 시를 읊조리다가 서둘러 돌아가곤 했다. 관아官衙의 일은 늑장을 부리거나 내팽개친 경우가 많았다. 이제 일이 시급하게 돌아가자 맹교의 행위를 아름답게 여길 수 없게 되어서, 백왕부白王府[1]를 세우고 임시로 맹교의 일을 대신해 달라 청하고, 그의 봉급을 쪼개서 지급했다. 맹교는 결국 궁핍한 상태로 떠났다.

들자 하니, 사냥이나 고기잡이에 지나치게 몰두하는 것을 일컬어 하늘의 물건을 해친다고 한다. 하늘의 물건은 이미 해칠 수 없는 것이다. 또 도려내고 깎아낸다고 해서 그 정상情狀을 드러낼 수 있겠는가? 만약 어린 싹이나 알일 때부터 말라죽을 때까지 숨길 수 없다면, 하늘이 벌을 내리지 않겠는가?

이하는 요절했고, 맹교는 가난했으며, 이상은은 조정에서 벼슬살이를 하지 못한 채 죽었으니, 바로 이 때문이로다! 바로 이 때문이로다!

---

1) 백상부白上府로 표기된 판본도 있다.

## 사건 기록 두 가지(事記二則)

### 1

이하는 자가 장길이고 정왕鄭王의 후손이다. 일곱 살 때부터 글을 잘 지었는데, 한유와 황보식皇甫湜이 처음 그런 소문을 듣고 믿지 않아서, 이하에게 시를 지어보게 했다. 그러자 이하가 붓을 잡고 바로 평소에 구상해둔 것처럼 써내려간 후에 스스로「높은 관리가 내 집을 찾아오다高軒過」라고 제목을 정하니, 두 사람이 크게 놀랐다. 이 때부터 유명해졌다.

그는 몸이 가냘프고 마른 데다 눈썹이 하나로 붙어 있었고, 손가락과 손톱이 길었다. 또 글을 빨리 쓸 줄 알았다. 그는 매일 아침 허약한 말을 타고 외출하면서, 어린 하인에게 등에 낡은 비단 주머니를 메고 다니게 했다가, 우연히 떠오르는 구절이 있으면 써서 주머니 속에 던져 넣었다. 처음부터 제목을 정해놓고 시를 짓는 일이 없어서, 마치 다른 사람들이 생각을 억지로 끌어 모아 숙제를 하는 것 같았다. 날이 저물면 집에 돌아와 충분히 그것을 완성했다. 몹시 취하거나 상중일 때가 아니면 항상 이와 같았고, 잘못된 곳이 있어도 깊이 살펴보지 않았다. (하루는) 그의 모친이 하녀에게 주머니 속을 살펴보게 했는데, 써놓은 글이 많은 것을 보고 곧, "이 아이가 심장을 토해낼 때에야 그만두겠구나!"하고 화를 냈다.

이하는 부친의 이름이 진숙晉肅이었기 때문에 진사進士 시험에 응시하려 하지 않았다. 한유가 그를 위해「휘변諱辯」을 쓰기도 했지만, 그는 끝내 과거에 응시하지 않았다.

그의 글은 기이하고 상식에 어긋나는 것을 숭상했고, 그렇게 지어진 내용은 모두 사람들의 상상을 뛰어넘는 놀라운 것들로서 일반적인 글짓기와는 전혀 달라서 당시에는 흉내 낼 수 있는 사람이 없었다. 그가 남긴 악부樂府 수십 편은 운소雲韶의 여러 악공樂工들이 모두 악기 연주에 맞춰 노래할 수 있게 만들었다.

그는 협률랑協律郞을 지내다가 27세에 죽었다. 그와 함께 노닐던 권거, 양경지, 왕공원王恭元[1] 등은 매번 그가 글을 지으면 이따금 가져가곤 했다. 이하는 또한 일찍 죽었기 때문에 그의 시가 가운데 세상에 전해지는 것이 드물다. (『신당서新唐書』)

## 2

이하의 모친 정씨鄭氏는 아들을 무척 염려했는데, 이하가 죽자 모친은 슬픔에서 헤어나지 못했다. 어느 날 저녁, 그녀의 꿈에 이하가 찾아왔는데, 살아 있을 때의 모습과 같았다. 그는 모친에게 이렇게 말했다.

"제가 다행히 어머님의 아들이 되었는데, 어머님께서도 저를 무척 생각해주셨습니다. 그래서 저는 어려서부터 어머님의 분부를 받들어 시와 글을 훌륭하게 써낼 수 있었습니다. 그렇게 한 것은 단지 하나의 지위를 얻어 자신을 꾸미기 위해서가 아니라, 가문을 키우고 어머님의 은혜에 보답하고 싶었기 때문입니다. 하지만 어느 날 갑자기 죽어서 아침저녁으로 봉양할 수 없게 되었는데, 그렇다고 하늘을 원망할 수 있겠습니까? 제가 비록 죽었지만, 죽은 것이 아니라 상제의 명을 따른 것입니다."

모친이 그 일에 대해 물어보자, 이하가 대답했다.

"상제께서는 신선의 거처에 사시는데, 근래에 월포月圃로 도읍을 옮기시고, 새롭게 백요궁白瑤宮이라는 궁궐을 지으셨습니다. 그리고 제가 글재주가 있다고 여기셔서, 저와 여러 명의 문사文士를 부르셔서 함께 새 궁전에 대한 기록을 쓰게 하셨습니다. 상제께서는 또 응허전凝虛殿이라는 궁전을 지으시고, 저희들로 하여금 악장樂章을 짓게 하셨습니다. 이제 저는 신선 속에 사는 사람이 되어 아주 즐겁게 지내고 있사오니, 바라건대 어머니께서는 걱정

---

[1] 왕삼원王參元을 잘못 쓴 것 듯하다. 왕삼원은 원화元和 2년(807) 진사에 급제한 인물로, 유종원柳宗元의 글에 「진사 왕삼원이 화재로 책을 태워버린 것을 축하하는 편지賀進士王參元失火書」가 있다.

하실 필요가 없습니다."

말을 마치자 그는 작별 인사를 하고 떠났다. 모친은 잠에서 깨어 그 꿈을 매우 기이하게 생각했고, 이때부터 슬픔이 조금 누그러졌다. (『태평광기太平廣記』)

## 시평 여덟 가지(詩評八則)

송경문宋景文 등 여러 어른들이 관사에 계실 때 당나라 사람들의 시를 평가하며 이렇게 말씀하시곤 했다. "이백李白은 신선의 재능이 있고, 이하李賀는 귀신의 재능이 있다."
宋景文諸公在館, 嘗評唐人詩云:"太白仙才, 長吉鬼才."(『文獻通考』)

"이백은 신선의 재능이 있고, 이하는 귀신의 재능이 있다." 그러나 신선의 시나 귀신의 시는 모두 자주 볼 수 있는 것이 아니다. 자주 보게 되면 신선이라 할지라도 사람들이 공경하지 않게 되고, 귀신일지라도 사람들이 놀라지 않게 된다.
"太白仙才, 長吉鬼才", 然仙詩鬼詩皆不堪多見, 多見則仙亦使人不敬, 鬼亦使人不驚. (嚴羽)

이하에게는 이백과 같은 언어 조탁의 솜씨가 있지만, 이백과 같은 재능은 없다. 이백은 뜻을 위주로 했지만 작품에 문사文辭가 너무 적다는 결함이 있고, 이하는 문사를 위주로 했으나 작품에 이치가 부족하다는 결함이 있다.
李賀有太白之語, 而無太白之才. 太白以意爲主, 而失于少文, 賀以詞爲主, 而失于少理. (『歲寒堂詩話』)

이하와 노동(盧仝 : ?~835)의 시는 모두 『이소』에서 나왔으나, 담판을 지을 수는 없다.
李長吉玉川子詩皆出于『離騷』, 未可以立談判也. (『漁隱叢話』)

대력 연간(766~779) 이후로 악부시의 남겨진 법칙을 이해하는 사람은 오직 이하 한 사람뿐이었다. 여색女色에 대한 설정이 농염하고 오묘했지만 말의 뜻은 대부분 작품 밖에 깃들어 있었고, 단어를 만들어내는 데에 각고의 노력을 기울였으나 그 용법과 의미가 애매했다. 중당 시기에 '악부'를 잘 지은 사람으로 사람들은 장적(張籍 : 765?~830?)과 왕건(王建 : 751?~835?)을 내세우지만, 이것을 보면 마땅히 노비와 주인의 관계만큼 차이가 있는 것이다! 담원춘(譚元春 : 1586~1637)은 이렇게 말했다. "시가 유파의 변화는 성당 시기에 이미 극에 이르렀다. 나중에 또 따로 머리를 내밀고자 하는 이들이 생기게 마련이었으니, 맹교(孟郊 : 751~814)와 이하 일파가 나타나지 않을 수 없었다."

> 大曆以后, 解樂府遺法者, 惟李賀一人. 設色濃妙, 而詞旨多寓篇外, 刻于撰語, 渾于用意. 中唐樂府, 人稱張王, 視此當有奴郞之隔耳! 譚友夏云: "詩家變化, 盛唐已極. 後又欲別出頭地, 自不得無東野, 長吉一派."(毛馳黃 『詩辯坻』)

옛 사람(구양수歐陽修 : 옮긴이)은 시가 사람을 궁핍하게 만든다고도 했고, 또 어떤 사람은 시가 비단 사람을 궁핍하게 만들 뿐만 아니라 때로는 사람을 죽이기까지 한다고 했다. 간과 창자를 깎고 쪼는 일은 이미 생명을 지키는 기술과는 어그러지는 것이며, 만물을 조롱하는 것 또한 어찌 조물주가 기뻐할 만한 일이겠는가? 당나라의 이하와 우리 송宋 왕조의 형거실(邢居實 : 1068~1086)이 오래 살지 못한 것은 아마 이 때문일 것이다.

> 昔人謂詩能窮人, 或謂非止窮人, 有時而殺人. 蓋雕琢肝腸, 已乖衛生之術, 嘲弄萬象, 亦豈造物之所樂哉? 唐李賀, 本朝邢居實之不壽, 殆以此也.(周必大『平園續稿』)

이하의 「안문 태수의 노래雁門太守行」 첫 구절에, "검은 구름 성을 짓누르니 성은 무너질 듯하고, 해1)를 향한 갑옷의 빛 금빛 물고기 비늘처럼 펼쳐지네."라고 했다. 『척언摭言』에 따르면, 이하가 시집을 들고 한유에게 찾아갔을 때, 한유는 마침 여름 침대에 누워 나른하게 졸고 있던 참이라 문지기에게 물

---

1) 왕기의 판본에는 해[日]가 아니라 달[月]로 표기되어 있다(본서 62쪽 참조).

리치라고 시킬 참이었다. 그러나 시집을 펼치자 첫머리에 「안문태수행」이 있었다. 한유는 그걸 읽고 특이하게 여기고, 곧 옷을 차려입고 방에서 나와 이하를 만났다.

송나라 때 왕안석(王安石：1021~1086)은 이렇게 말했다. "여기는 틀렸다! 검은 구름이 성을 짓누를 때 어찌 해를 향한 갑옷의 빛이 있을 수 있겠는가?"

혹자가 이 시에 대한 한유와 왕안석 두 사람의 평가가 다른 데에 대해 누가 옳으냐고 묻기에, 나는 이렇게 대답했다. "송나라의 늙은 서생이 시를 모르고 한 말이다. 군대가 성을 포위하면 반드시 괴이한 구름과 기상의 변화가 있게 마련이다. 옛 사람이 '홍문의 연회'에 대해 노래하면서 '동룡백일서룡우 東龍白日西龍雨'라는 표현을 썼는데, 이 뜻을 이해했기 때문일 것이다. 내가 운남雲南에 있을 때 '안봉安鳳의 변란'을 당해 성이 포위 당하고 있었다. 그때 보니, 해무리가 두 겹으로 비치고 그 옆에 검은 구름이 교룡蛟龍처럼 자리 잡고 있었다. 나는 그때서야 비로소 이하의 시가 물상을 잘 묘사했다는 것을 믿게 되었다."

李賀雁門太守行首句云：" 黑雲壓城城欲摧, 甲光向日金鱗開." 『摭言』謂賀以詩卷謁韓退之, 韓暑臥方倦, 欲使閽人辭之. 開其詩卷, 首乃雁門太守行, 讀而奇之, 乃束帶出見. 宋王介甫云："此兒誤矣！ 方黑雲壓城時, 豈有向日之甲光也？" 或問此詩韓王二公去取不同, 誰是？ 予曰："宋老頭巾不知詩. 凡兵圍城, 必有怪雲變氣. 昔人賦鴻門, 有'東龍白日西龍雨'之句, 解此意矣. 予在滇, 值安鳳之變, 居圍城中, 見日暈兩重, 黑雲如蛟在其側. 始信賀之詩善狀物也."（楊愼）

왕직방王直方의 『시화詩話』에 이런 구절이 있다. "이하의 「높은 관리가 내 집을 찾아오다」에 '조물주의 오묘함을 붓으로 보충하니 하늘도 내세울 공이 없어지리라.'라는 구절이 있다. 나는 항상 이 때문에 무릎을 치면서 탄식하곤 했는데, 이는 시인 가운데 궁핍한 사람이 많았기 때문이다."

王直方 『詩話』云："李賀「高軒過」詩中有：'筆補造化天無功'之句, 予每爲之擊節, 此詩人所以多窮也". (『漁隱叢話』)

# 시귀詩鬼의 노래
## 권1 卷一

## 이빙의 공후인 李憑箜篌引[1]

| | |
|---|---|
| 吳<sub>오</sub>絲<sub>사</sub>蜀<sub>촉</sub>桐<sub>동</sub>張<sub>장</sub>高<sub>고</sub>秋<sub>추</sub> | 오 땅 실에 촉 땅 오동나무 9월 가을 하늘에 소리 펼치니 |
| 空<sub>공</sub>山<sub>산</sub>凝<sub>응</sub>雲<sub>운</sub>頹<sub>퇴</sub>不<sub>불</sub>流<sub>류</sub> | 빈 산[2]에 서린 구름은 흘러갈 줄 모르네. |
| 江<sub>강</sub>娥<sub>아</sub>啼<sub>제</sub>竹<sub>죽</sub>素<sub>소</sub>女<sub>녀</sub>愁<sub>수</sub> | 강속 미녀 대나무 울리고 소녀가 수심에 잠기는 것은[3] |
| 李<sub>이</sub>憑<sub>빙</sub>中<sub>중</sub>國<sub>국</sub>彈<sub>탄</sub>箜<sub>공</sub>篌<sub>후</sub> | 이빙이 장안성長安城 안에서 공후를 타기 때문이지. |
| 崑<sub>곤</sub>山<sub>산</sub>玉<sub>옥</sub>碎<sub>쇄</sub>鳳<sub>봉</sub>凰<sub>황</sub>叫<sub>규</sub> | 곤산의 옥[4]이 부서지는 듯, 봉황이 울부짖는 듯 |
| 芙<sub>부</sub>蓉<sub>용</sub>泣<sub>읍</sub>露<sub>로</sub>香<sub>향</sub>蘭<sub>란</sub>笑<sub>소</sub> | 부용꽃에 눈물 같은 이슬 맺히듯, 향긋한 난초가 웃는 듯[5] |
| 十<sub>십</sub>二<sub>이</sub>門<sub>문</sub>前<sub>전</sub>融<sub>융</sub>冷<sub>랭</sub>光<sub>광</sub> | 장안성 열두 대문 앞에는 싸늘한 빛 녹아들고[6] |
| 二<sub>이</sub>十<sub>십</sub>三<sub>삼</sub>絲<sub>사</sub>動<sub>동</sub>紫<sub>자</sub>皇<sub>황</sub> | 공후의 23현은 자황을 감동시키지.[7] |
| 女<sub>여</sub>媧<sub>와</sub>煉<sub>련</sub>石<sub>석</sub>補<sub>보</sub>天<sub>천</sub>處<sub>처</sub> | 여와가 돌 다듬어 하늘 메운 곳에 |
| 石<sub>석</sub>破<sub>파</sub>天<sub>천</sub>驚<sub>경</sub>逗<sub>두</sub>秋<sub>추</sub>雨<sub>우</sub> | 돌 깨지자 하늘이 놀라 가을비 뿌리는구나.[8] |
| 夢<sub>몽</sub>入<sub>입</sub>神<sub>신</sub>山<sub>산</sub>敎<sub>교</sub>神<sub>신</sub>嫗<sub>구</sub> | 꿈속에서 신선의 산에 들어가 신선 할미 가르치니[9] |
| 老<sub>노</sub>魚<sub>어</sub>跳<sub>도</sub>波<sub>파</sub>瘦<sub>수</sub>蛟<sub>교</sub>舞<sub>무</sub> | 늙은 물고기 물결 위로 뛰어오르고 마른 교룡 춤추네.[10] |
| 吳<sub>오</sub>質<sub>질</sub>不<sub>불</sub>眠<sub>면</sub>倚<sub>의</sub>桂<sub>계</sub>樹<sub>수</sub> | 오질[11]은 잠 못 이루고 계수나무에 기대섰고 |
| 露<sub>노</sub>脚<sub>각</sub>斜<sub>사</sub>飛<sub>비</sub>濕<sub>습</sub>寒<sub>한</sub>兔<sub>토</sub> | 이슬은 비스듬히 날아 처량한 옥토끼를 적시네. |

---

1) 이빙은 당나라 궁정宮廷에서 각종 예인藝人들을 양성하던 기관인 이원梨園에 속한

시귀詩鬼의 노래 권1  39

악사로서 공후 연주에 뛰어났다. 『구당서舊唐書』에 따르면, 공후는 한漢 무제武帝가 악사인 후조侯調를 시켜 만들어 태을太乙에게 제사를 지낼 때 사용한 악기라고도 하고, 혹은 후휘侯輝가 만든 것이라고도 한다. 그 소리가 땅땅[坎坎] 하는 가락에 맞춰 울리기 때문에 '감후坎侯'의 소리라 불렀으나, 이것이 잘못 전해져서 '공후'가 되었다는 것이다. …옛날에는 거문고[琴]를 본떠서 만든 것이라 했지만, 그 모양은 사실 큰 거문고[瑟]와 비슷하나 크기가 작다. 현은 7줄인데 비파처럼 튕겨서 소리를 낸다. 『통전通典』에 따르면, '수공후豎箜篌'라는 것은 북방 민족[胡]의 악기라고 했다. 한漢 영제靈帝가 그것을 좋아했는데, 몸체는 길게 굽어져 있고 23줄이 있다고 했다. 세워서 품에 안고 두 손으로 나란히 연주하는데, 그것을 속칭 '벽공후擘箜篌'라 한다. 결국 공후의 악기 모양은 하나가 아니어서 대공후大箜篌, 소공후小箜篌, 수공후豎箜篌, 와공후臥箜篌, 봉수공후鳳首箜篌 등 여러 종류가 있다. 이 시에 23줄이라는 말이 들어 있는 것으로 보아, 이빙이 연주한 것은 바로 '수공후'임을 알 수 있다.

2) 아라이 겐荒井健의 『이하李賀』(岩波書店, 1978 17쇄)에서는 본문의 '공산空山'을 '공백空白'으로 표기했다.

3) 장화張華의 『박물지博物志』에 따르면, 순舜임금의 둘째 부인을 상부인湘夫人이라 하는데, 순임금이 죽자 그녀가 눈물을 대나무에 닦아 대나무 줄기에 온통 얼룩이 졌다고 한다. 『사기史記』에는 태제太帝가 소녀素女에게 50줄의 현으로 만들어진 큰 거문고를 타게 했는데, 그 소리가 너무 슬퍼서 연주하지 못하도록 했다. 그러나 소녀가 연주를 그만두지 않자 태제가 그걸 부수고 25줄로 된 악기를 만들어 주었다고 했다. 원문의 '강아江娥'를 '상아湘娥'라고 쓴 판본도 있다. '소녀'는 가을 서리[秋霜]의 여신으로, 거문고[琴]를 잘 탔다고 한다.

4) 『한시외전韓詩外傳』에 따르면, 곤산崑山은 옥의 명산지라고 했다. 판본에 따라서 본문의 '곤산'이 '형산荊山'으로 표기되어 있기도 하다.

5) 청대淸代 왕기王琦의 주석에 인용된 『문헌통고文獻通考』에 따르면, 연악燕樂에 사용되는 대공후와 소공후는 그 소리가 손길에 따라 일어나고 그 곡조가 현에 따라 이루어지는데, 마치 날카로운 학의 울음소리나 맑은 옥 소리와도 같다고 했다. 아라이 판본에서는 '읍로泣露'를 '노읍露泣'으로 표기했다. 본문의 '향란香蘭'을 '난향蘭香'으로 쓴 판본도 있다.

6) 『삼보황도三輔黃圖』에 따르면 장안성長安城의 한 면에는 3개의 문이 있고, 4면의 12대문이 모두 통해 있다. 그리고 9개의 길이 서로 날줄과 씨줄처럼 얽혀 있다.

7) 심약沈約의 「교거부郊居賦」에는 "자황을 하늘의 관문에서 내려오게 하네.(降紫皇於天關)"라는 구절이 있다. 그리고 『태평어람太平御覽·비요秘要』에 따르면, '태청구궁太淸九宮'에는 모두 관료가 있는데, 그 가운데 가장 높은 이를 '태황太皇', '자황

紫皇', '옥황玉皇'이라 부른다고 했다. 본문의 '사絲'를 '현絃'으로 쓴 판본도 있다. 또한 본문의 '자황紫皇'을 '자황紫篁'으로 쓴 판본도 있으나, 이것은 잘못된 것이다.

8) 『회남자淮南子』에 따르면, 여와女媧가 오색五色의 돌을 다듬어 하늘을 보수했다고 한다. 당대唐代 백거이白居易의 「비파행琵琶行」에 "은병이 갑자기 깨지니 물과 장이 쏟아지네.(銀甁乍破水漿迸)"라는 구절이 있다.

9) 간보干寶의 『수신기搜神記』에 따르면, 영가永嘉 연간에 어떤 신이 연주兗州에 나타나서 스스로 번도기樊道基라고 했다. 그리고 성부인成夫人이라는 할미는 음악을 좋아하고 공후를 잘 연주했는데, 그녀는 사람들이 악기를 타고 노래하면 곧 일어나 춤을 추었다고 한다. 본문의 '신산神山'을 '곤산坤山'으로 쓴 판본도 있다.

10) 『열자列子』에 따르면, 호파瓠巴라는 사람이 거문고를 타면 새들이 춤추고 물고기들이 뛰었다고 한다.

11) 『삼국지三國志·위지魏志·위략魏略』에 기록된 오질의 사적은 음악과 관련이 없다. 이에 관한 주석에서 명대明代의 황순요黃淳耀는 '오강吳剛'이라 해야 할 것 같다고 했다. 실제로 단성식段成式의 『유양잡조酉陽雜俎』에 "월계수月桂樹는 높이가 5백 장丈이나 되는데, 그 아래 한 사람이 있어 나무에 도끼질을 하고 있다. 그러나 나무에 도끼 자국이 생기면 곧 아물어버린다. 그 사람의 이름은 오강吳剛인데, 도술을 배우다가 잘못을 저질러 벌로 월계수에 도끼질을 하게 되었다"라는 기록이 있는 것으로 보아, 이 설명이 상당히 타당해 보인다. 예총치葉葱奇의 주석에 따르면, "오강吳剛이 잠 못 이룬다"는 구절은 달빛이 오랫동안 빛나는 것을 뜻한다고 했다. 그러나 마지막 두 구절은 신선 할미를 가르치는 이빙의 아름다운 공후 소리에 달 위의 전설적인 두 존재인 오강과 옥토끼도 감동했다는 뜻으로 풀어야 할 듯하다. 즉 오강은 도끼질도 잊고 밤새 계수나무에 기대앉아 그 소리를 듣고, 옥토끼는 약 절구 찧는 것도 잊고 밤이슬에 제 몸이 젖는 줄도 모른 채 공후 소리에 빠져 있다는 뜻인 것이다.

# 아지랑이의 노래 殘絲曲[1]

垂楊葉老鶯哺兒　수양버들 잎은 시드는데 앵무새는 새끼 키우고
殘絲欲斷黃蜂歸　끊어질 듯 여린 아지랑이 끌며 노란 벌 돌아간다.

| 녹빈년소금채객<br>綠鬢年少金釵客 | 푸른 머리 젊은이²⁾는 금비녀 꽂은 손님 맞아 |
| 표분호중침호박<br>縹粉壺中沈琥珀 | 시리도록 하얀 술병에 호박색 술³⁾ 담았다. |
| 화대욕모춘사거<br>花臺欲暮春辭去 | 고운 누대에 해질녘 봄은 떠나고 |
| 낙화기작회풍무<br>落花起作廻風舞 | 떨어진 꽃잎들 일어나 회오리바람 따라 춤춘다.⁴⁾ |
| 유협상최부지수<br>楡莢相催不知數 | 시드는 느릅나무 꼬투리는 얼마나 되는지 |
| 심랑청전협성로<br>沈郎靑錢夾城路 | 심도령의 푸른 동전 성 아래 길을 가득 메웠다.⁵⁾ |

---

1) 원문의 '잔사殘絲'는 거미나 기타 벌레가 토해낸 실이 허공에 매달린 것을 가리키며, 일반적으로 '유사遊絲' 즉 아지랑이라고 한다. 남송南宋 때 오정자吳正子의 주석에 따르면 이 작품은 늦봄의 풍경을 노래한 것이라 했다.
2) 원문의 '연소年少'를 '소년少年'으로 쓴 판본도 있다.
3) 이백李白의 시에 "노나라 술은 호박 같네.(魯酒若琥珀)"라는 구절이 있고, 또 "난릉蘭陵의 명주名酒 울금향鬱金香을 옥 술잔에 담아 오니 호박빛이 나네.(蘭陵美酒鬱金香, 玉碗盛來琥珀光)"라고 했다.
4) 청대淸代 요문섭姚文燮의 주석에 따르면, 한漢나라의 궁녀 여연麗娟이 '회풍무回風舞'를 추었는데, 정원의 나뭇잎들이 마치 가을날의 낙엽처럼 떨어졌다고 했다. 이런 관점에서 이 구절은 "떨어지는 꽃잎들 일어나 '회풍무'를 추네"라고 번역할 수도 있겠다.
5) 느릅나무의 잎이 나기 전에 먼저 가지 사이에 꼬투리가 나는데, 모양은 동전을 닮았으나 그보다 크기가 작고, 흰색으로 꿰미를 이루고 있다. 이것을 '유협楡莢'이라 하는데, 속칭 '유전楡錢'이라고도 한다. 잎사귀가 생겨나면 꼬투리도 떨어진다. 『진서晉書』에 따르면, 오흥吳興의 심충沈充이란 사람이 동전을 주조했는데, 그것을 '심랑전沈郞錢'이라 불렀다고 한다. 여기서는 느릅나무 꼬투리를 비유한 것이다.

## 회계에서 돌아오며 — 서문과 함께 還自會稽歌 幷序

庾肩吾於梁時, 嘗作宮體謠引, 以應和皇子. 及國勢淪敗, 肩吾先潛難會
稽, 後始還家. 僕意其必有遺文, 今無得焉, 故作還自會稽歌以補其悲.

양梁나라 때 유견오庾肩吾가 일찍이 '궁체宮體의 노래'[1]를 지어 황자皇子[2]를 즐겁게 해주었는데, 나라의 위세가 기울자 회계會稽에서 반란에 휘말렸다가 나중에야 집으로 돌아갔다고 한다. 나는 분명 그가 남긴 글이 있을 것으로 생각했으나 지금까지 얻지 못했기 때문에, 회계에서 돌아와 노래를 지어 그의 슬픔을 보충한다.

| | |
|---|---|
| 野粉椒壁黃 | 들판의 먼지는 초방전椒房殿[3] 벽 누렇게 물들였고 |
| 濕螢滿梁殿 | 젖은 반디[4]는 양나라 궁전을 가득 채웠지. |
| 臺城應敎人 | 조정[5]에서 응교시應敎詩[6] 짓던 사람은 |
| 秋衾夢銅輦 | 가을날 이불 속에서 꿈에 태자의 수레를 보았겠지. |
| 吳霜點歸鬢 | 오[7] 땅의 서리는 지친 귀밑머리 점점이 물들이고 |
| 身與塘蒲晚 | 이 몸은 연못의 부들과 더불어 저물어가는구나.[8] |
| 脈脈辭金魚 | 말없이 관직[9]을 사퇴하고 |
| 羈臣守迍賤 | 타국을 떠도는 신하로 천한 신세 지키려네. |

---

1) 양나라 간문제簡文帝(소강蕭綱)가 태자였을 때 궁녀들의 아름다움 등을 제재로 화려한 수사修辭를 가한 시를 많이 지었는데, 이것을 본받아 지은 사람들이 많아서 점차 유행이 되었고, 이를 '궁체宮體'라 불렀다.
2) 『한서漢書』에 따르면, 유견오庾肩吾는 자字가 신지愼之(『양서梁書』에서는 자신子愼

시귀詩鬼의 노래 권1  43

이라고 했다)이며, 무제武帝 때 진안왕晉安王의 상시常侍를 지냈다. 진안왕은 바로 간문제를 가리키는데, 여기서는 그가 아직 황제가 되기 전이기 때문에 '황자'라고 칭했다.
3) 당대唐代 안사고顔師古가 『한서漢書』에 붙인 주에 따르면, 초방椒房은 황후가 거처하는 궁전의 이름으로서, 산초 향을 섞은 진흙으로 벽을 발라 따뜻하고 향기롭다는 뜻이라고 한다.
4) 반디는 본래 썩은 풀에서 자라는지라 대부분 지대가 낮고 습한 데에서 생기기 때문에, '젖은 반디[濕螢]'라고 했다. 원문의 '반디[螢]'는 판본에 따라서 '메뚜기[蛩]'로 된 것도 있다.
5) 『용재속필容齋續筆』에 따르면, 육조 진晉나라와 송宋나라 무렵에는 조정의 금성禁省을 대臺라고 불렀기 때문에 금성禁城을 대성臺城이라 하고, 관군官軍을 대군臺軍, 사자使者를 대사臺使, 경사卿士를 대관臺官, 법령을 대격臺格이라고 불렀다. 오늘날 사람들은 다른 장소에서 건강建康을 가리켜 대성臺城이라고 하는데, 이것은 잘못이다. 『경정건강지景定建康志』에 따르면, 대성은 '원성苑城'이라고도 하는데, 본래 오吳나라 후원後苑의 성城이었다고 했다. 진나라 성제成帝의 함화咸和 연간(326~334년)에 새로 궁전을 지어 '건강궁建康宮'이라고 이름을 붙였는데, 이것이 바로 이른바 대성이라는 것이다.
6) 청淸나라 때 왕기王琦의 주석에 따르면, 위진魏晉 이래 신하들의 문장 가운데 천자의 지시로 지은 것을 '응조應詔'라 했고, 태자의 지시로 지은 것을 '응령應令', 제왕諸王들의 지시로 지은 것을 '응교應敎'라 했다. 이 시의 서문에서 노래를 지어 황자를 즐겁게 해주었다고 했기 때문에 '응교'라고 한 것이다.
7) 명明나라 때 증익曾益의 주석에 따르면, 한나라 고조高祖 12년에 회계의 지명을 '오군吳郡'으로 바꿨다고 한다.
8) 본문의 '당포塘浦'를 요문섭 판본에서는 '포당蒲塘'으로 표기했는데, 왕기는 이것이 잘못된 것이라고 했다.
9) '금어金魚'는 '금어대金魚袋', 곧 관리가 차는 주머니를 가리킨다. 『자곡자炙轂子』의 기록에 따르면, 옛날의 관리는 산가지 주머니[筭袋]를 찼는데, 위魏나라 문제文帝가 거북 주머니[龜袋]로 바꾸었고, 당唐나라 이후에는 물고기 주머니[魚袋]로 바꾸었다고 한다.

## 도성을 나서면서 권거와 양경지에게 出城寄權璩楊敬之[1]

| 草暖雲昏萬里春 | 풀은 나긋하고 구름은 흐릿하니 온 세상이 봄이라 |
| 宮花拂面送行人 | 궁정의 꽃들은 얼굴 스치며 떠나는 사람 전송하네. |
| 自言漢劍當飛去 | 한 무제의 칼은 마땅히 날아가야 했다고 스스로 말하면서[2] |
| 何事還車載病身 | 무슨 일로 돌아오는 수레에 병든 몸 실었는가? |

---

1) 『당서唐書』에 따르면 권거는 자가 대규大圭인데, 원화元和 초년에 진사進士에 합격하여 감찰어사監察御史를 역임했다. 그는 특히 용모가 뛰어난 것으로 유명했다고 한다. 양경지는 자가 무선茂先이며, 역시 원화 초년에 진사에 합격하여 둔전호부랑중屯田戶部郎中을 역임했다. 그는 일찍이「화산부華山賦」를 지어 한유韓愈에게 보여주어 칭찬을 들었다고 한다.『신당서・이하전李賀傳』에 따르면, 이하와 교유했던 사람들 가운데 권거, 양경지 등이 유명한데, 그들은 이하가 시구詩句를 지으면 이따금 가져가기도 했다고 한다. 증익의 주석에 따르면, 이 시는 이하가 부친의 휘諱 때문에 벼슬길에 나설 수 없게 되자(부친의 이름은 진숙晉肅이었다) 실의에 잠겨 돌아가다가 지은 것이라고 한다.

2) 갈홍葛洪의『서경잡기西京雜記』에 따르면, 한 무제가 흰 뱀을 쳐죽인 검은 '칠채주七彩珠'와 '구화옥九華玉'으로 장식이 되어 있으며, 칼집은 오색의 유리를 섞어 만들었다고 한다. 그리고 도홍경陶弘景의『도검록刀劍錄』에 따르면, 그 칼은 길이가 세 재尺이고 '적소赤霄'라는 명문銘文이 새겨져 있다고 하는데, 진秦 시황제始皇帝 34년에 남산南山에서 얻은 것이라 했다.『이원異苑』의 기록에 따르면, 육조 진晉나라 태강太康 5년(284)에 무기고에 화재가 나자 이 칼이 용마루를 뚫고 어디론가 날아가버렸다고 한다. 이 화재로 인해 함께 보관하고 있던 공자孔子의 신[履]과 왕망王莽의 머리[頭]도 소실되어 버렸다고 한다.

## 아우에게 示弟[1]

| 別弟三年後 | 너와 헤어져 3년이 지났고 |
| 還家一日餘 | 집에 돌아와 하루 남짓 되었구나.[2] |
| 酴醿今日酒 | 오늘 저녁, 술은 녹령[3]이고 |
| 緗帙去時書 | 지난날 보던 책은 노란 표지 입힌 것이었지. |
| 病骨猶能在 | 병든 몸으로 아직[4] 살아 있을 수 있으니 |
| 人間底事無 | 인간 세상에 무슨 일인들 할 수 없겠느냐? |
| 何須問牛馬 | 무슨 패가 나왔는지는 물어서 무엇하리? |
| 拋擲任梟盧 | 주사위 던져 나오는 대로 내맡겨둘 따름이지![5] |

---

1) 벼슬살이의 꿈이 좌절되어 집으로 돌아와서 자신의 불우한 운명과 비분悲憤을 노래한 작품이다.
2) 원문의 '일일一日'은 판본에 따라서 '십일十日'로 된 것도 있다.
3) 『문선文選』의 주석에 따르면, '녹령酴醿'은 술 이름이고 '영록醽淥'이라고도 쓴다고 했다. 성홍지盛弘之의 『형주기荊州記』에 따르면, '녹수淥水'는 강락현康樂縣에서 발원한 강물인데, 오정향烏程鄕에서 그 물을 떠다 술을 빚으면 맛이 좋아서 세상 사람들이 '영록주醽淥酒'라 불렀다고 한다. 한편 『통감通鑑』의 주석에 따르면, 형양현衡陽縣에서 동쪽으로 20리쯤 떨어진 곳에 있는 영호醽湖라는 호수의 물은 맑은 녹색을 띠고 있고, 그것을 떠다 술을 빚으면 맛이 아주 좋은데, 그것을 '영록醽淥'이라 한다고 했다.
4) 원문의 '아직[猶]'은 '홀로[獨]'라고 된 판본도 있다.
5) 『오목경五木經』에 따르면, "왕의 색[王采]에는 네 가지가 있으니, 노盧, 백白, 치雉, 독

犢이 그것이다. 백성의 색[民采]에는 여섯 가지가 있으니, 개開, 색塞, 탑塔, 독禿, 궤撅, 효梟가 그것이다. 모두 검은 것을 노라 하고, 모두 흰 것을 백이라 하며, …흰색이 둘에 검은색이 셋[白二元三]이면 효라 한다"고 했다. 『연번로演繁露』에 따르면, 노름을 할 때 사용하는 '오자五子'(오늘날 '주사위[骰子]'의 원형)는 그 모양새가 양쪽 머리는 뾰족하고 중간은 평평하고 넓어서 마치 살구씨처럼 생겼는데, 한 쪽을 검게 칠하고 그 위에 소를 그려 넣고, 반대쪽에는 흰색을 칠하고 그 위에 꿩을 그려 넣었다고 한다. 이것을 던져서 다섯 개가 모두 검은 면이 나오면 그것을 '노盧'라고 했는데, 그것이 이 놀이에서 가장 높은 점수를 얻을 수 있는 것이었다고 한다. 그 다음은 검은 면이 넷이고 흰 면이 하나인 것인데, 이것은 '치雉'라고 했다. 이런 식으로 밑으로 내려가면서 점점 검은 면과 흰 면이 뒤섞이게 된다.

## 대나무 竹

| 입수문광동<br>入水文光動 | 물에 잠긴 가지에 물결이 빛나며 일렁이고 |
| 삽공록영춘<br>揷空綠影春 | 허공을 찌른 초록 그림자는 봄빛 머금었다. |
| 노화생순경<br>露華生筍徑 | 죽순 줄기엔 이슬 꽃 피어나고[1] |
| 태색불상근<br>苔色拂霜根 | 서리 덮인 뿌리 옆엔 이끼가 붙어 있다. |
| 직가승향한<br>織可承香汗 | 엮어 짜면 향기로운 땀 받아 담을 수 있고 |
| 재감조금린<br>裁堪釣錦鱗 | 잘라 다듬으면[2] 비늘 고운 물고기 감당할 수 있지. |
| 삼량증입용<br>三梁曾入用 | 일찍이 세 골의 진현관進賢冠 만드는 데에 쓰였고[3] |
| 일절봉왕손<br>一節奉王孫 | 한 마디는 왕손王孫에게 바쳤노라.[4] |

---

1) 원문의 '피어나다[生]'는 '드리우다[垂]'라고 된 판본도 있다.
2) 본문의 '재감裁堪'을 '간응竿應'으로 표기한 판본도 있다.

3) 『주서周書』에 따르면, 성왕成王이 현복玄服을 입으려 할 때, 주공周公이 사람을 시켜 영릉霽陵의 무늬 고운 대나무를 가져다가 모자를 만들게 했다고 한다. 그리고 서광徐廣의 『여복지輿服志』에 대한 잡주雜註에는, 천자는 평상복[雜服]을 입을 때 다섯 개의 골이 들어 있는 '진현관'을 쓰고, 태자와 여러 왕들은 세 개의 골이 들어 있는 진현관을 쓴다는 기록이 있다.
4) 『사기史記·조세가趙世家』의 기록에 따르면, 양자襄子가 진양晉陽으로 망명할 때 원과原過가 그 뒤를 따랐다. 왕택王澤에 이르렀을 때 낯선 사람 셋을 만났는데, 그들이 양쪽 끝이 막힌 대나무 두 마디를 양자에게 주면서 이렇게 말했다. "조무휼趙無恤에게 주는 것이오." 대나무를 쪼개 보니, "나는 곽태산霍太山 산양후山陽侯께서 보낸 천사天使인데, 그대에게 호림胡林의 땅을 하사한다"고 쓴 붉은 글씨가 들어 있었다. 한편, 이 시는 대나무에 이하 자신을 빗대어 쓴 것이므로, '한 마디[一節]'라는 표현은 자신의 온전한 충절忠節을 의미하는 중의적 표현으로 사용되었다고 할 수 있다.

## 심부마와 함께 어구수에서 同沈駙馬賦得御溝水
<sub>동 심 부 마 부 득 어 구 수</sub>

| 입 원 백 앙 앙 |  |
|---|---|
| 入苑白泱泱 | 정원[1]으로 들어온 물빛 하얗게 넘실거릴 때 |
| 궁 인 정 엽 황 |  |
| 宮人正靨黃 | 궁녀들은 얼굴 화장을 하지.[2] |
| 요 제 룡 골 랭 |  |
| 繞堤龍骨冷 | 제방 둘러싼 난간[3]은 싸늘한데 |
| 불 안 압 두 향 |  |
| 拂岸鴨頭香 | 연안에 찰랑이는 녹색 물냄새[4] 향기롭구나. |
| 별 관 경 잔 몽 |  |
| 別館驚殘夢 | 별관에서 못다 꾼 꿈을 깨고 |
| 정 배 범 소 상 |  |
| 停杯泛小觴 | 술잔 멈춘 곳에서 작은 잔 띄워 보내나니[5] |
| 행 인 류 랑 처 |  |
| 幸因流浪處 | 다행히 떠돌아다니는 곳에서 |
| 잠 득 견 하 랑 |  |
| 暫得見何郞 | 잠시 하랑을 만나볼 수 있었으면.[6] |

1) 궁전의 정원을 가리킨다. 『삼보황도三輔黃圖』에는 관중關中으로 들어온 물은 모두 '상림원上林苑'으로 통한다는 기록이 있는데, 여기서 정원도 '상림원'을 가리키는 것으로 생각된다.
2) 『유양잡조酉陽雜俎』에는, "근래에 화장은 볼에 달 모양으로 그리는데, 그것을 '황성엽黃星靨'이라 한다. '엽靨'은 장식[鈿]의 이름인데, 오吳나라 손화孫和의 등부인鄧夫人에게서 시작되었다"는 기록이 있다. 그리고 『사물기원事物紀原』에는, "부인들이 화장할 때 볼에 달 모양으로 분칠을 하는데, 크기는 엽전만 하다. 혹은 붉은색으로 마치 연지처럼 점을 찍기도 한다"라는 기록이 있다.
3) 원문의 '용골龍骨'은 어구御溝의 제방을 따라 둘러쳐진 난간을 가리킨다. 한편 『사기史記·하거서河渠書』에는 도랑을 파다가 용의 뼈를 얻어서 '용골거龍骨渠'라는 이름을 붙였다는 기록이 있다.
4) 원문의 '압두鴨頭'는 녹색의 물을 가리킨다. 당나라 때에 사용하던 염료染料의 명칭 가운데 '압두록鴨頭綠'이란 것이 있다.
5) 옛날에는 구불구불 흐르는 도랑가에 작은 탁자를 마련해놓고 술잔을 채워두었다가 물위에 띄워 보냈다. 그리고 잔이 닿은 곳에 있는 사람이 그것을 마시고 다시 잔을 채워 띄워 보냈는데, 이것을 '유상流觴'이라 했다.
6) 삼국시대 위魏나라의 하안何晏은 용모가 뛰어난 것으로 유명했는데, 위나라의 금향공주金鄕公主와 결혼해서 부마가 되었다. 여기서는 심부마沈駙馬를 가리킨다. 이 시는 이하가 물에 떠다니는 술잔처럼 유랑하는 자신의 처량한 신세와 그 와중에 우연히 심부마를 만나게 된 행운을 비유하여 노래한 것이다.


## 처음 봉례랑이 되어 창곡<sup>1)</sup>의 산속 거처를 생각하며
시 위 봉 례 억 창 곡 산 거
始爲奉禮憶昌谷山居

| | |
|---|---|
| 소 단 마 제 흔<br>掃斷馬蹄痕 | 말발굽 자국 쓸어 지우고 |
| 아 회 자 폐 문<br>衙回自閉門 | 관청에서 돌아와 몸소 문을 닫는다. |
| 장 쟁 강 미 숙<br>長鎗江米熟 | 다리 긴 솥에선 찰벼가 익어가고 |

<sub>소 수 조 화 춘</sub>
小樹棗花春　키 작은 나무에는 대추꽃이 봄빛을 띠고 있다.

<sub>향 벽 현 여 의</sub>
向壁懸如意　벽에다 여의장如意杖2) 걸어두고

<sub>당 렴 열 각 건</sub>
當簾閱角巾　주렴 앞에서 각건3) 가다듬는다.

<sub>견 서 증 거 낙</sub>
犬書曾去洛　개 목에 묶어 보낸 편지는 이미 낙양을 떠났지만4)

<sub>학 병 회 유 진</sub>
鶴病悔游秦　병든 아내 돌볼 수 없으니 장안으로 온 게 후회스럽구나.5)

<sub>토 증 봉 다 엽</sub>
土甑封茶葉　흙 단지에는 찻잎이 밀봉되어 있겠고

<sub>산 배 쇄 죽 근</sub>
山杯鎖竹根　산속에서 쓰던 술잔은 막힌 대나무 뿌리가 되었겠지.6)

<sub>부 지 선 상 월</sub>
不知船上月　모르겠구나, 배 위에 달은 떴을 터이나

<sub>수 도 만 계 운</sub>
誰棹滿溪雲　누가 노7) 저어 구름 가득한 계곡에서 노닐까?

---

1) 창곡은 복창현福昌縣(지금의 허난성河南省 이양현宜陽縣)에 있다.
2) 손에 들고 지휘를 할 때나 몸을 방어할 때 사용하던, 두 자 남짓한 길이의 쇠 지팡이이다.
3) 각이 진 두건의 일종으로, 당나라 때에 선비들이 집에 있을 때 착용하던 것이다.
4) 임방任昉의 『술이기述異記』에 따르면, 진晉나라 육기陸機에게 황이黃耳라는 이름을 가진 총명한 개가 한 마리 있었는데, 낙양에서 오랫동안 벼슬살이를 하던 육기가 집에서 편지가 없는 것을 근심하다가 장난삼아 개에게 편지를 전해줄 수 없느냐고 물었더니, 개가 말을 알아듣고 꼬리를 흔들었다. 그래서 편지를 써서 대나무 통에 담아 개의 목에 매달아 보냈더니, 개가 고향에 편지를 전하고 답장을 얻어 돌아왔다고 한다.
5) 옛 시에 이런 작품이 있다. "날아오는 한 쌍 백학은 서북쪽에서 왔는데 쌍쌍이 줄을 맞춰 나네. 아내가 병들어 따라갈 수 없어, 남편은 5리를 갈 때마다 한번씩 돌아보고, 6리를 날아가 한번 배회하네. 내 그대 물어서 데려가고 싶지만 닫힌 입을 벌릴 수 없고, 등에 업어 가고 싶지만 깃털이 절로 부러져 버렸네.(飛來雙白鶴, 乃從西北方, 十十五五, 羅列成行. 妻卒被病, 不能相隨, 五里一返顧, 六里一徘徊. 吾欲銜汝去, 口噤不能開., 吾欲負汝去, 毛羽自摧頹.)" 한편, 여기서 진秦은 장안을 가리키는데, 이것은 장안이 옛날 진나라의 수도였던 함양咸陽의 서쪽에 위치해 있기 때문에 생겨난 별칭이다.

6) 대나무 뿌리를 잘라 만든 술잔은 주인이 없어 쓰이지 않고 있다는 뜻이다.
7) 본문의 '도棹'를 '도掉'로 쓴 판본도 있다.

## 칠석 七夕

| | |
|---|---|
| 별포금조암<br>別浦今朝暗 | 오늘 아침 이별의 나루터[1]는 어둑하고 |
| 나유오야수<br>羅帷午夜愁 | 깊은 밤 비단 장막엔 시름 서렸네. |
| 작사천선월<br>鵲辭穿線月 | 까치는 실 꿰인 달을 떠나고[2] |
| 형입폭의루<br>螢入曝衣樓 | 반디는 옷 말리는 누대로 들어오네.[3] |
| 천상분금경<br>天上分金鏡 | 하늘에서 금 거울 나누고[4] |
| 인간망옥구<br>人間望玉鉤 | 인간 세상에서 옥고리처럼 다시 만나기 바라네.[5] |
| 전당소소소<br>錢塘蘇小小 | 전당의 소소소[6]는 |
| 갱치일년추<br>更値一年秋 | 다시 한 해의 가을을 맞았네.[7] |

---

1) 견우와 직녀가 헤어진 은하수의 물가를 가리킨다. 판본에 따라서, 원문의 '포浦'를 '저渚'로 쓴 것도 있다.
2) 양梁나라 종신宗懍의 『형초세시기荊楚歲時記』에 따르면, 칠월 칠석에 집안에서 여자들이 화려한 실을 엮어 일곱 개의 구멍이 뚫린 바늘에 꿰었는데, 간혹 금, 은, 놋쇠, 돌 등으로 바늘을 만들었다고 한다. 그리고 마당에 오이와 과일을 차려놓고 좋은 솜씨를 얻기를 기원했는데, 그러다가 거미가 오이 위에 거미줄을 치면 원하는 것을 얻은 것으로 생각했다고 한다. 이것이 '걸교乞巧'의 풍습이다.
3) 『사민월령四民月令』에 따르면, 칠월 칠석에 경서와 의복을 햇볕에 말린다고 했다. 예총치의 주석에 따르면, 다른 판본에서는 '형螢'을 대부분 '화花'로 쓰고 있으나,

시귀詩鬼의 노래 권1  51

칠월 칠석에 꽃잎이 누대에 날아든다는 것은 이치에 맞지 않기 때문에 '형'으로 고쳐 쓴다고 했다.
4) 『고금시화古今詩話』에 따르면, 진陳나라의 태자사인太子舍人을 지낸 서덕언徐德言과 낙창공주樂昌公主는 서로 사랑하는 사이였는데, 진나라의 정세가 기울자 거울을 깨서 서로 반쪽씩 나눠 가졌다고 한다. 나중에 진나라가 망하고 낙창공주는 양소 楊素의 첩이 되었다. 서덕언은 이별의 슬픔을 시로 지었는데, 공주가 그 시를 보고 눈물을 흘리자 양소가 서덕언을 불러 공주를 돌려주었다고 한다.
5) 『후한서後漢書』의 주석에 따르면, 고리[鉤]는 서로 이어져 있음을 뜻한다고 했다.
6) 남제南齊 때의 유명한 기생으로, 여기서는 직녀를 비유하고 있다.
7) 원문의 '다시[更]'는 '또[又]'라고 된 판본도 있다.

## 화청궁에서 過華淸宮

春月夜啼鴉 봄 달밤에 기러기 울음소리
宮簾隔御花 궁전 주렴 너머로 피어난 꽃.
雲生朱絡暗 구름 일어나 붉은 창틀 어둑해지고
石斷紫錢斜 부서진 돌계단엔 자줏빛 이끼 비스듬히 자랐구나.
玉椀盛殘露 옥 주발엔 남은 이슬[1] 가득하고
銀燈點舊紗 은 등잔의 낡은 망사는 먼지로 얼룩졌다.
蜀王無近信 촉왕[2]은 근래에 소식 없고
泉上有芹芽 온천 위에는 미나리 싹 자라고 있다.

---

1) 『남사南史』에는 심형沈炯이 지었다는 「제한무제문祭漢武帝文」이 인용되어 있는데,

그 가운데 "신선 마을 옥 주발이 인간 세계로 나왔네.(茂陵玉椀, 遂出人間)"라는 내용이 있다. 이 시에서는 한 무제가 신선이 되기 위해 이슬을 받아 마셨다는 일화를 연상하며 묘사한 것이지만, 여기서는 일반적인 술이나 음료를 가리키는 의미로 사용되었다.

2) 당唐 현종玄宗을 가리킨다.


## 심아지를 보내면서 — 서문과 함께 送沈亞之歌 幷序
<small>송 심 아 지 가   병 서</small>

<small>문인심아지   원화칠년   이서부중제   반귀어오강   오비기행   무전주이</small>
文人沈亞之, 元和七年, 以書不中第, 返歸於吳江. 吾悲其行, 無錢酒以
<small>로   우감심지근청   내가일해이송지</small>
勞, 又感沈之勤請, 乃歌一解以送之.

문인 심아지沈亞之는 원화元和 7년에 명서과明書科[1]에 응시했다가 급제하지 못하자 오강吳江으로 돌아갔다. 나는 그가 떠남에도 여비를 챙겨주고 술자리를 마련해 위로해주지 못한 것을 슬퍼하고, 또 그의 간절한 부탁에 감동하여 노래 한 곡을 지어 그를 전송했다.

<small>오흥재인원춘풍</small>
吳興才人怨春風   오흥의 재주 많은 사람은 봄바람 원망하는데

<small>도화만맥천리홍</small>
桃花滿陌千里紅   밭둑엔 복사꽃 만발하여 붉은 빛 천리나 펼쳐졌구나.

<small>자사죽단총마소</small>
紫絲竹斷驄馬小   자죽紫竹 채찍은 부러지고 청총마는 왜소한데

<small>가주전당동부동</small>
家住錢塘東復東   집이 전당이라 동쪽으로 또 동쪽으로 간다네.

<small>백등교천직서급</small>
白藤交穿織書笈   하얀 등나무 줄기 엮어 책 상자 만들고

<small>단책제재여범협</small>
短策齊裁如梵夾   짧은 죽간 가지런히 잘라 범협처럼 만들었지.[2]

<small>웅광보광헌춘경</small>
雄光寶礦獻春卿   빛나는 보석을 예부에 바치고자[3]

| 연 저 맥 파 승 일 엽
煙底驀波乘一葉 | 안개 낀 강 물결을 조각배 타고 건너왔는데, |
|---|---|
| 춘 경 습 재 백 일 하
春卿拾材白日下 | 예부의 관리는 환한 대낮에 인재 모으면서 |
| 척 치 황 금 해 룡 마
擲置黃金解龍馬 | 황금은 내던져두고 용마는 풀어놓아 버렸구나.[4] |
| 휴 급 귀 강 중 입 문
攜笈歸江重入門 | 책 상자 들고 돌아가[5] 다시 문을 들어서는데 |
| 노 로 수 시 련 군 자
勞勞誰是憐君者 | 아! 가슴 아파라, 그대 아껴줄 이 누구일까? |
| 오 문 장 부 중 심 골
吾聞壯夫重心骨 | 듣자하니 장부[6]는 마음의 뼈대를 중시하는지라 |
| 고 인 삼 주 무 최 졸
古人三走無摧捽 | 옛 사람은 전쟁터에서 세 차례나 도망쳐도 기를 꺾지 않았다지.[7] |
| 청 군 대 단 사 장 편
請君待旦事長鞭 | 바라노니 그대 날 밝기 기다리며 공부에 더욱 힘써 |
| 타 일 환 원 급 추 율
他日還轅及秋律 | 다음번에 다시 와 과거에 급제하시게.[8] |

---

1) 『통전通典』에 따르면, 당나라 때에 과거에서 선비를 선출하는 방법에는 수재秀才, 명경明經, 진사進士, 명법明法, 명서明書, 명산明算 등이 있다고 했다. 이 가운데 '명서'는 서예이론 및 기예에 대한 시험을 가리킨다.

2) '짧은 죽간[短策]'은 나중에 '백접자白摺子'라고 불렀다. 옛날에는 죽간에다 글을 쓰는 것을 '책을 만든다[作策]'고 했는데, 후세에 종이를 사용하고서도 예전의 용어를 그대로 썼다. 그리고 『대업잡기大業雜記』에 따르면, 외국에서 새로 번역하여 들여온 불경은 다라수多羅樹 잎을 사용해서 만든 것인데, 그 모양이 비파枇杷 잎과 비슷하지만 그보다 크고 두꺼웠다. 그 위에 가로로 글을 쓰고, 다시 그 한쪽에 구멍을 뚫어서 마치 공문서를 엮은 장부처럼 실로 꿰어 엮었는데, 그것을 '범협'이라고 부른다고 했다.

3) 빛나는 보석은 심아지의 빼어난 재능을 의미한다. 원문의 '춘경春卿'은 당시에 과거 시험을 담당하던 부서인 '예부禮部'를 가리킨다.

4) '황금'과 '용마'는 모두 심아지의 재능을 비유한 표현이다. 여기서 이하는 예부의 시험관들이 심아지의 뛰어난 재능을 알아보지 못했음을 풍자하고 있다. 『주례周禮』에 따르면, 말이 키가 여덟 척 이상 되는 경우를 용이라고 했다.

5) 원문의 '귀강歸江'은 '귀가歸家'로 된 판본도 있다.

6) 원문의 '장부壯夫'를 '장부丈夫'로 쓴 판본도 있다.
7) 『사기·관안열전管晏列傳』에서 관중管仲은 "내가 세번 벼슬살이를 했다가 세번 군주에게 내쫓겼으나 포숙아鮑叔牙는 내가 못났다고 여기지 않았으니, 내가 때를 제대로 만나지 못했음을 알아주었기 때문이다. 내가 세번 전쟁에 나가 세번 도망쳤으나 포숙아는 나를 겁쟁이라고 여기지 않았으니, 내게 늙은 어머님이 계신 것을 알아주었기 때문이다"라고 말했다.
8) 원문의 '추율秋律'은 '추월秋月', 즉 가을을 가리킨다. 『여씨춘추呂氏春秋』에서 초가을[孟秋]은 음률이 이칙夷則에 해당하고, 한가을[仲秋]은 남려南呂에, 그리고 늦가을[季秋]은 무역無射에 해당한다고 했듯이, 옛날에는 각 계절에 맞게 음률을 배정했다. 한편, 당나라 때에는 10월에 '공거貢擧' 즉 과거시험을 치렀다.


## 회포를 노래함 詠懷 二首

### 其一  하나

長卿懷茂陵  사마상여는 무릉 땅을 그리워했지[1)]
綠草垂石井  푸른 풀 돌우물에 드리워진 그곳.
彈琴看文君  거문고 타서 탁문군 만날 때면
春風吹鬢影  봄바람에 귀밑머리 날렸지.
梁王與武帝  양나라 왕과 한 무제는
棄之如斷梗  부러진 가시나무처럼 그를 내버렸지만
惟留一簡書  그는 다만 책 한 권 남겨서
金泥泰山頂  태산 꼭대기에 공적비功績碑 세우게 했지.[2)]

1) 『사기・사마상여열전司馬相如列傳』에 따르면, 사마상여는 자가 장경長卿이고 한漢 경제景帝 때에 무기상시武騎常侍라는 벼슬을 지냈다. 어느 날 양梁나라 효왕孝王이 추양鄒陽, 매승枚乘, 장기莊忌 등을 거느리고 천자를 배알하러 왔는데, 사마상여는 그들을 만나고 마음이 이끌려 병을 핑계로 관직을 내놓고 양나라에서 객경客卿 생활을 했다. 그러나 양 효왕이 죽자 그는 집으로 돌아왔으나 가난해서 생계를 이어갈 수 없게 됨에 따라 임공臨邛으로 갔다. 그곳의 부호인 탁왕손卓王孫이 그를 초청하여 잔치를 벌여주었는데, 사마상여는 막 과부가 된 탁왕손의 딸 탁문군卓文君을 거문고 연주로 유혹하여 함께 야반도주를 했다. 그러다가 무제 때에 효문왕孝文王의 정원을 관리하는 일을 하다가 병이 나서 그만뒀다. 그의 집은 무릉茂陵에 있었는데, 병이 심해지자 무제가 사자를 보내 그의 저서를 가져오게 했다. 그러나 사자가 도착했을 때 그는 이미 죽어 있었고, 그의 유서에서는 '봉선封禪'의 일에 대해 말하고 있었다(흙으로 제단을 쌓아놓고 하늘에 제사를 올리는 것을 '봉封'이라 하고, 평평한 땅을 잘 청소해놓고 땅에 제사를 올리는 것을 '선禪'이라 한다). 그로부터 5년 후에 무제는 땅의 신인 후토后土에게 제사를 올렸고, 8년 후에는 태산에 올라 '봉제封祭'를 올리고 양보산梁父山에서 '선제禪祭'를 올렸다.
2) 『후한서』의 주석에 따르면, 왕 노릇 하는 사람이 공업을 이루고 정치를 안정시키고 나면 그 사실을 하늘에 알리고 돌에다가 그때를 기록했는데, 그것을 봉하는 방법은 금책석함金策石函과 금니옥검金泥玉檢이 있었다고 한다. 금니는 금가루와 수은을 섞어 개서 문서를 봉할 때 쓰는 것이다.

기 이
其二      둘

일 석 저 서 파
日夕著書罷      저물녘에야 글쓰기[1] 마치니

경 상 락 소 사
驚霜落素絲      갑자기 서리 내린 머리에서 한 가닥 하얀 실 떨어진다.[2]

경 중 료 자 소
鏡中聊自笑      거울 속에서 그저 혼자 웃음 짓나니

거 시 남 산 기
詎是南山期      어찌 남산처럼 오래 살기를 기대할 수 있으랴?

두 상 무 폭 건
頭上無幅巾      머리에는 폭건[3]조차 쓰지 않았고

고 얼 이 염 의
苦蘖已染衣      누런 고얼[4]은 이미 옷을 물들여놓았다.

56 시귀詩鬼의 노래 : 완역 이하李賀 시집

| 불견청계어 |  |
|---|---|
| 不見淸溪魚 | 그대는 모르는가, 맑은 계곡의 물고기는 |
| 음수득상의 |  |
| 飮水得相宜 | 물만 마시고도 서로 의좋게 지낼 수 있음을?[5] |

---

1) 원문의 '저서著書'를 '간서看書'로 쓴 판본도 있다.
2) 이상은의 「이장길소전」에 따르면, 이하는 건강을 도외시한 채 창작에 열중하는 바람에 17세에 벌써 머리가 하얗게 셌다고 한다.
3) 집안에 있을 때 쓰는 두건과 비슷한 것으로서, 대개 신분이 낮은 사람이 쓰는 것이다.
4) '황얼黃糵'이라고도 부르며, 옷감의 염색에 사용되는 누런 나무껍질을 가리킨다. 대개 이처럼 누렇게 물들인 옷은 농부들이 입는 것이다.
5) 원문의 '상의相宜'를 오정자吳正子 판본에서는 '자의自宜'로 표기했다.

## 유운[1]을 추모하여 화답함 追和柳惲

| 정주백빈초 |  |
|---|---|
| 汀洲白蘋草 | 정주에 흰 마름[2] 돋을 때 |
| 유운승마귀 |  |
| 柳惲乘馬歸 | 유운은 말 타고 돌아갔지. |
| 강두사수향 |  |
| 江頭榿樹香 | 강가엔 풀명자나무[3] 향기 풍기고 |
| 안상호접비 |  |
| 岸上蝴蝶飛 | 물가엔 나비 날아다니지. |
| 주배약엽로 |  |
| 酒杯箬葉露 | 잔에 담긴 술은 약죽 잎의 이슬로 빚었고[4] |
| 옥진촉동허 |  |
| 玉軫蜀桐虛 | 촉 땅 오동나무에 옥으로 기러기발 붙인 거문고 타네. |
| 주루통수맥 |  |
| 朱樓通水陌 | 붉은 누대는 물가의 둑까지 이어졌는데 |

시귀詩鬼의 노래 권1  57

| 사난일쌍어 |  |
|---|---|
| 沙暖一雙魚 | 따뜻해진 모래밭 가까이 나와 노니는 물고기 한 쌍.[5] |

---

1) 『양서梁書』에 따르면, 유운柳惲은 자가 문창文暢이며, 어려서부터 시를 잘 짓기로 명성을 날렸고, 오흥吳興의 태수太守를 지냈다고 한다. 일찍이 「강남곡江南曲」을 지었는데, 그 내용은 이러하다. "정주에서 흰 마름 따니, 해 저무는 강남엔 봄빛이 감도네. 동정호洞庭湖엔 돌아가는 나그네, 소상강瀟湘江에서 옛 친구를 만났네. 자네는 왜 돌아가지 않는가? 봄꽃은 다시 지기 마련인 것을. 새로 사귄 벗 얘기는 하지 않고, 그저 갈 길이 멀다고만 말하네.(汀洲採白蘋, 日落江南春. 洞庭有歸客, 瀟湘逢故人. 故人何不返, 春華復應晚. 不道新相知, 只言行路遠.)"
2) 『이아익爾雅翼』에 따르면, 마름의 잎은 정사각형으로 나는데 가운데가 십자 모양으로 갈라져 있고, 뿌리는 물 바닥에 나지만 잎은 물위에 떠 있다. 5월이 되면 하얀 꽃을 피운다.
3) 원문의 '풀명자나무[樝樹]'는 '거먕옻나무[櫨樹]'라고 쓴 판본도 있다.
4) 진陳나라 고야왕顧野王의 『여지지輿地志』에 따르면, 협계夾溪에는 화살 재료로 쓰이는 약죽箬竹이 가득 자라는데, 계곡의 남쪽과 북쪽 언덕을 각각 상약上箬과 하약下箬이라고 부른다고 했다. 그런데 그곳에서 하약의 물로 술을 빚으면 그 맛이 매우 뛰어나서 '약하주箬下酒'라는 명칭이 생겨났다고 한다.
5) 후반부 네 구절은 유운이 집에 도착한 후 술 마시고 거문고 타면서 아내와 정겹게 노니는 모습을 묘사한 것이다. 특히 마지막 구절에서 '따뜻한 모래'와 '물고기 한 쌍'은 각기 '편안한 거처'와 '부부'를 비유하여 묘사한 것이다.

# 춘방정자의 칼 春坊正字劍子歌[1]

| 선배갑중삼척수 |  |
|---|---|
| 先輩匣中三尺水 | 선배[2]의 상자 속에 담긴 삼척수三尺水[3]는 |
| 증입오담참룡자 |  |
| 曾入吳潭斬龍子 | 일찍이 의흥義興의 못에 들어가 교룡蛟龍을 베었네.[4] |
| 극월사명괄로한 |  |
| 隙月斜明刮露寒 | 문틈으로 스미는 달빛처럼 비스듬한 광채는 이슬을 깎은 |

| | 듯 차갑고 |
|---|---|
| <sub>연 대 평 포 취 불 기</sub><br>練帶平鋪吹不起 | 흰 비단 띠처럼 평평히 펼쳐진 채로 바람에도 흔들리지 않네. |
| <sub>교 태 피 로 질 려 자</sub><br>蛟胎皮老蒺藜刺 | 낡은 상어 가죽 칼집⁵⁾에는 질려 가시 무늬 새겨져 있고 |
| <sub>벽 제 쉬 화 백 한 미</sub><br>鷿鵜淬花白鵰尾 | 되강오리 기름 바른 칼날은 흰 솔개의 꼬리 같네.⁶⁾ |
| <sub>직 시 형 가 일 편 심</sub><br>直是荊軻一片心 | 그것은 바로 형가의 한 조각 붉은 마음이지만 |
| <sub>막 교 조 견 춘 방 자</sub><br>莫敎照見春坊字 | '춘방정자'라는 글자는 밝게 비추지 말라. |
| <sub>뇌 사 단 금 현 록 속</sub><br>捼絲團金懸麗觳 | 실 꼬아 금 장식 매단 술은 손잡이에 매달려 있고⁷⁾ |
| <sub>신 광 욕 절 람 전 옥</sub><br>神光欲截藍田玉 | 신령스러운 광채는 남전藍田의 옥도 자를 것 같다.⁸⁾ |
| <sub>제 출 서 방 백 제 경</sub><br>提出西方白帝驚 | 뽑히면 서방의 백제白帝 놀라게 하고 |
| <sub>오 오 귀 모 추 교 곡</sub><br>嗷嗷鬼母秋郊哭 | 흑흑 귀신 어미 가을 들판에서 울게 하겠구나.⁹⁾ |

---

1) 『당서唐書・백관지百官志』에 따르면, 태자의 동궁東宮에 설치된 좌춘방左春坊이라는 관청에 사경국司經局이란 부서가 있고, 여기에 두 개의 '정자正字'라는 직책을 두었다고 한다. 이들은 전적典籍을 교열校閱하는 문관文官이다. 이 작품에서 이하는 날카롭고 강인한 영웅의 기상을 가진 검과 보잘것없는 한관閑官인 춘방정자와는 어울리지 않음을 지적하고 있다. 요문섭姚文燮의 설명에 따르면, '춘방정자'라는 글자는 검 위에 새겨진 글자라고 했다.
2) 당나라 때에는 거인擧人들이 이미 과거에 급제한 이를 부를 때 '선배'라고 했다.
3) 칼[劍]을 가리킨다. '삼척三尺'이란 장검의 길이를 가리키고, '수水'는 칼날의 빛을 가리킨다.
4) 『세설신어世說新語・자신제십오自新第十五』에 따르면, 주처周處라는 사람은 어려서부터 흉폭하여 마을의 골칫거리였는데, 그 마을엔 또 의흥義興의 강물에 사는 교룡蛟龍과 산속에 사는 이마가 하얀 호랑이가 모두 백성들에게 큰 피해를 끼치고 있었다. 의흥 사람들은 그 셋을 '삼횡三橫'이라고 불렀는데, 이 가운데 주처가 가장 심했다. 어느 날 어떤 사람이 그에게 호랑이를 죽이고 교룡을 베어버려서 '삼횡' 가운데 하

나만 남게 되었으면 좋겠다고 하자, 주처는 즉시 호랑이를 죽이고 물속에 들어가 교룡을 쳤다. 교룡이 물 위로 솟았다가 다시 물속에 잠기기를 되풀이하며 수십리를 도망치자, 주처가 사흘 밤낮으로 교룡을 쫓았다. 마을 사람들은 그가 교룡과 같이 죽은 줄 알고 기뻐했는데, 주처가 돌아와 그 모양을 보고 결국 버릇을 고쳐 훌륭한 사람이 되었다고 한다. 여기서 의흥은 곧 지금의 쟝쑤성江蘇省 이싱宜興을 가리키는데, 그곳은 삼국 시대 오吳나라에 속한 곳이었기 때문에 '오나라의 못'이라고 표현한 것이다. 본문의 '오담吳潭'을 '오강吳江'으로 쓴 판본도 있다.

5) 『산해경山海經』의 주석에 따르면, 상어 가죽은 구슬 무늬가 있고 단단해서 칼집으로 쓸 수 있다고 했다. 본문의 '교태蛟胎'를 아라이 판본에서는 '교점蛟鮎'으로 썼다.

6) 『본초경本草經』에 따르면, 되강오리[鷖鶒]는 물오리와 비슷한 물새인데, 그 기름을 칼에 바르면 녹이 슬지 않는다고 했다. 또 흰 솔개[白鷳]는 꿩과 비슷한데, 하얀 바탕에 가는 물결 모양의 검은 무늬가 있고, 그 꼬리는 서너 자나 된다고 한다. 여기서는 검의 날을 비유한 것이다.

7) 원문의 '녹속麗觫'은 '녹속籚簌'을 잘못 쓴 것이다. 즉 실을 그물 모양으로 엮어 만든 손잡이의 장식이라는 뜻이다.

8) 『통전通典』에 따르면, 경조군京兆郡의 남전현藍田縣에서는 고운 옥이 생산된다고 했다. 『열자列子・탕문湯問』의 주석에 인용된 『시자尸子』의 구절에, "곤오의 검은 옥을 자를 수 있다.(錕鋙之劍, 可以切玉)"고 했다.

9) 『한서漢書』에 따르면, 고조高祖가 술에 취해 대택大澤의 밤길을 가는데 도중에 큰 뱀이 길을 막고 있어서 칼을 뽑아 쳐죽였다. 나중에 어떤 사람이 뱀이 죽어 있는 곳을 지나다가 그곳에서 곡을 하고 있는 한 노파를 만났다. 그가 노파에게 곡을 하는 사연을 묻자 노파는 자신의 아들이 바로 백제白帝의 아들인데 뱀으로 변해서 길을 막고 있다가 적제赤帝의 아들에게 죽임을 당했다고 했다. 본래 진秦나라는 양공襄公 이래 소호신少昊神을 섬기면서 왕도王都의 서쪽에 사당을 짓고 백제에게 제사를 올렸다. 그러므로 이 전설은 오행설五行說을 바탕으로 한漢나라가 진나라의 뒤를 이어 천하에 군림하게 된 것을 정당화하기 위해 만들어진 참위설讖緯說 가운데 하나라고 할 수 있다. 본문의 '귀모鬼母'를 '귀모鬼姥'로 쓴 판본도 있다.

## 귀공자의 밤샘놀이 貴公子夜闌曲

| 裊裊沈水煙 | 하늘하늘 침향沈香[1] 연기 |
| 烏啼夜闌景 | 까마귀는 밤새 울어대네. |
| 曲沼芙蓉波 | 굽은 늪 부용꽃은 물결 위에 떠 있고 |
| 腰圍白玉冷 | 허리 두른 하얀 옥은 서늘한 기운 품었네.[2] |

---

1) 본문의 '침수沈水'는 '침향沈香'이라고도 부른다. 『남주이물지南州異物志』에 따르면, 그 향은 일남日南-오늘날 월남越南의 순화順化와 그 주변-에서 생산되는데, 그것을 얻기 위해서는 먼저 나무의 뿌리 부분을 도끼로 쪼개서 오랫동안 그대로 두어야 한다. 그러면 나무가 바깥쪽부터 썩어가기 시작하는데, 어느 정도 썩었을 때 안쪽의 가장 단단한 고갱이를 물에 담그면 침전물이 생긴다. 이것을 가지고 만든 향이 바로 '침향'이다. 『통고通考』에서는 이 향이 남해의 '임읍국林邑國'-오대五代 이후로는 '점성占城'이라고 부름-에서 생산된다고 했다.

2) 대개 이 시에 대한 주석들에서는 이 시의 모든 묘사가 귀공자 본인에게 집중되어 있는 것으로 간주하고, '백옥'은 귀공자의 허리띠를 장식한 보석이며, 새벽이 가까워지는 가을밤의 차가운 기온 때문에 그 옥이 차가워진 상태를 가리킨다고 풀이하고 있다. 그러나 역자가 보기에 상당히 타당성이 있어 보이는 청나라 때 요문섭의 주석에 따르면, 이 시는 밤새 연회를 즐기며 돌아오지 않는 남편을 기다리는 아내의 원망을 노래한 것이라고 했다. 그런 의미에서 요문섭은 '굽은 늪[曲沼]'은 '곡방曲房' 즉 '규방閨房'을, 그리고 '부용芙蓉'은 아내의 설레는 마음을 가리킨다고 풀이했다. 특히 요문섭은 '백옥白玉'에 대해서 홀로 이불 속에 누워 자신의 허리에 얹은 여인의 하얀 손과 팔을 가리키는 것으로 풀이했다.

## 안문 태수의 노래 雁門太守行[1]

| | |
|---|---|
| 黑雲壓城城欲摧 | 검은 구름 성을 짓누르니 성은 무너질 듯하고[2] |
| 甲光向月金鱗開 | 달을 향한 갑옷의 빛 금빛 물고기 비늘처럼 펼쳐지네.[3] |
| 角聲滿天秋色裏 | 하늘 가득 뿔피리 소리 가을 기운 속으로 울려 퍼지고 |
| 塞上燕脂凝夜紫 | 요새 위엔 연지가 엉겨 붙은 듯, 밤이 되자 붉게 빛나네.[4] |
| 半卷紅旗臨易水 | 반쯤 말린 붉은 깃발 역수 강가에 서 있고 |
| 霜重鼓寒聲不起 | 찬 서리 무겁게 앉아 싸늘한 북은 소리조차 나지 않네.[5] |
| 報君黃金臺上意 | 황금대에서 인재 모으신 군주의 뜻[6]에 보답하고자 |
| 提攜玉龍爲君死 | 옥룡검[7] 움켜쥐고 군주 위해 죽으려네. |

---

1) 원래 '안문태수행'이라는 것은 한漢나라 『악부시집樂府詩集·상화가相和歌』에 수록된 '슬조삼팔곡瑟調三八曲' 가운데 하나의 제목이다. 그러므로 이 시는 악부시의 형태를 본떠 지은 '의고악부擬古樂府'에 해당한다. 요문섭의 주석에 따르면, 이 시는 원화 9년(814)에 진무振武, 즉 옛적의 안문雁門 지역에서 변란이 일어났을 때, 장조張照가 절도사節度使로 임명되어 진압에 나서게 되자 이하가 그를 전송하기 위해 지은 것이라고 했다.
2) 예총치의 주석에서는 "견고한 성 위에는 검은 구름이 마치 지붕처럼 뒤덮여 있는데, 이것을 '군대의 정기[軍精]'라고 한다"는 『진서晉書』의 기록을 소개하고 있다.
3) '금린金鱗'은 '금이金魚' 또는 '금즉金鯽'이라고도 하는데, 딱히 '주鯽(붕어)'의 일종이라기보다 대개 몸집이 작고 비늘이 금홍색金紅色을 띠고 있는 물고기들을 한꺼번에 아우르는 명칭이다. 한편 요문섭의 주석에서는 이 구절의 묘사가 앞 구절에 묘사된 흐린 날씨와 맞지 않는다는 왕안석王安石의 비평과 더불어, 그것은 전쟁터

를 묘사하는 시정詩情을 모르는 사람들의 헛된 지적이라는 양신楊愼의 반론을 함께 제시했다. 본문의 '향월向月'을 '향일向日'로 쓴 판본도 있다.
4) 본문의 '새상塞上'은 '새토塞土'라고 되어 있는 판본도 있다. 여기서 "밤이 되자 붉게 빛난다"고 번역한 부분에 대해서, 종래에는 진秦나라의 만리장성이 축조된 지역의 흙이 모두 붉은색이기 때문이라는 설명이 많았지만, 왕기의 주석에서는 석양빛에 반사된 모습이라고 설명했다. 그러나 역자가 보기에 '연지'는 '응결되었다〔凝〕'는 서술과 연관되어 있으니, 격한 전쟁으로 인해 뿌려진 피를 암시하는 뜻으로도 풀이할 수 있을 듯하다.
5) 본문의 '한성寒聲'을 아라이 판본에서는 '성한聲寒'으로 표기했으나, 오류인 듯하다.
6) 예총치가 인용한 『상곡군국도경上谷郡國圖經』에 따르면, 황금대는 역수에서 동남쪽으로 18리쯤 떨어진 곳에 있는데, 연燕나라 소왕昭王(이름은 희평姬平)이 그곳에 세운 누대 위에 천금千金을 두고 온 세상의 인재들을 맞이했다고 한다.
7) 명나라 때 증익曾益은 한나라 명제明帝 영평永平 2년(59)에 용 모양으로 생긴 검을 주조했다는 『도검록刀劍錄』의 기록을 인용하면서, '옥룡玉龍'이 바로 그 검을 가리킨다고 설명했다.

## 대제의 노래 大堤曲[1]

| | |
|---|---|
| 妾家住橫塘 | "제 집은 횡당[2]에 있는데 |
| 紅紗滿桂香 | 붉은 비단 가린 창엔 계수나무[3] 향기 가득하지요." |
| 靑雲敎綰頭上髻 | 푸른 구름 얽어 머리 위 상투 삼고 |
| 明月與作耳邊璫 | 밝은 달은 귓가의 귀고리 삼았네. |
| 蓮風起 | 연꽃에 바람 일어[4] |
| 江畔春 | 강가엔 봄기운 날리는데, |
| 大堤上 | 큰 강둑에선 |

| 유북인<br>留北人 | 북으로 떠나는 임 붙잡는 여인의 모습. |
| --- | --- |
| 낭식리어미<br>郎食鯉魚尾 | "당신은 잉어 꼬리 먹었고 |
| 첩식성성순<br>妾食猩猩脣 | 저는 성성이 입술 먹었지요.[5] |
| 막지양양도<br>莫指襄陽道 | 양양으로 가는 길일랑 가리키지 마셔요, |
| 녹포귀범소<br>綠浦歸帆少 | 물결 푸른 항구엔 돌아오는 배도 드물잖아요! |
| 금일창포화<br>今日菖蒲花 | 오늘은 창포꽃 피는 여름이지만[6] |
| 명조풍수로<br>明朝楓樹老 | 내일 아침은 단풍나무도 시드는 가을일 거예요."[7] |

---

1) 예총치가 인용한 『일통지一統志』에 따르면, '대제大堤'는 한漢나라 양양부襄陽府 성 밖에 있다고 했다. 「대제곡」은 양梁나라 간문제簡文帝 때에 만들어진 것으로, 이른 바 '옹주십곡雍州十曲' 가운데 하나이다. 일설에는 육조 송宋나라 수왕隨王(이름은 유탄劉誕)의 「양양곡襄陽曲」에 "아침에 양양을 출발하여 저녁에 대제에 이르러 묵었네. 대제의 여인네들은 꽃처럼 요염해서 남자의 눈을 휘둥그레해지게 만드네.(朝發襄陽來, 暮至大堤宿. 大堤諸女兒, 花艶驚郎目)"라는 구절이 있는데, 「대제곡」이란 것은 사실 여기에서 비롯되었다고 한다. 명나라 때의 증익은 이 노래 가운데 첫 부분을 "조발양양성朝發襄陽城"으로 쓰고, 그것이 악부시 가운데 하나라고 했다.
2) '대제' 근처의 지명이다.
3) 예총치는 원문의 '홍사紅紗'를 '붉은 비단옷[紅紗衣]'으로 풀이했는데, 명나라 때의 증익은 이것을 창을 가린 비단으로 풀이했다. 여기서 역자는 후자를 따랐다. 그리고 증익이 인용한 『시자尸子』에 따르면, "봄날 꽃과 가을 꽃부리[春華秋英]를 일컬어 '계桂'라고 한다"고 했지만, 여기서는 넷째 구의 '명월明月'과 관련시켜 볼 때 전설상의 계수나무를 연상시키기 위해 사용된 단어가 아닐까 생각된다.
4) 본문의 '연풍蓮風'은 '연풍戀風'과 쌍관어雙關語이다.
5) '잉어 꼬리'나 '원숭이 입술'은 모두 진귀한 요리에 해당한다. 예총치에 따르면, 이것은 둘이 함께 지낼 때의 즐거운 모습을 묘사한 것이라 했다. 요문섭의 주석에서는, "귀종歸終이라는 신령한 짐승은 미래의 일을 알고, 성성猩猩이라는 전설적인 동물은 지나간 일을 알고 있다.(歸終知來, 猩猩知往)"라는 『회남자淮南子』의 구절을 인용하면서, 이런 음식을 먹는다는 묘사를 통해 헤어지기 아쉬워하는 그윽한 정을 비유하고

있다고 설명했다. 한편 글자의 발음을 고려하면 '잉어[鯉魚]'는 '이별의 말[離語]'을, '성성猩猩'은 '비릿하고[腥腥]' 씁쓸한 여인의 심정을 암시하는 표현이라 하겠다.
6) 원문의 '창포화菖蒲花'를 "창포가 갓 싹을 틔웠지만[菖蒲短]"으로 표기한 판본도 있다.
7) 이 구절에는 헤어져 있는 동안 세월이 빨리 지나서 당신이 돌아온다는 '내일'이면 우리는 이미 가을날의 단풍나무처럼 시들어 있을 것이라고 하며, 떠나는 임을 만류하는 뜻이 담겨 있다.

## 촉나라의 노래 蜀國絃[1]

楓香晩花靜    단풍나무 향기 속에 저녁 꽃들 고요한데
錦水南山影    탁금강[2]엔 남산의 그림자 어렸구나.
驚石墜猿哀    위태로운 돌벼랑에서는 원숭이의 애달픈 울음소리 떨어지고
竹雲愁半嶺    대숲에 서린 구름[3]은 고개의 절반을 시름으로 덮고 있지.
涼月生秋浦    서늘한 달이 가을 포구에 떠오르면
玉沙粼粼光    옥 같은 모래 맑게 빛나네.
誰家紅淚客    누구인가, 붉은 눈물 흘리며
不忍過瞿塘    차마 구당협 지나지 못하는 저 나그네는?[4]

---

1) 예총치의 주석에는 "「촉도난蜀道難」은 동량銅梁과 옥루玉壘의 험한 지리를 두루 묘사하고 있고, 또 이와 비슷하게 「촉국현蜀國絃」이라는 노래도 있다"라는 『악부고제요해樂府古題要解』의 내용이 인용되어 있다. 즉 이 시가 악부시를 본따서 지은 '의고악부擬古樂府'라는 것이다. 증익은 이와 관련된 악부시의 제목으로 「촉국음蜀國吟」을 들었다. 한편, 요문섭은 이 시가 정원貞元 11년(795)에 배연령裵延齡

이 육지陸贄의 참소讒訴를 당해 충주忠州 별가別駕로 좌천당하자, 이하가 배연령이 향할 촉 땅의 험난함을 생각하며 지은 것이라고 했다.
2) 예총치는 『태평환우기太平寰宇記』를 인용하며, 본문의 '금수錦水'는 탁금강濯錦江, 즉 촉강蜀江을 가리킨다고 했다. 그 강은 이곳에 이르면 그 물이 맑아져서, 비단을 씻으면 다른 곳에서 씻은 것에 비해 훨씬 선명하고 윤택이 난다고 하여 '탁금강'이라는 이름이 붙었다는 것이다.
3) 원문의 '죽운竹雲'은 "지나는 구름[行雲]"으로 표기된 판본도 있다.
4) 『습유기拾遺記』에 따르면, 위魏나라 문제文帝가 아끼던 미녀인 설영운薛靈芸이 처음 부모와 이별할 때 며칠 동안 한숨을 내쉬다가 눈물로 옷깃을 적셨는데, 수레를 타고 길을 떠날 무렵 흐르는 눈물을 옥타호玉唾壺에 받았다. 그런데 그 옥타호는 붉은색이어서 상산常山을 출발해서 경사京師에 도착해보니, 눈물이 마치 피처럼 뭉쳐 있었다고 한다. 구당협瞿塘峽은 지금의 쓰촨성四川省에 있는 것으로 이른바 '장강삼협長江三峽' 가운데 첫째로 꼽힌다. 가파르게 마주 선 절벽 사이로 강물이 흐르는데, 촉강의 물줄기가 시작되는 문에 해당한다.


## 소소소<sup>1)</sup>의 무덤 蘇小小墓

幽蘭露 그윽한 난초에 맺힌 이슬
如啼眼 눈물 어린 눈동자인 듯.
無物結同心 사랑하는 두 마음 묶어 줄 물건도 없고
煙花不堪剪 안개 같은 꽃은 차마 베어버릴 수 없어라.
草如茵 요처럼 펼쳐진 풀
松如蓋 덮개처럼 늘어진 소나무.
風爲裳 바람은 치마가 되고

| 수위패<br>水爲佩 | 물결은 찰랑이는 옥패玉佩가 되네. |
|---|---|
| 유벽거<br>油壁車 | 유벽거[2] 타고 가서 |
| 석상대<br>夕相待 | 기다리는 저녁[3]. |
| 냉취촉<br>冷翠燭 | 싸늘한 푸른 촛불[4] |
| 노광채<br>勞光彩 | 힘겹게 빛을 뿌리는데 |
| 서릉하<br>西陵下 | 서릉[5] 아래엔 |
| 풍취우<br>風吹雨 | 바람이 비를 몰아치네.[6] |

---

1) 『악부樂府·광제廣題』에 따르면, 소소소는 전당錢塘의 유명한 기생이었다고 한다. 남제南齊 시대의 고악부古樂府에 「소소소가蘇小小歌」라는 것이 있는데, 그 내용은 이러했다. "나는 유벽거를 타고 가고, 그대는 청총마를 타고 오지요. 어디서 사랑하는 두 마음을 맺을까? 서릉의 송백나무 아래지요.(我乘油壁車, 郎乘靑驄馬. 何處結同心, 西陵松柏下.)" 소소소의 무덤은 가흥현嘉興縣 서남쪽, 지금의 항저우시杭州市에 있는 서호西湖 물가에 있다.
2) 의자에 기름 먹인 베를 덮은 수레로, 주로 여자들이 이용하는 것이다.
3) 원문의 '석夕'은 '구久'로 표기된 판본도 있다.
4) 무덤 안에 밝혀진 촛불 또는 도깨비불[鬼火]을 묘사한 것이다.
5) 지금의 항저우杭州에 있는 고산孤山의 서랭교西冷橋 일대를 가리키는 지명이다.
6) 이 구절을 '풍우취風雨吹' 또는 '풍우개風雨改'로 쓴 판본도 있다. 아라이 판본에서는 '풍우회風雨晦'로 표기되어 있다.

## 꿈에 하늘을 오르다 夢天

| | |
|---|---|
| 老兔寒蟾泣天色 <br> 노토한섬읍천색 | 늙은 토끼 초라한 두꺼비[1] 하늘빛 슬퍼하여 |
| 雲樓半開壁斜白 <br> 운루반개벽사백 | 구름 누각 반쯤 열리자 기운 벽 창백하네. |
| 玉輪軋露濕團光 <br> 옥륜알로습단광 | 옥 바퀴 이슬 속을 굴러 둥근 빛무리 젖어들고 |
| 鸞佩相逢桂香陌 <br> 난패상봉계향맥 | 난패[2] 찬 신선을 계수나무 향기 그윽한 논길에서 만나네. |
| 黃塵淸水三山下 <br> 황진청수삼산하 | 삼신산 아래 누런 먼지와 맑은 물은 |
| 更變千年如走馬 <br> 갱변천년여주마 | 천년의 세월을 말 달리듯 순식간에 바꿔버렸네.[3] |
| 遙望齊州九點煙 <br> 요망제주구점연 | 멀리 중국을 바라보니 아홉 가닥 연기 같고[4] |
| 一泓海水杯中瀉 <br> 일홍해수배중사 | 넘실거리는 바닷물은 잔 속에서 찰랑이는 듯하네. |

---

1) 여기서 '토끼'와 '두꺼비'는 모두 달을 가리킨다.
2) 옥에다 난새를 새긴 허리 장식을 가리킨다.
3) 『신선전神仙傳』에 따르면, '삼신산'은 세상 밖의 바다에 있는 봉래산蓬萊山, 방장산方丈山, 영주산瀛洲山을 가리킨다. '누런 먼지'와 '맑은 물'은 인간 세상의 변천을 뜻하며, 여기서는 천년에 걸쳐 진행된 인간 세상의 변천이 하늘에서 보면 마치 달리는 말처럼 순식간에 진행된 것처럼 보인다는 것을 말하고 있다. 증익의 주석에서는 역시 『열선전列仙傳』에서 마고麻姑라는 신선이 왕방평王方平을 만나서 한 말을 인용하여 이것을 설명했는데, 그 내용은 다음과 같다. "당신을 만난 후부터 동해가 세 차례나 뽕밭으로 변하는 것을 보았는데, 봉래산에 가보니 물이 또 지난날보다 얕아졌지만 완전히 잠길 때까지는 시간이 반밖에 되지 않았더이다. 그것이 어떻게 다시 육지가 될 수 있겠습니까?"
4) 본문의 '제주齊州'는 '중주中州', 즉 중국中國과 같다. '아홉 가닥의 연기'란 옛날 중

국인들이 천하를 구주九州로 나누어 설명하던 관념을 반영한 비유이다.

## 당나라 아들의 노래 唐兒歌[1]

| | |
|---|---|
| 頭玉磽磽眉刷翠 | 옥처럼 단단한 머리에 짙푸른 눈썹 |
| 杜郎生得眞男子 | 두랑은 진정한 남자를 낳았구나![2] |
| 骨重神寒天廟器 | 진중한 골격과 차분한 정신은 조정의 큰 그릇 될 만하고 |
| 一雙瞳人剪秋水 | 한 쌍 눈동자는 가을 물도 벨 듯하네. |
| 竹馬梢梢搖綠尾 | 죽마는 씽씽 푸른 꼬리 흔들고 |
| 銀鸞睒光踏半臂 | 은으로 조각한 난새는 번쩍이며 조끼를 밟네.[3] |
| 東家嬌娘求對値 | 동쪽 이웃의 귀여운 아가씨가 친구로 사귀고 싶어 |
| 濃笑書空作唐字 | 예쁘게 웃으며 허공에다 '당唐'이라고 쓰네.[4] |
| 眼大心雄知所以 | 커다란 눈 씩씩한 마음 보건대 미래를 알 만하니 |
| 莫忘作歌人姓李 | 잊지 말게나, 이 노래 지은 사람도 성이 이가라는 걸. |

---

1) 예총치의 주석에 따르면, 당나라 위장韋莊의 『우현집又玄集』에는 이 시의 제목이 「두가당아가杜家唐兒」라고 되어 있다고 한다. 한편 본문의 '두랑杜郎'에 대해서 예총치는 빈국공豳(또는 邠)國公 두황상杜黃裳을 가리킨다고 하면서, 그가 당나라 왕실의 공주를 부인으로 삼았다고 했다(그러나 그 공주가 누구인지는 밝히지 않았다). 증익의 주석 역시 같은 내용인데, 다만 두황상의 아들 가운데 두재杜載는 이하와 동시대의 인물이지만 두종杜琮은 이하보다 후대의 인물이라고 부연해서 설명했다. 그

러나 여기서 '두랑'은 요문섭의 설명처럼, 두종(자는 영유永裕)을 가리키는 것으로 보아야 할 듯하다. 실제로 이하는 헌종憲宗 원화元和 11년(816)에 죽었으므로 그와 청년기를 함께 살았던 것이 확실한데, 바로 그 두종이 헌종의 기양공주岐陽公主를 부인으로 맞았기 때문이다. 그러므로 그들 사이에서 낳은 아들을 장난삼아 '당나라의 아들[唐兒]'이라고 불렀다고 보는 편이 더 타당하다 하겠다.
2) 『백호통白虎通』에 따르면, 남자는 '공업을 맡을 사람[任功業者]'이다. 본문의 '진眞'을 '기奇'로 표기한 판본도 있다.
3) 증익의 주석에서 인용한 『자곡자炙轂子』의 설명에 따르면, 본문의 '반비半臂'는 원래 수隋나라의 내궁內宮에서 즐겨 입던 소매가 긴 옷을 당나라 고조高祖(이름은 이연李淵)가 소매를 자르라고 하여 붙여진 이름이라 한다. 그 모양이 오늘날의 조끼와 비슷하다 한다. 본문의 '은란銀鸞'에 대해서 왕기는 '반비'에 은가루를 써서 난새의 모양을 그린 것이라고 했지만, 예총치는 그것이 '반비'의 목둘레에 매달아 장식하는 것이라는 여간黎簡의 설명이 더 그럴 듯하다고 했다.
4) 본문의 '서공書空(허공에다 쓰다)'을 '화공畫空(허공에다 그리다)'이라고 표기한 판본도 있다.


## 도사의 초례 綠章封事[1]

青霓扣額呼宮神    도복 차려 입고 머리 숙여 궁궐의 신 부르니
鴻龍玉狗開天門    큰 용과 옥처럼 하얀 개 하늘 문을 연다.[2]
石榴花發滿溪津    계곡 나루엔 석류꽃 만발해 있는데
溪女洗花染白雲    선녀가 꽃을 씻어 흰 구름 물들이네.
綠章封事諮元父    '기도문' 밀봉하여 하느님[3]께 올리니
六街馬蹄浩無主    장안 거리 말발굽은 너무 많아 주인을 알 수 없네.[4]
虛空風氣不淸冷    허공의 바람은 맑고 시원하지 않아[5]

| 短衣小冠作塵土 | 짧은 옷에 작은 모자 쓴 사람들은 먼지가 되어 버렸네.[6] |
| 金家香弄千輪鳴 | 향냄새 그윽한 부귀한 집[7]에는 찾아오는 마차 소리 시끄럽지만 |
| 揚雄秋室無俗聲 | 양웅[8]의 쓸쓸한 집에는 속세의 소리 들리지 않는다네. |
| 願攜漢戟招書鬼 | 바라건대 그가 쓰던 창 들고 책 귀신 불러내서[9] |
| 休令恨骨塡蒿里 | 한 맺힌 유골이 무덤[10] 채우지 말게 해주오. |

1) 원제인 「녹장봉사綠章封事」에서 '녹장'은 녹색의 종이에 쓴 표장表章을 가리키며, 이것은 또 '청사青詞'라고도 부른다. 예총치의 주석에서 인용한 『연번로演繁露』에 따르면, 도가의 과의科儀를 가지고 천제天帝에게 상주上奏하는 이들은 모두 청등지青籘紙에 붉은 글씨로 내용을 썼는데, 그것을 '청사'라고 불렀다고 한다. '봉사'는 남이 보지 못하도록 밀봉한 주장奏章을 가리킨다. 한편, 예전의 판본에는 대개 원제 아래 "오 지방 도사의 야초夜醮를 위하여(爲吳道士夜醮作)"라는 부제가 달려 있었는데, 예총치의 주석에서 인용한 『수서도경隋書道經』에서는 '야초'에 대해 다음과 같이 설명하고 있다. "밤중에 별빛 아래 술과 육포, 떡, 예물들을 진설하고 천황天皇 태일太一과 주요 성수星宿들에게 제사를 올리는데, 이때 황제에게 상소를 올리는 것과 같은 격식을 차려 표장表章을 마련한다. 그것을 일컬어 '초醮'라고 한다."
2) '청예青霓'와 '홍룡鴻龍', '옥구玉狗'에 대해서는 이설이 분분하다. 우선 예총치는 '청예'가 하늘의 궁궐을 지키는 신화적 짐승이고, 나머지 둘은 하늘의 문을 지키는 짐승이라고 한 데에 비해, 요문섭은 이들이 모두 구름을 비유한 묘사적 표현이라고 설명했다. 한편 증익은 이하 「창곡시昌谷詩」의 "딸랑딸랑 방울 소리 요란하면(鴻瓏數鈴響)"이라는 구절을 예로 들며 '홍룡'을 '홍롱鴻瓏'과 같은 의성어라고 하고, '옥구'는 하늘 문을 지키는 관리라고 했다. 그런데 『사원辭源』에 따르면, '청예'는 원래 굴원屈原의 「구가九歌·동군東君」에 나오는 "청운을 웃옷으로 삼고 백예를 치마로 삼았다.(青雲衣兮白霓裳)"라는 구절에서 비롯되었으며, 도사의 복장을 가리킨다고 했다. 이 번역에서는 '청예'를 도사의 복장으로, '홍룡'과 '옥구'는 구름을 비유하는 묘사로 풀었다. 본문의 '청예'는 '청예青猊'로 표기한 판본도 있다.
3) 본문의 '원보元父'는 "원기元氣를 얻은 이"라는 뜻으로 곧 '천제天帝'를 가리킨다.
4) 이 구절은 도사가 '초례'를 올릴 때 많은 구경꾼들이 몰려든 모습을 묘사한 듯하

다. 요문섭은 이에 대해, 도사의 초례가 오히려 하늘의 평온함을 어지럽힌 죄를 저지른 셈이어서 하늘에서 그를 붙잡아가기 위해 병사를 파견한 것이라고 풀이했는데, 지나친 해석인 듯하다.
5) 본문의 '청랭淸泠'은 '청령淸泠'으로 표기된 판본도 있다.
6) 일반적으로 주석가들은 이 부분을 무덥고 탁한 공기로 인해 민간에 역병이 떠돌아 죽은 사람이 많았다는 뜻으로 풀이하면서, 바로 이로 인해 도사가 초례를 지내게 되었다고 설명한다.
7) 여기서 '금가金家'는 부귀한 집안을 가리킨다. 예총치의 주석에 따르면, 한漢나라의 존귀한 신하로 금일제金日磾와 장안세張安世가 널리 알려져 있기 때문에 '금金', '장張'은 대개 부귀한 집안을 대표하는 말이다.
8) 여기서 양웅揚雄은 일반적인 가난한 선비를 대표한다.
9) 양웅은 황문黃門에서 일하면서 '집극숙위執戟宿尉'의 직책을 수행했다고 한다. 여기서 '책 귀신'은, 곧 양웅의 혼백을 가리킨다.
10) 본문의 '호리蒿里'는 무덤을 가리킨다. 옛날의 「호리곡蒿里曲」에 "무덤은 누구 집에 있는가? 혼백을 모아보니 현자도 어리석은 자도 구별이 없네.(蒿里誰家地, 聚斂魂魄無賢愚)"라는 구절이 있다.

## 하남부에서 지어본 12월의 노래 — 윤달을 포함해서
<sub>하 남 부 시 십 이 월 악 사   병 윤 월</sub>
河南府試十二月樂詞 幷閏月[1)]

<sub>정 월</sub>
正月　　　정월

<sub>상 루 영 춘 신 춘 귀</sub>
上樓迎春新春歸　　누대에 올라 봄맞이하니 새봄이 돌아와서[2)]

<sub>암 황 착 류 궁 루 지</sub>
暗黃著柳宮漏遲　　버들에는 어느새 노란 싹 돋고 물시계도 느려진다.[3)]

<sub>박 박 담 애 농 야 자</sub>
薄薄淡靄弄野姿　　옅은 아지랑이는 아롱거리며 자연의 자태 보여주고

<sub>한 록 유 풍 생 단 사</sub>
寒綠幽風生短絲　　서늘한 녹음 품은 그윽한 바람[4)] 짧은 풀 돋게 하지.

| 금상효와옥기랭
錦牀曉臥玉肌冷 | 비단 침상에 누운 새벽 옥 같은 피부 싸늘하고 |
| 노검미개대조명
露瞼未開對朝暝 | 고달픈 눈꺼풀[5] 뜨지 못하고 흐릿한 새벽 맞는다. |
| 관가류대불감절
官街柳帶不堪折 | 거리의 버들가지는 꺾어 허리띠로 삼을 만하지 않지만 |
| 조만창포승관결
早晚菖蒲勝綰結 | 조만간 창포잎 무성해지면 묶을 수도 있게 되겠지. |

---

1) 증익의 주석에 따르면, '악부'에는 '월절절양류가月節折楊柳歌'라 하여 각 달별로 그에 해당하는 악곡을 붙여 부른 노래가 있다고 하며, 여기에는 윤달이 포함되어 있다고 한다. 이 연작시는 이하가 18세 때 하남부河南府 낙양현洛陽縣의 향시鄕試에 응시할 때에 지은 것이다. 이하는 이때 향시에 급제하여 경사에서 치러지는 진사과進士科에 응시할 자격을 얻었다.
2) 이 구절의 본문은 "정월에 누대에 올라 돌아오는 봄을 맞으니(正月上樓迎春歸)"라고 되어 있는 판본도 있다.
3) '궁루宮漏'는 궁정에서 사용하던 물시계이다. 물시계가 느려진다는 것은 날이 점점 길어진다는 것을 가리킨다.
4) 원문의 '유풍幽風'은 '유니幽泥'로 되어 있는 판본도 있다.
5) 본문의 '노검露瞼'은 '노검露臉'으로 되어 있는 판본도 있는데, 예총치의 주석에 따르면, 이것은 송宋나라 때부터 시작된 잘못된 표기라고 한다.

## 이월
二月 2월

| 음주채상진
飮酒採桑津 | 채상진[1]에서 술 마신다. |
| 의남초생란소인
宜男草生蘭笑人 | 의남초[2] 피어나고 난초는 사람 향해 웃는데 |
| 포여교검풍여훈
蒲如交劍風如薰 | 창포는 칼처럼 엇갈려 있고[3] 바람은 훈훈하구나. |
| 노로호연원감춘
勞勞胡燕怨酣春 | 지친 북방의 제비[4] 무르익은 봄 원망하고 |
| 미장두연생록진
薇帳逗煙生綠塵 | 천막 휘장에 어린 연기는 초록 먼지처럼 피어나네.[5] |

| 금 교 아 계 수 모 운 |
| 金翹峨髻愁暮雲 | 금비녀 꽂은 높다란 머리채 위로 저녁 구름 시름겨운데[6]
| 답 삽 기 무 진 주 군 |
| 沓颯起舞眞珠裙 | 덩실덩실 춤사위에 진주 장식한 치마 휘날린다.
| 진 두 송 별 창 류 수 |
| 津頭送別唱流水 | 나루터 머리에서 「유수곡流水曲」 부르며 작별한 뒤
| 주 객 배 한 남 산 사 |
| 酒客背寒南山死 | 술손님 등에 서늘함 느낄 때 남산은 죽은 듯 적막하다.

---

1) 증익의 주석에 인용된 『좌전左傳』의 내용에 따르면, '채상진'은 하동河東 굴현屈縣의 서남쪽에 위치한 지명이라고 한다. 판본에 따라 이 구절의 첫머리에 '이월'이라는 두 글자가 첨가된 경우도 있다.
2) 『본초경本草經』에 따르면 '의남초'는 원추리[萱草]의 다른 이름이다. 『풍토기風土記』에서는 임신한 부인이 이 풀을 허리에 차고 있으면 아들을 낳는다고 해서 '의남초'라는 이름이 붙었다고 했다.
3) 본문의 '교검交劍'은 '교인絞刃(묶인 칼)'이라고 되어 있는 판본도 있다.
4) 『본초경』에 따르면, '북방 제비[胡燕]'는 검은 얼룩무늬에 울음소리가 크다고 한다. 이것을 '앵연鶯燕'이라고 쓴 판본도 있다.
5) 본문의 '생록진生綠塵(초록 먼지처럼 피어난다)'은 '향무혼香霧昏(향기로운 안개 흐릿하다)'으로 되어 있는 판본도 있다.
6) 본문의 '금교金翹'를 '금시金翅'로, '아계峨髻'를 '아계蛾髻'로 쓴 판본도 있다.

삼 월
三月    3월

| 동 방 풍 래 만 안 춘 |
| 東方風來滿眼春 | 동풍 불어오니 눈에 가득 봄빛 들어오는데
| 화 성 류 암 수 쇄 인 |
| 花城柳暗愁殺人 | 성안의 흐드러진 꽃무리와 우거진 버들 시름겹기 그지없다.[1]
| 복 궁 심 전 축 풍 기 |
| 複宮深殿竹風起 | 첩첩 궁궐 깊숙한 전각에는 대숲의 바람이 일고
| 신 취 무 금 정 여 수 |
| 新翠舞衿淨如水 | 비취색 새로 입힌 옷깃[2] 물처럼 깨끗하다.

| 광풍전혜백여리<br>光風轉蕙百餘里 | 비온 뒤 부는 바람은 드넓은 혜초蕙草[3]밭 쓸고 |
| 난무구운박천지<br>暖霧驅雲撲天地 | 따스한 안개는 구름 몰아내고 천지를 가득 채운다. |
| 군장궁기소아천<br>軍裝宮妓掃蛾淺 | 군장 차려입은 궁녀들 고운 눈썹화장 가벼우니 |
| 요요금기협성난<br>搖搖錦旗夾城暖 | 흔들리는 비단 깃발에 성안 길이 떠들썩하다. |
| 곡수표향거불귀<br>曲水漂香去不歸 | 곡강曲江[4]에 떠내려간 향긋한 꽃잎 돌아올 줄 모르니 |
| 이화락진성추원<br>梨花落盡成秋苑 | 배꽃 다 지면 정원은 가을 풍경으로 변해 버리겠지.[5] |

---

1) 본문의 '수쇄인愁殺人(너무나 시름겹다)'은 당시 시인들의 상투적인 표현인데, 이것을 '수궤인愁几人(책상머리에 앉은 사람을 시름겹게 하다)'이라고 쓴 판본도 있다.
2) 갓 피어난 대나무 잎을 묘사하면서, 아울러 춤추는 궁녀들의 허리가 대나무처럼 가늘고 나긋나긋하다는 것을 암시하고 있다.
3) 예총치의 주석에 따르면, 본문의 '광풍전혜光風轉蕙'는 『초사楚辭』에서 인용한 것인데, '광풍'이란 비가 갠 후 해가 떴을 때 부는 바람으로서 초목에 빛이 나는 것처럼 보이게 하기 때문에 붙여진 이름이라고 한다. 여기서 '전轉'은 '요搖(흔들다)'의 뜻으로 풀이하기도 하고, (혜초의 꽃이 피기를) 재촉한다는 뜻으로 풀이하기도 한다.
4) 장안 근교의 유명한 유원지이다.
5) '배꽃'은 '이별의 말[離話]'을 떠올리게 하는 표현이다. 본문의 '추원秋苑'을 '수원愁苑(시름겨운 정원)'으로 쓴 판본도 있다.

사월
四月    4월

| 효량모량수여개<br>曉涼暮涼樹如蓋 | 새벽도 저물녘도 서늘한데 나무는 덮개처럼 무성하고 |
| 천산농록생운외<br>千山濃綠生雲外 | 산마다 짙은 녹음은 구름 밖에서 피어난다. |
| 의미향우청분온<br>依微香雨青氛氳 | 가늘게 이어지는 향긋한 빗줄기엔 푸른빛이 가득하고[1] |

| 이엽반화조곡문 | |
|---|---|
| 膩葉蟠花照曲門 | 매끈한 잎에 서린 겹겹 꽃잎들 깊은 대문 안을 비춘다. |
| 금당한수요벽의 | |
| 金塘閑水搖碧漪 | 화려한 연못의 잔잔한 물에는 푸른 물결 흔들리고 |
| 노경침중무경비 | |
| 老景沉重無驚飛 | 노쇠한 풍경 무겁게 가라앉아[2] 갑자기 날리는 꽃잎도 없어 |
| 타홍잔악암참치 | |
| 墮紅殘萼暗參差 | 붉은 꽃잎 떨어진 뒤 남은 꽃받침만 음울하게 올망졸망. |

---

1) 본문의 '청분온靑氛氳'을 '과청분過淸氛(비가 맑은 공기 속에 내린다)'으로 쓴 판본도 있다.
2) 본문의 '노경老景'은 '묵은 햇빛'으로 풀이할 수도 있겠다. 또한 본문의 '침중沉重'을 '침첩沉帖(가라앉아 붙다)'으로 쓴 판본도 있다.

오월
## 五月　　　5월

| 조옥압렴액 | |
|---|---|
| 雕玉押簾額 | 꽃무늬 새긴 옥으로 대나무 발 누르고[1] |
| 경곡롱허문 | |
| 輕縠籠虛門 | 얇은 망사로 빈 문 가렸네.[2] |
| 정급연화수 | |
| 井汲鉛華水 | 우물에선 분가루 탄 듯한 물[3] 긷고 |
| 선직원앙문 | |
| 扇織鴛鴦紋 | 부채에는 원앙새 무늬 수놓았네. |
| 회설무량전 | |
| 回雪舞涼殿 | 몰아치는 눈 같은 꽃잎들 서늘한 궁전에서 춤추고 |
| 감로세공록 | |
| 甘露洗空綠 | 달콤한 이슬은 하늘 씻어 푸르게 해놓았네. |
| 나수종회상 | |
| 羅袖從徊翔 | 비단 소매 날갯짓 하듯 노닐 때[4] |
| 향한첨보속 | |
| 香汗沾寶粟 | 향긋한 땀방울 패옥을 적시네.[5] |

1) 본문의 '염액簾額'을 '염상簾上'으로 표기한 판본도 있다.
2) 망사가 너무 얇아 마치 문이 없는 것처럼 보이는 모습을 묘사한 표현이다.
3) 본문의 '연화鉛華'는 '연화鉛花'라고도 쓰며, 여인들이 화장할 때 쓰는 연분鉛粉 또는 그것으로 화장한 아름다운 얼굴을 의미한다. 또한 남조南朝 양梁나라 도홍경陶弘景의 시 「한야원寒夜怨」에서는 "빈산에 서리 가득하고 높은 안개 평평한데, 하얀 달빛 내려앉아 비추니 침실은 외롭고 밝구나.(空山霜滿高煙平, 鉛華沈照帳孤明)"라고 해서 싸늘한 달의 맑은 빛을 의미하기도 했다.
4) 이 구절이 "나수종풍상羅綬從風翔(비단 끈이 바람 따라 날아오를 때)"이라고 되어 있는 판본도 있다.
5) 본문의 '보속寶粟'은 허리에 차는 패옥佩玉에 좁쌀 모양의 작은 꽃무늬를 조각해놓은 것을 가리킨다. 이 구절은 미녀의 땀방울이 좁쌀처럼 맺혀 있는 모습을 묘사한 것이라고 설명하기도 한다.


유월
六月　　　　　6월

재생라
裁生羅　　　　새 비단 마름질하고

벌상죽
伐湘竹　　　　상죽[1] 자르니

피불소상점추옥
帔拂疏霜簟秋玉　치마[2]는 성긴 서리처럼 희고 대자리는 가을 옥처럼 서늘하구나.

염염홍경동방개
炎炎紅鏡東方開　타는 듯한 붉은 거울 동방을 열고

운여거륜상배회
暈如車輪上徘徊　수레바퀴 같은 빛무리 하늘에서 서성일 때[3]

추추적제기룡래
啾啾赤帝騎龍來　휘스스 적제가 용을 타고 오네.[4]


1) 「이빙의 공후인」 주석 2)를 참조하기 바란다.
2) 예총치의 주석에서는 '피帔'가 옛날 여인네들의 어깨걸이라고 했으나, 증익의 주석에서는 양웅揚雄의 『방언方言』을 인용하여 이것이 진陳나라와 위魏나라 무렵에 '치마裙'를 가리키는 방언이라고 설명했다.

3) '붉은 거울'이나 '수레바퀴'는 모두 태양을 가리킨다.
4) 본문의 '추추啾啾'에 대해 예총치는 용의 울음소리라고 했고, 증익은 여럿이 시끄럽게 떠드는 소리라고 했다. 그러나 현대의 중국어 사전에서는 이것이 새소리나 처연하고 쓸쓸한 귀신의 곡소리를 묘사하는 의성어라고 설명되어 있다. 한편, '적제'에 대해 『침중서枕中書』에서는 "축융씨祝融氏가 적제가 되었다"고 했는데, 『산해경』에서는 "남방의 축융은 짐승의 몸에 사람의 얼굴을 하고 있는데, 두 마리의 용을 타고 다닌다"라고 설명하고 있다. 그리고 『예기』에서도 "초여름[孟夏]의 달에 해당하는 신은 축융이다"라고 했듯이, 축융은 불의 신, 또는 여름의 신을 가리킨다.

## 七月
## 7월

星依雲渚泠 별무리 무성한 은하수는 싸늘하고

露滴盤中圓 이슬방울 떨어져 쟁반에 둥글게 뭉쳤네.

好花生木末 부용꽃은 나무 끝에서 피고[1]

衰蕙愁空園 시드는 혜란蕙蘭은 빈 정원[2]을 수심에 잠기게 하네.

夜天如玉砌 밤하늘엔 마치 옥 층계를 깔아놓은 듯하고

池葉極青錢 연못의 잎들은 꼭 푸른 동전 같다네.

僅厭舞衫薄 무희들의 옷은 조금 얇지 않은지

稍知花簟寒 꽃무늬 대자리도 약간 차갑게 느껴지네.

曉風何拂拂 새벽바람 솔솔 부는구나!

北斗光闌干 북두성은 하염없이 빛나네.[3]

---

1) 예총치의 주석에는 "부용꽃 나무 끝에 피네(芙蓉生木末)"라는 진晉나라 부현傅玄의 「원가행怨歌行」이 인용되어 있다. 또 증익의 주석에는 "나무 끝에서 부용꽃을 따네

(搴芙蓉兮木末)"라는 굴원屈原의 「구가九歌」가 인용되어 있다.
2) 본문의 '공원空園'은 '고원故園(옛 정원)'으로 표기된 판본도 있다.
3) 본문의 '난간闌干'은 '종횡縱橫'의 뜻이다. 예를 들어, 『악부시집』 권59에 수록된 한漢나라 채염蔡琰의 「호가십팔박胡笳十八拍」 가운데 17번째 노래에서는, "장안에 다시 들어갈 수 있을 줄 어찌 알랴? 숨이 끊어질 듯 탄식하면서 눈물만 하염없이 흘리네.(豈知重得兮入長安, 歎息欲絶兮涙闌干)"라는 식으로 사용되었다.

## 八月  8월

| | |
|---|---|
| 孀妾怨長夜 | 홀로 남은 아내[1] 긴 밤을 원망하고 |
| 獨客夢歸家 | 외로운 나그네 귀가를 꿈꾸네. |
| 傍檐蟲緝絲 | 처마 모퉁이에선 벌레가 실을 잣고[2] |
| 向壁燈垂花 | 맞은편 벽에는 등불이 꽃처럼 드리워져 있네. |
| 簾外月光吐 | 주렴 밖[3]에선 달이 빛을 토하고 |
| 簾內樹影斜 | 주렴 안[4]에는 나무 그림자 비스듬하네. |
| 悠悠飛露姿 | 한가로이 날리는 고운 이슬은[5] |
| 點綴池中荷 | 못 속의 연잎에 방울방울 맺히네. |

---

1) 본문의 '상첩孀妾'을 '궁첩宮妾(방안의 아내)'으로 표기한 판본도 있다.
2) 베짱이 - '낙위絡緯' 또는 '방사낭紡紗娘'이라고도 한다 - 의 울음소리를 묘사한 표현이다. 본문의 '집사緝絲'를 '직사織絲'로 표기한 판본도 있다. 참고로 어떤 이는 이것이 처마 아래에 집을 짓는 거미를 묘사한 것이라고 설명하기도 했는데, 나름대로 일리가 있다. 왜냐하면 거미집이나 등불의 모양새가 오랫동안 헤어져 지낸 연인과의 상봉을 암시하는 길조吉兆라는 의미에서 '희지수사喜蜘垂思' 또는 '등화보희燈花報喜'라는 말이 있기 때문이다.
3) 본문의 '염외簾外'를 아래 판본에서는 '첨외簷外'라고 표기했다.

4) 본문의 '염내簾內'를 '염중簾中'으로 표기한 판본도 있다.
5) 이슬은 결국 새벽이 되어야 맺히는 것이니, 이 구절은 그리움에 시름겨운 여인이 밤새 잠을 이루지 못하고 새벽을 맞았음을 암시한다.

<br>

| 구월<br>九月 | 9월 |
|---|---|
| 이궁산형천사수<br>離宮散螢天似水 | 이궁에는 반딧불이 흩어지고[1] 하늘은 물과 같네. |
| 죽황지랭부용사<br>竹黃池冷芙蓉死 | 대나무 잎 노래지고 연못 쌀쌀해질 때 부용꽃도 죽어가네. |
| 월철금포광맥맥<br>月綴金鋪光脈脈 | 문고리에는 달빛 끊임없이 빛나고 |
| 양원허정공담백<br>涼苑虛庭空澹白 | 서늘하고 쓸쓸한 정원 위로 하늘빛 깨끗하네. |
| 노화비비풍초초<br>露花飛飛風草草 | 이슬 꽃[2] 날리고 바람 쓸쓸한데 |
| 취금란반만층도<br>翠錦爛斑滿層道 | 울긋불긋 비단이 온 길을 가득 채웠네. |
| 계인파창효롱총<br>雞人罷唱曉瓏璁 | 계인[3]의 노랫소리 어스레한 새벽을 울리면 |
| 아제금정하소동<br>鴉啼金井下疏桐 | 돌우물 가 소슬한 오동나무엔 갈까마귀 울며 내려앉네.[4] |

---

1) '이궁'은 천자가 궁궐 밖으로 순수巡狩를 나갔을 때 묵는 궁전이다. 전하는 바에 따르면, 수隋나라 양제煬帝는 경화궁景華宮에서 많은 반딧불이를 잡아서 밤에 산으로 놀러갈 때 등불을 대신했는데, 바위와 계곡이 온통 불이 난 듯이 환했다고 한다. 본문의 '산형散螢'을 '산운散雲(구름이 흩어지다)'으로 표기한 판본도 있다.
2) 본문의 '노화露花'를 '상화霜花(서리 꽃)'로 표기한 판본도 있다.
3) 『주례周禮』에 따르면, '계인'은 큰 제사가 있을 때 새벽을 알리며 여러 관리들을 깨우는 임무를 담당하는 사람이다. 그리고 예총치의 주석에 인용된 『한의漢儀』에 따르면, 궁중에서는 닭을 기르지 않기 때문에 경호 무사[衛士]가 주작문朱雀門 밖에서 기다리고 있다가 궁정에 닭 울음소리를 전한다고 했다.
4) 예총치는 이 부분이 돌우물 가에서 갈까마귀가 울고 성긴 오동잎이 떨어지는 풍경을 묘사한 것이라고 설명했다.

시월
**十月**      10월

옥호은전초난경
**玉壺銀箭稍難傾**     옥호의 은 화살은 점점 기울기 어려워지고[1]

항화야소응유명
**缸花夜笑凝幽明**     밤중에 미소짓는 항아리 꽃에는 어둠과 밝음이 맺혔네.[2]

쇄상사무상라막
**碎霜斜舞上羅幕**     비단 장막 위에선 서리가루 춤추듯 날아오르고

촉롱량항조비각
**燭籠兩行照飛閣**     두 줄로 늘어선 등불[3] 높다란 누각을 비추네.

주유원와불성면
**珠帷怨臥不成眠**     진주 장식 휘장 안에서 원망에 찬 궁녀는 잠 못 이루고[4]

금봉자의착체한
**金鳳刺衣著體寒**     금빛 봉황 수놓은 옷에서 찬 기운 느끼면서

장미대월투만환
**長眉對月鬪彎環**     긴 눈썹으로 달을 마주하고 눈싸움하네.[5]

---

1) 본문의 '옥호은전玉壺銀箭'은 일종의 화려한 물시계를 가리킨다. 즉 옥으로 만든 병에 은으로 장식한 화살을 꽂고, 물이 뚝뚝 떨어지며 시간이 지남에 따라 화살에 표시한 대로 시간을 알 수 있도록 만든 장치이다. 여기서 화살이 기울기 어려워진다는 것은 밤의 시간이 점점 길어진다는 것을 의미한다.
2) '항아리 꽃'은 등잔불을 가리키고, 여기에 맺힌 어둠과 밝음은 등잔불을 중심으로 나뉜 빛과 그림자를 묘사한 것이다. 본문의 '항화缸花'를 아라이 판본에서는 '강화釭花'로 표기했다.
3) 본문의 '촉롱燭籠'을 '촉룡燭龍'으로 쓴 판본도 있다.
4) 본문의 '원와怨臥'를 '야와夜臥' 또는 '온와穩臥'라고 쓴 판본도 있다.
5) 본문의 '만환彎環'은 팔찌처럼 둥근 모양이라는 뜻이다.

십일월
**十一月**      11월

궁성단위름엄광
**宮城團圍凜嚴光**     궁궐의 성은 혹독하게 시린 빛에 둘러싸이고

백천쇄쇄타경방
**白天碎碎墮瓊芳**     하얀 하늘에선 조각조각 옥 꽃[1] 떨어지네.

| 과 종 고 음 천 일 주 |
| 撾鍾高飮千日酒 | 종 치고 거나하게 천일주[2] 마시며
| 전 각 응 한 작 군 수 |
| 戰卻凝寒作君壽 | 으스스한 추위 물리치고[3] 군왕의 장수를 기원하네.
| 어 구 빙 합 여 환 소 |
| 御溝氷合如環素 | 궁정 도랑엔 얼음이 하얀 팔찌처럼 얼어붙었으니[4]
| 화 정 온 천 재 하 처 |
| 火井溫泉在何處 | 불 우물과 온천[5]은 어디 있는가?

---

1) 눈을 비유한 표현이다.
2) 장화張華의 『박물지博物志』에 따르면, 유원우劉元于라는 사람이 산중의 술집에서 술을 사 마셨는데, 술집에서 '천일주'를 내줘서 그걸 마시고 집으로 돌아왔다. 집에 이르러 취기가 올라 잠들어버렸는데, 집안사람들은 그가 죽은 줄 알고 관에 넣어 묻어버렸다. 천 일이 지났을 때, 술집 주인이 문득 그에게 천일주를 팔았던 것을 떠올리고 그의 집을 찾아가 보니, 그가 죽어서 매장한 지 3년이 되었다고 했다. 이에 무덤을 파서 관을 열어보니, 유원우가 비로소 술에서 깨어났다고 한다.
3) 본문의 '전각戰卻'을 '각천卻天'으로 표기한 판본도 있다.
4) 본문의 '빙합氷合'을 '천합泉合(샘물이 합쳐지다)'으로 표기한 판본도 있다.
5) 예총치의 주석에 인용된 『화양국지華陽國志』에 따르면, 임공현臨邛縣에 '불 우물'이 있어 밤이면 그 빛이 위로 치솟았다. 백성들이 그 불빛을 얻기 위해 집안의 불을 우물에 던졌더니, 잠시 후 벼락이 치는 듯한 소리가 들리면서 불길이 치솟아 수십 리를 비췄다. 이에 대나무 통에 그 빛을 담으니 종일토록 들고 다녀도 꺼지지 않았다. 또 같은 지역에 온천이 솟는 구멍이 있는데, 그 물이 뜨거워서 닭이나 돼지를 삶을 수 있을 정도였고, 거기서 흘러나온 물길은 질병을 치료하는 데에 효험이 있었다고 한다. 본문의 '온천溫泉'을 '온탕溫湯'으로 표기한 판본도 있다.

| 십 이 월 |
| 十二月 | 12월
| 일 각 담 광 홍 쇄 쇄 |
| 日脚淡光紅灑灑 | 해 발치의 옅은 빛 붉고 쌀쌀하여
| 박 상 불 소 계 지 하 |
| 薄霜不銷桂枝下 | 계수나무 가지 아래 얇은 서리도 녹지 않았네.

| 의 희 화 기 배 동 엄 | |
|---|---|
| 依稀和氣排冬嚴 | 흐릿한 온기가 엄동설한 밀어낸 듯하니[1] |
| 이 취 장 일 사 장 야 | |
| 已就長日辭長夜 | 벌써 날이 길어져 긴 밤이 떠나간 것 같네. |

---

1) 본문의 '배排'를 '해解(풀리다)'로 쓴 판본도 있다. 이 시는 전반 두 구에서 한겨울의 추위를 노래하는데도 매서운 바람이나 눈 따위를 언급하지 않고 햇빛과 서리를 통해 우회적으로 묘사한 점이 눈에 띤다. 또한 후반 두 구에서는 그야말로 "겨울이 왔으니 봄이 멀지 않았겠지?"라는 긍정적인 세계관이 녹아 있으니, 이하의 시 가운데는 극히 드문 예이면서도 빼어난 작품이라 하겠다.

윤 월
閏月       윤달

| 제 중 광 | |
|---|---|
| 帝重光 | 황제가 거듭해서 빛을 베푸셨듯이 |
| 연 중 시 | |
| 年重時 | 해는 거듭해서 계절을 운행하네.[1] |
| 칠 십 이 후 회 환 추 | |
| 七十二候廻環推 | 일흔두 절후節候[2]가 순환하여 쌓이지만 |
| 천 관 옥 관 회 잉 비 | |
| 天官玉琯灰剩飛 | 천관의 옥피리에 재는 날리지 않네.[3] |
| 금 세 하 장 래 세 지 | |
| 今歲何長來歲遲 | 올해가 너무 길어 내년이 더디게 오는 것은 |
| 왕 모 이 도 헌 천 자 | |
| 王母移桃獻天子 | 서왕모가 복숭아 가져가 천자께 바치고[4] |
| 희 씨 화 씨 우 룡 비 | |
| 羲氏和氏迂龍轡 | 희화씨가 용의 고삐를 돌려 우회했기 때문일세.[5] |

---

1) 『서경』에는 "옛날의 군왕이신 문왕과 무왕께서 거듭하여 빛을 널리 베푸셨다.(昔君文王武王宣重光)"라는 구절이 있는데, 그 주석에 따르면, "무왕의 덕이 문왕과 같았기 때문에 '중광重光'이라 했으니, 마치 순임금의 덕이 요임금과 같았기 때문에 '중화中華'라고 했던 것과 같다"고 했다. 한편 제2구의 '시時'는 계절이 아니라 윤달을 가리키는 것으로 풀이하기도 한다. 그런데 윤달은 3년에 한번, 5년에 두번,

19년에 7번이 섞여있는데, 그때마다 해당 달이 다르다. 그러므로 이 시에서는 교묘하게 몇 월에 끼어 있는 윤달인지가 숨겨져 있다. 또한 이 경우에는 황제가 베푸는 빛과 윤달의 의미가 동등하게 취급됨으로써, 윤달에 대한 부정적인 이미지를 정반대로 뒤집어놓는 효과가 발휘된다.

2) 1년은 춘분이나 추분과 같은 24개의 절기로 이뤄졌고, 각 절기는 다시 3개의 절후로 나뉘어 있기 때문에, 모두 72개의 절후가 된다.

3) '천관天官'은 제사와 더불어 천문과 기상을 주관하는 관리이다.『여씨춘추』에 따르면, 황제黃帝가 영륜伶倫을 시켜 대나무로 피리를 만들게 했는데, 각기 길이를 달리하여 소리의 높낮이와 맑고 흐림을 구분하고 이로써 각종 악기의 음을 제정했는데, 이것을 '율律'이라 했다. '율'은 음양이 각 6개씩 12개로 되어 있다. 본문의 '옥관玉琯'은 옥으로 만든 율관律管을 가리킨다. 한편,『후한서・율력지律曆志』에 따르면, 옛날에는 율관 안에 갈대의 재를 넣어서 기후를 측정했는데, 일정한 기후가 되면 해당 율관 안의 재가 저절로 날려 나왔다고 한다. 이렇게 12개의 음률에 따라 12달을 정했는데, 윤달에는 그에 해당하는 율관이 없기 때문에 날릴 재도 없다는 것이다.

4)『한무외전漢武外傳』에 따르면, 7월 7일에 서왕모西王母가 내려왔는데, 시녀가 오리알만 한 크기에 둥글고 푸른빛이 나는 복숭아 7개를 옥쟁반에 담아 가져왔다. 서왕모는 그 가운데 4개를 무제에게 주고 나머지 3개는 자신이 먹었는데, 그 맛이 너무 달콤해서 입안에 향기가 가득했다고 한다.

5)『서전書傳』에 따르면, 희씨羲氏와 화씨和氏는 중려重黎의 후손으로 대대로 천지天地와 사계절을 관장하는 관리를 지냈다고 한다. 그런데『광아廣雅』에 따르면, 해를 몰고 다니는 신의 이름이 희화羲和라고 했고,『회남자』에서도 희화가 여섯 마리의 용을 몰아 해의 수레를 몰고 다닌다고 했다. 그러므로 여기서 '희씨'와 '화씨'는 곧 '희화씨'를 가리킨다고 할 수 있다.

## 천상의 노래 天上謠

| 天河夜轉漂廻星 (천하야전표회성) | 은하수 밤길 굽이 흘러 뭇 별들 씻는데 |
| 銀浦流雲學水聲 (은포류운학수성) | 은빛 나루에 흐르는 구름 물소리 흉내 내네. |

| 옥 궁 계 수 화 미 락
| 玉宮桂樹花未落 | 옥궁[1])의 계수나무엔 꽃이 아직 지지 않아서

| 선 첩 채 향 수 패 영
| 仙妾採香垂佩纓 | 선녀[2])가 그 향긋한 꽃잎 따서 향낭에 담아 차네.[3])

| 진 비 권 렴 북 창 효
| 秦妃卷簾北窓曉 | 진비[4])가 주렴 걷어 북쪽 창이 밝아오는데

| 창 전 식 동 청 봉 소
| 窓前植桐靑鳳小 | 창 앞에 우뚝 선 오동나무엔 작고 푸른 봉황새 한 마리.

| 왕 자 취 생 아 관 장
| 王子吹笙鵝管長 | 왕자교王子喬가 생황 부니 아관이 길게 울려[5])

| 호 룡 경 연 종 요 초
| 呼龍耕煙種瑤草 | 용을 불러 안개 밭 갈고 요초[6])를 심네.

| 분 하 홍 수 우 사 군
| 粉霞紅綬藕絲裙 | 노을처럼 분홍색 도장 끈에 연뿌리처럼 하얀 치마 입고[7])

| 청 주 보 습 란 초 춘
| 靑洲步拾蘭苕春 | 청구靑邱[8])를 거닐며 난초꽃 따는 봄날.

| 동 지 희 화 능 주 마
| 東指羲和能走馬 | 동쪽을 가리키니 희화가 능숙하게 말을 모는데[9])

| 해 진 신 생 석 산 하
| 海塵新生石山下 | 돌산 아래에는 바다와 육지가 새로 생겨나네.[10])

---

1) 달을 가리킨다.
2) 달에 산다는 전설상의 선녀인 항아嫦娥를 가리킨다. 증익의 주석에 따르면, 항아가 예羿의 아내이기 때문에 본문에서 '첩妾'이라는 호칭을 썼다고 한다.
3) 『예기』에 따르면, 남녀가 아직 성인식을 치르지 않았을 때는 모두 '용취容臭'를 매달고 다닌다고 했는데, '용취'란 오늘날의 향낭과 같은 것이다.
4) 『열선전』에 따르면, 진秦나라 목공穆公 때에 소사蕭史라는 사람이 통소를 잘 불어서 그 소리로 공작새나 학들을 불러모을 수 있었다고 한다. 목공의 딸 농옥弄玉이 그를 좋아해서 그와 결혼시켜 주었는데, 어느 날 아침 두 사람이 함께 봉황을 타고 떠났다고 한다. 여기서 '진비'는 천상의 선녀를 대표하는 뜻으로 사용되었다.
5) 『열선전』에 따르면, 왕자교는 주周나라 영왕靈王의 태자인 희진姬晉을 가리키는데, 그는 생황을 잘 불어서 봉황의 울음소리를 흉내 낼 수 있었다고 한다. '아관鵝管'은 생황 위에 장식된 거위 깃털처럼 가는 옥관玉管을 가리킨다. 본문의 '취생吹笙'을 '취소吹簫(통소를 불다)'로 표기한 판본도 있다.
6) 신선들이 먹는 불로장생의 풀인 '영지靈芝'를 가리키며, '옥지玉芝'라고도 한다.

7) 본문의 '분하粉霞'와 '우사藕絲'는 모두 당나라 때 색깔의 명칭으로, 각각 오늘날의 분홍색과 순백색에 해당한다. 여기서는 글자의 원래 뜻을 좇아 의역했다.
8) 예총치의 주석에서는 본문의 '청주靑洲'가 곧 '청구靑邱'를 가리킨다고 하면서, 『십주기十洲記』의 내용을 인용하고 있다. 그에 따르면, 남해의 진사辰巳라는 곳에 '장주長洲'라는 섬이 있는데, 그곳의 다른 이름이 '청구'라고 했다. 그 섬은 사방 5천 리나 되고 해안에서 25만 리나 떨어져 있는데, 그 위에는 둘레가 2천 아름이나 되는 것을 포함해서 많은 나무들로 우거진 숲이 있다고 한다.
9) 이에 관해서는 앞에 나온 「하남부에서 지어본 12월의 노래·윤달」의 주석 5)를 참조하기 바란다.
10) 이 구절은 나는 듯 달리는 세월의 흐름에 따라 상전벽해桑田碧海의 변화를 거듭하는 인간세상의 덧없는 모습을 암시하고 있다.

## 호탕하게 노래하다 浩歌(호가)

南風吹山作平地 남풍이 산을 불어 평지로 만들고
帝遣天吳移海水 천제께서 천오[1] 보내 바닷물 옮기게 하셨네.
王母桃花千遍紅 서왕모의 복숭아나무가 천 번이나 붉은 꽃 피울 동안에[2]
彭祖巫咸幾回死 팽조나 무함[3]은 몇 번이나 죽었을까?
靑毛驄馬參差錢 청총마에는 동전 같은 무늬가 올망졸망[4]
嬌春楊柳含細煙 어여쁜 초봄의 버들가지는 가는 안개[5] 머금었네.
箏人勸我金屈卮 쟁箏 타는 미녀는 나에게 금굴치[6] 권하는데
神血未凝身問誰 신령한 피도 아직 모이지 않았거늘[7] 이 몸은 누구를 찾아갈까?

86 시귀詩鬼의 노래 : 완역 이하李賀 시집

| 불수랑음정도호<br>不須浪飲丁都護 | 슬픈「정도호」[8] 가락 속에 방탕하게 술 마시지 말지니 |
| 세상영웅본무주<br>世上英雄本無主 | 세상의 영웅에겐 본래 주인이 없는 법. |
| 매사수작평원군<br>買絲繡作平原君 | 비단 실 사서 평원군[9] 수놓고 |
| 유주유요조주토<br>有酒唯澆趙州土 | 술이 있으면 오로지 조주 땅에 뿌려야지.[10] |
| 누최수열옥섬여<br>漏催水咽玉蟾蜍 | 바삐 듣는 물방울 삼키느라 목 메이는 옥섬여[11] |
| 위낭발박불승소<br>衛娘髮薄不勝梳 | 위낭[12]의 쇠한 머리칼은 빗질도 감당하지 못하네. |
| 간견추미환신록<br>看見秋眉換新綠 | 보게나, 싱그럽던 눈썹 하얗게 세어버렸네. |
| 이십남아나자촉<br>二十男兒那刺促 | 스무 살 남자가 무슨 고생이 그리 심했는지! |

---

1) 『산해경·해외동경海外東經』에 따르면, '천오'는 조양朝陽의 곡신谷神으로, 물을 관장하는 신[水伯]이다. 그 모습은 머리와 얼굴이 여덟 개고, 다리와 꼬리도 여덟 개인데, 모두 청황색이라고 한다. 또 같은 책의 「대황동경大荒東經」에서는 그 모습이 머리가 여덟이고, 사람의 얼굴에 호랑이의 몸뚱이를 하고 있으며, 꼬리가 열 개라고 묘사되어 있다.

2) 『한무내전』에 따르면, 서왕모의 복숭아는 3천년에 한번 꽃을 피우고, 3천년에 한 번 열매를 맺는다고 했다.

3) '팽조'와 '무함'은 장수한 것으로 유명한 전설적인 인물들이다. 『열선전』에 따르면, 팽조는 은殷나라의 대부大夫인 전갱錢鏗을 가리킨다. 그는 제전욱帝顓頊의 후손인 육종씨陸終氏의 아들인데, 하夏나라 때부터 은나라 말엽까지 8백년이 넘도록 살다가 신선이 되어 떠났다고 한다. 그리고 무함은 옛날의 신령한 무당인데, 그에 대해서는 황제黃帝가 탁록涿鹿에서 염제炎帝와 전쟁을 하려 할 때 길흉을 점치게 한 사람이라는 설부터, 홍술鴻術이라는 것을 가지고 요임금 때에 '의醫'가 된 사람이라는 설, 그리고 은나라 중종中宗 때의 신령한 무당이라는 설 등이 다양하다. 증익의 주석에서는 영산靈山의 유명한 무당 가운데 하나인 무함이 약초를 채취해서 불로장생을 누렸다는 『산해경』의 기록을 인용하고 있다.

4) 예총치의 주석에 인용된 『이아爾雅』의 주석에 따르면, '청총마'는 '연전총連錢驄'이라고도 부르는데, 그것은 말의 무늬가 마치 동전을 늘어놓은 것처럼 새겨져 있기

때문에 붙여진 명칭이라는 것이다.
5) 본문의 '세연細煙'을 아라이 판본에서는 '상연細煙'으로 표기했다.
6) 육조 송宋나라 왕실에서 즐겨 쓰던, 손잡이가 굽은 술잔을 가리킨다.
7) '신령한 피가 모인다'는 것은 곧 신선의 금단金丹을 먹어 불로장생의 몸이 된다는 뜻이다. 이 구절은 세속으로부터 초탈할 능력도 갖추지 못했고, 자신의 인간적 능력을 알아줄 사람도 없는 상황에 대한 비탄의 마음을 그저 술로나 달래고 있다는 의미를 담고 있다. 본문의 '문수問誰'를 아라이 판본에서는 '시수是誰'로 썼다.
8) 육조 송나라의 고조高祖는 자신의 뜻에 거슬리는 신하가 있으면 정오丁旿라는 장사를 시켜 그 신하를 납치해서 살해하게 했다고 한다. 한편, 예총치의 주석에 따르면, 육조 진晉나라와 송나라 무렵에 「정도호丁都護」라는 '악부'의 노래가 있었는데, 여기서 「정도호」 역시 그것을 가리킨다고 하면서, 이백李白의 시 가운데도 「정도호가丁都護歌」가 있다고 했다. 본문의 '낭음浪飮'을 '난무亂舞(어지럽게 춤추다)'로 쓴 판본도 있다.
9) 전국시대 조趙나라의 공자公子인 조승趙勝을 가리키는데, 그는 객경客卿들을 잘 대접했던 것으로 유명하다.
10) 평원군의 무덤은 낙주洛州에 있으나, 여기서는 평원군이 조나라의 공자로서 그 나라의 재상을 지냈기 때문에 '조주趙州'라고 쓴 것이다.
11) 이 구절은 물시계의 모양을 통해 빨리 지나는 세월을 묘사한 것이다. 옛날의 물시계는 청동 그릇에 물을 담아놓고 윗면에 용을 조각하여, 그 입을 통해 물이 흘러나오도록 만들었다. 그리고 그 아래 다른 그릇을 하나 두고 거기에 두꺼비를 조각하여, 용의 입에서 나온 물이 두꺼비의 벌린 입을 통해 아래쪽 그릇으로 들어가도록 했다.
12) 한漢 무제武帝의 황후皇后였던 위자부衛子夫를 가리킨다. 그녀는 머리카락이 길고 아름다워서 무제의 총애를 받았다고 한다. 여기서는 일반적인 의미에서 미녀를 의미한다.

## 가을이 왔다 秋來

桐風驚心壯士苦    오동나무에 이는 바람에 마음 놀라 사나이는 괴로운데
衰燈絡緯啼寒素    스러지는 등불 아래 베짱이 울음 차갑고 쓸쓸하구나.

| 수간청간일편서<br>誰看靑簡一編書 | 누구일까, 푸른 죽간 엮은 책 읽어주어 |
| 불견화충분공두<br>不遣花蟲粉空蠹 | 좀벌레 먹어 먼지로 변하지 않게 해줄 이는? |
| 사견금야장응직<br>思牽今夜腸應直 | 시름 끊이지 않는 이 밤 창자는 곧게 펴지고 |
| 우랭향혼조서객<br>雨冷香魂弔書客 | 싸늘한 빗속에서 향기로운 영혼 글쟁이를 위로한다.[1] |
| 추분귀창포가시<br>秋墳鬼唱鮑家詩 | 가을 무덤 속에선 귀신이 포조鮑照[2]의 시를 읊조리고 |
| 한혈천년토중벽<br>恨血千年土中碧 | 천년의 한 맺힌 피는 흙속에서 푸르게 응어리졌다.[3] |

---

1) 여기서 '향기로운 영혼'은 옛 시인의 영혼을 가리키고, '글쟁이'는 이하 자신을 가리킨다. 본문의 '향혼香魂'을 '향혼鄕魂'이라고 쓴 판본도 있다.
2) 남조 송나라 사람으로 미려한 시를 많이 남겼다. 그는 특히 '칠언가행七言歌行'에 뛰어났다고 하는데, 한편으로는 무덤을 노래한 「호리음蒿里吟」과 같이 이하와 비슷한 취향의 시를 남기기도 했다. 여기서는 옛적의 시인들을 대표하는 뜻으로 사용되었다.
3) 『장자莊子』에 따르면 장홍萇弘이라는 사람이 촉蜀 땅에서 죽자 그 피를 그릇에 담아두었는데, 3년 후에 그것이 푸른 구슬처럼 응어리졌다고 한다. 여기서는 한을 품고 죽은 시인의 피가 무덤 속에서도 없어지지 않음을 뜻한다. 한편, '추秋'와 '수愁'는 서로 통하는 글자이니, 이런 맥락에서 이 시의 제목은 '수래愁來', 즉 시름이 찾아왔음을 암시한다는 것을 알 수 있다.


## 제자들의 노래 帝子歌[1]

| 동정명월일천리<br>洞庭明月一千里 | 동정호의 밝은 달 천리를 비추고[2] |
| 양풍안제천재수<br>涼風雁啼天在水 | 서늘한 바람에 기러기 울 때 하늘은 물 속에 잠겼네. |

| 구 절 창 포 석 상 사 | |
|---|---|
| 九節菖蒲石上死 | 아홉 마디 창포는 돌 위에서 죽어가고[3] |
| 상 신 탄 금 영 제 자 | |
| 湘神彈琴迎帝子 | 상수湘水의 신들은 거문고 타며 제자帝子들을 맞이하네. |
| 산 두 로 계 취 고 향 | |
| 山頭老桂吹古香 | 산마루 늙은 계수나무는 묵은 향기 뿌리고[4] |
| 자 룡 원 음 한 수 광 | |
| 雌龍怨吟寒水光 | 암룡의 한 맺힌 울음에 차가운 물 빛나네. |
| 사 포 주 어 백 석 랑 | |
| 沙浦走魚白石郎 | 물가 모래밭에서 물고기 몰고 다니던 백석랑[5]은 |
| 한 취 진 주 척 룡 당 | |
| 閑取眞珠擲龍堂 | 한가로이 진주를 들어 용당[6]에 던지네. |

1) 요임금의 두 딸로서 순임금의 아내들을 가리킨다. 이들은 순임금이 죽자 상수湘水에 투신해 죽었는데, 나중에 상수의 신이 되었다고 한다.
2) 이 구절 본문의 '명월明月'을 '제자帝子'로 쓴 판본도 있으나, 예총치의 주석에 따르면, 송나라 때의 판본에는 '명월'로 되어 있다고 했다.
3) 예총치의 주석에는 "돌 위에 피는 창포는 한 치에 여덟아홉 마디가 있네. 신선이 날더러 먹으라 하시며, 얼굴에 젊음이 유지될 거라 하시네.(石上生菖蒲, 一寸八九節. 仙人勸我餐, 令我好顔色.)"라는 고시古詩가 인용되어 있다.
4) 이 구절은 산 위에 비친 달빛을 묘사한 것이다. 달 자체를 직접 언급하지 않고 그속에 자란다는 전설 속의 계수나무를 언급함으로써, 시각적으로 느끼는 달빛을 후각으로 변환시키는 수사적 기교를 교묘하게 활용했다.
5) 예총치의 주석에서는 "백석랑이 강가에 사는데, 앞에선 하백이 길을 인도하고 뒤에는 물고기들을 거느렸네.(白石郎, 臨江居, 前導河伯後從魚)"라는 옛 '악부'를 인용하면서, 백석랑 역시 지위가 낮은 수신水神이라고 했다.
6) 하백이 사는 곳, 즉 용궁을 가리킨다. 전설에 따르면, 그 궁전은 물고기의 비늘로 지붕을 덮었고, 기둥에는 교룡蛟龍의 무늬가 새겨져 있다고 한다.

# 진왕[1]의 음주 秦王飮酒

秦王騎虎游八極 진왕이 호랑이 타고 세상 끝 두루 노니는데

劍光照空天自碧 칼날의 빛 허공을 비춰 하늘은 절로 푸르네.

羲和敲日玻瓈聲 희화가 해를 두드리자 유리처럼 맑은 소리 울리는 듯하고

劫灰飛盡古今平 겁화劫火[2]에 탄 재 다 날려버리니 고금의 시간도 평안해졌네.

龍頭瀉酒邀酒星 용두잔龍頭盞[3]에 술 따라 주성[4]을 맞이하고

金槽琵琶夜棖棖 금장식 화려한 비파[5]는 밤새 챙챙 울리네.

洞庭雨脚來吹笙 동정호 빗줄기 몰아치듯 생황 소리 울리면

酒酣喝月使倒行 거나하게 취한 채 달을 꾸짖어 거꾸로 가게 하네.

銀雲櫛櫛瑤殿明 은빛 구름 촘촘히 덮여 화려한 궁궐 환한데

宮門掌事報一更 궁문랑宮門郞[6]은 한밤의 시각을 알리네.[7]

花樓玉鳳聲嬌獰 아름다운 누각에는 기녀의 노랫소리 교태로우면서 가냘프고[8]

海綃紅文香淺淸 붉은 무늬 수놓은 고운 비단[9]에선 맑은 향기 가볍게 풍기는데

黃娥跌舞千年觥 노란 치마 기녀의 춤사위 천년 묵은 술잔 속에서 아른거리네.[10]

선 인 촉 수 랍 연 경
仙人燭樹蠟煙輕  신선의 촉수에서 밀랍 타는 연기 가벼워지면[11]

청 금 취 안 루 홍 홍
淸琴醉眼淚泓泓  선녀 같은 궁녀 취한 눈에는 눈물 홍건하네.[12]

---

1) 일반적으로 '진왕'은 진시황秦始皇을 가리키는데, 청나라 때 요문섭의 주석에 따르면, 여기서 '진왕'은 당나라 덕종德宗(이름은 이적李適)을 가리킨다고 했다. 또 왕기의 주석에서도, 덕종이 태자가 되기 전에 옹왕雍王에 봉해졌는데, 옹주雍州는 바로 옛날 진나라 땅이기 때문에 '진왕'이라 불렀다 하고, 또 그가 함양咸陽에 주둔해서 토번吐蕃의 침략을 막은 적이 있기 때문에 제1~2구에서 "진왕이 호랑이 타고 세상 끝을 두루 노니는데, 칼날의 빛이 허공을 비춰 하늘은 절로 푸르네."라고 묘사했다고 설명했다. 그러나 이 시의 제5구부터 끝부분까지는 황제가 된 후 무절제하게 환락에 빠진 채 백성과 관리를 억압하는 덕종의 실태를 신랄하게 꼬집고 있다.
2) 『고승전高僧傳』에 따르면, 한漢나라 무제武帝가 곤명지昆明池를 파다가 검은 재를 발견하여 동방삭東方朔에게 그것이 무엇인지 묻자, 동방삭은 서역의 스님이 알 것이라고 했다. 나중에 천축天竺에서 법란法蘭이라는 승려가 와서 그에게 물으니, 그 재는 세계가 끝날 때 겁화劫火가 타고 남은 재라고 했다. 불교에서는 큰 홍수와 큰 불, 그리고 큰 바람의 재앙을 하나씩 겪어서 모든 것이 파괴되고 난 뒤에 새로 모든 것이 생겨나는 기간을 일컬어 하나의 '겁劫'이라고 부른다.
3) 손잡이에 용의 머리를 조각한 술잔을 가리킨다. 한편, 예총치의 주석에 인용된 『서정기西征記』에 따르면, 한 무제의 태극전太極殿 앞에는 구리로 만든 용 모양의 술잔이 있는데, 길이는 두 길[二丈]이고 그 안에 4백 말의 술을 담을 수 있었다고 한다. 정월 초하루에 황제가 여러 신하들을 모아놓고, 용의 배에 술을 부으면 그 입을 통해 술잔에 술이 따라졌다는 것이다.
4) 『진서晉書·천문지天文志』에 따르면, 헌원軒轅의 오른쪽 뿔에서 남쪽으로 세 개의 별을 주기酒旗라고 부르는데, 주관酒官의 깃발이라는 뜻이다. 주관은 연향宴饗과 음식飮食을 주관한다.
5) 본문의 '금조金槽'는 금으로 무늬를 새겨 넣은 단조檀槽를 가리킨다. 단조는 비파 상단의 줄을 묶는 곳에 꽂아둔 단향목檀香木을 가리킨다.
6) 궁문랑은 내외 궁문宮門의 자물쇠를 채우는 일을 관장하면서, 아울러 밤에 시간을 알리는 임무도 수행했다.
7) 예총치의 주석에서는 청나라 때의 여종옥呂種玉이 『언청言鯖』에서 당나라 궁정에서 저녁을 알리는 시간이 오경으로 되어 있지 않았다는 것을 증명하기 위해 이하

의 이 시를 인용했는데, 거기서는 본문의 '일경一更'이 '육경六更'으로 되어 있다고 했다. 이에 따라 예총치는 본문을 '육경'으로 바꿔서 표기했는데, 이 구절을 궁정의 연회가 새벽까지 이어졌다는 의미로 풀이한다면, 이 또한 일리가 있는 듯하다.
8) 본문의 '옥봉玉鳳'은 노래하는 기녀를 가리킨다. 한편, 예총치의 주석에서는 오정자의 말을 인용하면서, 본문의 '영嬟'은 마땅히 '영嬟'으로 써야 한다고 지적했다. 그 경우 '영嬟'은 '가냘프다[弱]' 또는 '피곤하다[困]'의 뜻이다.
9) 본문의 '해초海綃'는 '교초鮫綃' 또는 '용초龍綃'라고도 부른다. 임방의 『술이기述異記』에 따르면, 이것은 남해에서 생산되는 귀한 비단인데, 이것으로 옷을 만들면 물에 들어가도 젖지 않는다고 했다. 여기서는 춤추는 기녀들의 옷, 또는 기녀들이 손에 들고 흔드는 손수건을 가리킨다.
10) 본문의 '황아黃娥'를 '황아黃鵝'로 쓴 판본도 있다. 한편, 본문의 '천년굉千年觥'을 장수를 기원하며 술잔을 올린다는 뜻으로 풀이하는 이도 있다.
11) 예총치의 주석에 따르면, 본문의 '선인촉수仙人燭樹'는 신선의 모습으로 만든 촛대를 가리키는데, 신선이 마치 나무와 같이 여러 개의 초를 꽂을 수 있는 촛대를 들고 서 있는 모습이라고 했다. 그러나 증익의 주석에서는 섭연규葉延珪의 『산해록山海錄』을 인용하면서, '촉수'는 오동나무와 비슷한 나무인데 마치 계수나무처럼 그 껍질이 말라 벗겨지고, 그 껍질로 초를 만들면 오랜 시간 동안 빛을 낸다는 것이다. 이 구절에서 밀랍 타는 연기가 가벼워졌다는 것은 시간이 많이 지나 날이 밝아오고 있음을 뜻한다.
12) 예총치의 주석에 따르면, 본문의 '청금淸琴'은 마땅히 '청금靑琴'으로 써야 한다고 한다. 그리고 사마상여의 「상림부上林賦」에서는 '청금'을 '복비宓妃'와 같이 거명하고 있는데, 그 주석에서 '청금'은 옛날의 신녀神女라고 했다. 여기서는 궁녀의 모습을 비유하고 있다.

## 낙양의 미녀 진주 洛姝眞珠

眞珠小娘下青廓　　진주 아가씨 하늘에서 내려오니
洛苑香風飛綽綽　　낙양 꽃밭에 향기로운 바람 천천히 불어오네.

| 한빈사채옥연광<br>寒鬢斜釵玉燕光 | 서늘한 귀밑머리 뒤로 비스듬히 꽂은 옥비녀 반짝이며[1] |
| 고루창월고현당<br>高樓唱月敲懸璫 | 높은 누각에서 달보고 노래하며 패옥 두드려 장단 맞추네. |
| 난풍계로쇄유취<br>蘭風桂露灑幽翠 | 난초 향기 품은 바람에 계수나무의 이슬[2]은 짙푸른 잎 위에 뿌려지고 |
| 홍현뇨운열심사<br>紅絃裊雲咽深思 | 구름 향해 피어오르는 붉은 쟁현箏絃 소리는 수심에 잠긴 듯 흐느끼네. |
| 화포백마불귀래<br>花袍白馬不歸來 | 화려한 옷에 백마 탄 그이는 돌아오지 않아 |
| 농아첩류향순취<br>濃蛾疊柳香唇醉 | 버들잎 포개놓은 듯한 짙은 눈썹의 미녀는 붉은 입술로 취해가네. |
| 금아병풍촉산몽<br>金鵝屛風蜀山夢 | 금실로 거위 수놓은 병풍 안에서 촉산의 꿈[3] 꾸었는데 |
| 난거봉대행연중<br>鸞裾鳳帶行煙重 | 곱게 차려입고 나선 길에는 지나는 안개 자욱하네.[4] |
| 팔창롱황검차이<br>八窓籠晃瞼差移 | 사방 창문의 휘장 밝아질 때 살며시 눈뜨면[5] |
| 일사번산훈라동<br>日絲繁散曛羅洞 | 햇살이 어지럽게 흩어지며 비단 침상 따스하게 비추네. |
| 시남곡맥무추량<br>市南曲陌無秋涼 | 시가 남쪽의 번화한 길에는 서늘한 가을 기운도 없이 |
| 초요위빈사시방<br>楚腰衛鬢四時芳 | 가는 허리에 머리 풀어헤친 미녀들 사철 내내 향기 풍기네.[6] |
| 옥후조조배공광<br>玉喉窕窕排空光 | 옥 같은 목소리 우아하게 하늘에 울려 퍼지고 |
| 견운예설류륙랑<br>牽雲曳雪留陸郞 | 눈구름처럼 하얀 치마 끌며 육랑[7]을 붙잡네. |

---

1) 임방의 『술이기』에 따르면, 한 무제 원정元鼎 원년(기원전 116)에 초령각招靈閣을 세우자 어느 신녀神女가 옥비녀 하나를 주었는데, 무제는 그것을 조첩여趙婕妤-

즉 조비연趙飛燕-에게 주었다. 소제昭帝 원봉元鳳 연간(기원전 80~75)에 궁녀들이 이 비녀에서 매우 이채로운 빛이 나는 것을 보고 그것을 부숴버리기로 공모하고 다음날 비녀가 들어 있는 상자를 열자, 상자 안에서 하얀 제비 한 마리가 하늘로 날아 올라갔다고 한다. 이런 일이 있고 나서 궁녀들이 옥비녀를 만들면 '옥연채玉燕釵'라고 불렀다는 것이다.

2) 본문의 '계로桂露'는 달빛을 은유한 것으로 풀이할 수도 있겠다.

3) '촉산의 꿈'은, 곧 '무산巫山의 꿈'을 가리킨다. 전국시대 초楚나라의 송옥宋玉이 지었다는 「고당부高唐賦」에는 초나라 양공襄公이 고당高唐에 놀러가서 낮잠을 자다가 꿈에 선녀를 만났다는 이야기가 실려 있다. 여기서는 꿈속에서 그리운 사람을 만나고픈 여인의 심정을 묘사하기 위해 사용되었다.

4) 예총치의 주석에서는 본문의 '행연行烟'을 '행우行雨(지나는 비)'로 풀이하면서, 이 구절이 주인공인 진주가 인간의 몸인지라 무산의 신녀처럼 가볍고 빠르게 그리운 사람이 있는 곳을 찾아가지 못하는 상황이라고 설명하고 있다. 증익은 '행연'을 글자 그대로 '지나는 안개'로 풀어서, 꿈속의 황홀한 정경을 묘사한 것이라고 설명했다. 그러나 여기서는 '행'을 동사로 풀어서, 진주가 꿈속의 짙은 안개 속을 걸어가는 모습으로 번역했다.

5) 본문의 '팔창八窓'을 '팔총八聰'으로 쓴 판본도 있다. 또한 본문의 '검험'을 '검험(얼굴)'으로 쓴 판본도 있다.

6) 본문의 '초요위빈楚腰衛鬢'은 각기 미녀의 아름다운 모습을 대표하는 표현이다. 『한비자·이병二柄』에는 초楚나라 영왕靈王이 허리 가는 여자를 좋아하자 나라 안에 굶어 죽은 사람이 많았다는 이야기가 실려 있다. 그리고 예총치의 주석에 인용된 『태평어람太平御覽』에는, 위衛나라 무제武帝가 머리를 풀어헤친 채 옷시중을 들던 여인에게 반해 황후로 삼았다는 이야기가 실려 있다.

7) '악부'의 「명하동곡明下童曲」이라는 노래에 "육랑이 얼룩말을 탔다(陸郎乘斑騅)"라는 구절이 있는데, 한漢나라 때의 육가陸賈라는 사람이 시내를 지나면 창가娼家의 여인들이 다투어 그를 붙들었다고 한다. 여기서는 놀러 나온 남자를 대표하는 표현으로 사용되었다.

# 이부인 李夫人[1]

| | |
|---|---|
| 紫皇宮殿重重開 | 자황[2]의 궁전 겹겹이 열리니 |
| 夫人飛入瓊瑤臺 | 부인이 날아와 경요대로 들어갔네. |
| 綠香繡帳何時歇 | 비단 장막의 싱그러운 향기는 언제 다할까? |
| 靑雲無光宮水咽 | 하늘의 구름은 빛을 잃고 궁궐의 물은 흐느끼네. |
| 翩聯桂花墜秋月 | 팔랑팔랑 계수나무 꽃잎 가을 달빛 속에 떨어지고 |
| 孤鸞驚啼商絲發 | 외로운 난새 놀란 울음 구슬프게 피어나네.[3] |
| 紅壁闌珊懸佩璫 | 산초나무 꽃 개어 바른 붉은 벽에는 패옥이 걸려 있고 |
| 歌臺小妓遙相望 | 가대의 어린 궁녀는 먼 곳만 바라볼 뿐.[4] |
| 玉蟾滴水雞人唱 | 옥 두꺼비에 물방울 떨어질 때 계인은 새벽 알리는데[5] |
| 露華蘭葉參差光 | 이슬 꽃 머금은 난초 잎 올망졸망 빛나네. |

---

1) 『한서·외척전外戚傳』에 따르면, 이부인은 이연년李延年의 여동생인데 아름답고 춤을 잘 추었으나 어린 나이에 요절했다. 한 무제가 그녀를 못 잊어 하자 소옹少翁이 초혼제를 지내서 그녀의 영혼을 불러주었으나, 가까이 다가갈 수는 없었다. 이에 무제가 슬픔에 겨워 노래를 짓고 '악부'의 신하들에게 곡을 붙이게 했다고 한다. 이 시는 당시에 총애하던 비빈妃嬪의 죽음을 슬퍼하던 황제를 염두에 두고 지은 것인 듯하다.
2) 「이빙의 공후인」의 주석 6)을 참조하기 바란다.
3) 여기서 '계수나무 꽃잎'은 이부인을, '외로운 난새'는 한 무제를 가리킨다. 본문의

'상사商絲'는 상성商聲의 악기 소리를 가리키는데, 궁宮·상商·각角·치徵·우羽의 '오음五音' 가운데 상성은 가을을 상징하는, 가장 슬픈 음률에 해당한다. 본문의 '상사'는 '상현商絃'으로 쓴 판본도 있다.
4) 이부인이 죽은 후, 그녀의 방 화려한 벽에 걸린 장식품과 생전에 함께 노닐던 가대歌臺에서 그녀를 그리워하는 궁녀의 모습을 묘사한 것이다. 본문 앞 구절의 '홍벽紅壁'을 '공벽空壁'으로 쓴 판본도 있다. 그리고 본문의 '소기小妓'를 '소백小柏(어린 잣나무)'으로 쓴 판본도 있다.
5) 물시계에 장치된 옥 두꺼비와 '계인'에 대해서는 각각 「호탕하게 노래하다」의 주석 9)와 「하남부에서 지어본 12월의 노래·구월」의 주석 3)을 참조하기 바란다.

## 주마인 走馬引[1]

| | |
|---|---|
| 我有辭鄕劍 | 내게는 고향 떠날 때 지니고 온 칼 하나 있는데 |
| 玉峰堪截雲 | 옥 같은 칼날 구름도 자를 만하지.[2] |
| 襄陽走馬客 | 양양[3] 땅에서 말 달리는 나그네는 |
| 意氣自生春 | 의기가 봄날처럼 저절로 생겨난다네. |
| 朝嫌劍花淨 | 아침이면 얼룩 없이 깨끗한 칼날이 싫고 |
| 暮嫌劍光冷 | 저녁이면 싸늘하게 빛나는 칼날이 싫어. |
| 能持劍向人 | 칼 들고 남을 겁주는 데에는 자신 있지만 |
| 不解持照身 | 칼날 빛에 자신을 비춰볼 줄은 모른다네! |

---

1) 옛 '악부'에 사용된 노래 명칭이다. 진晉나라 최표崔豹의 『고금주古今注』에 따르면, 이 노래는 저리목공樗里牧恭이라는 사람과 관련이 있다. 그는 아버지의 원수를 갚

기 위해 살인을 하고 산으로 도망쳐서 숨었는데, 밤에 말 울음소리를 듣고 관리들이 자신을 잡으러 온 줄로 알고 다시 도망쳐서 기沂 지역의 연못가에 숨었다. 여기서 거문고를 꺼내 연주하자 천마天馬의 울음소리 같은 가락이 흘러나왔는데, 이로 인해 그 노래에 「주마인走馬引」이라는 이름을 붙였다고 한다.

2) 본문의 '절운截雲'을 '재운裁雲'으로 쓴 판본도 있다.
3) 본문의 '양양襄陽'을 '장안長安'으로 쓴 판본도 있다.

## 상비 湘妃[1]

筠竹千年老不死  푸른 대나무[2]는 천년을 살아도 늙어 죽지 않고

長伴秦娥蓋湘水  오랫동안 미녀[3]와 함께하며 상수를 덮었네.

蠻娘吟弄滿寒空  시골 아가씨 흥얼거리는 소리 차가운 허공에 가득하면

九山靜綠淚花紅  구의산九疑山[4] 고요한 녹음 속에 눈물 젖은 꽃잎 붉게 빛나네.

離鸞別鳳煙梧中  헤어진 난새와 봉황 안개 낀 창오산蒼梧山을 헤맬 때

巫雲蜀雨遙相通  무산巫山의 구름과 촉산蜀山의 비 멀리서 서로 통하네.[5]

幽愁秋氣上青楓  수심에 잠긴 가을 기운 푸른 단풍나무에 덮이면

涼夜波間吟古龍  싸늘한 밤, 물결 사이로 늙은 용이 흐느끼네.

---

1) '상비'에 대해서는 「이빙의 공후인」 주석 2)와 「제자의 노래」 주석 1)을 참조하기 바란다.
2) 본문의 '균죽筠竹'을 '반죽斑竹'으로 쓴 판본도 있다.

3) 본문의 '진아秦娥'는 그 자체로 뜻이 잘 통하지 않아 이론이 많다. 증익의 주석에서는 진秦나라와 진晉나라 무렵의 방언方言에서 '아娥'는 아름다운 모습을 뜻한다고 했다. 그러나 왕기의 주석에서는 이 부분을 '신아神娥' 또는 '영아英娥'로 쓴 판본도 있다고 밝히고 있으며, 예총치의 주석에서도 '신아'로 고쳐 써놓고 그것이 곧 '상비'를 가리킨다고 설명하고 있다.
4) 지금의 후난성湖南省 닝위앤현寧遠縣에 있으며, 아홉 봉우리의 모습이 서로 비슷해서 산길을 가는 사람들을 혼동시킨다는 뜻에서 '구의산'이라는 이름이 붙었다고 한다. 이 산은 '구억산九嶷山' 또는 '창오산蒼梧山'이라고도 부르며, 순임금의 무덤이 있는 곳으로 유명하다.
5) 헤어진 '난새'와 '봉황'은 각각 순임금과 두 왕비를 가리킨다. 이어서 「고당부高唐賦」에 담긴 전설 - 이에 대해서는 「낙양의 미녀 진주」에 대한 주석 2)를 참조할 것 - 을 응용하여, 그들의 무덤이 비록 멀리 떨어져 있지만 영혼들은 신령한 힘을 통해 왕래할 것이라는 생각을 노래하고 있다.

## 남쪽 정원에서 지은 13편 南園十三首[1]

### 其一 기일
### 하나

花枝草蔓眼中開 (화지초만안중개)
나뭇가지의 꽃과 덩굴풀이 눈 안에 피어나면

小白長紅越女腮 (소백장홍월녀시)
울긋불긋 크고 작은 꽃잎 남쪽 미녀의 볼과 같네.

可憐日暮嫣香落 (가련일모언향락)
가련하게도 해 저물면 고운 향기 떨어져

嫁與春風不用媒 (가여춘풍불용매)
중매쟁이도 없이 봄바람에게 시집가 버리네.[2]

---

1) 이 연작시는 이하가 자기 고향의 풍경을 노래한 것이다. 남원이니 북원北園이니 하는 것은 복창궁福昌宮을 기준으로 볼 때 위치가 남북으로 있다는 뜻이다.
2) 후반 2구는 피었다 싶으면 시들어 떨어져 버리는 세월의 무상함을 노래함으로써,

전반 2구의 화려한 봄날 풍경과 쓸쓸한 대비를 이루고 있다.

<br>

기 이
其二            둘

궁 북 전 승 효 기 감
宮北田塍曉氣酣    궁궐 북쪽 밭두둑에 새벽 기운 짙어지면

황 상 음 로 솔 궁 렴
黃桑飮露窣宮簾    갓 돋아 노란 뽕잎 이슬 마시고 궁궐 주렴에 스치네.

장 요 건 부 투 반 절
長腰健婦偸攀折    긴 허리의 건장한 아낙이 몰래 꺾어

장 위 오 왕 팔 견 잠
將餧吳王八繭蠶    품종 좋은 누에에게 먹이려 하네.[1]

---

1) 본문의 '오왕팔견잠吳王八繭蠶'에 대해서는 이설이 있다. 먼저 예총치의 주석에서는 『교주기交州記』 등의 내용을 인용하면서, 그것이 1년에 여덟 차례 고치를 생산해 낼 수 있는 누에라고 했다. 그러나 증익의 주석에서는 『해물이명기海物異名記』의 내용을 인용하면서, 여덟 마리의 누에가 함께 짠 고치에서 뽑은 실을 '팔잠금八蠶錦'이라 한다고 했다.

<br>

기 삼
其三            셋

죽 리 조 사 도 망 거
竹裏繰絲挑網車    대나무 북에 실 감아 베틀에 던지는데

청 선 독 조 일 광 사
靑蟬獨噪日光斜    푸른 매미 홀로 울 때 햇살도 기울어가네.[1]

도 교 영 하 향 호 박
桃膠迎夏香琥珀    여름날 복숭아나무 진액 향긋한 호박처럼 맺히면[2]

자 과 월 용 능 종 과
自課越傭能種瓜    남방에서 온 하인[3] 시켜 오이를 심을 수 있다네.

---

1) 본문의 '광사光斜'를 '장사將斜'로 쓴 판본도 있다.
2) 여름이면 복숭아나무의 줄기와 가지가 맞붙은 자리에서 진액이 흘러나와 호박琥珀

처럼 맺히는데, 여기에서 은은한 향기가 풍긴다고 한다. 본문의 '향香'을 '신新'으로 쓴 판본도 있다.
3) 월남越南 출신의 하인을 가리킨다. 본문의 '월용越傭'을 '월농越儂'으로 쓴 판본도 있다.


기사<br>
其四　　　　　넷

삼 십 미 유 이 십 여<br>
三十未有二十餘　서른은 안 됐지만 스물은 넘었는데

백 일 장 기 소 갑 소<br>
白日長飢小甲蔬　한낮에도 채소조차 먹지 못하고 굶주리네.[1]

교 두 장 로 상 애 념<br>
橋頭長老相哀念　다리 머리의 노인이 불쌍히 여겨

인 유 융 도 일 권 서<br>
因遺戎韜一卷書　병서兵書 한 권 내게 주었네.[2]

1) 본문의 '갑소甲蔬'는 '소채蔬菜'를 가리킨다. 예총치의 주석에 따르면, 소채가 막 움틀 때 겉껍질을 '유갑莠甲'이라 부르는데, 싹이 점점 자란 뒤에는 '탁갑坼甲'이라 부른다고 했다.
2) 『사기·유후세가留侯世家』에 따르면, 장량張良이 하비下邳의 다리 위에서 한 노인을 만났는데, 그 노인이 장량에게 『태공병법太公兵法』이라는 책을 주었다고 한다. 여기서는 시골 노인이 이하에게 병법을 익히라고 한 것을 묘사하기 위해 이 고사를 이용한 것이다. 본문의 '융도戎韜'는 병서兵書를 가리킨다. '도韜'는 칼과 활을 담는 자루를 가리킨다.


기 오<br>
其五　　　　　다섯

남 아 하 부 대 오 구<br>
男兒何不帶吳鉤　사나이가 어찌 오구검吳鉤劍[1] 차고

수 취 관 산 오 십 주<br>
收取關山五十州　관산關山의 오십 주州[2] 정벌하지 않으리?

| 청 군 잠 상 능 연 각 |  |
|---|---|
| 請君暫上凌煙閣 | 그대여, 잠시 능연각³⁾에 올라보게. |
| 약 개 서 생 만 호 후 |  |
| 若個書生萬戶侯 | 어느 서생이 만 호를 다스릴 제후의 재목인가? |

---

1) 심괄沈括의 『몽계필담夢溪筆談』에 따르면, '오구吳鉤'는 남방에서 사용하는 날이 굽은 칼인데, '갈당도葛黨刀'라고도 한다고 했다. 한편, 조엽趙曄의 『오월춘추吳越春秋』에는 오나라의 왕 합려闔閭가 '구鉤(날이 낫처럼 굽은 창)'를 만들라고 하자 어떤 사람이 상을 받기 위해 쇠를 주조할 때 자신의 두 아들을 죽여서 쇳물에 넣어 '구'를 만들고, 이것을 왕에게 바쳤다는 이야기가 실려 있다.
2) 요문섭의 주석에 따르면, 이것은 당시 배도裵度가 채蔡·단鄆·회서淮西를 비롯한 수십 개의 지역[州]들을 정벌하여 당나라 조정에 복속시킨 공적을 세운 사실을 가리킨다고 했다. 한편, 예총치의 주석에서는, "지금 법령으로 제어할 수 없는 곳은 황하 남북의 50여 주"라는, 원화元和 6년(811)에 이강李絳이 한 말을 인용하면서, 본문에서 이하가 가리키는 바도 바로 그곳이라고 했다.
3) 정관貞觀 17년(643)에 태종太宗은 능연각에 여러 공신功臣들의 얼굴을 그리게 하고, 자신이 직접 그들을 칭송하는 글을 썼다고 한다.

---

| 기 록 |  |
|---|---|
| 其六 | 여섯 |
| 심 장 적 구 로 조 충 |  |
| 尋章摘句老雕蟲 | 풀을 뒤져 글귀 찾고 늙도록 수사修辭에 매달리는데¹⁾ |
| 효 월 당 렴 패 옥 궁 |  |
| 曉月當簾掛玉弓 | 주렴에는 새벽달이 옥으로 만든 활처럼 걸렸네.²⁾ |
| 불 견 년 년 료 해 상 |  |
| 不見年年遼海上 | 보게나, 해마다 정벌이 끊이지 않는 요동遼東³⁾ 땅에서 |
| 문 장 하 처 곡 추 풍 |  |
| 文章何處哭秋風 | 문장으로 가을바람 슬퍼할 곳이 어디 있는가? |

---

1) 『삼국지三國志』의 주석에 따르면, 풀밭을 뒤져 글귀를 찾는 것은 못난 서생이나 하는 짓이라고 했다. 그리고 양웅揚雄은 『법언法言·오자吾子』에서 '부賦'를 짓는 일이 어린아이가 조각을 하듯 꾸불꾸불 '진서팔체秦書八體'를 익히는 것과 같아서

대장부가 할 짓이 아니라고 했다. 이에 따라 '조충전각雕蟲篆刻'은 자잘한 일 또는 화려한 수사에만 치중하여 시나 부를 짓는 일을 가리키는 뜻으로 쓰이게 되었다.
2) '옥궁'은 하현달을 가리킨다. 여기까지 2구는 밤새 아름다운 문장의 수식에만 매달린 채 늙어가는 쓸모 없는 서생들의 삶을 풍자하고 있다.
3) 본문의 '요해遼海'는 요동 땅을 가리킨다. 요동은 남쪽으로 발해渤海와 가깝기 때문에 '요해'라고도 부른다.


其七<br>기 칠　　　　　일곱

長卿牢落悲空舍<br>장 경 뢰 락 비 공 사　　사마상여는 낙백하여 살림살이도 없는 빈 방에서 슬퍼했고

曼倩詼諧取自容<br>만 천 회 해 취 자 용　　동방삭은 우스갯소리로 자신을 받아들이게 했다지.[1]

見買若耶溪水劍<br>견 매 야 야 계 수 검　　야야산若耶山[2] 계곡 물에 씻은 칼 사서

明朝歸去事猿公<br>명 조 귀 거 사 원 공　　내일 아침엔 돌아가 원공을 섬기리라.[3]

---

1) 동방삭(東方朔 : 기원전 154~기원전 93)은 자가 만천曼倩인데, 우스갯소리를 통해 풍자의 뜻을 담은 간언을 하여 한 무제의 신임을 얻었다.
2) 야야산은 지금의 저쟝성浙江省 사오싱시紹興市의 남쪽에 있는데, 그곳에서 구야자歐冶子라는 전설적인 대장장이가 칼을 만들었다고 한다.
3) 『오월춘추』에 따르면, 월나라의 남쪽 숲에서 한 처녀가 나오자 월왕越王 구천勾踐(?~기원전 465)이 그녀를 아내로 맞이하고자 했다. 처녀는 북쪽으로 왕을 만나러 가던 도중에 자칭 원공猿公이라는 한 노인을 만났다. 노인은 처녀에게, "당신의 검술이 뛰어나다고 하던데 한번 보여주시오"하고 말했다. 처녀가 허락하자 노인이 대나무를 들어 내리쳤는데, 처녀가 응접하자 노인은 나무 위로 뛰어올라 하얀 원숭이로 변해버렸다고 한다. 이 시에서 '원공'을 섬긴다는 것은 무예를 배운다는 뜻이다. 즉, 사마상여 동방삭과 같이 문장의 재능을 지녀도 세상을 살아가기 어려웠으니, 그들보다 못한 자신이야 차라리 무예나 배우는 편이 나을 거라는 자조적인 내용을 노래하고 있는 것이다.

| 기 팔
**其八**

여덟

| 춘 수 초 생 유 연 비
**春水初生乳燕飛**

봄물이 흐르기 시작하자 어린 제비 날아다니고

| 황 봉 소 미 박 화 귀
**黃蜂小尾撲花歸**

노란 꿀벌은 작은 꼬리에 꽃가루 묻히고 돌아오네.

| 창 함 원 색 통 서 황
**窓含遠色通書幌**

창에 가득 먼 풍경 서재의 휘장으로 스며드는데

| 어 옹 향 구 근 석 기
**魚擁香鉤近石磯**

낚싯바늘에 걸린 물고기 개울 속 돌[1] 옆에서 퍼덕이네.

---

1) 본문의 '석기石磯'를 '조기釣磯'로 쓴 판본도 있다.


| 기 구
**其九**

아홉

| 천 사 연 와 원 앙 난
**泉沙耎臥鴛鴦暖**

샘물 가 모래밭에 나른히 누운 원앙새의 모습 따스하고

| 곡 안 회 고 책 맹 지
**曲岸廻篙舴艋遲**

구불구불 연안 따라 작은 배는 더디 가네.

| 사 주 목 란 초 엽 개
**瀉酒木欄椒葉蓋**

술 거르는 목란 껍질 위에 산초잎 덮어두고[1]

| 병 용 부 기 종 릉 사
**病容扶起種菱絲**

병든 몸 힘겹게 일으켜 마름[2]을 심네.

---

1) '목란'은 '자옥란紫玉蘭'이라고도 하는데, 옛날에는 그 껍질로 술을 걸렀다고 한다. 여기에 산초나무 잎을 얹은 것은 술에 그 향기가 배게 하려는 것이다.
2) 마름은 뿌리가 물밑에 있고 잎은 물위에 떠 있는데, 그 줄기가 매우 길어서 물결에 일렁이는 모습이 마치 실과 같다고 한다.

기 십
其十         열

변 양 금 조 억 채 옹
邊讓今朝憶蔡邕    변양이 오늘 아침 채옹을 생각하며[1]

무 심 재 곡 와 춘 풍
無心裁曲臥春風    봄바람 속에 무심히 누워 노래를 짓네.

사 남 유 죽 감 서 자
舍南有竹堪書字    집 남쪽의 대나무는 죽간竹簡을 만들 만하니

노 거 계 두 작 조 옹
老去溪頭作釣翁    늙으면 개울가에 가서 낚시질이나 해야지.[2]

---

1) 변양은 어려서부터 박식하고 글재주가 뛰어나 채옹이 나이도 훨씬 어린 그를 존경하여 하진何進에게 천거했으나, 하진은 그를 제대로 등용하지 않았다고 한다. 이것은 마치 한유韓愈가 이하의 재능을 아껴서 피휘避諱의 관습을 비판하면서 그에게 과거에 응시하도록 권유했던 것과 유사하다.
2) 자신의 재능을 펴지 못해 울적한 심사를 글로 쓰며 노년을 낚시질로 소일하겠다는 비감 어린 심사를 서술한 것이다.

기 십 일
其十一        열하나

장 만 곡 구 의 혜 가
長巒谷口倚嵇家    긴 뫼 골짜기 입구에 혜강嵇康의 집[1]이 있는데

백 주 천 봉 로 취 화
白晝千峰老翠華    한낮의 산봉우리마다 무르익은 녹음 속에 꽃이 만발했네.

자 리 등 혜 수 석 밀
自履藤鞋收石蜜    등나무 엮은 신 신고 바위 사이 꿀을 캐고

수 견 태 서 장 순 화
手牽苔絮長蒓花    얽힌 이끼 뜯어내 순채 꽃 잘 자라게 하네.[2]

---

1) 진晉나라의 혜강은 도가의 양생술養生術을 좋아했고 또 거문고 타고 시를 읊조리며 유유자적하게 지냈다. 여기서는 이하의 이웃에 사는, 그와 비슷한 기질을 가진

사람을 가리킨다.
2) 본문의 '태서苔絮'는 물속의 푸른 이끼가 어지럽게 얽힌 머리카락처럼 자라 점점 목화송이처럼 뭉쳐지는 모습을 묘사한 것이다. '순채[蒓]'는 둥근 잎사귀 아래 긴 줄기가 있는데, 잎과 줄기에 점액이 붙어 있어서 그것으로 국을 끓이면 아주 상큼한 맛이 난다고 한다. 여름에 작고 발그레한 꽃이 핀다.

### 其十二    열둘

松溪黑水新龍卵    송계의 검은 물에는 용의 알 같은 열매 맺히고[1]
桂洞生硝舊馬牙    계동에 돋은 초석硝石은 오래된 말 이빨 같네.[2]
誰遣虞卿裁道帔    누가 우경[3]에게 도복을 재단하게 했던가?
輕綃一疋染朝霞    가벼운 비단 한 필은 아침노을 물들인 듯하네.

---

1) 증익의 주석에서는 검은 소나무가 물에 비친 모양을 용의 알과 같다고 묘사했다고 설명했다. 그러나 예총치는 이것이 개울가에 열린 과일 열매를 묘사한 것이라고 했다.
2) '송계'와 '계동'은 시인의 정원 근처에 있는 시내와 동굴을 가리킨다. 『본초강목本草綱目』 권11 「석석石」 5의 「박소朴消」에 따르면, '초석'은 물에 닿으면 녹아버리고 또 다른 사물도 녹여버리기 때문에 '소消'라는 이름이 붙었다고 한다. 그것을 그릇에 넣고 볶았을 때, 맨 아래 알갱이가 거친 것을 '박소'라 하고, 맨 위에 있으면서 가는 털이 입혀진 것을 '망소芒消'라 하며, 이빨처럼 가시가 돋은 것을 '마아소馬牙消'라 한다고 했다.
3) 전국시대의 유세객으로 조趙나라 효성왕孝成王에게 합종책合從策으로 진秦나라에게 대항하도록 유세하여 조나라의 재상이 되었다. 나중에 위魏나라의 재상인 위제魏齊를 구하기 위해 자신의 신분증인 재상의 도장을 주어 도망치게 해준 일로 결국 양梁나라에 가서 어려운 지경에 처했다. 그런 시름 속에서 그는 위로는 『춘추春秋』에 기록된 사건들로부터 아래로는 자신이 살던 시대의 정세까지 통찰하여 각 나라의 정치적 득실을 풍자한 『우씨춘추虞氏春秋』라는 저술을 남겼다고 하는데, 그 책의 원본은 지금 남아 있지 않다. 여기서 이하는 뜻을 펼치지 못하고 은거하여 저

술에 매달릴 수밖에 없는 자신의 처지를 우경의 경우에 빗대어 묘사하고 있다.

其十三　　　　열셋
기 십 삼

小樹開朝徑　　작은 나무 사이로 아침 길이 열리는데
소 수 개 조 경

長茸濕夜煙　　무성한 숲은 간밤의 안개에 젖었네.
장 용 습 야 연

柳花驚雪浦　　물가에는 버들솜 갑작스런 눈처럼 날리고
유 화 경 설 포

麥雨漲溪田　　보리밭 사이 계곡은 봄비에 불어 넘치네.
맥 우 창 계 전

古刹疏鍾度　　오래된 절에선 종소리 성기게 들려오고
고 찰 소 종 도

遙嵐破月懸　　먼 산 어스름에 반달[1]이 걸렸네.
요 람 파 월 현

沙頭敲石火　　모래밭에서 부싯돌 두드리는 소리 들리더니
사 두 고 석 화

燒竹照漁船　　대나무에 밝힌 횃불 고깃배들을 비추네.
소 죽 조 어 선

---

1) 본문의 '파월破月'은 달의 모습이 둥글지 않은 상태를 형용한 표현이다.

# 시귀詩鬼의 노래
## 권2卷二

## 금동선인[1] 한나라를 떠나다 — 서문과 함께
금동선인사한가 병서
**金銅仙人辭漢歌 幷序**

위명제청룡원년팔월 조궁관견거서취한효무봉로반선인 욕립치전전
**魏明帝靑龍元年八月, 詔宮官牽車西取漢孝武捧露盤仙人, 欲立置前殿.**
궁관기탁반 선인림재내산연루하 당제왕손리장길수작금동선인사한가
**宮官旣拆盤, 仙人臨載乃潸然淚下. 唐諸王孫李長吉遂作金銅仙人辭漢歌.**

위魏나라 명제明帝 청룡靑龍 1년(233)[2] 8월에, 내관들을 불러 수레를 몰고 서쪽으로 가서 한 무제 때에 만든 이슬 받는 쟁반을 든 신선을 가져와서 전전前殿에 설치하려 했다. 그러나 내관들이 쟁반을 깨뜨려버리자, 신선을 수레에 실으려 할 때 신선이 눈물을 흘렸다. 당나라의 왕손인 나는 이에 「금동선인 한나라를 떠나다」라는 노래를 짓는다.

무릉유랑추풍객
**茂陵劉郞秋風客**　　무릉의 유랑은 가을바람 속의 나그네 되어

야문마시효무적
**夜聞馬嘶曉無跡**　　간밤의 말 울음소리 새벽 되니 흔적도 없네.[3]

화란계수현추향
**畵欄桂樹懸秋香**　　화려했던 난간 계수나무엔 가을 향기 걸려 있고

삼십륙궁토화벽
**三十六宮土花碧**　　서른여섯 궁궐엔 이끼만 푸르네.[4]

위관견거지천리
**魏官牽車指千里**　　위나라 내관들이 수레 몰고 천리 길[5] 왔는데

동관산풍사모자
**東關酸風射眸子**　　동쪽 관문의 시린 바람 눈동자를 찌르네.

공장한월출궁문
**空將漢月出宮門**　　공연히 한나라의 달[6] 가지고 궁궐 문 나서니

억군청루여연수
**憶君淸淚如鉛水**　　군주를 그리워하는 눈물 녹은 납처럼 하얗게 흐르네.

쇠란송객함양도
**衰蘭送客咸陽道**　　시든 난초가 함양 떠나는 나그네[7] 배웅하니

천약유정천역로
**天若有情天亦老**　　하늘도 감정이 있다면 슬퍼 늙어버렸을 테지.

|  휴 반 독 출 월 황 량 |  |
| --- | --- |
| 攜盤獨出月荒涼 | 쟁반 들고 홀로 나선 길에 달빛은 황량한데 |
| 위 성 이 원 파 성 소 |  |
| 渭城已遠波聲小 | 위성[8]은 이미 멀어져 물결 소리 점점 잦아드네. |

1) 예총치의 주석에 인용된 『삼보황도』에 따르면, 한 무제가 신명전神明殿을 짓고 그 위에 이슬을 받는 쟁반을 설치했는데, 구리로 만든 신선이 두 손을 펴고 구리 쟁반과 옥으로 만든 잔을 들고 이슬을 받는 모양이었다고 한다. 이어서 인용된 『삼보고사三輔故事』에 따르면, 무제는 여기서 받은 이슬에 옥가루를 섞어 먹고 신선이 되기를 꿈꾸었다고 했다. 이 작품은 이하가 봉례랑奉禮郎을 사직하고 장안을 떠나 낙양으로 가면서 지은 것으로, 의인화시킨 '금동선인'을 통해 자신의 심경을 묘사했다.

2) 예총치의 주석에서는, 본문의 '원년元年'을 송나라 때의 판본에 따라 '구년九年'으로 써야 한다고 했다. 이어서 그는 명제明帝가 청룡靑龍 5년(237)에 연호를 경초景初로 바꾸면서 동인銅人 등을 옮기려 했다―그러나 옮기려는 과정에서 이슬 받는 쟁반은 깨져버렸고, 동인은 무거워서 수레에 싣지 못하고 파루灞壘에 남겨두었다고 한다. 이에 대해서 『한진춘추漢晉春秋』에서는, 쟁반이 깨지자 동인이 눈물을 흘려서 파루에 남겨두었다고 기록했다―는 송나라 때 황조영黃朝英의 『세색잡기細素雜記』를 인용하고, 또 명제는 경초 3년에 죽었기 때문에 '청룡 9년'이라는 것은 없다는 사실을 들면서, 애초에 이하가 '청룡 5년'이라고 썼거나 혹은 착오가 있던 것으로 보인다고 설명했다. 서문의 내용은 판본에 따라 한두 글자의 차이는 있으나 대체적인 요지는 같다.

3) '무릉의 유랑'은 한 무제를 가리킨다. 무릉은 그의 무덤이 있는 곳이기 때문이다. 한편, 본문의 '추풍객秋風客'에 대해서는, 일반적으로 무제가 「추풍사秋風辭」라는 노래를 지었기 때문에 그렇게 표현한 것이라고 설명한다. 그러나 왕기의 주석에 따르면, 이것은 한 무제가 비록 영화 속에서 천수를 누리며 살다 갔지만, 그의 인생도 결국 가을바람 속에 시드는 초목처럼 짧고 덧없는 것이었다는 뜻으로 풀이해야 한다고 했다. 실제로 「추풍사」에도, "환락을 극진히 누렸으나 애달픔만 많아졌으니, 젊은 날은 얼마나 되겠으며 늙어감을 어찌 하랴?(歡樂極兮哀情多, 少壯幾時兮奈老何)"라는 내용이 들어 있다. 한편 『한무고사漢武故事』에는 무제가 죽은 후에도 종종 백마 탄 사람을 파견해서 살아 있는 벼슬아치들에게 서신을 전하곤 했다는 이야기가 실려 있다. 그러므로 '간밤의 말 울음소리'는 이 이야기를 염두에 둔 표현인지도 모른다.

4) 한 무제의 이궁離宮과 별관別館을 합치면 서른여섯 곳이라고 한다. 반고班固의 「서도부西都賦」에 대한 주석에 따르면, 천자의 사냥터인 상림上林에 건장궁建章宮, 승

광궁承光宮 등 열한 곳의 이궁이 있고, 그밖에 평락관平樂館, 견관繭館 등 스물다섯 곳의 별관이 있다. 본문의 '토화土花'는 이끼[苔]를 가리킨다.
5) 당나라의 수도 장안에서 함곡관函谷關 동쪽의 허동許東에 이르는 먼 길을 가리킨다.
6) 금동선인이 들고 있던, 이슬 받는 쟁반을 가리킨다. 한편, 어떤 의미에서 '한나라의 달'은 덧없이 망해버린 한나라의 빛나던 역사이자 쓸쓸히 떠나는 금동선인을 전송하는 유일한 존재를 암시한다고 생각할 수도 있겠다.
7) 금동선인을 가리킨다.
8) 진秦나라의 수도인 '함양咸陽'의 명칭은 한나라 고조高祖 때에 '팽성彭城'으로 바뀌었다가, 다시 무제 때에 '위성渭城'으로 바뀌었다. 여기서는 장안을 가리킨다. 같은 맥락에서 '물결소리'는 원래 위성을 둘러싼 위하渭河를 가리키지만, 여기서는 장안성을 둘러싼 성하城河를 의미한다.

## 아득한 옛날 古悠悠行

| 白景歸西山 | 하얀 해는 서산으로 돌아가고 |
| 碧華上迢迢 | 푸른 꽃[1]은 하늘 높이 떠 있네. |
| 今古何處盡 | 고금의 시절이 어디에서 다하랴? |
| 千歲隨風飄 | 천년의 세월은 바람 따라 떠돌 뿐. |
| 海沙變成石 | 바다의 모래는 돌이 되고 |
| 魚沫吹秦橋 | 물고기들은 진시황의 다리에 거품을 내뿜네.[2] |
| 空光遠流浪 | 허공의 빛[3]은 물결처럼 먼 곳으로 흐르고 |
| 銅柱從年消 | 구리 기둥[4]은 세월 따라 사라져가네. |

---

1) 예총치의 주석에서는 본문의 '벽화碧華'를 달빛을 받아 파리하게 빛나는 구름을

묘사한 것이라고 했다. 그러나 증익의 주석에서는 그냥 달의 모습을 묘사한 것이라고 했다.
2) 『삼제기三齊記』에 따르면, 진시황秦始皇이 청성산青城山에 올라 성을 쌓고 돌다리를 만들었는데, 그 다리가 바닷속으로 삼십 리나 들어가 있었다고 한다. 한편, 증익의 주석에서도 같은 책이 언급되고 있는데, 여기에서는 진시황이 그 다리를 통해 바다를 건너 해가 뜨는 곳을 보고 싶어했다고 하고, 어느 신선이 그 돌다리를 타고 바닷속으로 들어갔다는 내용을 소개했다. 이 두 구절은 바다와 육지가 바뀔 정도로 오랜 시간이 흘렀음을 묘사하고 있다.
3) 시간을 비유한 것이다.
4) 『신이기神異記』에 따르면, 곤륜산崑崙山에 구리 기둥이 있는데, 그 둘레가 삼천 리나 되고, 하늘에 닿을 정도로 높았다고 한다. 한편, 예총치의 주석에서는 이 '구리 기둥'이 한 무제가 이슬을 받던 쟁반을 가리킨다고 했다.

## 뱃사공 黃頭郞(황두랑)

| 黃頭郞(황두랑) | 뱃사공은 |
| 撈攏去不歸(노롱거불귀) | 노 저어 떠나더니 돌아오지 않네. |
| 南浦芙蓉影(남포부용영) | 이별의 포구에 핀 부용꽃 그림자는 |
| 愁紅獨自垂(수홍독자수) | 시름겨운 붉은 빛 홀로 드리우고 있네. |
| 水弄湘娥珮(수롱상아패) | 물결은 상아의 패옥처럼 찰랑이고 |
| 竹啼山露月(죽제산로월) | 대나무 울음에 산 이슬 달빛에 반짝이네. |
| 玉瑟調青門(옥슬조청문) | 옥 거문고는 「청문곡青門曲」2) 연주하고 |
| 石雲濕黃葛(석운습황갈) | 돌 위에 핀 구름은 시든 칡 적시네. |

| 사상미무화 | |
|---|---|
| 沙上蘼蕪花 | 모래 위의 미무꽃[3] |
| 추풍이선발 | |
| 秋風已先發 | 가을바람 불자 벌써 피었는데 |
| 호지소라천 | |
| 好持掃羅薦 | 비단 방석 깨끗이 펴놓은 방안에는[4] |
| 향출원앙열 | |
| 香出鴛鴦熱 | 향 연기 피어오르는 원앙 향로 따스하네.[5] |

1) 옛날 오행 사상에서는 '토土'가 '수水'를 이기는 것으로 생각했는데, '토'의 색이 노란색이기 때문에 뱃사공들은 모두 노란 모자를 썼다고 한다. 그러므로 이 시의 원제인 '황두랑黃頭郎'은 뱃사공을 가리킨다.
2) '청문靑門'은 본래 한나라 때 장안성長安城의 동남쪽 성문을 가리키는데, 성문에 푸른색이 칠해져 있어서 그런 이름이 붙었다고 한다. 본문의 '옥슬玉瑟'을 '옥금玉琴'으로 쓴 판본도 있다.
3) '강리江蘺'라고도 불리는 다년생 향초의 일종이며, 한 자 남짓한 줄기에 깃털 모양의 잎이 겹쳐 자란다. 여름에 다섯 개의 꽃잎을 가진 흰색의 작은 꽃을 피운다.
4) 『한무내전』에 따르면, 한 무제는 7월 7일에 궁전을 청소하고 붉은 비단으로 된 자리를 땅바닥에 깔아놓고 서왕모의 방문을 기다렸다고 한다. 본문의 '호지好持'를 '호대好待'로 쓴 판본도 있다.
5) 본문의 '원앙鴛鴦'을 '원롱鴛籠' 또는 '훈롱薰籠'으로 쓴 판본도 있다.

## 말을 주제로 한 23편의 시 馬詩 二十三首

기 일
其一        하나

| 용척첩련전 | |
|---|---|
| 龍脊貼連錢 | 용마龍馬[1]의 등에는 동전 같은 무늬 연이어 있고 |
| 은제백답연 | |
| 銀蹄白踏煙 | 은빛 발굽은 안개를 딛고 있는 듯. |

| 무인직금첨
無人織錦韂　　안장에 드리울 다래2) 짜줄 사람도 없으니
| 수위주금편
誰爲鑄金鞭　　뉘라서 금으로 채찍 만들어 주랴?

---

1) 「심아지를 보내면서」의 주석 3)을 참조하기 바란다.
2) 말안장에서부터 양쪽 배로 늘어뜨려서 진흙이 튀어 묻는 것을 막아주는 장비이다. 본문의 '금첨錦韂'을 '금천金韉'으로 쓴 판본도 있다.


| 기 이
其二　　　　둘

| 납월초근첨
臘月草根甛　　섣달 풀뿌리는 달콤하지만
| 천가설사염
天街雪似鹽　　장안 거리엔 소금 같은 눈이 덮였네.
| 미지구경연
未知口硬軟　　입안이 딱딱한지 부드러운지도 모른 채
| 선의질려함
先擬蒺藜銜　　지레짐작으로 가시풀 먹이네.


| 기 삼
其三　　　　셋

| 홀억주천자
忽憶周天子　　문득 생각나네, 주나라 천자 위해
| 구거상옥산
驅車上玉山　　수레 몰고 옥산에 올랐던 추억.1)
| 명추사봉원
鳴騶辭鳳苑　　히히힝 울고2) 봉원3)을 떠나 치달릴 때에는
| 적기최승은
赤驥最承恩　　저기4)가 가장 총애 받았지.

---

1) 『목천자전穆天子傳』에 따르면, 주나라 목왕穆王이 천하를 주유할 때 군옥산群玉山

에 들렀다고 하는데, 여기서 '옥산'은 바로 그곳을 가리킨다. 한편, 『산해경·서산경西山經』에 따르면, '옥산'은 서왕모가 사는 곳이다.
2) 예총치의 주석에서는, 말이 수레를 끌고 치달릴 때 딸랑이는 방울소리를 가리킨다고 했다.
3) 궁전의 정원을 가리킨다. 본문의 '봉원鳳苑'을 '한원漢苑'으로 쓴 판본도 있다.
4) 주 목왕이 소유한 여덟 필의 준마(적기赤驥, 도려盜驪, 백의白義, 유수踰輪, 산자山子, 거황渠黃, 화류驊騮, 녹이綠耳) 가운데, '적기'가 가장 뛰어났다고 한다.

기 사
**其四**      넷

차 마 비 범 마
**此馬非凡馬**    이 말은 보통 말이 아니라
방 성 본 시 정
**房星本是精**    본래 방성[1] 자리에 있던 별이라네.
향 전 고 수 골
**向前敲瘦骨**    앞으로 나아갈 때 그 마른 뼈대 두드리면
유 자 대 동 성
**猶自帶銅聲**    구리 울리는 듯한 소리 저절로 들린다네.[2]

───────────

1) 『서응도瑞應圖』에 따르면, 말은 28수宿 별자리 가운데 '방성'의 정기가 변해서 된 것이라고 했다. 그리고 『이아』에 따르면, 하늘의 수레는 네 마리의 용을 말로 삼아 끌기 때문에, 방성 자리에 있는 네 개의 별은 천마를 가리킨다고 했다. 결국 이 구절은 하늘의 기운을 타고나 천자의 수레를 모는 준마는 천자가 영명한가 어리석은가에 따라 운명이 달라진다는 것을 암시한다.
2) 여기서는 말의 건장한 몸을 묘사하고 있다. 두보杜甫의 시에 "북쪽 오랑캐의 말 가운데 대완에서 나온 것이 유명한데, 날카로운 서슬에 마른 뼈대로 이루어졌네.(胡馬大宛名, 鋒稜瘦骨成)"라는 내용이 있다. 그러나 '말랐다[瘦]'는 글자의 본래 의미를 생각하면, 이 구절은 준마가 올바른 대접을 받지 못해 몸이 비쩍 마른 상태임을 뜻한다고도 할 수 있다. 특히 마지막 구절의 첫 부분에 있는 '유자猶自'를 '그런데도 스스로'라고 번역하면 이런 의미가 더욱 뚜렷해진다. 즉 주인—천자—은 소홀히 대우할지라도 말—시인—은 스스로 타고난 자질에 어울리는 소리를 낸다는 것이다.

시귀詩鬼의 노래 권2   117

기 오
其五    다섯

대 막 사 여 설
大漠沙如雪    대막의 모래는 눈처럼 쌓였고
연 산 월 사 구
燕山月似鉤    연산의 달은 갈고리처럼 휘어졌네.[1]
하 당 금 락 뇌
何當金絡腦    언제나 금으로 만든 낙두絡頭[2] 차고
쾌 주 답 청 추
快走踏淸秋    맑은 가을 하늘 아래 마음껏 달려볼까?[3]

---

1) 예총치의 주석에서는, 여기서 '연산'이 지금의 지현薊縣에 있는 '연산'을 가리키는 것이 아니라, 몽고蒙古에 있는 항애산杭愛山을 가리킨다고 했다. 한편 '갈고리[鉤]'는 '오구吳鉤', 즉 무기를 연상시키는 단어이니, 이것으로 전쟁이 끊이지 않는 변방의 분위기를 암시하기도 한다.
2) 말머리에 고삐를 달 수 있도록 묶는 끈을 가리킨다.
3) 등용되어 변방에서 공을 세울 수 있기를 바라는 마음을 빗대어 묘사한 것이다.


기 륙
其六    여섯

기 와 골 사 아
飢臥骨査牙    허기져 드러누우니 뼈대가 삐죽이 불거지고[1]
추 모 자 파 화
麤毛刺破花    거친 털 때문에 무늬도 망가졌구나.
엽 초 주 색 락
鬣焦朱色落    갈기는 그을려 붉은 빛 떨어지고[2]
발 단 거 장 마
髮斷鋸長麻    이마의 털은 톱에 잘린 삼대처럼 끊어졌구나.

---

1) 본문의 '기와飢臥'를 '기아饑餓'로 표기한 판본도 있다. 한편, 본문의 '사아查牙'는 '사야楂枒' 또는 '차야杈枒', '차야槎枒'라고도 쓰며, 뜻은 모두 몸이 비쩍 말라서 뼈가 가죽 위로 불거진 모양을 가리킨다.
2) 『산해경』에 따르면, "견융犬戎의 나라에 얼룩무늬 말이 있는데, 몸체는 흰색이고

붉은 갈기가 있다"고 했다. 여기서 붉은 빛이 떨어진다는 것은 곧 갈기가 빠진다는 뜻이다.

### 其七 일곱

西母酒將闌　서왕모는 술이 거나해지고
東王飯已乾　동왕의 밥그릇도 이미 비었네.[1]
君王若燕去　군왕께서 잔치에 참석하러 가면
誰爲曳車轅　누가 수레를 몰 것인가?

---

1) 서왕모—금모金母—와 동방목공東方木公—동왕東王—은 각기 음양의 부모이자 천지의 본원으로서 만물을 생육하는 존재이다.『열선전』에 따르면, 서왕모는 이름이 하何이고 자는 완령婉姈이며, 동방목공은 이름이 예倪이고 자는 군명君明이라고 한다. 한편『목천자전』에 따르면, 주나라 목왕이 서쪽으로 순행을 갈 때 서왕모가 찾아와 요지瑤池에서 연회를 베풀어 주었다고 한다.

### 其八 여덟

赤兔無人用　적토마[1]는 다른 사람이 탈 수 없고
當須呂布騎　마땅히 여포만이 탈 수 있다네.
吾聞果下馬　듣자 하니, 과하마는
羈策任蠻兒　오랑캐 어린이도 탈 수 있다네.[2]

---

1) 삼국 시대에 여포呂布가 탔다는 명마의 이름이다.

2) 증익의 주석에 인용된 『사예고四裔考』에 따르면, '과하마'는 예국濊國−예맥濊貊, 즉 조선朝鮮−에서 나는 키가 작은 말인데, 그것을 타면 과일나무 아래를 지날 수 있다 해서 그런 이름이 붙었다고 한다. 예총치의 주석에서는 이것을 '적토마'와 상대적으로 열등한 말을 가리킨다고 했다. 그러나 증익의 주석에서는 그것을 반드시 열등한 말이라고 명시하지 않고, 그저 뜻이 맞는 사람이라면 재주가 모자란다 해도 태울 수 있다고 설명했다.

### 其九 <sub>기 구</sub>  아홉

鼰叔去匆匆 <sub>요 숙 거 총 총</sub>  요숙이 홀연히 떠나버리니

如今不豢龍 <sub>여 금 불 환 룡</sub>  이제는 용을 기르지 않는다네.[1]

夜來霜壓棧 <sub>야 래 상 압 잔</sub>  밤사이 내린 서리 마구간 덮어

駿骨折西風 <sub>준 골 절 서 풍</sub>  훌륭한 뼈대가 서풍에 부러질 듯하네.

1) 『좌전·소공昭公 29년』에 따르면, 옛날 요鼰나라에 숙안叔安이라는 군주가 있었는데, 그 후예 가운데 동보董父라는 사람이 있었다. 그는 용을 좋아해서 그들이 좋아하는 음식을 구해 먹일 수 있었기 때문에, 많은 용들이 그에게 모여들었다. 이에 그는 용들을 길들여 순임금을 모셨다. 순임금이 그에게 동董이라는 성姓과 환룡豢龍이라는 씨氏를 내려주었다.

### 其十 <sub>기 십</sub>  열

催榜渡烏江 <sub>최 방 도 오 강</sub>  바삐 노 저어 오강[1] 건너니

神騅泣向風 <sub>신 추 읍 향 풍</sub>  신령한 말 추騅가 바람 향해 흐느끼네.[2]

君王今解劍 <sub>군 왕 금 해 검</sub>  군주[3]께서 이제 검을 풀어버렸으니

<sub>하 처 축 영 웅</sub>
何處逐英雄　　어디에서 영웅을 쫓아다닐까?

---

1) 본문의 '오강烏江'을 '강동江東'으로 쓴 판본도 있다.
2) 『사기·항우본기項羽本紀』에 따르면, 항우가 해하垓下의 전투에서 유방劉邦의 군대에게 패해 오강 근처까지 후퇴했다. 이때 나루터를 관장하는 관리가 배를 가져와서, "강동江東이 비록 작은 땅이긴 하지만 그래도 사방으로 천리나 되고 백성도 십만 명이나 되니 왕 노릇을 하기에 충분합니다. 왕께서는 어서 건너십시오. 지금 오직 저만이 배를 가지고 있으니, 유방의 군대가 쫓아오더라도 강을 건널 수 없을 것입니다."라고 말했다. 그러나 항우는 웃으며, "하늘이 나를 버렸으니 내 어찌 강을 건널 수 있겠느냐? 또 내가 강동의 자제 팔천 명을 거느리고 강을 건너 서쪽으로 진격했다가 이제 한 사람도 돌아가지 못하게 되었으니, 설령 강동의 아비와 형제들이 나를 불쌍히 여겨 왕으로 삼아준다 한들 내가 무슨 면목으로 그들을 대하겠느냐. 설령 그들이 말하지 않더라도 내 어찌 마음에 부끄럽지 않겠느냐?" 하고 거절하며, 자신의 말을 그에게 주며 배에 태워 건너라고 했다. 그러나 항우가 자결하고 나자, 추 騅도 역시 구슬피 울며 강물로 뛰어들어 죽었다고 한다.
3) 본문의 '군왕君王'을 '오왕吾王'으로 쓴 판본도 있다.

<sub>기 십 일</sub>
其十一　　　　**열하나**

<sub>내 마 사 궁 인</sub>
內馬賜宮人　　궁중의 말 궁녀에게 하사하는데
<sub>은 천 자 기 린</sub>
銀韉刺麒麟　　은빛 안장에 기린 무늬 수놓아졌네.[1]
<sub>오 시 염 판 상</sub>
午時鹽坂上　　한낮의 소금 언덕 위에서
<sub>층 등 합 풍 진</sub>
蹌蹬溘風塵　　비틀거리며 먼지바람 맞고 서 있네.[2]

---

1) 일반적으로 이 시는 당나라 헌종憲宗이 여색女色만 중시하고 인재를 가볍게 여기는 것에 대한 풍자라고 설명한다. 즉 뛰어난 재능을 가진 말을 적절한 곳에 등용하여 일을 맡기지 않고 궁녀들의 놀이거리로 하사했기 때문에, 말이 비록 화려한 치장을 하고 있지만 그 재능을 발휘하지 못한다는 것이다. 본문의 '기린麒麟'을

'기린麒驎'으로 쓴 판본도 있다.

2) 여기서 '염판鹽坂'은 '우판虞坂'을 가리킨다. 『전국책戰國策』에 따르면, 천리마인 '기驥'가 노쇠하자 소금을 실은 수레를 끌고 태행산太行山을 올라가게 했는데, 발굽은 벗겨지고 무릎은 부러진 데다 꼬리는 땀에 절었고, 땅바닥이 온통 땀으로 젖어 산 중턱에서 더 이상 올라가지 못했다. 천리마의 자질을 알아보는 백락伯樂이라는 사람이 그걸 보고, 수레에서 내려 말을 어루만지며 통곡하고 자신이 입고 있던 모시옷을 벗어 말에게 덮어주었다. 그러자 말이 고개를 숙이고 숨을 크게 내쉬더니 하늘을 우러르며 울부짖었는데, 그 소리가 하늘에까지 이르렀다고 한다. 그리고 예총치의 주석에 인용된 『산서통지山西通志』에 따르면, 평양부平陽府 평륙현平陸縣에서 동북쪽으로 칠십 리 떨어진 곳에 있는 산언덕을 '우판'(또는 '청석조青石槽')이라고 하는데, 백락이 이곳에서 소금 수레를 끌며 고생하고 있는 천리마 '기驥騏驎'를 만났다고 한다. 본문의 '오시午時'를 '연시年時'로 쓴 판본도 있다.

## 其十二     열둘

批竹初攢耳    막 돋은 죽순처럼 돋은 귀
桃花未上身    복사꽃 무늬 아직 맺히지 않은 몸이지만[1]
他時須攪陣    언젠가는 반드시 전쟁터 휘젓고 다니며
牽去借將軍    다른 말 이끌고 가서 장군을 도우리라.

1) 몸에 노란색과 흰색의 털이 뒤섞여 무늬를 이루고 있는 말을 '도화마桃花馬'라고 한다. 귀도 아직 뾰족해지지 않았고 복사꽃 무늬도 아직 선명히 맺히지 않았다는 것은 결국 그 말이 뛰어난 자질을 갖추고 있음은 알 수 있지만 아직 어려서 그 재능이 온전히 발휘되지 않고 있다는 뜻이다.

### 其十三     열셋

寶玦誰家子    멋진 패옥 짤랑거리는 그는 어느 집 아들인가?
長聞俠骨香    오래도록 협객으로 명성 날렸네.
堆金買駿骨    금을 쌓아놓고 훌륭한 말을 사서[1]
將送楚襄王    초나라 경양왕頃襄王에게 보내려 하네.[2]

---

1) 『전국책』에 따르면, 옛날 어느 왕이 천리마를 구했으나 3년이 지나도록 소득이 없었다. 이때 한 신하가 천리마를 사오겠다고 나서더니, 왕의 허락을 받고 석 달이 지나서야 황금 5백 냥을 주고 죽은 말의 머리를 사왔다. 왕이 화가 나서 꾸짖자 신하는, "죽은 말도 황금 5백 냥을 주고 샀으니, 하물며 산 말이야 어떻겠습니까? 온 세상 사람들이 틀림없이 대왕께 말을 팔려고 할 것입니다."라고 대답했다. 과연 그로부터 1년도 채 되지 않아서 왕은 천리마를 세 마리나 구했다고 한다.

2) 송옥宋玉의 「신녀부神女賦」에 따르면, 초나라 경양왕은 송옥과 함께 운몽雲夢의 나루터에 놀러갔다가 꿈속에서 신녀를 만났다고 한다. 왕기의 주석에 따르면, 경양왕은 결코 말을 좋아하는 사람이 아니기 때문에 천리마를 구해 그에게 준다는 것은 '야명주夜明珠를 어둠 속에 던지는' 것과 같은 의미라고 했다. 그러나 예총치는 이런 설명이 견강부회라고 하면서, 이 시는 세상에 뛰어난 말을 사랑하는 사람이 없기 때문에 차라리 귀신, 즉 이미 죽어버린 경양왕에게 주는 것만 못하다는 뜻을 담고 있다고 설명했다.

### 其十四     열넷

香襆赭羅新    향기로운 덮개[1] 붉은 비단으로 새로 짓고
盤龍蹙鐙鱗    똬리 튼 용 모양 등자엔 비늘 번쩍이네.

| 회 간 남 맥 상
回看南陌上 | 둘러보게나, 남쪽 거리에서 |
| 수 도 불 봉 춘
誰道不逢春 | 누가 봄을 만나지 못했다고 하는가?[2] |

---

1) 말안장에 덮어두었다가 말을 탈 때 걷는 덮개를 가리킨다.
2) 요문섭의 주석에 따르면, 이 시는 원화元和 연간에 재상으로 등용된 이번李藩에 대한 부러움을 묘사한 것이라고 했다. 그러나 예총치의 주석에서는, 당시에 명경과明經科에 급제한 원진元稹이 부귀한 사람에게 아부를 잘하는 것을 싫어하여 이하가 그의 방문을 거절한 적이 있다는 사실을 거론하면서, 이 시가 원진과 같은 부류의 인물을 풍자한 시라고 설명했다.


기 십 오
其十五    열다섯

| 부 종 환 공 렵
不從桓公獵 | 환공 따라 사냥 가지 않으면 |
| 하 능 복 호 위
何能伏虎威 | 어떻게 호랑이를 굴복시키는 위엄 보이겠는가?[1] |
| 일 조 구 롱 출
一朝溝隴出 | 어느 날 아침에 산골짝에서 나와 |
| 간 취 불 운 비
看取拂雲飛 | 구름을 휩쓸 듯 높이 치닫는 모습 보여주리라. |

---

1) 제齊나라 환공이 말에 오르자 호랑이가 멀리서 바라보며 엎드려 숨었다. 관중管仲의 설명에 따르면, 환공의 말이 호랑이나 표범을 잡아먹는 '박駮'의 형상을 닮았기 때문이라고 했다.


기 십 륙
其十六    열여섯

| 당 검 참 수 공
唐劍斬隋公 | 당나라 칼이 수隋나라 공후公侯의 목을 베니 |

124 시귀詩鬼의 노래 : 완역 이하李賀 시집

| 권모속태종
拳毛屬太宗 | 권모왜拳毛䯄는 태종의 것이 되었네.[1] |
| 막혐금갑중
莫嫌金甲重 | 무거운 갑옷도 싫어하지 않고 |
| 차거착표풍
且去捉飄風 | 회오리바람 따라잡으러 갔다 하네. |

---

1) 당 태종이 타고 다니던 여섯 필의 준마 가운데, '권모왜'라는 말이 있었는데 몸에는 노란 털이 나 있고 주둥이는 검었다. 이 말은 원래 평류흑달平劉黑闥이 타던 것이었는데, 수나라가 망하고 당나라 왕실 소유가 되었다고 한다.

### 기십칠
### 其十七    열일곱

| 백철좌청화
白鐵剉青禾 | 흰 쇠칼로 푸른 벼 베니 |
| 침간락세사
碪間落細莎 | 다듬잇돌 사이로 작은 향부자 떨어지네.[1] |
| 세인련소경
世人憐小頸 | 세상 사람들은 짧은 목[2] 불쌍히 여기지만 |
| 금랄외장아
金埒畏長牙 | 동전 엮은 담장은 이빨 긴 명마를 두려워한다네.[3] |

---

1) 향부자는 잎이 가늘고 긴 일년생의 풀로서, 도롱이를 만드는 데에 사용된다. 전반 두 구절은 천리마의 사료로는 부적합한 먹이를 마련한다는 것을 가리킨다.
2) 주나라 목왕이 타고 다니던 여덟 필의 준마 가운데 '도려盜驪'는 목이 짧았다고 한다.
3) 『세설신어世說新語』에 따르면, 왕무자王武子(이름은 제濟)라는 사람이 북망산北邙山 아래 저택을 지었는데, 그는 말을 좋아해서 땅을 사서 울타리가 낮은 담장을 두르고 우리를 만들었다. 그런데 그 담장은 동전을 엮어서 만들었기 때문에, 당시 사람들이 '금랄金埒'이라 불렀다고 한다.

### 其十八    열여덟

伯樂向前看   백락이 나아가 살펴보니
旋毛在腹間   휘감긴 터럭이 배에 있었네.[1]
衹今捨白草   다만 지금은 백초[2]만 먹고 있으니
何日鶩青山   언제 청산을 치달릴 수 있으랴?

---

1) 백락이 천리마를 구별하는 방법은 회오리 모양으로 감긴 털이 마치 젖꼭지처럼 말의 배에 자리 잡고 있는가를 살피는 것이었다고 한다.
2) 『한서·서역전西域傳』의 주석에 따르면, '백초'는 강아지풀과 비슷하나 줄기가 더 가늘고 털이 없다. 그 풀은 마르면 흰색이 되는데, 소나 말이 좋아하는 먹이라고 한다. 여기서는 일반 말들이 먹는 먹이라는 뜻이다.


### 其十九    열아홉

蕭寺馱經馬   절간에서 경전 싣고 다니는 말은[1]
元從竺國來   원래 천축에서 왔다네.
空知有善相   부질없이 선상[2]이 있는 줄만 알고
不解走章臺   장대의 거리 달릴 줄은 모른다네.[3]

---

1) 『석씨요람釋氏要覽』에 따르면, 절간을 '소사蕭寺'라고 부른 것은 양梁나라 무제武帝(이름은 소연蕭衍)가 절을 세운 데에서 비롯된 명칭이라고 한다. 그리고 『위서魏書·석로지釋老志』에 따르면, 한漢 명제明帝가 꿈에 금인金人을 보았는데, 머리에

하얀 빛을 내며 궁전으로 날아와 여러 신하들을 만났다. 부의傅毅가 그를 부처로 대하자, 왕은 천축으로 사신을 보내 부도浮屠에 남겨진 글을 베껴 42장章의 불경을 얻고 석가모니의 입상立像을 가져오게 했다. 당시 사신으로 갔던 신하 가운데 하나인 채음蔡愔이 흰 말에 경전을 싣고 한나라로 돌아와서 낙양성 옹문雍門 서쪽에 백마사白馬寺를 세웠다고 한다.

2) '묘상妙相' 또는 '승상勝相'과 같은 의미로서, 부처의 법을 가리킨다.
3) 한나라 때에는 낙양의 성문 가운데 장대문章臺門이라는 것이 있었다고 한다.『한서』에는 아내의 눈썹을 그려주었던 것으로 유명한 장창張敞이 위엄이 없어서, 조회가 끝나고 말을 타고 장대가章臺街를 달릴 때 스스로 말에 채찍을 휘둘렀다는 이야기가 기록되어 있다. 여기서는 불법에만 관심이 있을 뿐 세상사는 잘 모른다는 의미를 나타내기 위해 인용된 고사이다.


### 其二十 〔기 이 십〕   스물[1]

重圍如燕尾 〔중 위 여 연 미〕   두 겹 허리띠는 제비 꼬리처럼 늘어져 있고

寶劍似魚腸 〔보 검 사 어 장〕   보검은 어장검魚腸劍[2]처럼 훌륭하구나.

欲求千里脚 〔욕 구 천 리 각〕   천리마를 구하려면

先採眼中光 〔선 채 안 중 광〕   먼저 그 눈동자가 빛나는 것을 골라야 하지.[3]

---

1) 증익의 판본에서는 제20수와 제21수의 순서가 바뀌어 있다.
2) 『오월춘추』에 따르면, 오나라 왕에게는 월나라에서 바친 세 자루 칼이 있는데, 그 가운데 하나가 '어장검'이라고 했다. 한편 『회남자』의 주석에 따르면, 어장검은 물고기 창자처럼 꾸불꾸불한 무늬가 새겨진 훌륭한 칼이라고 한다.
3) 백락이 지었다는 『마상경馬相經』의 주석에 따르면, 말의 눈동자에 사람의 머리부터 발끝까지 다 비치는 말이 천리마라고 했다. 또 눈동자는 툭 불거지고 눈에서 불그레한 빛이 나는 말이어야 한다는 설명도 있다.

기 이 십 일
其二十一      스물하나

잠 계 등 황 마
暫繫騰黃馬    잠시 등황마[1] 매어둔 것은

선 인 상 채 루
仙人上綵樓    신선이 하늘나라 누각으로 올라가 버렸기 때문.

수 편 옥 륵 리
須鞭玉勒吏    벌 받아 마땅한 마구간 관리는

하 사 적 고 주
何事謫高州    무엇 때문에 고주로 내쫓아버렸는가?[2]

---

1) 『서응도』에 따르면, 왕이 때에 맞춰 일을 처리하고 도리에 순응하여 다스림의 덕이 사방에 두루 퍼지면 '등황마'가 오는데, 그것은 노란색의 신령한 말이며, '광길光吉'이라고도 부른다. 그 말은 영원히 죽지 않기 때문에, 거기에 탄 사람도 삼천 년을 살 수 있다고 한다.
2) '고주'는 '고량군高涼郡'이라고도 하며, 지금의 광둥성廣東省 마오밍현茂名縣 동북쪽에 위치한 곳이다. 당시에 이곳은 폄적당한 관리들이 많이 살던 곳이라고 한다. 증익의 주석에서는, 이 구절이 신선이 타고 다니던 말의 가치를 알아보지 못한 관리가 말을 먼 곳으로 내쫓아버렸다는 뜻이라고 설명했는데, 예총치의 주석에서는 하늘로 올라간 신선이 다시 돌아올 일이 생기게 되면 다시 말을 몰아야 할 관리를 먼 곳으로 내쫓아버릴 것이라는 뜻으로 풀이하면서, 이 작품이 원화 9년(814)에 재상 이강李絳의 지위를 박탈하고 귀양 보낸 일을 풍자한 것으로 간주하고 있다. 그러나 이 번역에서는 증익의 해설을 따랐다.


기 이 십 이
其二十二      스물둘

한 혈 도 왕 가
汗血到王家    한혈마汗血馬[1]가 왕가에 이르러

누 란 삼 옥 가
隨鑾撼玉珂    난여鑾輿[2]를 따라다니며 옥 방울 딸랑거렸네.

소 군 기 해 상
少君騎海上    이소군李少君이 바닷가에서 타고 있었는데

128 시귀詩鬼의 노래 : 완역 이하李賀 시집

인견시청라
人見是靑騾 　사람들이 보니 푸른 노새였다지.[3]

---

1) 『한서·무제기武帝紀』에 따르면, 태초太初 4년(기원전 101)에 장군 이광리李廣利가 대완왕大宛王의 목을 베고 '한혈마'를 노획하여 왔다고 한다. 그리고 그 주석에 따르면 한혈마는 천마의 일종으로 돌을 밟으면 발자국이 남았고, 어깨에서 피처럼 붉은 땀이 났으며, 하루에 천리를 달리는 능력이 있었다고 한다.
2) 천자가 타는 수레를 가리킨다.
3) 『사기』에 따르면, 이소군은 한 무제 때의 방사方士로서 조신竈神에게 제사를 지내 단사丹砂를 황금으로 바꾸어 그것으로 그릇을 만들면 수명을 늘릴 수 있다는 등의 이야기로 무제의 환심을 샀다가, 나중에 병들어 죽었다고 한다. 한편, 『신선별전神仙別傳』에 따르면 이소군이 죽고 백여 일이 지난 후, 어떤 사람이 하동河東 땅의 포판蒲坂이라는 곳에서 그가 푸른 노새를 타고 있는 것을 보았다. 무제가 그 얘기를 듣고 무덤을 파서 관을 열어보라고 하니, 관 안에는 아무것도 없었다고 한다.

기 이 십 삼
其二十三　　　스물셋

무제애신선
武帝愛神仙　　한 무제는 신선을 좋아했지만
소금득자연
燒金得紫煙　　금을 태워 자줏빛 연기만 얻었네.[1]
구중개육마
廐中皆肉馬　　마구간의 말들은 모두 살만 피둥피둥 쪘고
불해상청천
不解上靑天　　푸른 하늘 오를 줄은 몰랐네.[2]

---

1) 이른바 연단술鍊丹術이란 것이 아무 효과도 없어서, 괜히 황금을 태워 붉은 연기만 피워냈을 뿐이라는 뜻이다.
2) 이 구절은 당 헌종憲宗이 총애했던 방사方士 유필柳泌, 승려 대통大通 같은 사기꾼들을 풍자한 것이다. 이들은 장생불사의 약을 만들 수 있다고 헌종을 속여 엄청난 재물을 얻어냈는데, 헌종은 그들의 죄상을 폭로하는 올바른 신하들을 오히려

내쳤다. 그러나 목종穆宗이 즉위하자 이 둘은 장살형杖殺刑에 처해졌다.

## 신호자의 필률 — 서문과 함께 申胡子觱篥歌 幷序[1]

申胡子, 朔客之蒼頭也. 朔客李氏本亦世家子, 得祀江夏王廟, 當年踐履
失序, 遂奉官北部. 自稱學長調短調, 久未知名. 今年四月, 吾與對舍于長
安崇義里, 遂將衣質酒, 命予合飮. 氣熱杯闌, 因謂吾曰：李長吉, 爾徒
能長調, 不能作五字歌詩, 直强回筆端, 與陶, 謝詩勢相遠幾里！ 吾對
後, 請撰申胡子觱篥歌, 以五字斷句. 歌成, 左右人合噪相唱. 朔客大喜,
擎觴起立, 命花娘出幕, 徘徊拜客. 吾問所宜, 稱善平弄, 於是以弊辭配
聲, 與予爲壽.

신호자는 북방 나그네의 하인이다.[2] 북방의 나그네 이씨 또한 권세 있는 가문의 아들이며, 강하왕江夏王의 사당에서 지내는 제사에 참여했다.[3] 당시에 규범에 어긋나는 행실을 하여 북방에서 관리로 일하게 되었다.[4] 스스로 장조와 단조를 배웠다고 했으나,[5] 오래도록 이름이 알려지지 않았다. 올해 4월에 나는 장안의 숭의리崇義里에서 그와 맞은편 집에 살게 되어서 옷을 맡기고 술을 사서 나와 함께 술을 마시자고 했다. 술자리의 분위기도 고조되고 술기운도 거나해지자 그가 이렇게 말했다. "여보게, 자네들은 일곱 글자로 된 장조長調는 잘 짓지만 다섯 글자로 된 시가는 잘 짓지 못하네. 그저 억지로 붓을 놀리니 도잠陶潛과 사영운謝靈運[6] 같은 시인들과는 시의 기세에 거리가 한참 있네！" 이에 나는 "그렇습니까"하고 대답하고 나서 「신호자의 필률」이라는 노래를 오언시로 지어보겠다고 했다. 노래가 완성되어 주위 사람들이 함께 읊조리자, 북방의 나그네는 매우 기뻐하며 잔을 들고 일어서더니, 화낭花娘이라는 기생더러 장막 뒤에서 나와 여러 손님들에게 돌아가며 인사하게 했다. 내가 기생에게 잘하는 것이 무엇이냐고 묻자 평성平聲의 느린 노래를 잘한다고 했다. 그리고 별것 아닌 나의 가사를 곡조에 맞춰 부르고, 내게 축수祝壽를 해주었다.

| 顔熱感君酒 | 얼굴이 달아오른 것은 그대가 주는 술에 감동했기 때문 |
| 含嚼蘆中聲 | 피리소리 속에서 맛을 본다네. |
| 花娘篸綏妥 | 화낭은 비녀의 비취 장식 늘어뜨리고 |
| 休睡芙蓉屛 | 부용꽃 그려진 병풍 뒤에서 잠들었네. |
| 誰截太平管 | 누구인가, 처음 태평관[7]을 만들어 |
| 列點排空星 | 하늘의 별처럼 나란히 구멍 뚫어놓은 그는? |
| 直貫開花風 | 꽃 피우는 바람 곧장 관통해 나와 |
| 天上驅雲行 | 하늘 높이 올라가 구름 몰고 가네. |
| 今夕歲華落 | 오늘 저녁 세월은 꽃처럼 떨어져 |
| 令人惜平生 | 평생의 삶을 슬퍼하게 하네. |
| 心事如波濤 | 마음은 파도처럼 일렁여 |
| 中坐時時驚 | 좌중의 사람들 때때로 놀라네. |
| 朔客騎白馬 | 북방의 나그네 백마 타고 왔는데 |
| 劍杷懸蘭纓 | 칼자루엔 고운 술이 살랑거리네. |
| 俊健如生猱 | 원숭이처럼 건장하면서도 |
| 肯拾蓬中螢 | 쑥대 숲의 반디를 기꺼이 모으네.[8] |

---

1) 『문헌통고文獻通考』에 따르면, 필률은 '비률悲栗' 또는 '가관笳管'이라고도 부르는 북방 구자국龜玆國(천산天山 남쪽에 위치함)의 악기로서, 대나무 통에 갈대를 붙여 만든 것이다. 북방의 갈잎 피리인 '호가胡笳'와 비슷하며 아홉 개의 구멍이 있는데 그 소리가 매우 구슬프고, 북방 민족들이 전쟁에서 그 악기를 불어 중국의 말들

을 놀라게 했다고 한다. 나중에 중국의 음악가들이 그 악기의 곡조를 조정하여 중국의 음률에 맞게 하고, 교방敎坊의 연주에서 가장 중요한 악기로 활용하도록 했다. 그런데 그 가운데 구멍이 아홉 개인 것은 '필률'이라 불렀지만, 구멍이 여섯 개로 개량된 것은 '풍관風管'이라고 불렀다.

2) '신호자'라는 것은 성이 신씨인 하인으로, 수염[鬍]이 많기 때문에 붙여진 별명이다. 한나라 때에는 노예들이 머리에 푸른 두건을 쓴다고 해서 '창두蒼頭'라고 불렀다.

3) 강하왕 이종도李宗道는 처음에 임성왕任城王에 봉해졌으나, 태종太宗 때에 전쟁에서 공을 세워 강하왕에 봉해졌다. 옛날에는 종묘의 제사를 종가의 아들이 주재하고, 나머지 혈족들은 곁에서 참여했다. 그러므로 이 시에 등장하는 북방의 나그네 이씨 또한 강하왕의 혈족 가운데 하나라는 것을 알 수 있다.

4) 예총치의 주석에 따르면, 금金나라 때의 판본에서는 본문의 '북부北部'를 '북군北郡'으로 표기했다고 한다.

5) 당나라 때에는 칠언시를 '장조'로, 오언시를 '단조'로 불렀다.

6) 두 사람은 모두 오언시에 뛰어나서 '도사陶謝'로 함께 칭송되었다. 동진東晉의 도잠은 자가 연명淵明이며, 「귀거래사歸去來辭」와 같이 전원생활을 노래한 뛰어난 작품을 많이 남겼다. 남조南朝 송宋나라의 사영운은 진晉나라의 명장 사현謝玄의 손자로서 강락공康樂公에 봉해졌으나, 문제文帝 때에 시중侍中으로 있다가 참소를 당해 사형에 처해졌다. 그는 특히 참신한 산수를 노래한 작품을 쓴 것으로 유명하며, 『대반열반경大般涅槃經』 36권을 번역하기도 했다.

7) '태평관'은 필률과 비슷하게 아홉 개의 구멍이 뚫린 피리인데, 여기서는 필률을 가리킨다.

8) '반디를 모은다'는 것은 글을 좋아한다는 뜻이다. 진晉나라의 차윤車胤은 집이 가난해서 기름을 살 수 없었기 때문에, 여름이면 개똥벌레를 주머니에 잡아 모아 등불을 대신하여 책을 읽었다고 한다. 한편, 여기서 '쑥대 숲의 반디'는 신호자가 도잠이나 사영운보다 못하다고 했던 이하 자신과 같은 이들을 비유한다고 생각할 수도 있겠다.

## 옥 캐는 노인 老夫採玉歌
<sub>노부채옥가</sub>

| 採玉採玉須水碧 | 옥을 캐세, 옥을 캐세, 물처럼 푸른 옥을. |
| 琢作步搖徒好色 | 쪼아서 보요를 만들어도 그저 여인네를 곱게 가꿀 뿐.[1] |
| 老夫飢寒龍爲愁 | 노인은 춥고 배고파서 용도 슬퍼하니 |
| 藍溪水氣無淸白 | 남전산藍田山[2] 계곡 물엔 맑고 깨끗한 기운 사라졌네. |
| 夜雨岡頭食蓁子 | 밤비 내리는 산언덕에서 개암나무 열매 먹나니[3] |
| 杜鵑口血老夫淚 | 두견새 토해낸 피가 노인의 눈물이라네. |
| 藍溪之水厭生人 | 남전산 계곡 물은 산 사람을 싫어하니 |
| 身死千年恨溪水 | 이 몸 죽으면 천년 동안 계곡 물 원망하리라.[4] |
| 斜山柏風雨如嘯 | 산비탈 잣나무에 바람 몰아치니 빗소리 울부짖는 듯하고 |
| 泉脚掛繩靑裊裊 | 계곡 발치에 드리운 밧줄 파리하게 흐느적거리네. |
| 村寒白屋念嬌嬰 | 가난한 마을 초가집에 귀여운 아이 그리워질 때 |
| 古臺石磴懸腸草 | 낡은 누대 돌계단엔 현장초[5]만 무성하네. |

---

1) '보요'는 가는 은을 굽혀서 꽃가지 모양으로 만든 장신구로서, 틀어올린 머리에 꽂는 것이다. 여자가 걸어갈 때, 하늘하늘 흔들려 요염함을 더해준다고 한다. 노인이 은을 캐는 것은 궁중의 여인네들을 위한 장식품을 마련하기 위한 것임을 말해준다.

2) 섬서성陝西省에 있는 '남전산'은 '옥산玉山' 또는 '복거산覆車山'이라고도 불리며, 그

산의 계곡은 예로부터 '수벽水碧'이라 칭해지는 아름다운 벽옥碧玉의 산지로 유명하다.
3) 본문의 '진자榛子'는 '진자榛子(개암나무 열매)'를 가리킨다. 옥 캐는 일꾼들이 허기를 때우기 위해 야생 열매를 따먹는 상황을 묘사한 것이다.
4) 남전산에서 옥을 캐는 일이 힘들어 많은 사람이 죽었다는 것을 말하고 있다. 당나라 때의 위응물(韋應物 : 737~?)은 「채옥행採玉行」이라는 시에서 이렇게 노래하고 있다. "관청에서 백성 징발하여, 남전산 계곡의 옥을 캐라 하네. 까마득한 고개에 인적도 없는 밤, 깊은 숲속에서 비 맞으며 잠을 자네. 외로운 아낙 먹거리 가져다 주고 돌아올 때, 애절한 통곡소리 집 남쪽에서 들려오네.(官府徵白丁, 言採藍溪玉. 絕嶺夜無人, 深篶雨中宿. 獨婦餉糧還, 哀哀舍南哭)."
5) 임방의 『술이기』에 따르면, '현장초'는 '사자초思子草(아들 생각이 나게 하는 풀)' 또는 '이별초離別草(이별의 슬픔을 떠올리게 하는 풀)'라고도 부른다고 한다.

## 상심의 노래 傷心行<sub>상심행</sub>

| 咽咽學楚吟 | 흑흑 「초사楚辭」 가락 흉내 내나니 |
| 病骨傷幽素 | 병든 몸에 마음도 깊이 상했네. |
| 秋姿白髮生 | 가을 풀처럼 흰머리 돋아날 때 |
| 木葉啼風雨 | 나뭇잎은 비바람에 울어대네. |
| 燈青蘭膏歇 | 파리한 등불 속에선 향긋한 기름[1] 말라가고 |
| 落照飛蛾舞 | 꺼져 가는 불빛 속에 나방[2]이 춤추네. |
| 古壁生凝塵 | 낡은 벽에는 먼지가 쌓여가고 |
| 覊魂夢中語 | 떠도는 영혼 꿈속에서 속삭이네. |

134 시귀詩鬼의 노래 : 완역 이하李賀 시집

1) 본문의 '난고蘭膏'는 난초 향기를 섞어 만든 등잔의 연료를 가리킨다.
2) 본문의 '비아飛蛾'를 '비아飛娥'로 쓴 판본도 있으나 이것은 잘못이다. 나방은 불을 좋아하기 때문에 '화화火花' 또는 '모광慕光'이라고도 한다.

## 호수의 노래 湖中曲

長眉越沙採蘭若 눈썹 긴 아가씨 모래밭 넘어 난초[1] 캐는데
桂葉水葒春漠漠 계수나무 잎과 여뀌[2] 덩굴 봄빛 머금고 무성하네.
橫船醉眠白晝閑 비스듬히 정박한 배[3] 취해 잠든 한낮은 한가롭고
渡口梅風歌扇薄 나루터 매화 바람[4] 속에 가선歌扇[5] 소리 은은하네.
燕釵玉股照青渠 제비 모양 옥비녀[6] 맑은 물에 반짝일 때
越王嬌郎小字書 월나라 왕의 멋진 아드님[7] 정성스러운 편지 보냈네.
蜀紙封巾報雲鬟 촉 땅의 종이에 쓴 글 수건에 감싸 미녀에게 보내니
晚漏壺中水淋盡 그날 밤 물시계에선 물방울 다 떨어져 흘렀네.[8]

---

1) 본문의 '난약蘭若'은 각각 난초와 두약杜若(또는 두형杜蘅)을 가리킨다. 이 둘은 모두 향초인데, 전자는 향낭에 담아 허리에 차고, 후자는 그 즙이 매콤하며 오래 복용하면 몸의 원기를 북돋아준다고 한다.
2) 연못이나 늪에서 자라는 덩굴풀이다.
3) 본문의 '횡선橫船'에 대해 증익의 판본에서는 '횡의橫倚'라고 썼다. 그럴 경우 비스듬히 누워 있는 주체는 곧 시인 자신이 될 것이다.
4) 예총치의 주석에 인용된 『영남록嶺南錄』에 따르면, 매화비[梅雨]가 내린 뒤 부는 바람을 '매풍梅風'이라 부른다고 한다. 한편, 왕기의 주석에서는 이 구절의 묘사가

한여름의 풍경이기 때문에 앞 구절의 '봄[春]'이라는 글자와 어울리지 않는다고 지적하면서, 아마도 '춘春'은 모양이 비슷한 '향香'을 잘못 쓴 것일지도 모른다는 견해를 제시했다.
5) 오정자의 주석에서는 부인이 부채로 얼굴을 가린 채 노래하는 것을 '가선'이라 한다고 설명했다.
6) 「낙양의 미녀 진주」의 주석 10)을 참조하기 바란다. 본문의 '옥고玉股'를 '옥복玉服'으로 쓴 판본도 있다. 또한 본문의 '청거靑渠'는 '청거淸渠'로 써야 옳다.
7) 『수경주水經注』에 따르면, 남월南越의 왕이 자신의 아들 시始를 안양왕安陽王에게 보내 신하가 되기를 자청했다. 당시 안양왕에게는 미주眉珠라는 딸이 있었는데, 그녀가 시의 단정한 모습에 반해 둘이 사귀게 되었다고 한다. 왕기의 주석에서는 이 구절의 묘사가 바로 이 고사를 인용한 것이라고 설명했다. 어쨌든 여기서 '월나라 왕의 아드님'은 일반적인 의미에서 좋은 집안의 귀공자를 대표한다고 하겠다. '교랑嬌郎'을 '교낭嬌娘'으로 쓴 판본도 있다.
8) 마지막 두 구절은 편지의 내용을 암시하고 있다. 즉 월나라 왕의 아들은 그날 밤에 남몰래 만나자는 내용의 편지를 보내고, 약속 장소에서 하염없이 기다렸다는 뜻이다. 본문의 '호중壺中'을 '동호銅壺'라고 쓴 판본도 있다.

## 황씨 오랑캐 마을 黃家洞<sup>왕가동</sup>[1]

작보축사성촉촉
雀步蹙沙聲促促    참새 걸음 착착 모래밭을 뛰어가고

사척각궁청석촉
四尺角弓靑石鏃    네 자 길이 각궁에 청석 화살촉으로 무장했다.[2]

흑번삼점동고명
黑幡三點銅鼓鳴    세 폭 검은 깃발 나부끼고 동고[3] 소리 울려 퍼지면

고작원제요전복
高作猿啼搖箭箙    원숭이 울음처럼 큰 함성 울리며 화살통 흔들어댄다.

채건전고폭반사
彩巾繾踽幅半斜    발목[4]에는 화려한 수건 비스듬히 묶고

계두족대영갈화
溪頭簇隊映葛花    계곡 머리엔 궁수弓手 부대[5] 모습 칡꽃 사이로 어른거린다.

山潭晚霧吟白鼉  산속 연못에 저녁 안개 드리우면 하얀 악어가 울고
竹蛇飛蠹射金沙  죽근사竹根蛇와 비두 같은 독충들은 금모래를 쏘아댄다.[6]
閑驅竹馬緩歸家  오랑캐들은 죽마 몰듯 느긋하게 집으로 돌아갔는데
官軍自殺容州槎  관군들은 제멋대로 용주의 나무들만 죽였다.[7]

---

1) 원화 10~11년(815~816) 사이에 서원西原(지금의 광시성廣西省 좡족壯族 자치구 부근)의 이민족들이 용주容州를 비롯한 중원을 침탈했는데, 그 가운데 황씨 성을 가진 이들을 '황동만黃洞蠻'이라고 불렀다. 『신당서新唐書』에 따르면, 원화 11년에 계주桂州의 관찰사 배행립裴行立이 그들을 토벌하겠다고 나서서 헌종憲宗의 허락을 받았는데, 2년여 동안 2만 명이 넘는 무리를 처단했다고 조정에 보고했다. 그러나 이민족의 침탈은 여전해서, 한유韓愈는 배행립의 보고가 거짓임을 주장하며 그의 처벌을 건의하는 「황가적사의장黃家賊事宜狀」을 올리기도 했다.
2) 『후한서·동이전東夷傳』에 따르면, 옛날 중국 동북쪽의 이민족 국가인 읍루국挹婁國에서 사용하던 활은 길이가 네 자인데, 고楛나무를 잘라 만든 화살에는 청석靑石으로 촉을 만들어 붙였다고 한다. 여기서는 이민족의 무기라는 뜻으로 쓰였다.
3) 옛날 이민족들은 구리로 큰북을 주조하여 마당 한가운데 걸어놓고, 술을 마련해서 이웃 부족을 초빙하곤 했다. 이때 찾아오는 사람들 가운데 부귀한 집안의 자제들은 금이나 은으로 만든 큰 비녀를 가지고 와서 그 북을 치고 나중에 그것을 주인에게 줬는데, 그것을 '동고차銅鼓釵'라고 불렀다. 또 그들은 사적으로 결투를 신청할 때에도 이 북을 울렸으며, 북을 소유한 사람은 '도로都老'라 불리며 많은 사람들의 존경을 받았다.
4) 본문의 '고踍'는 아마 발목을 가리키는 글자인 '교跤' 또는 '교骹'로 써야 할 듯하다. 본문의 '채건彩巾'을 아라이 판본에서는 '채포彩布'라고 썼다.
5) 본문의 '대隊'를 '추隊'로 쓴 판본도 있다.
6) '죽근사'는 '청규사青蜂蛇'라고 부르는 뱀인데, 맹독을 지니고 있고 대나무처럼 푸른색이다. 주로 대나무숲에 산다. 그리고 왕기의 주석에 따르면, '비두' 또한 독충의 일종을 가리키는 듯한데, 어쩌면 '비고飛蠱'를 잘못 쓴 것일지도 모른다고 했다. 한편, 날도래의 유충인 '물여우[蜮]'는 주둥이에 긴 뿔이 하나 뻗어 있는데, 그 독기를 사람의 그림자에 쏘면 종기가 생긴다고 해서, '사공射工' 또는 '사영射影'이라고도 불린다.

7) 오정자의 주석에 따르면, 이 구절은 관군들이 진짜 오랑캐는 죽이지 못하고 용주의 백성들만 죽였다는 뜻이라고 했다. 즉 본문의 '사槎'는 남방 이민족의 말에서 백성[民]을 가리키는 뜻이라는 것이다.

## 병풍의 노래 屛風曲

| 접서석죽은교관 |
| 蝶棲石竹銀交關 | 나비 깃든 바위와 대나무 그림은 은 경첩으로 연결했고

수응록압류리전
水凝綠鴨琉璃錢  푸르게 고인 물은 유리 동전처럼 맑네.[1]

단회륙곡포고란
團廻六曲抱膏蘭  열두 폭 둥글게 둘러 고운 등불[2] 감싸고 있을 때

장환경상척금선
將鬟鏡上擲金蟬  머리 다듬는 여인은 경대 위에 금비녀[3] 던져두었네.

침향화난수유연
沉香火暖茱萸煙  수유 연기 가득한 방안에 침수향[4] 따뜻하게 타오를 때

주굉관대신승환
酒觥綰帶新承歡  술잔 다리 묶어 신혼의 기쁨 맞이하네.[5]

월풍취로병외한
月風吹露屛外寒  달밤의 바람이 이슬을 불어 병풍 밖은 쌀쌀한데

성상오제초녀면
城上烏啼楚女眠  성 위에 까마귀 울 때 가난한 초나라 처녀 잠드네.

---

1) 본문의 '녹압綠鴨'을 '압록鴨綠'으로 쓴 판본도 있다.
2) 본문의 '고란膏蘭'은 '난고蘭膏', 즉 향긋한 등유燈油라는 뜻인데, 여기서는 등불을 가리킨다.
3) 본문의 '금선金蟬'은 금비녀의 머리 부분을 매미 모양으로 만들었다는 뜻이다.
4) '침수향'에 대해서는 「귀공자의 밤샘놀이」 주석 1)을 참조하기 바란다.
5) 본문의 '굉觥'은 원래 쇠뿔소의 뿔에 다리를 붙여 만든 술잔이다. 여기서 두 술잔의 다리를 따로 묶는다는 것은 이른바 '합근合巹(술잔을 합치다)' 또는 '교배交杯(술잔을 교환하다)'라는 결혼식에서 거행되는 예식 가운데 하나를 가리킨다. 본문의 '주굉酒觥'을 '주여酒餘'로 쓴 판본도 있다.

## 남산의 밭에서 南山田中行
<sub>남산전중행</sub>

| | |
|---|---|
| 秋野明 <sub>추야명</sub> | 가을 들판 환하고 |
| 秋風白 <sub>추풍백</sub> | 가을바람 깨끗한데<sup>1)</sup> |
| 塘水漻漻蟲嘖嘖 <sub>당수류류충책책</sub> | 연못물 맑고 깊을 때 벌레소리 찌르르. |
| 雲根苔蘚山上石 <sub>운근태선산상석</sub> | 구름발치<sup>2)</sup>에서 이끼에 덮인 산꼭대기의 바위. |
| 冷紅泣露嬌啼色 <sub>냉홍읍로교제색</sub> | 이슬 머금은 싸늘한 단풍은 곱게 우는 여인의 모습. |
| 荒畦九月稻叉牙 <sub>황휴구월도차아</sub> | 황량한 구월 들판에는 벼이삭 삐죽하고 |
| 蟄螢低飛隴徑斜 <sub>칩형저비롱경사</sub> | 반딧불이 낮게 나는 논두렁 비스듬하네. |
| 石脈水流泉滴沙 <sub>석맥수류천적사</sub> | 돌 틈으로 흐르는 샘물 모래에 떨어지고 |
| 鬼燈如漆點松花 <sub>귀등여칠점송화</sub> | 칠흑 같은 도깨비불 송화처럼 반짝이네.<sup>3)</sup> |

---

1) 예총치의 주석에 인용된 양梁나라 원제元帝의 『찬요纂要』에 따르면, 가을은 공기가 깨끗하고 만물을 거두기 때문에 '백장白藏'이라고도 부르며, '삼추三秋', '구추九秋', '소추素秋'라고도 한다. 그리고 가을바람은 '상풍商風' 또는 '소풍素風'이라고도 부른다고 했다. 본문의 '추풍秋風'을 '추색秋色'으로 쓴 판본도 있다.
2) 명나라 때의 요전姚佺을 비롯하여 많은 주석가들은 본문의 '운근雲根'을 당나라 사람들이 바위[石]를 가리킬 때 사용하던 상투어라고 해석했다. 그러나 왕기와 예총치 등은 구름이 짙게 일어나 산꼭대기에 걸린 모습을 묘사한 것이라고 했다.
3) 본문의 '점송화點松花'를 아라이 판본에서는 '조송화照松花'로 썼다.

## 공주의 나들이 貴主征行樂[1]

|  |  |
|---|---|
| 奚騎黃銅連鎖甲 (해기황동련쇄갑) | 시녀가 탄 말에는 정교한 황동 갑옷 둘렀고[2] |
| 羅旗香幹金畫葉 (나기향간금화엽) | 향목香木에 매단 비단 깃발은 금빛 수놓은 나뭇잎 같네. |
| 中軍留醉河陽城 (중군류취하양성) | 중군은 하양성에 머물며 술 취해 있고[3] |
| 嬌嘶紫燕踏花行 (교시자연답화행) | 곱게 우는 자연마紫燕馬[4]는 꽃을 밟고 가네. |
| 春營騎將如紅玉 (춘영기장여홍옥) | 봄날 병영의 말 탄 장수는 붉은 옥처럼 아름다운데[5] |
| 走馬捎鞭上空綠 (주마소편상공록) | 말을 달리며 휘두르는 채찍 푸른 하늘로 올라가네. |
| 女垣素月角咿咿 (여원소월각이이) | 파리한 달빛 아래 여장女牆[6]에선 뿔피리 소리 가늘게 이어지는데 |
| 牙帳未開分錦衣 (아장미개분금의) | 장군의 장막은 열리지도 않았는데, 금의위錦衣衛들은 대열을 나눠 섰네.[7] |

---

1) 왕기의 주석에 따르면, 원제의 '귀주貴主'는 공주를 가리킨다고 했다.
2) 정현鄭玄의 『주례』 주석에 따르면, '해奚'는 관비官婢를 가리킨다. 즉, 옛날에는 연좌법連坐法에 따라 죄를 지은 집안의 가족은 남녀를 불문하고 모두 관청의 노예가 되었는데, 그 가운데 나이가 어리고 재주가 많은 여자를 '해'라고 불렀다는 것이다. 그러나 『대당륙전大唐六典』에 따르면, '해'는 어사御史를 모시는 관비官婢를 가리킨다고 한다. 한편, 예총치는 정교한 황동 갑옷을 입은 주체를 하녀로 풀이했으나, 이 번역에서는 시녀가 탄 말에 입힌 갑옷으로 풀이했다.
3) 『원화군현지元和郡縣志』에 따르면, 하양현河陽縣은 하남부河南府에 있는데, 건원乾元 연간(758~759) 이래로 이곳에 대규모 군대를 주둔시켰고, 정원貞元 연간(785~804) 이후로는 이곳에 절도사를 두고 도성을 방비하게 했다고 한다. 이곳은 바로

'맹진孟津'이라고도 불리는, 오늘날 허난성河南省 명현孟縣을 가리킨다.
4) 『서경잡기西京雜記』에 따르면, 한나라 문제文帝는 아홉 마리의 명마를 소유했는데, 그 가운데 한 마리의 이름이 '자연紫燕'이라 했다. 당시 문제의 총애를 받던 후궁인 조소의趙昭儀, 조비연趙飛燕 자매가 이 말을 타고 다녔다고 한다. 한편 예총치의 주석에 인용된 『표속수독漂粟手牘』에 따르면, 한나라 고조高祖의 아내인 여후呂后가 어느 겨울날 미앙궁未央宮 앞에서 자주색 제비 한 마리를 보고 불길하게 여기고 시중侍中인 진당시陳當時에게 쫓아버리라고 했다. 그러나 제비는 마구간으로 들어가, 마침 고개를 치켜들고 울부짖던 어느 암말의 입 속으로 들어갔다. 그러자 암말의 머리에 자주색 구름이 서렸다가 곧 사라져버렸다. 이 일을 보고하자 여후도 기이하게 생각하여, 전담 관리를 두고 이 말을 주시하게 했다. 나중에 이 말은 망아지를 낳는데, 하루에 수백리를 달리는 재능이 있었다. 이에 그 망아지에게 '자연'이라는 이름을 붙여주었다고 한다.
5) 『서경잡기』에서는 한 문제의 총애를 받았던 후궁 가운데 유명한 조비연, 조소의 자매의 아름다움을 '붉은 옥[紅玉]'에 비유하며, 당시에 가장 뛰어났다고 평가했다.
6) 본문의 '여원女垣'은 '여장女牆' 즉 성 위의 작은 담을 가리키며, '성장타城牆垛'라고도 한다.
7) 본문의 '아장牙帳'은 장군의 깃발인 '아기牙旗'가 세워진 장막, 즉 장군의 장막을 가리킨다. 한편 예총치의 주석에서 이 구절은 장군이 이미 병영 안에서 포상을 끝내고 단잠에 빠져 있다는 뜻이라고 풀이했다.

### 술자리가 끝나고 장철에게 酒罷張大徹索贈詩時張初效路幕[1]

長鬣張郎三十八    긴 수염의 장랑은 나이가 서른여덟인데[2]

天遣裁詩花作骨    타고난 시재詩才가 있어 아름답고 빼어난 구절 잘 짓지.

往還誰是龍頭人    왕래하는 이들 가운데 누가 용머리[3]에 해당할까?

公主遣秉魚鬚笏    공주께서 물고기 수염 장식된 홀笏을 잡게 해주셨지.[4]

| 태 행 청 초 상 백 삼 |  |
|---|---|
| 太行靑草上白衫 | 태행산太行山 푸른 풀물을 하얀 적삼에 입혔는데[5] |
| 갑 중 장 주 밀 여 잠 |  |
| 匣中章奏密如蠶 | 상자에는 황제께 올리는 글이 누에처럼 빽빽이 담겨 있지. |
| 금 문 석 각 지 경 유 |  |
| 金門石閣知卿有 | 금마문金馬門이나 석거각石渠閣에서도 그대가 있음을 알고 있으리니[6] |
| 치 각 계 향 조 만 함 |  |
| 豸角雞香早晩含 | 조만간 해태의 뿔 장식된 모자 쓰고[7] 계설향雞舌香도 머금겠지.[8] |
| 농 서 장 길 최 퇴 객 |  |
| 隴西長吉摧頹客 | 농서의 이하[9]는 기세 꺾여 힘없는 나그네인지라 |
| 주 란 감 각 중 구 착 |  |
| 酒闌感覺中區窄 | 술이 거나해지자 마음이 답답하고 조급해졌다오. |
| 갈 의 단 쇄 조 성 추 |  |
| 葛衣斷碎趙城秋 | 칡으로 엮은 옷은 해져 너덜거리는데 조성[10]에는 가을이 오고 |
| 음 시 일 야 동 방 백 |  |
| 吟詩一夜東方白 | 밤새 시를 읊다 보니 동쪽 하늘이 밝았구려. |

---

1) 원제는 "술자리가 끝나고 장철張徹이 시를 지어달라고 청했는데, 당시에 그는 막 노주潞州 군대의 막부幕府에 취직했다"라는 뜻이다. 장철은 한유韓愈의 문인門人이자 조카사위이다. 원화 4년(809)에 진사가 되어 범양부范陽府 감찰어사監察御史를 지내다가 장경(長慶 : 821~824) 연간에 전중시어사殿中侍御史가 되었다. 그러나 전란 도중에 포로가 되었다가, 반란군의 무리를 꾸짖다 죽임을 당했다. 그의 생애에 관한 자세한 내용은 한유가 쓴 묘지명에 밝혀져 있다. 한편, '노주'는 당나라 때의 하동도河東道에 속한 상당군上黨郡을 가리키는데, 오늘날의 산시성山西省 창즈시長治市에 해당한다. 이 시는 이하가 814년에 봉례랑을 사직하고 군문軍門에서 생활하고자 노주의 장철을 찾아갔을 때 지은 것이다.
2) 본문의 '팔八'을 '일一'로 쓴 판본도 있다.
3) 『위략魏略』에 따르면, 화흠華歆과 북해北海의 병원邴原, 관녕管寧은 함께 유학한 사이인데, 서로 친해서 당시 사람들이 그들 셋을 함께 아울러 한 마리의 용이라고 불렀다. 즉, 화흠이 용의 머리에 해당하고, 병원은 용의 배(몸통 : 인용자), 관

녕이 용의 꼬리에 해당한다는 것이다.
4) 장철이 황실의 외척이어서 쉽게 벼슬길에 올랐다는 뜻인 듯하다. 『예기』에 따르면, 대부大夫가 물고기 수염이 장식된 문죽文竹으로 만든 홀을 든다고 되어 있는데, 본문의 '어수홀魚鬚笏'은 일반적인 의미의 높은 벼슬아치가 되었다는 뜻이다.
5) 예총치의 주석에 인용된 『지리통석地理通釋』에 따르면, 태행산은 하북河北의 여러 땅을 둘러싸고 있어서 천하의 등뼈 역할을 하고 있다고 했다. 사실 그것은 하남河南의 심양沁陽 북쪽에서 시작해서 산서의 진성晉城 남쪽으로 이어지는데, 북으로 항산恒山을 지나 하북에 이르기까지 수천 리를 둘러싸고 있다. 또한 이곳은 모두 '노주'의 막부에서 관할하던 곳이다. 한편, 당나라 때에는 벼슬이 없는 사람은 흰 옷을 입었고, 8~9품의 하급 벼슬아치들은 푸른 옷을 입었다고 한다. 그러므로 이 구절은 장철이 처음 벼슬길에 들어섰음을 말해주고 있다. 본문의 '태행太行'을 '수행水行' 또는 '수행水行'으로 적은 판본도 있다.
6) '금마문'은 한 무제 때에 대원大宛의 한혈마를 얻은 기념으로 청동으로 말의 형상을 주조하여 관서의 입구에 세워놓음으로써 그런 명칭을 얻었다. 예총치의 주석에 인용된 『삼보황도』에 따르면 이곳은 환관宦官들이 근무하던 곳이라고 했는데, 실제로 한나라 때의 동방삭東方朔, 주보언主父偃, 엄안嚴安, 서락徐樂 등이 모두 이곳에서 황제의 부름을 받았다. 여기서는 황제 가까이서 보필하는 대신들의 집무처라는 뜻으로 사용되었다. 역시 『삼보황도』에 따르면, '석거각'은 한나라 때에 소하蕭何가 세운 것이며, 그 아래에 갈아서 다듬은 돌로 도랑을 만들어 물길이 흐르게 했다. 이곳에는 원래 진秦나라 황실에 남아 있던 도판과 서적이 소장되어 있었는데, 한나라 성제成帝 때에 다시 이곳에 황실의 책을 보관했다고 한다. 여기서는 당나라 왕실의 도서관을 가리키는 뜻으로 사용되었다.
7) 『초학기初學記』에 따르면, 해치獬豸, 즉 해태는 바르지 못한 사람을 보면 뿔로 치받는 속성이 있기 때문에 법을 집행하는 사람은 그 뿔의 모양을 장식한 모자를 썼다는 내용이 『한관의漢官儀』에 기록되어 있다고 한다. 예총치의 주석에 인용된 『이물지異物誌』에 따르면, 동북쪽의 황무지에 사는 짐승 가운데 해태라는 놈은 뿔이 하나 있는데, 성품이 충직해서 사람들이 다투는 것을 보면 그 가운데 바르지 못한 사람을 치받고, 사람들이 논쟁하는 것을 들으면 그 가운데 바르지 못한 사람을 깨문다고 했다. 두우杜佑의 『통전通典』에 따르면, 법관法冠을 해치관獬豸冠이라고도 부르는데, 해태의 뿔 모양을 한 장식이 달려 있고, 어사대御史臺의 감찰監察 이상의 벼슬아치들이 쓰는 것이라고 했다.
8) 『몽계필담夢溪筆談』에는 다음과 같은 내용이 들어 있다. "『제민요술齊民要術』에 따르면, '계설향'은 그 모양새가 고무래처럼 생겼다고 해서 '정자향丁子香'이라고도 부르는데, 지금의 '정향丁香'이 바로 이것이다. 『일화자日華子』에 따르면, 계설향은

입냄새를 없애주기 때문에 '삼성三省'의 낭관郎官들이 입에 계설향을 물어서 황제께 간언을 올리거나 황제의 질문에 대답할 때 향긋한 냄새가 나도록 했다고 한다." 한편 『한관의』에 따르면, 상서랑尚書郎이 계설향을 입에 물고 황제에게 엎드려 상주上奏했다고 한다.
9) 『사고전서총목제요四庫全書總目提要』에 따르면, 이하는 정왕鄭王의 후손이기 때문에 종종 자신의 고향을 농서(지금의 중국 서북쪽 간쑤성甘肅省 일대)라고 밝혔지만, 사실 그의 집은 낙양 근처의 창곡에 있었다. 창곡은 당나라 때의 복창현福昌縣에 속한다.
10) '조성'은 당나라 하동도河東道 평양군平陽郡에 속한 현縣의 명칭으로, 오늘날 산시성 훠현霍縣의 남쪽에 해당한다. 이하와 장철이 만나 술을 마시던, 그리고 이 시를 지은 장소이기도 하다.

## 나부산 산사람이 갈포를 주다 羅浮山人與葛篇[1]
<small>나부산인여갈편</small>

依依宜織江雨空  베를 짜도 될 듯 줄줄이 내리는 강 위의 비는 공활한데[2]
<small>의의의직강우공</small>

雨中六月蘭臺風  빗속의 유월에 난대의 바람[3] 불어오네.
<small>우중륙월란대풍</small>

博羅老仙持出洞  나부산의 늙은 신선 갈포葛布 들고 나오니[4]
<small>박라로선지출동</small>

千歲石牀啼鬼工  천년 묵은 돌 침상에서 귀공의 울음소리 들리네.[5]
<small>천세석상제귀공</small>

蛇毒濃凝洞堂濕  뱀의 독 짙게 서린 동굴 속 방은 눅눅하고
<small>사독농응동당습</small>

江魚不食唧沙立  강 속의 물고기는 먹이도 먹지 않고 모래만 물고 있네.[6]
<small>강어불식함사립</small>

欲剪湘中一尺天  상수湘水에 잠긴 한 자의 하늘 자르고 싶나니[7]
<small>욕전상중일척천</small>

吳娥莫道吳刀澀  오吳 땅의 미녀여, 가위[8]가 무디다고 말하지 마시게.
<small>오아막도오도삽</small>

1) 『예문류취藝文類聚』에 인용된 『나부산기羅浮山記』에 따르면, '나부산'이라는 명칭은 오늘날 광둥성廣東省 쩡청현增城縣과 보뤄현博羅縣의 경계에 있는 나산羅山과 부산浮山을 합쳐서 부르는 명칭이다. 제목의 '산인山人'은 산속에 사는 사람이라는 뜻인데, 이것을 '산부山父'로 쓴 판본도 있다. 제1~2구의 내용 전체가 남방의 특산물인 갈포의 섬세하고 아름다우며, 입으면 온 몸을 시원하게 하는 장점을 묘사한 것이라고 여기는 이들도 있다.
2) 이 구절의 의미는 명확하지 않다. 왕기의 주석에서는 이 구절이 촘촘히 내리는 비로 하늘이 흐릿한 모습을 묘사한 것이라고 했고, 예총치는 '의의依依'를 비가 지나간 후 맑고 상쾌한 하늘을 형용한 것이라고 했다. 이 번역에서는 다음 구에 이어지는 '우중雨中'이라는 표현을 고려해서, 기본적으로 왕기의 견해를 따랐다.
3) 송옥宋玉의 『풍부風賦』에 따르면, 초楚나라 양왕襄王이 난대궁蘭臺宮에 놀러갔을 때 송옥과 경차景瑳가 따라가 모셨다. 그때 갑자기 서늘한 바람이 불어오자, 왕이 옷섶을 헤쳐 바람을 맞으며, "상쾌하구나, 이 바람은! 내가 서민들과 함께 즐기는 것이 아닌가?(快哉此風, 寡人所與庶人共者耶)"라고 말했다고 한다. 그러나 여기서 '난대의 바람'은 남방인 나부산에 부는 바람을 가리킨다.
4) 본문의 '지持'를 '시時'로 쓴 판본도 있다. 여기서는 예총치의 주석에 언급된 원나라 때의 판본을 따랐다.
5) 나부산에는 주명동朱明洞, 황룡동黃龍洞, 호접동蝴蝶洞, 야락동夜樂洞 등 70개 남짓한 석실이 있는데, '돌 침상'이란 그런 석실 안에 흔히 있는 것이다. '귀공'은 아마 그 석실을 만든 솜씨 좋은 장인匠人을 가리킬 수도 있겠고, 어쩌면 그야말로 귀신을 가리키는 말일 수도 있겠다. 또 예총치의 주석에서 말한 것처럼, 솜씨 좋은 직공織工을 비유한 것으로도 볼 수 있겠다. 이 경우 돌 침상은 베틀을 의미할 것이다. 즉 나부선인의 갈포 짜는 솜씨가 너무 뛰어나 베틀에 앉은 귀신 직공도 자신의 모자람을 탓하며 슬피 운다는 뜻이다. 그러나 이 번역에서는 왕기의 주석을 따라, 나부산 산사람이 갈포를 들고 나가 속세 사람에게 주려 하자 '귀공'이 이를 애석하게 여기고 울었다는 뜻으로 풀이했다.
6) 본문의 '사독농응蛇毒濃凝'을 '사독농우蛇毒濃吁'로 쓴 판본도 있다. 이 두 구절은 다습하고 무더운 남방의 기후를 묘사한 것이다. 다만 그것을 냉혈동물인 뱀과 물고기를 통해 묘사한 점이 이하다운 수사법의 묘미를 보여주고 있다.
7) 여기서 '상수'는 둘째 구의 '난대'와 마찬가지로 나부산 주위의 산수풍경을 비유하고 있다. 그러므로 본문의 '상중湘中'을 '상중箱中' 또는 '상중相中'으로 쓴 판본들도 있으나, 모두 잘못된 것이다. 한편, '한 자의 하늘'은 하늘처럼 상쾌한 갈포를 비유하는 것이라고도 풀이할 수 있겠다.
8) 왕기의 주석에 따르면, 본문의 '오도吳刀'는 오나라 땅에서 생산된 전도剪刀, 즉 가

위를 가리킨다.

## 인화리에서 황보식에게 仁和里雜敍皇甫湜[1]

| | |
|---|---|
| 대인걸마구내한<br>大人乞馬癯乃寒 | 어른께 말을 얻어 탔는데 야위어 볼품없는 놈이요[2] |
| 종인대댁황궐원<br>宗人貸宅荒厥垣 | 집안 친척에게 집을 빌렸는데 담장조차 무너진 곳일세. |
| 횡정서경공토삽<br>橫庭鼠徑空土澀 | 마당을 가로질러 쥐 굴이 있어 공연히 흙만 울퉁불퉁하고 |
| 출리대조수주잔<br>出籬大棗垂珠殘 | 울타리 밖으로 삐져나온 대추나무엔 시든 열매 매달려 있지.[3] |
| 안정미인절황수<br>安定美人截黃綬 | 안정安定 땅의 아름다운 사람은 노란 인끈 잘라버리고[4] |
| 탈락영거명조주<br>脫落纓裾暝朝酒 | 갓끈과 옷자락 벗어놓은 채 밤새 술을 마신다네. |
| 환가백필미상두<br>還家白筆未上頭 | 집에 돌아올 때에 흰 붓은 아직 머리에 꽂지 못해 |
| 사아청성락인후<br>使我淸聲落人後 | 내 맑은 명성 남보다 뒤떨어지게 만들었다네.[5] |
| 왕욕칭지범군안<br>枉辱稱知犯君眼 | 외람되게 지기知己라 칭해주시니 그대의 눈 어지럽힌 셈인데 |
| 배인재승강환단<br>排引纔陞强絙斷 | 밀고 끌어 승진시키려 하셨건만 굵은 끈 끊어져 버렸군요.[6] |
| 낙풍송마입장관<br>洛風送馬入長關 | 낙양 바람의 전송 받으며 장안 관문으로 들어섰지만 |
| 합선미개봉알견<br>闔扇未開逢猰犬 | 황궁의 대문 열리기도 전에 미친개 만나게 되었다네.[7] |

| 那知堅都相草草 | 뜻밖에도 재능을 품평하는 이들이 허술하게 일을 해서[8] |
| 客枕幽單看春老 | 어둑한 여관방에 홀로 누워 시드는 봄을 바라보네. |
| 歸來骨薄面無膏 | 돌아올 때는 뼈가 얇아지고 얼굴엔 기름기 없어졌으니 |
| 疫氣衝頭鬢莖少 | 병 기운이 머리로 치밀어 귀밑머리도 줄어들었소.[9] |
| 欲雕小說干天官 | 자잘한 이야기 꾸며서 천관天官에게 간구하고 싶지만[10] |
| 宗孫不調爲誰憐 | 종손의 몸으로 승진하지 못한다고 누가 동정해줄까? |
| 明朝下元復西道 | 내일 아침은 시월 보름[11]이라 다시 서쪽 길로 떠날 터인데 |
| 崆峒敍別長如天 | 공동산崆峒山[12]의 작별인사 하늘처럼 길기만 하구려! |

1) 이 작품은 813년에 지은 것이다. 옛날 주석에는 황보식(777?~835? : 자는 지정持正)이 진사가 되어 처음으로 경기지역 하남부河南府 육혼현陸渾縣의 현위縣尉-관위가 정구품하正九品下에 해당한다-가 된 806년에 지은 것이라고 했으나, 이하가 장안에 들어간 것이 810년이기 때문에 사실과 맞지 않다. '인화리'는 동도東都, 즉 낙양에 있는 지명이다. 황보식은 나중에 공부工部 낭중郎中까지 지냈지만, 성격이 급하고 술기운에 동료들에게 자주 무례를 범해서 결국 낙양의 유수留守로 좌천시켜줄 것을 자청해야 했던 일도 있었는데, 나중에 배도(裵度: 765~839, 자는 중립中立)가 판관判官으로 복직시켜 주었다고 한다. 이하는 재능 있는 선배 황보식의 험난한 일생을 보며 자신의 불우함에 대한 불만이 뒤섞인 복잡한 감정을 시를 통해 서술하고 있다. 특히 이 시는 다섯 번이나 환운換韻을 함으로써 그런 심경을 수사적으로 표현하고 있는 점이 특징이다.
2) 본문의 '내한乃寒'은 '차한且寒'으로 쓴 판본도 있다.
3) 본문의 '수주垂珠'는 '수주垂朱' 또는 '수홍垂紅'으로 쓴 판본도 있다. 『삼국지·위지魏志』에 따르면, 부여국夫餘國에서 아름다운 진주가 생산되는데, 큰 것은 대추만 하다고 했다.
4) 후한後漢의 황보규皇甫規와 황보숭皇甫嵩은 모두 안정의 조나朝那 사람이다. 지금 황보식은 비록 목주睦州 사람이지만, 가문의 본적은 본래 안정 지방이었기 때문에 이

렇게 표현한 것이다. 한편 『한서』에 대한 안사고顔師古의 주석에 따르면, 현승縣丞이나 현위縣尉는 직위가 낮아서 모두 노란 인끈을 찬다고 했기 때문에, "노란 인끈을 잘라버린다"라는 표현을 썼다. 그러나 사실 당나라 때에는 5품 이상의 벼슬아치들만 녹색, 자주색, 푸른색, 검은색의 인끈을 찼고, 6품 이하의 벼슬아치들은 모두 인끈을 차지 않았다. 그러므로 이 구절은 진사에 급제하고도 벼슬길에서 뜻을 얻지 못해 하급 관리로 전전하는 황보식의 처지를 냉소적으로 묘사한 것이라 하겠다.

5) 『당서·거복지車服志』에 따르면, 당나라 때에는 7품 이상의 벼슬아치들이 머리에 흰 붓을 비녀처럼 꽂았으나, 8~9품의 벼슬아치들은 그렇게 하지 않았다고 한다. 지금 황보식은 관직이 겨우 9급이기 때문에 아직 흰 붓을 꽂지 못한 것이다. 원화元和 3년(808)에 황보식과 우승유(牛僧儒 : 780~848, 자는 사암思黯), 이종민(李宗閔 : ?~?, 자는 손지損之) 등이 책시策試를 치를 때 너무 직설적인 어투를 써서 당시 권력층의 미움을 사는 바람에 관직에 봉해지지 못한 일이 있었다. 여기서 '나'는 황보식을 가리킨다.

6) 왕기의 주석에 따르면, 본문의 '환紈'은 '긍絚'으로 써야 한다고 했다. 즉 황보식이 막 자신을 천거해주려 하던 차에 갑자기 떠나게 된 것은 마치 물건을 끌어당기던 굵은 동아줄이 끊어진 것과 마찬가지라는 것이다. 그러나 이 시가 황보식이 지방관으로 떠날 때에 지은 것이 아니라면, 이 구절은 달리 해석될 필요가 있다. 즉 '피휘避諱' 사건으로 인해 이하의 벼슬길이 거의 완전히 좌절돼 버린 상황을 가리킬 수도 있다는 것이다.

7) 왕기에 따르면, 본문의 '알견猰犬(얼룩개)'은 '계견瘈犬'으로 써야 한다고 했다. 즉 낙양을 떠나는 황보식을 보내고 돌아오자마자 자신을 질시하는 미친개와 같은 무리들의 헛된 비난을 듣게 되리라는 것이다.

8) '견도堅都'는 옛날에 말의 관상을 잘 보기로 유명했던 조건刁堅과 정군도丁君都를 가리킨다. 여기서는 예부禮部에서 과거시험을 관장하는 관리를 가리킨다. 한편, 오정자의 주석에 따르면 본문의 '견도'를 '수도竪都'로 쓴 판본도 있다 하나, 그 경우 뜻이 명확하지 않다. 또 증익은 '견도'가 반고班固의 「양도부兩都賦」를 가리킨다고 했으나, 이 역시 억지스러운 해석이다.

9) 본문의 '역기疫氣'를 '창기瘡氣'로 쓴 판본도 있다.

10) 『장자莊子·외물外物』에는 "자잘한 이야기를 꾸며서 빼어난 명예를 구한다(飾小說以干縣令)"는 내용이 들어 있다. 또한 왕기의 주석에 인용된 『백첩白帖』에 따르면, 이부吏部의 벼슬아치는 '하늘의 관리[天官]'로서 관리를 선발하고 직위를 제수하는 일을 담당한다고 했다.

11) 『당륙전唐六典』에 따르면, 7월 15일은 지관地官이 중원中元으로 삼고, 10월 15일은 수관水官이 하원下元으로 삼는다고 했다.

12) 왕기의 주석에서는 우禹임금의 발자취가 닿는 곳 안에는 '공동'이라는 이름을 가진 산이 세 군데 있으니 각각 임조臨洮와 안정安定, 여주汝州라고 한 『태평환우기太平寰宇記』의 기록을 인용하면서, 황보식이 부임하러 가는 육혼 땅이 여주와 가깝기 때문에 본문의 공동산은 이곳에 있는 것을 가리키는 것이 아닐까 하고 추측했다. 그러나 여기서는 낙양을 가리키는 것으로 보아야 할 듯하다. 옛날에는 북극성이 하늘의 중앙에 있으며, 그 아래가 바로 공동산이라고 여겼다. 그런데 낙양은 바로 당시 중국 대륙의 중앙에 해당하기 때문에 이렇게 표현한 것이다.

## 궁궐 미녀의 노래 宮娃歌

蠟光高懸照紗空  촛불은 높이 걸려 비단 창에 공허하게 비추는데

花房夜搗紅守宮  규방에서는 밤에 붉은 수궁사守宮沙[1] 찧네.

象口吹香罷氍毹暖  코끼리 향로[2]에서 향 연기 피어나 양탄자[3] 따뜻한데

七星掛城聞漏板  북두칠성 성에 걸리자 물시계 소리[4] 들려오네.

寒入罘罳殿影昏  부시罘罳[5]에 추위가 들어오니 궁전 그림자 어둑하고

彩鸞簾額著霜痕  난새 그림 화려한 주렴 머리엔 서리 자국 입혀지네.

啼蛄弔月鉤闌下  굽은 난간 아래에는 땅강아지 달 보며 슬피 우는데

屈膝銅鋪鎖阿甄  지도리와 문고리[6]가 진부인甄夫人[7]을 가둬두었네.

夢入家門上沙渚  꿈에 물가 모래밭 근처의 고향집 대문 들어가는데

天河落處長洲路  은하수 떨어지는 곳에 장주長洲[8]로 가는 길이 있네.

願君光明如太陽  바라건대 그대 태양처럼 밝고 현명하여

放妾騎魚撇波去   저를 놓아주어 물고기 타고 파도 헤치며 떠나게 해주오.

1) 『박물지博物志』에 따르면, '석척蜥蜴' 또는 '언전蝘蜓'이라고 부르는 도마뱀 비슷한 동물을 우리에 넣고 단사丹沙를 먹여 키우다가, 먹인 단사의 양이 일곱 근이 되었을 때 그것을 일만 번 가까이 찧어서 여인의 팔이나 다리에 찍어놓으면 평생토록 없어지지 않는데, 다만 남자와 정사를 벌인 뒤에는 없어져버리므로 '수궁守宮'이라고 부른다고 했다. 전하는 바에 따르면 동방삭이 한나라 무제에게 시험해보라고 권했는데, 과연 효험이 있었다고 한다.
2) 왕기의 주석에 인용된 『향보香譜』에 따르면, 사자나 기린, 오리 등의 모양으로 향로를 만들고 금으로 도금하여 공중에서 향을 피워 그 연기가 주둥이로 나오게 하면 보기가 좋다고 했다. 또 이런 향로는 나무를 깎거나 흙을 빚어서 만들기도 한다고 했다.
3) 왕기의 주석에 인용된 『운회韻會』에 따르면, 털로 짜서 만든 요[褥]를 가리키는 명칭인 '구유氍毹'를 '탑등氀毲'이라고도 부른다고 했다.
4) 본문의 '누판漏板'은 물시계에 달아서 정해진 시간이 될 때마다 두들겨 소리를 내도록 구리로 만든 판자이다.
5) '부시罘罳'는 일반적으로 건물 처마에 새들이 접근하지 못하도록 쳐놓은 그물을 가리키지만, 본래 한나라의 미앙궁未央宮에 설치되었을 때의 의미는 궁궐 안에 판자를 엮거나 흙을 쌓아서 병풍처럼 만든 시설을 가리킨다. 즉 신하들이 황제를 알현하러 궁궐에 들어왔을 때, 황제와 직접 만나기 전에 자신의 용무를 '다시 생각해보도록[復思]' 상기시켜 주는 역할을 하는 것이다. 그런데 호삼성胡三省의 『통감주通鑒注』에 따르면, 당나라 궁궐의 '부시'는 실로 그물처럼 엮어서 참새 따위의 접근을 막은 것이라고 했다.
6) 본문의 '굴슬屈膝'은 문짝과 기둥을 연결하는 못과 같이 생긴 물건이다. 그 모양이 구부러져 있는 것이 마치 사람이 무릎을 꿇고 있는 것과 같다고 해서 그런 이름이 붙었다. 또한 '동포銅鋪'는 문짝 위에 다는 둥근 문고리인데, 대개 짐승의 얼굴 모양으로 주조해서 만든다. 한편 본문의 '동포銅鋪'를 '금포金鋪'로 쓴 판본도 있다.
7) 본문의 '아진阿甄'은 위魏나라 문제文帝의 부인인 진부인을 가리킨다. 그녀는 처음에는 황제의 총애를 받았으나, 나중에 곽후郭后와 이유귀인李陰貴人이 함께 황제의 사랑을 차지하자 실의에 빠져서 방안에 틀어박혀 지냈다고 한다. 육조시대에는 이처럼 부인을 칭할 때 성씨 앞에 '아阿'자를 붙이는 경우가 많았다.
8) 왕기의 주석에 인용된 『원화군현지元和郡縣志』에 따르면, 당나라 측천무후의 만세

통천萬歲通天 1년(696)에 소주蘇州(지금의 쟝쑤성江蘇省 쑤저우시蘇州市)의 오현吳縣에서 따로 떼어내 장주현長洲縣을 설치했는데, 그 이름은 근처에 있는 장주원長洲苑이라는 정원에서 따온 것이라고 했다.

## 건물들이 겹겹이 堂堂[1]

| | |
|---|---|
| 堂堂復堂堂 | 건물들은 층층겹겹 |
| 紅脫梅灰香 | 빛 바랜 매화엔 향기도 식어가네.[2] |
| 十年粉蠹生畫梁 | 십년 동안 좀벌레가 화려한 들보에 살아 |
| 飢蟲不食堆碎黃 | 배고픈 벌레도 먹지 않는 누런 나무가루만 쌓였구나.[3] |
| 蕙花已老桃葉長 | 혜초蕙草꽃은 이미 시들었고 복숭아 잎 무성한데, |
| 禁院懸簾隔御光 | 궁중 정원에 걸린 주렴은 군왕의 빛을 가로막네.[4] |
| 華淸源中礜石湯 | 화청궁華淸宮 샘에는 여석탕礜石湯이 있는데[5] |
| 徘徊白鳳隨君王 | 주위를 배회하는 흰 봉황새들 군왕을 따라다니네. |

---

1) 『악부시집樂府詩集・악원樂苑』에 따르면, '당당'은 각조角調의 곡명이라 했고, 또 그것은 본래 진陳나라 후주後主가 지은 것인데 당나라 때에 법곡法曲으로 되었다고 했다. '당당'의 본래 의미는 건물들이 겹겹이 늘어선 모양을 가리키는데, 여기서는 구중궁궐 깊은 곳에 갇힌 여인의 탄식이 깃들어 있다.
2) 이 구절을 "붉게 농익은 바닷가 매화 향기[紅熟海梅香]"로 쓴 판본도 있다.
3) 본문의 '퇴堆'를 '최摧'로 쓴 판본도 있다.
4) 군주의 사랑을 받지 못하고 방안에 갇혀 있는 여인의 모습을 묘사한 것이다.
5) 당나라 태종太宗은 온천이 많이 있는 여산驪山(지금의 산시성陝西省 시안시西安市 외곽에 있음)에 온천궁溫泉宮을 지었는데, 현종玄宗 때에 화청궁으로 이름을 바꿨

다. 『어은총화漁隱叢話』에 따르면, 온천탕에는 유황의 기운이 많이 있어서 거기서 목욕을 하면 유황이 사람의 피부에 스며드는데, 여산에 있는 것만이 여석천礜石泉이라고 했다. 왕기의 주석에 따르면, 여석은 뜨거운 성질이 있어서 물속에 넣어두면 물이 얼지 않는다고 했다. 옛날 사람들은 여산의 온천 아래 여석이 있어서 물이 뜨겁다고 생각했다는 것이다. '흰 봉황새[白鳳]'에 대해서는 자세히 알 수 없으나, 왕기는 주인을 따라 놀러 나온 시종들이 모두 하얀 봉황새를 타고 있었다는 조당曹唐의 「유선시游仙詩」를 예로 들며, 본래 신선의 시위侍衛들을 가리키는 표현을 이하가 군왕의 신하들이라는 뜻으로 사용한 듯하다고 설명했다.

## 면애행[1] 2수 — 여산[2]으로 떠나는 아우를 전송하며
### 면애행이수 송소계지여산
### 勉愛行二首 送小季之廬山

#### 기일
#### 其一     하나

낙교무조두
洛郊無俎豆    낙양 교외에서 제사 용구도 없이 전별餞別하는데,

폐구참로마
弊廐慚老馬    낡은 마구간의 늙은 말이 부끄럽구나.[3]

소안과로봉
小雁過爐峰    작은 기러기 향로봉香爐峰을 넘어가는데[4]

영락초수하
影落楚水下    그 그림자 초楚 땅의 물줄기에 떨어진다.

장선의운박
長船倚雲泊    긴 배는 구름에 기대 정박해 있고

석경추량야
石鏡秋涼夜    석경봉石鏡峰[5]에는 쌀쌀한 가을밤이 찾아왔다.

기해유향정
豈解有鄉情    고향 그리는 마음 어찌 하면 풀 수 있을까?

농월료명아
弄月聊鳴啞    달빛 아래 노닐며 그저 소리 없이 울고만 있다.

1) '면애勉愛'는 '면력자애勉力自愛', 즉 스스로 몸을 아끼려고 힘쓰라는 뜻이다.
2) 『당서·지리지地理志』에 따르면, 여산廬山은 강주江州 심양현潯陽縣(지금의 쟝시성江西省 쥬쟝시九江市 남쪽)에 있다고 했다.
3) 본문의 '참慙'을 '참斬'으로 쓴 판본도 있다. 증익의 주석에 따르면, 낡은 마구간에 있는 늙은 말을 잡아서 아쉬운 대로 초라한 전별연餞別宴을 베풀었다는 뜻이라고 했는데, 너무 억지스러운 해석인 듯하다.
4) '작은 기러기'는 동생을 비유하고 있다. '향로봉'은 여산의 동남쪽에 있는 봉우리 이름이다. 『일통지一統志』에 따르면, 향로봉은 둥글게 우뚝 솟은 봉우리에 아지랑이나 안개가 서려 있는 모습이 마치 향로에서 연기가 피어나는 듯하다고 해서 그런 이름이 붙었다고 한다.
5) 『강서통지江西通志』에 따르면, 석경봉은 남강부南康府에서 서쪽으로 25리 떨어진 금륜봉金輪峰 옆에 있는데, 절벽에 걸린 둥근 돌이 있어서 사람의 그림자가 비치기도 하고, 아무 때나 그림자가 사라졌다가 나타나곤 한다고 했다.


其二  
기 이

둘

別柳當馬頭  
별 류 당 마 두

이별을 뜻하는 버드나무 마두馬頭[1)]에 서 있고

官槐如兎目  
관 괴 여 토 목

큰길의 홰나무에는 토끼 눈 같은 새싹 돋아난다.[2)]

欲將千里別  
욕 장 천 리 별

천리 먼 길 이별하려 하니

持此易斗粟  
지 차 역 두 속

이걸 가지고 조 한 말과 바꾸겠나.[3)]

南雲北雲空脈斷  
남 운 북 운 공 맥 단

남쪽 구름과 북쪽 구름은 허공에서 맥이 끊겼고

靈臺經絡懸春綫  
영 대 경 락 현 춘 선

마음의 경락에는 봄날의 실처럼 그리움이 걸려 있다.

靑軒樹轉月滿床  
청 헌 수 전 월 만 상

푸른 숲속의 집[4)]에 나무 그림자 움직일 때 달빛은 침상에 가득 비추고

| 한국기아몽중현 | |
|---|---|
| 下國飢兒夢中見 | 아랫마을 배고픈 아이 꿈속에 나타난다.[5] |
| 維爾之昆二十余 | 그저 스무 살 남짓한 네 형은 |
| 年來持鏡頗有鬚 | 근래에 거울을 잡고 보면[6] 수염이 덥수룩하다. |
| 辭家三載今如此 | 집 떠난 지 3년 만에 이렇게 되었는데 |
| 索米王門一事無 | 왕후王侯의 문전에서 쌀을 구했지만 되는 일 하나 없다.[7] |
| 荒溝古水光如刀 | 황량한 도랑에 고인 물은 칼처럼 빛나고 |
| 庭南拱柳生蠐螬 | 마당 남쪽 아름드리 버드나무엔 매미 유충 자란다. |
| 江干幼客眞可念 | 강가의 어린 나그네 정말 그립구나! |
| 郊原晚吹悲號號 | 교외 들판에 날 저물 때 슬픈 휘파람 휘휘 분다.[8] |

1) 수로와 육로의 요충지로서, 수레와 말이 모여드는 곳을 가리킨다.
2) 『구당서・오주전吳湊傳』에 따르면, 관도官道에 가로수가 없어서 느릅나무를 심게 하자 오주가 상소를 올려서 홰나무로 바꿔 심게 했다고 한다. 한편 『장자莊子』에 따르면, 홰나무는 늦봄 닷새째 되는 날에 토끼 눈 같은 싹을 피웠다가, 열흘째가 되면 쥐의 귀와 같은 모양이 된다고 했다.
3) 왕기의 주석에 따르면, 본문의 '지차持此'는 '지아持我'로 된 판본도 있다고 했다. 그러나 '이것'이 무얼 가리키는지는 분명하지 않다. 한편 어떤 판본에서는 이 구절까지를 첫번째 수로 보고, 다음 구절부터가 둘째 수에 해당한다고 나눠놓기도 했다. 이 경우 '이것'은 동생에게 타고 가라고 준 '늙은 말'을 가리킨다.
4) 예총치의 주석에서는 '청헌青軒'을 늙은 어머니의 침실이라고 했다.
5) 동생이 가고 있는 여산은 경사京師에 비하면 아래쪽, 즉 남쪽에 있기 때문에 이렇게 표현했다.
6) 본문의 '지경持鏡'을 '대경對鏡'으로 쓴 판본도 있다.
7) 장안에서 벼슬을 구하려 애썼지만 성공하지 못했다는 뜻이다.
8) 왕기의 주석에서는 이 구절이 바람소리를 묘사한 것이라고 했다.

## 술 권하는 노래 致酒行[1]

零落棲遲一杯酒　　　초라하게 몰락하여 술이나 마시며 놀고 지내는데[2]

主人奉觴客長壽　　　주인은 술잔 받들어 나그네의 장수 기원한다.

主父西游困不歸　　　주보언主父偃이 서쪽에서 곤경에 빠져 돌아오지 못하자[3]

家人折斷門前柳　　　집안사람들은 대문 앞 버드나무를 베어버렸다지.[4]

吾聞馬周昔作新豐客　듣자 하니 마주馬周가 옛적에 신풍新豐의 나그네였을 때에는[5]

天荒地老無人識　　　황량한 천지에 알아주는 사람 하나 없었다지.

空將牋上兩行書　　　공연히 종이에 글 두 줄 써서

直犯龍顔請恩澤　　　무례하게도 곧장 황제에게 은택을 청했지.[6]

我有迷魂招不得　　　길 잃은 내 영혼은 불러도 돌아오지 못하고

雄雞一聲天下白　　　수탉의 울음소리 한 번에 세상이 밝아오네.

少年心事當拿雲　　　젊은이 마음은 마땅히 구름이라도 잡아야 하건만[7]

誰念幽寒坐嗚呃　　　뉘라서 기억해주랴, 어둡고 쓸쓸한 곳에 앉아 흐느끼는 이 몸을?

---

1) 『문원영화文苑英華』에 인용된 이 시의 제목 아래에는 '동지에 장안리에서[至日長安

里中作'라는 부제가 붙어 있다. 이 시는 원화 5년(810) 이하가 21세 때, 부친의 삼년상을 마치자 한유韓愈가 그에게 진사 시험에 응시하라고 권했을 때에 지은 것이다.
2) 본문의 '서지棲遲'를 '서황恓惶'으로 쓴 판본도 있는데, 둘 다 신세가 몰락하여 처량하다는 뜻이다.
3) 『한서』에 따르면, 주보언은 제齊나라 임치臨菑 사람으로, 제나라에서 등용되지 못해서 여러 나라를 떠돌다가 서쪽 변방으로 가서 장군 위청衛靑을 만났다. 위청이 황제에게 여러 차례 주보언을 천거했으나 결국 등용되지 못하고, 노자도 떨어진 채 오래 머물자 여러 제후들과 빈객賓客들이 그를 싫어했다고 한다.
4) 문 앞의 버드나무는 그 꼭대기에 올라가서 멀리 바라보며 길 떠난 사람이 돌아오는지 살피는 것인데, 이것을 베어버렸다는 것은 기다리기를 포기했다는 것과 같다.
5) 『구당서·마주전馬周傳』에 따르면, 마주가 장안으로 가다가 신풍에 묵었는데, 여관 주인이 다른 상인들만 대접하고 마주는 돌아보지도 않았다. 그리고 그가 술을 시켜 혼자 마시자 주인은 매우 이상하게 쳐다보았다. 장안에 이르러 중랑장中郞將 상하常何의 집에 머물다가, 정관貞觀 5년(631)에 무관이라 경학에 관해 무지한 상하를 대신해서 상소문을 올렸다가 태종太宗에게 발탁되어 문하성門下省의 관리로 임명되었고, 6년 뒤에는 감찰어사監察御史를 제수 받았다.
6) 본문의 '용안龍顔'을 '용린龍鱗'으로 쓴 판본도 있다. 또 『문원영화』에는 '용염龍髥'으로 되어 있는데, 이는 잘못된 것이다.
7) 본문의 '나운拿雲'을 '노운拏雲'으로 쓴 판본도 있으나, 뜻은 같다.

## 긴 노래와 짧은 노래를 연이어 부르다 長歌續短歌<sup>장가속단가</sup>[1]

| | |
|---|---|
| 長歌破衣襟 <sup>장가파의금</sup> | 긴 노래에 옷깃이 찢어지고 |
| 短歌斷白髮 <sup>단가단백발</sup> | 짧은 노래에 흰머리 끊어지네. |
| 秦王不可見 <sup>신왕불가견</sup> | 진왕秦王[2]을 만날 수 없어 |
| 旦夕成內熱 <sup>단석성내열</sup> | 아침저녁으로 마음만 타네. |

| 갈음호중주<br>渴飮壺中酒 | 목이 타서 병 속의 술 마시고 |
| 기발롱두속<br>飢拔隴頭粟 | 배가 고파 밭두렁의 조를 뽑네. |
| 처처사월란<br>凄凄四月闌 | 처량하여라,³⁾ 사월도 저물어서 |
| 천리일시록<br>千里一時綠 | 온 세상이 일시에 푸르게 변했구나! |
| 야봉하리리<br>夜峰何離離 | 밤중의 산봉우리들은 하염없이 늘어서 있고 |
| 명월락석저<br>明月落石底 | 밝은 달빛 돌 발치에 떨어지네. |
| 배회연석심<br>徘徊沿石尋 | 돌길 따라 배회하며 찾아다니는데 |
| 조출고봉외<br>照出高峰外 | 달빛은 높은 산봉우리 밖으로 나가버렸네.⁴⁾ |
| 부득여지유<br>不得與之游 | 더불어 노닐 수 없어서 |
| 가성빈선개<br>歌成鬢先改 | 노래 부르고 나니 귀밑머리가 먼저 세어버렸구나. |

---

1) 고악부古樂府 가운데 장가행長歌行 또는 단가행短歌行이라는 제목이 붙은 노래는 모두 사람의 목숨이 길지 않으니 때맞춰 힘써야 한다는 내용을 담고 있다. 어떤 사람은 긴 노래와 짧은 노래가 생명의 장단에 따른 구분이라고도 하고, 어떤 사람은 곡조의 장단에 따른 구분이라고도 하는데, 어느 것이 옳은 설명인지는 알 수 없다. 부현傅玄의 「염가행艶歌行」에 "소리 높여 긴 노래 불러 짧은 노래를 잇노라.(咄來長歌續短歌.)"라는 구절이 있는데, 이 시의 제목은 여기서 따온 듯하다.
2) 요문섭은 당나라 헌종憲宗이 용감한 무사를 초빙하고 신선의 일을 좋아한 점에서 진시황秦始皇과 닮았기 때문에 이렇게 표현했다고 했고, 왕기는 당시 헌종이 옛날 진나라 땅에 머물고 있었기 때문에 이런 비유를 썼다고 설명했는데, 모두 일리가 있다.
3) 본문의 '처처凄凄'를 '처량凄凉'으로 쓴 판본도 있다.
4) 이 두 구절은 밝은 달빛으로 비유된 군주의 은택을 찾아 헤매는데, 어느새 그것이 높은 산봉우리 밖으로 나가버려서 자신에게는 비추지 않음을 말하고 있다.

## 그대 춤추지 마오 — 서문과 함께 公莫舞歌 幷序

「公莫舞歌」者, 詠項伯翼蔽劉沛公也. 會中壯士, 灼灼於人, 故無復書.
且南北樂府率有歌引. 賀陋諸家, 今重作「公莫舞歌」云.

「그대 춤추지 마오(公莫舞)」[1]라는 것은 항백項伯이 소매로 유방劉邦을 숨겨준 것을 노래한 것이다. 모임 가운데 나오는 장사는 사람들에게 잘 알려져 있기 때문에 다시 서술하지 않는다.[2] 또한 남북의 악부樂府에 모두 이에 관한 노래가 있으나, 나는 다른 사람들의 작품을 천박하다고 여겨서 이제 다시「그대 춤추지 마오」를 짓는다. 그 내용은 다음과 같다.

方花古礎排九楹  꽃무늬 조각된 옛 주춧돌[3]에 아홉 기둥 세워졌고

刺豹淋血盛銀甖  표범 잡아 흥건한 핏물이 은 단지에 가득 찼구나.

華筵鼓吹無桐竹  화려한 잔치에 고취곡鼓吹曲은 있어도 거문고나 피리소리는 들리지 않고

長刀直立割鳴箏  긴 칼 곧추서서 울리는 쟁箏을 쪼개버린다.[4]

橫楣粗錦生紅緯  비스듬한 문미門楣에 걸린 거친 비단에선 붉은 빛 피어나고

日炙錦嫣王未醉  햇살이 고운 비단 태웠어도 왕은 아직 취하지 않았도다.

腰下三看寶玦光  허리 아래를 세 번이나 내려다보아서 보배로운 옥패玉佩가 빛나자

項莊掉箾欄前起  항장은 칼집 버리고 난간 앞에서 몸을 일으켰다.[5]

| 재관소신공막무<br>材官小臣公莫舞 | 재관材官[6]이건 작은 벼슬아치건, 그대 춤추지 마오! |
| 좌상진인적룡자<br>座上眞人赤龍子 | 자리에 앉은 진인眞人[7]은 적룡赤龍의 아들[8]이라오. |
| 망탕운단포천회<br>芒碭雲端抱天迴 | 망탕산芒碭山 구름은 하늘 안고 돌아가고 |
| 함양왕기청여수<br>咸陽王氣淸如水 | 함양咸陽의 왕 기운은 물처럼 맑구나.[9] |
| 철추철건중속관<br>鐵樞鐵楗重束關 | 쇠 지도리에 쇠 빗장으로 진秦나라 관문 단단히 잠겼어도 |
| 대기오장당쌍환<br>大旗五丈撞雙鐶 | 다섯 길 큰 깃발로 문고리 두드렸다.[10] |
| 한왕금일수진인<br>漢王今日須秦印 | 한나라 왕이 오늘 진나라 옥새 쓰게 된 것은 |
| 절빈고장신불론<br>絶臏刳腸臣不論 | 무릎 자르고 창자 갈라도 신하들이 개의치 않았기 때문이로다![11] |

---

1) 『송서宋書』에 따르면, 「공막무公莫舞」는 송나라 때의 '건무巾舞', 즉 수건을 흔들며 추는 춤이라 했다. 항장項莊이 검무를 추며 유방을 찌르려 하자 항백이 옷소매로 막으며 항장에게, "하지 마시오[公莫]."라고 말한 데에서 연유해서 그런 이름이 붙었고, 나중에는 항백의 옷소매를 대신해서 수건을 들고 춤을 추게 되었다고 한다.
2) 이 부분은 해석이 애매한데, 역자는 예총치의 설명에 따라 '회중장사會中壯士'를 번쾌樊噲로 이해했다.
3) 본문의 '고초古礎'를 '석초石礎'로 쓴 판본도 있다.
4) 이 두 구절은 군중軍中에서 벌이는 연회라서 음악도 단조롭고, 더욱이 살벌한 분위기 때문에 연주도 불안하다는 것을 나타내고 있다. 본문의 '화연華筵'을 '군연軍筵'으로 쓴 판본도 있다. '고취곡'은 군중의 음악을 가리킨다. 쟁은 본래 12현으로 된 악기였는데, 나중에 13현으로 바뀌었다. 『인화록因話錄』에 따르면, 진秦나라 사람이 큰 거문고[瑟]를 연주하는데 형제가 다투다가 둘로 쪼개버려서, 이때부터 서로 다툰다는 뜻의 '쟁爭'과 통하는 '쟁箏'이라는 명칭이 생겨났다고 했다.
5) 범증范增이 세 번이나 허리에 찬 옥결玉玦을 향해 눈짓하여 항우로 하여금 유방을 죽이라는 처결處決을 내리도록 재촉하자 항장이 칼춤을 추기 시작한 것을 가리킨다. 본문의 '소簫'는 '소削'를 잘못 쓴 것이다. 전자는 음악에 맞춰 춤추는 사람이

손에 쥐던 막대기를 뜻하고, 후자는 칼집을 가리킨다. 특히 후자의 경우, 대개 '초鞘'로 쓰는 경우가 많다.
6) 왕기의 주석에서 인용한 설찬薛瓚의 말에 따르면, '재관'은 말을 타고 활을 쏘는 벼슬아치를 뜻한다고 했는데, 『한서』의 안사고 주석에서는 재주와 힘을 갖춘 사람이라고 했다.
7) 『문자文子』에 따르면, 진인은 원래 하늘과 땅의 도리를 얻은 사람을 가리키는데, 나중에는 제왕을 가리키는 뜻으로 자주 사용되었다.
8) '적룡'은 '적제赤帝'를 가리킨다. 그러므로 '적룡의 아들'은 유방을 가리키는데, 이에 관한 자세한 내용은 「춘방정자의 칼」 주석 8)을 참조하기 바란다.
9) 『사기』에 대한 배인裴駰의 주석에 따르면, '망탕산'은 망현芒縣과 탕현碭縣의 경계에 있는 산으로, 지금의 쟝쑤성江蘇省 당산현碭山縣의 동남쪽에 있는 망산芒山과 탕산碭山을 가리킨다. 일찍이 진시황은 동남쪽에 천자의 기운이 일어나고 있다고 여겨 동쪽으로 순행을 떠나 그것을 억누르려 했는데, 유방은 그것이 자신을 가리킨다고 믿고 망탕산으로 도망쳐 숨었다고 한다. 그런데 나중에 여후呂后가 된 그의 부인이 매번 그가 숨어 있는 곳을 찾아내기에 그 까닭을 물으니, 유방이 숨은 곳 위에는 항상 상서로운 기운이 서려 있어서 찾기 쉬웠다고 대답했다는 것이다.
10) 진왕 자영子嬰이 스스로 목에 밧줄을 묶고, 옥쇄와 부절符節을 상자에 담아 항복함으로써, 함양의 단단한 성이 유방의 군대에 의해 함몰되었다는 사실을 묘사한 것이다.
11) 항우에게 자신은 죽음도 피하지 않거늘 그깟 술 한 동이쯤이야 마시지 못하겠냐고 당당하게 말하며 유방에게 충성했던 번쾌와 같은 신하들을 일컫는 말이다.

## 창곡 북쪽 정원에 새로 돋은 죽순 昌谷北園新筍 四首

其一　　　　　　하나

籜落長竿削玉開　대껍질 떨어지자 긴 줄기가 깎은 옥처럼 드러나는데
君看母筍是龍材　그대 보시게, 그 대나무는 용의 재능을 담고 있다네.[1]

| 갱용일야추천척 | |
| --- | --- |
| 更容一夜抽千尺 | 다시 하룻밤이 지나면 천 길이나 뽑혀 올라가 |
| 별각지원수촌니 | |
| 別卻池園數寸泥 | 연못과 정원의 좁다란 진흙과 이별할 테지.[2] |

1) 본문의 '모순母筍'은 다 자란 대나무를 가리킨다.『후한서·비장방전費長房傳』에 따르면, 비장방이 어느 노인을 만나 신선술을 배우다 집으로 돌아가려 하자, 노인이 대나무 지팡이 하나를 주어서 그것을 타고 돌아갔다. 그는 열흘 정도 여행을 다녀온 기분이었는데, 속세에서는 이미 10년의 세월이 흐른 뒤였다. 그리고 지팡이를 건네주었던 노인의 말대로 지팡이를 칡덩굴이 자라는 언덕에 던지자, 지팡이가 용으로 변해서 날아갔다고 한다.
2) 이 구절은 자신의 재능을 대나무에 비유해서, 얼마 후엔 지금의 곤궁한 처지에서 벗어나 크게 출세할 것이라는 뜻을 나타내고 있다.

### 기이
### 其二    둘

| 작취청광사초사 | |
| --- | --- |
| 斫取青光寫楚辭 | 푸르게 빛나는 줄기 쪼개「초사」[1]를 쓰나니 |
| 이향춘분흑리리 | |
| 膩香春粉黑離離 | 짙은 향에 봄을 품은 가루 날리는 대껍질에 검은 글씨 가득하네. |
| 무정유한하인견 | |
| 無情有恨何人見 | 무정한 사물에도 한이 있음을 뉘라서 알랴? |
| 노압연제천만지 | |
| 露壓煙啼千萬枝 | 이슬에 눌린 채 안개 속에서 우는 천만 개의 가지여! |

1) 원래는 참소를 당해 억울하게 쫓겨난 초楚나라의 대부大夫 굴원屈原이 쓴「이소離騷」와, 그것을 본떠서 훗날 송옥宋玉과 당륵唐勒 등이 쓴 글들을 아울러 일컫는 말이다. 여기서는 재능이 있어도 뜻을 펼치지 못하는 이하 자신이 쓴 작품을 비유한 표현이다.

기 삼
### 其三  셋

家泉石眼兩三莖　　집안 우물가 돌 틈에 두세 줄기

曉看陰根紫陌生　　새벽에 숨은 뿌리[1] 붉은 흙길에 피어나는 걸 보았지.

今年水曲春沙上　　올해는 물굽이 봄날 모래 위에도 자라나리니

笛管新篁拔玉靑　　피리 대롱 만들 새 죽순[2] 푸른 옥처럼 뽑아내리라.

---

1) 본문의 '음근陰根'은 흙속에 자라서 밖으로 드러나지 않는 대나무 뿌리를 가리킨다.
2) 『순보筍譜』에 따르면, 죽순은 달리 '초황初篁'이라고도 부른다고 했다.

기 사
### 其四  넷

古竹老梢惹碧雲　　오래된 대나무 늙은 가지 푸른 구름을 끌어당기는데

茂陵歸臥嘆淸貧　　무릉茂陵에 돌아와 누워 청빈함을 탄식하네.[1]

風吹千畝迎雨嘯　　바람이 넓은 대밭에 불어 비를 맞이하는 휘파람 부는데

鳥重一枝入酒樽　　새에 눌린 가지 하나 술잔 속으로 들어오네.[2]

---

1) 이하가 자신의 처지를 사마상여司馬相如에 빗대어 묘사한 것이다. 사마상여에 대해서는 「회포를 노래함·하나」에 대한 주석 1)을 참조하기 바란다.
2) 새가 날아와 가지에 앉자 휘영청 휘어진 대나무 가지의 그림자가 술잔에 비쳐, 맑고 그윽한 정취를 더해준다는 뜻이다.

## 골치 아픈 사람 惱公[1]

| | |
|---|---|
| 宋玉愁空斷 <sub>송옥수공단</sub> | 송옥의 시름겨운 사랑 헛되이 끊어져 버렸고[2] |
| 嬌嬈粉自紅 <sub>교요분자홍</sub> | 동교요董嬌嬈[3]의 고운 화장 저절로 발그레하네. |
| 歌聲春草露 <sub>가성춘초로</sub> | 노랫소리는 봄날 풀에 맺힌 이슬처럼 맑은데 |
| 門掩杏花叢 <sub>문엄행화총</sub> | 닫힌 문안에 살구꽃 흐드러지게 피었네. |
| 注口櫻桃小 <sub>주구앵도소</sub> | 오므린 입술은 앵두처럼 조그맣고 |
| 添眉桂葉濃 <sub>첨미계엽농</sub> | 그린 눈썹은 계수나무 잎처럼 짙푸르네. |
| 曉奩粧秀靨 <sub>효렴장수엽</sub> | 새벽에 화장품 상자 열어 예쁜 점을 볼에 그리고[4] |
| 夜帳減香筒 <sub>야장감향통</sub> | 밤이면 침상 장막 안에 향통香筒의 연기 줄어가네. |
| 鈿鏡飛孤鵲 <sub>전경비고작</sub> | 금 박아 장식한 거울엔 외로운 까치가 날고[5] |
| 江圖畫水濴 <sub>강도화수홍</sub> | 강 풍경 담은 병풍엔 물여꿔[6]가 그려져 있네. |
| 陂陀梳碧鳳 <sub>피타소벽봉</sub> | 봉긋봉긋 봉황 모양으로 머리 빗어 틀어 올리고 |
| 腰褭帶金蟲 <sub>요뇨대금충</sub> | 하늘하늘 황금벌레 장식한 비녀[7] 꽂네. |
| 杜若含淸靄 <sub>두약함청애</sub> | 두약杜若은 맑은 아지랑이 머금었고[8] |
| 河蒲聚紫茸 <sub>하포취자용</sub> | 강가 부들은 자줏빛 무더기로 모여 자라네. |
| 月分蛾黛破 <sub>월분아대파</sub> | 달이 쪼개져 먹으로 그린 눈썹이 되고 |

| 화합엽주융 | |
|---|---|
| 花合靨朱融 | 꽃이 합쳐져 붉은 볼[9]에 연지로 녹아드네. |
| 발중의반무 | |
| 髮重疑盤霧 | 풍성한 머리칼은 안개가 서린 듯 |
| 요경사의풍 | |
| 腰輕乍倚風 | 가벼운 허리는 금방 바람에 날릴 듯. |
| 밀서제두구 | |
| 密書題荳蔲 | 은밀한 편지에는 홍두구紅荳蔲[10]를 얘기하고 |
| 은어소부용 | |
| 隱語笑芙蓉 | 은근한 밀어로 부용꽃[11]에 대해 농담 건네네. |
| 막쇄수유갑 | |
| 莫鎖茱萸匣 | 비단[12] 상자 잠그지 마오 |
| 휴개비취롱 | |
| 休開翡翠籠 | 비취 깃털 장식된 바구니 열지 마오. |
| 농주경한연 | |
| 弄珠驚漢燕 | 구슬 짤랑거려 한나라 제비 놀라게 하고 |
| 소밀인호봉 | |
| 燒蜜引胡蜂 | 꿀을 태워 큰 벌[13]을 끌어들이네. |
| 취힐포홍망 | |
| 醉纈抛紅網 | 얼룩무늬 염색한 촘촘한 붉은 그물 던지고 |
| 단라괘록몽 | |
| 單羅掛綠蒙 | 홑겹의 초록색 새그물 걸어두었네.[14] |
| 수전교차녀 | |
| 數錢敎姹女 | 돈 세는 것은 하녀[15]에게 가르치고 |
| 매약문파종 | |
| 買藥問巴賨 | 약 사는 법은 하인[16]에게 묻네. |
| 균검안사안 | |
| 匀臉安斜雁 | 조그마한 얼굴에는 기러기 장식[17] 편안히 걸려 있고 |
| 이등상몽웅 | |
| 移燈想夢熊 | 등불 옮기며 멋진 남자의 꿈[18] 상상하네. |
| 장찬비속죽 | |
| 腸攢非束竹 | 뭉친 창자는 본래 묶인 대나무 같은 것이 아니었고 |
| 현급시장궁 | |
| 胘急是張弓 | 팽팽한 위장은 바로 당겨놓은 활과 같네.[19] |
| 만수미신접 | |
| 晚樹迷新蝶 | 저물녘 숲은 새로 찾아온 나비 길 잃게 하고 |
| 잔예억단홍 | |
| 殘蜺憶斷虹 | 스러지는 암무지개는 끊어진 수무지개 그리워하네.[20] |

| 고시전발해 | |
|---|---|
| 古時塡渤澥 | 옛날에는 발해渤澥를 메우더니 |
| 금일착공동 | |
| 今日鑿崆峒 | 오늘은 공동산崆峒山을 뚫고 있네.21) |
| 수답건장만 | |
| 繡沓褰長幔 | 아름답게 수놓은 끈 묶어 긴 장막 걷어올리고 |
| 나군결단봉 | |
| 羅裙結短封 | 비단 속옷 짧게 여며 묶었네.22) |
| 심요여무학 | |
| 心搖如舞鶴 | 마음은 춤추는 학처럼 요동치고 |
| 골출사비룡 | |
| 骨出似飛龍 | 수척한 몸의 뼈마디는 하늘 날던 용처럼 튀어나왔네.23) |
| 정함림청칠 | |
| 井檻淋淸漆 | 우물 난간 옻칠 위엔 맑은 물방울 서려 있고 |
| 문포철백동 | |
| 門鋪綴白銅 | 문고리 거는 쇠는 백동白銅을 엮어 만들었네.24) |
| 외화개토경 | |
| 隈花開兔徑 | 꽃밭 옆으로는25) 토끼 다니는 길이 나 있고 |
| 향벽인호종 | |
| 向壁印狐踪 | 마주 보이는 벽에는 여우 발자국 찍혀 있네. |
| 대모정렴박 | |
| 玳瑁釘簾薄 | 얇은 주렴은 대모玳瑁로 못 박았고 |
| 유리첩선홍 | |
| 琉璃疊扇烘 | 겹겹의 밝은 문짝은 유리로 만들었네.26) |
| 상상연소백 | |
| 象牀緣素柏 | 침대는 하얀 잣나무에 상아 박아 장식했고 |
| 요석권향총 | |
| 瑤席卷香葱 | 자리 깔개는 물파27)로 엮어 옥으로 장식했네. |
| 세관음조황 | |
| 細管吟朝幌 | 아침에는 휘장 안에서 가는 피리 연주하고 |
| 방료락야풍 | |
| 芳醪落夜楓 | 저녁에는 떨어지는 단풍 속에서 향긋한 술 마시네. |
| 의남생초항 | |
| 宜男生楚巷 | 의남초宜男草는 초楚 땅의 마을에서 자라고 |
| 치자발금용 | |
| 梔子發金墉 | 치자는 금용金墉에서 피어나네.28) |
| 귀갑개병삽 | |
| 龜甲開屛澀 | 거북 껍질처럼 치장된 병풍29) 펼치고 |

| 아 모 삼 묵 농 |
| 鵝毛滲墨濃 | 거위 털처럼 하얀 비단[30]에 짙은 먹으로 글씨 쓰네.

| 황 정 류 위 관 |
| 黃庭留衛瓘 | 『황정경黃庭經』은 위관衛瓘이 쓴 것이고[31]

| 녹 수 양 한 빙 |
| 綠樹養韓憑 | 푸른 나무는 한빙韓憑[32]이 기른 것이라네.

| 계 창 성 현 류 |
| 雞唱星懸柳 | 닭이 울 때에 별은 버드나무에 걸려 있고

| 아 제 로 적 동 |
| 鴉啼露滴桐 | 갈까마귀 울어댈 때 이슬은 오동나무에 떨어지네.

| 황 아 초 출 좌 |
| 黃娥初出座 | 큰언니가 처음 술자리에 나가자

| 총 매 시 상 종 |
| 寵妹始相從 | 예쁜 동생이 처음 따라 들어가네.

| 납 루 수 란 신 |
| 蠟淚垂蘭燼 | 촛불의 눈물은 난초 꽃술처럼 흘러내리는데

| 추 무 소 기 롱 |
| 秋蕪掃綺櫳 | 가을 풀로 엮은 빗자루로 비단 창[33]을 쓰네.

| 취 생 번 구 인 |
| 吹笙翻舊引 | 생황 불어 옛 노래 새롭게 연주하고

| 고 주 대 신 풍 |
| 沽酒待新豐 | 술 받아 대접하니 훌륭한 신풍주新豐酒[34]라네.

| 단 패 수 전 속 |
| 短佩愁塡粟 | 짧은 패옥엔 시름이 조 알처럼 채워져 있고[35]

| 장 현 원 삭 슝 |
| 長絃怨削菘 | 긴 거문고 줄에서는 사랑의 한이 가는 손가락[36]을 깎네.

| 곡 지 면 유 압 |
| 曲池眠乳鴨 | 곡강曲江의 못에는 오리가 물에 떠서 잠들어 있고

| 소 각 수 왜 동 |
| 小閣睡娃僮 | 작은 누각에는 어린 계집종과 시동侍童들이 잠자고 있네.

| 욕 봉 잠 쌍 선 |
| 褥縫鑱雙線 | 이불에는 봉긋한 바느질 자국 두 줄로 나란하고

| 구 도 변 오 총 |
| 鉤絛辮五驄 | 휘장 고리 묶은 줄은 다섯 가닥 실 꼬아 만들었네.[37]

| 촉 연 비 중 금 |
| 蜀煙飛重錦 | 촉蜀 땅의 연기는 촘촘히 수놓은 비단 위에 날리고

| 협 우 천 경 용 |
| 峽雨濺輕容 | 무협巫峽의 비는 무늬 없는 얇은 비단에 뿌리네.[38]

| 불경수온교<br>拂鏡羞溫嶠 | 거울을 어루만지자니 온교溫嶠[39]에게 부끄럽고 |
| 훈의피가충<br>薰衣避賈充 | 향긋한 옷은 가충賈充[40]에게 허물 잡히게 했네. |
| 어생옥우하<br>魚生玉藕下 | 물고기는 옥 같은 연꽃 아래 살고 |
| 인재석련중<br>人在石蓮中 | 사람은 돌처럼 단단한 연밥 속에 있네.[41] |
| 함수만아취<br>含水灣蛾翠 | 입에 물 머금은 둥근 눈썹의 미녀는 |
| 등루손마종<br>登樓潠馬鬉 | 누각에 올라 말갈기에 물 뿜어 적시네.[42] |
| 사군거곡맥<br>使君居曲陌 | 사군使君은 굽은 논길에 살게 되었고[43] |
| 원령주림공<br>園令住臨邛 | 정원지기 사마상여는 임공臨邛에 살게 되었네.[44] |
| 계화류소난<br>桂火流蘇暖 | 계수나무 가루 태운 향 연기에 구슬 휘장[45] 따뜻해지고 |
| 금로세주통<br>金爐細炷通 | 황금 향로엔 가는 심지 같은 향이 꽂혀 있네. |
| 춘지왕자태<br>春遲王子態 | 나른한 봄날 왕자[46]는 게으름 피우고 |
| 앵전사낭용<br>鶯囀謝娘慵 | 꾀꼬리 지저귈 때 예쁜 아가씨[47] 늑장 부리네. |
| 옥루삼성서<br>玉漏三星曙 | 물시계의 시간 흘러 삼성三星[48]이 밝아지면 |
| 동가오마봉<br>銅街五馬逢 | 동타가銅駝街에 나가 다섯 마리 말 타고 온 그이 만나야지.[49] |
| 서주방담겁<br>犀株防膽怯 | 무소뿔은 담력 약해지는 걸 막아주고 |
| 은액진심종<br>銀液鎭心忪 | 수은[50]은 두근거리는 마음 진정시켜 준다네. |
| 조탈간년명<br>跳脫看年命 | 팔찌[51] 보고 수명을 알아보고 |
| 비파도길흉<br>琵琶道吉凶 | 비파 점[52]으로 길흉을 얘기하네. |

| 王<sub>왕</sub>時<sub>시</sub>應<sub>응</sub>七<sub>칠</sub>夕<sub>석</sub> | 좋은 때[53]는 칠석이요 |
|---|---|
| 夫<sub>부</sub>位<sub>위</sub>在<sub>재</sub>三<sub>삼</sub>宮<sub>궁</sub> | 낭군이 있는 곳은 삼궁三宮[54]의 별자리라네. |
| 無<sub>무</sub>力<sub>력</sub>塗<sub>도</sub>雲<sub>운</sub>母<sub>모</sub> | 운모雲母[55] 바를 힘은 없지만 |
| 多<sub>다</sub>方<sub>방</sub>帶<sub>대</sub>藥<sub>약</sub>翁<sub>옹</sub> | 약 짓는 노인 데려올 방도는 많다네. |
| 符<sub>부</sub>因<sub>인</sub>靑<sub>청</sub>鳥<sub>조</sub>送<sub>송</sub> | 부적은 푸른 새 통해 보내고[56] |
| 囊<sub>낭</sub>用<sub>용</sub>絳<sub>강</sub>紗<sub>사</sub>縫<sub>봉</sub> | 주머니는 붉은 비단 꿰매어 만들었지.[57] |
| 漢<sub>한</sub>苑<sub>원</sub>尋<sub>심</sub>官<sub>관</sub>柳<sub>류</sub> | 궁정에서 관리들을 찾고 있는데 |
| 河<sub>하</sub>橋<sub>교</sub>閡<sub>애</sub>禁<sub>금</sub>鍾<sub>종</sub> | 강에 걸린 다리가 궁정의 종소리 막고 있구려. |
| 月<sub>월</sub>明<sub>명</sub>中<sub>중</sub>婦<sub>부</sub>覺<sub>각</sub> | 달 밝은 밤이면 아내가 잠에서 깨어 |
| 應<sub>응</sub>笑<sub>소</sub>畵<sub>화</sub>堂<sub>당</sub>空<sub>공</sub> | 틀림없이 빈 침실에서 웃고 있을 게요.[58] |

---

1) 예총치의 주석에 따르면, 당나라 때의 사람들은 종종 '골치 아프다[惱]'는 글자로 해학적 의미를 표현했고, '공公'은 자기 자신을 일컫는 경우가 있다고 하면서, '뇌공惱公'은 결국 이하가 자신을 자조적으로 부른 것이라고 설명한다. 한편, 명나라 때의 요경삼姚經三은 '뇌공'이 곧 악부樂府의 '뇌회惱懷'라고 했다.
2) 송옥은 「등도자호색부登徒子好色賦」에서, "이 여자가 담장에 올라 저를 3년 동안 몰래 훔쳐보았지만, 지금까지 사랑을 허락하지 않고 있지요.(此女登墻闚臣三年, 至今未許也.)"라고 노래했다.
3) 후한後漢 때의 송자후宋子侯가 지은 시의 제목이자, 묘사 대상이 되는 미녀이다.
4) '엽匳'에 대해서는 「심부마와 함께 어구수에서」의 주석 2)를 참조하기 바란다.
5) 날아가는 까치 한 마리를 금실로 박아 장식한 거울을 가리킨다. 『신이경神異經』에 따르면, 옛날에 어느 부부가 헤어질 무렵에 거울을 쪼개서 하나씩 나눠 갖고 사랑의 증표로 삼았는데, 아내가 다른 사람과 통정하자 거울이 까치로 변해서 남편에게 날아가 남편으로 하여금 그 사실을 눈치 채게 했다고 한다. 이 때문에 훗날 사람들은 거울을 만들 때 뒤편에 까치를 그려 넣기 시작했다는 것이다.

6) 연못이나 늪에서 자라는 덩굴풀이다.
7) 송기宋祁의 『익부기益部記』에 따르면, 이주利州의 산속에 황금벌레[金蟲]가 사는데, 초록색의 벌만한 몸체가 마치 도금한 것처럼 빛나서, 그 지방 사람들이 그 놈을 잡아 부인네들의 비녀나 귀걸이에 장식으로 쓴다고 했다.
8) 본문의 '애靄'를 '노露'로 쓴 판본도 있다.
9) 여기서 '엽靨'은 일곱째 구에서 '볼의 점 또는 사마귀'를 가리켰던 것과는 달리 '뺨' 또는 '볼'이라는 뜻이다.
10) 『계해우형지桂海虞衡志』에 따르면 홍두구는 무리를 지어 자라는 꽃인데, 잎사귀는 갈대처럼 가늘다. 초봄에 꽃이 피는데, 처음에 꽃대가 하나 솟아나 그 끝에 큰 껍질이 감싸고 있다. 껍질이 터지면 꽃이 나타나는데, 복숭아꽃이나 살구꽃처럼 연분홍색 꽃잎 가운데 수십 개의 꽃술이 있다. 꽃술은 포도처럼 아래로 늘어지는데, 꽃이 지더라도 열매를 맺지 않는 점에서 일반 콩과는 다르다. 각 꽃술에는 두 개의 핵이 나란히 붙어 있어서, 시인들이 마치 비목어比目魚나 연리지連理枝처럼 연인 사이를 비유하는 데에 종종 이용한다고 한다.
11) 부용꽃은 바로 연꽃[蓮]이기 때문에, '연민[憐]' 또는 '사랑[戀]'을 암시한다.
12) 본문의 '수유茱萸'는 비단[錦]을 가리킨다. 『십륙국춘추十六國春秋』에 따르면, 비단 가운데 '대수유大茱萸'와 '소수유小茱萸'가 있다고 했다.
13) 본문의 '호봉胡蜂'은 몸집이 크고 검은색인데, 침에 독이 강하고, 본래 꿀을 모으지 않는다. 다만 여기서는 앞 구절의 '한나라 제비[漢燕]'와 대구를 이루기 위해 이렇게 표현했으나, 사실은 꿀벌을 가리킨다고 하겠다.
14) 본문 첫 구절의 '취힐醉纈'은 본래 긴 비단[綵]의 중간을 군데군데 묶어서 염료染料에 담갔다가 풀어내서 원래의 색깔과 염료의 색깔이 얼룩얼룩하게 어울리도록 염색하는 방법을 가리킨다. 그러나 여기서는 그물의 색깔이 화려하면서도 눈이 촘촘한 것을 의미하는 듯하다. 사실 이 구절에 대해서는 이설이 많은데, 왕기는 '취힐'과 '단라單羅'가 각기 염색의 여부와 방법을 가리키는 '취안힐醉眼纈' 및 '단사라單絲羅'의 뜻이고, 또한 '홍망紅網'과 '녹몽綠蒙'은 모두 당시 부녀자들의 옷과 패물에 매단 장식이라고 설명했다. 그러나 예총치는 '홍망'과 '녹몽'을 그대로 '붉은 그물'과 '초록색 새그물'—이 경우는 '몽蒙'을 '덮는대[覆]'는 뜻으로 풀이한 것이다—로 풀이했다. 본 번역에서는 바로 앞의 두 구절에 언급된 제비와 벌을 고려할 때, 예총치의 풀이가 더 타당성이 있다고 판단했기 때문에 그것을 따랐다. 다만 요경삼의 판본에서 '홍망'을 '홍렴紅簾'으로, '녹몽'을 '녹막綠幕'으로 표기한 것은 잘못인 듯하다.
15) 본문의 '차녀奼女'는 『설문해자說文解字』에 따르면 어린 소녀라는 뜻이고, 『광운廣韻』에 따르면 미녀라는 뜻이다. 그런데 『후한서』에서는 "하간의 '차녀'들이 돈 세

는 데에 뛰어나다(河間姹女工數錢)"고 한 것으로 보아, 대개 부귀한 집안의 하녀를 뜻하는 것으로 보인다.

16) 『한서』에 주석을 붙인 안사고에 따르면 파巴와 유渝 지방의 사람들을 가리켜 '종인賨人'이라 한다고 했다. 또 『십륙국춘추』에 따르면, 파 땅의 사람들이 '부賦', 즉 조세를 일컬어 '종賨'이라고 부르기 때문에, 그들을 '종민賨民'이라고 칭한다고 했다. 여기서는 그 지역 출신으로 부귀한 집안의 하인이 된 사람을 가리키는 듯하다.

17) '사안斜雁'은 귀밑머리나 이마에 붙이는 장식이다.

18) 『시경·소아小雅』의 「사간斯干」에는 "좋은 꿈이란 무엇이냐? 곰이나 큰 곰 꿈이지. 살무사나 뱀 꿈이지. 점쟁이 태인이 점을 쳤네. 곰이나 큰 곰은 상서로운 남자를 뜻하고, 살무사나 뱀은 상서로운 여자를 뜻한다네.(吉夢維何, 維熊維羆, 維虺維蛇. 大人占之, 維熊維羆, 男子之祥. 維虺維蛇, 女子之祥.)"라는 구절이 있다.

19) 이 두 구절은 좋은 짝을 그리는 애타는 심정을 묘사하고 있다. 묶어놓은 대나무도 아닌데 창자는 답답하게 뭉쳐 있고, 위장은 당겨놓은 활처럼 긴장되어 소화가 잘 안 된다는 뜻이다. 본문의 '현肽'을 '현絃' 또는 '현弦'으로 쓴 판본도 있으나, 모두 잘못된 것이다.

20) 『이아爾雅』에 따르면, "무지개는 쌍으로 나타나는데, 색이 선명하고 왕성한 것이 수컷으로서, '홍虹'이라고 부른다. 색이 어두운 것은 암컷인데, '예蜺'라고 부른다."라고 했다. 이 두 구절은 옛 사랑을 잊지 못하고 있어서, 새로운 사람에게 온전하게 빠지지 못하는 심경을 묘사하고 있다. 이로 보건대, 아마도 '암무지개'로 비유된 여인은 낙양의 기녀妓女인 듯하다. 또한 이 두 구절을 중심으로 시의 전체 내용이 전환을 이루고 있다. 즉, 앞에서는 새벽에 일어나 화장하고, 즐겁게 놀다가 저녁에 시름에 잠겨 잠자리에 드는 모습을 묘사했고, 뒤에서는 규방의 모습과 연회를 거쳐 하룻밤을 묵고 헤어지는 과정을 묘사하고 있는 것이다.

21) 『한서』의 주석에서는 바닷가를 일컬어 '발渤'이라 하고, 끊어진 바다를 가리켜 '해澥'라고 부른다고 했다. 한편 『산해경·북산경北山經』에 따르면, 발구산發鳩山이라는 곳에는 '정위精衛'라는 새가 있는데, 생김새가 까마귀 같은데 머리에 무늬가 있고 부리가 희며 발은 붉은색이라고 했다. 이 새는 본래 염제炎帝의 어린 딸로서, 이름이 여와女娃라고 했다. 그런데 여와는 동해東海에 놀러 갔다가 물에 빠져서 돌아오지 못했다. 그래서 정위가 되어 늘 서쪽 산의 나무와 돌을 물어다 동해를 메우고 있다고 한다. 여기서는 '발해'를 메우는 '정위'의 모습을 통해 사랑을 실현하지 못한 한을 곱씹는 여인의 모습을 비유하고 있다. 또한, 공동산에 대해서는 「인화리에서 황보식에게」의 주석 11)을 참조하기 바란다. 여기서 '공동산'은 사랑을 찾기 위해 헤쳐야 하는 온갖 난관을 비유하고 있다.

22) 이 두 구절은 아침에 침상에서 일어나는 모습을 묘사하고 있다.

23) 옛날 「독가곡讀歌曲」이라는 노래에, "당신과 헤어진 뒤로, 몸져누운 채 머리도 들지 못했지. 하늘을 날던 용 같은 몸은 약국에 떨어지고, 뼈마디가 튀어나온 것은 바로 당신 때문이지.(自從別郞後, 臥宿頭不擧. 飛龍落藥店, 骨出則爲汝.)"라는 내용이 있다.
24) 이 구 두절(제41~42구)부터 제48구까지 여덟 구절은 규방의 모습을 묘사하고 있다.
25) 본문의 '외隈'는 '외倚'로 써야 하는데, 이 경우 '기대어 있다[倚]'라는 뜻이 된다.
26) 『예문류취藝文類聚』에 인용된 『한무고사漢武故事』에 따르면, 한 무제가 '신의 집[神屋]'을 지었는데, 문짝과 병풍은 모두 하얀 유리로 만들었고, 밝은 빛이 들어오는 창문에는 하얀 구슬을 꿰어 만든 주렴을 드리우고 대모로 눌러 고정시켰다고 했다. 또한 곽훈郭勛의 『동명기洞冥記』에는, 물총새 깃털[翠翎]과 기린의 털을 엮어 주렴을 만들고, 푸른 유리로 문짝을 만들었다는 얘기가 기록되어 있다.
27) 본문의 '향총香蔥'은 '물파', 즉 '수총水蔥'을 가리킨다. 수총은 물속에서 자라는 식물로서 파처럼 줄기의 속이 비어 있어서 방석이나 깔개를 엮어 만들기에 좋다고 한다. 두우杜佑의 『통전通典』에 따르면, 동모군東牟郡에서 해마다 이것으로 만든 깔개 여섯 장을 공물貢物로 진상했다고 한다.
28) '의남초'는 아들을 낳을 징조-자세한 설명은 「하남부에서 지어본 12월의 노래·이월」의 주석 2)를 참조하기 바란다-를 의미하고, '치자'는 사랑하는 두 사람의 마음을 엮어준다는 뜻을 담고 있다. 한편, 『통전』에 따르면, 금용성金墉城은 낙양 옛 성의 서북쪽 모퉁이에 있는데, 위魏나라 명제明帝가 지은 것이라고 한다. 여기서 '초 땅 마을'과 '금용'은 모두 먼 지방을 의미한다.
29) 곽훈의 『동명기』에 따르면, 한 무제가 신명대神明臺라는 누대를 만들었는데, 그 위에 여러 가지 옥을 섞어서 거북 껍질처럼 장식한 병풍을 놓았다고 했다.
30) 본문의 '아모鵝毛'는 주석자에 따라서 붓을 의미한다고 하기도 하고, 비단[帛]을 의미한다고 하기도 한다. 전자의 예로 예총치는 당나라 때 원진元稹의 시에서 "마주 앉아 거위 털로 만든 붓을 잡고, 모두 계설향을 입에 머금었네.(對秉鵝毛筆, 俱含雞舌香)"라고 한 것을 들었고, 후자의 예로 왕기는 육조시대 오균吳均(469~520)의 시에서 "붓으로 거위 털처럼 하얀 비단에 먹물을 입히네.(筆染鵝毛素.)"라고 한 것을 들었다.
31) 『진서晉書·위관전衛瓘傳』에 따르면, 위관과 상서랑尙書郎을 지낸 색정索靖은 모두 초서草書를 잘 써서 이름을 날렸다. 이들보다 앞서 한나라 말엽의 장지張芝가 초서를 잘 썼기 때문에, 사람들은 흔히 위관이 장지의 근육을 이어받았고, 색정이 장지의 살을 이어받았다고 말하곤 했다는 것이다. 그러나 위관이 도가의 경전 가운데 하나인 『황정경』을 필사했다는 기록은 어디에도 없으니, 아마도 이 구절은 그저 '명인의 솜씨로 쓴 『황정경』'이라는 뜻인 듯하다.

32) 『태평광기』에 인용된 『수신기搜神記』에는 육조 송宋나라 때의 대부大夫 한빙韓憑-판본에 따라서는 '한빙韓馮' 또는 '한붕韓朋'으로 표기하기도 한다-은 그 아내가 아름다웠다. 송나라 강왕康王-이름은 자언子偃-이 그 아내를 빼앗고 한빙을 옥에 가두자, 한빙은 자살해버렸다. 그의 아내가 그 얘기를 듣고, 남몰래 자신의 옷자락을 찢어두었다가, 강왕과 함께 누각에 올라갔을 때 아래로 몸을 던져 자살했다. 주위 사람들이 급히 그녀의 옷자락을 붙잡았지만, 찢긴 자국이 있어서 그대로 추락하고 말았다고 한다. 나중에 그녀가 쓴 유서가 발견되었는데, 그 내용은 주검이나마 한빙과 함께 묻어 달라는 것이었다. 그러나 화가 난 강왕은 두 무덤이 멀찍이 떨어진 곳에서 서로 바라보는 모양으로 만들어놓고, "이 부부가 서로 사랑해서 무덤을 옮긴다면야 나도 막지 않겠다!"라고 심통을 부렸다. 그러나 며칠이 지나자 두 무덤 가장자리에서 아름다운 가래나무가 자라나기 시작하더니, 열흘쯤 지나자 둘레가 한아름이나 되게 자랐다. 그리고 두 나무는 줄기가 상대방을 향해 굽어지고, 뿌리가 땅 속에서 얽히고, 가지들도 공중에서 서로 얽힌 상태가 되었다. 또 원앙새처럼 새들이 그 나무에 살면서 밤낮으로 구슬피 울어댔다고 한다. 당시 사람들은 이 새가 한빙 부부의 영혼이 변한 것이라고 여겨서, 새의 이름을 '한빙'이라고 지어주었다고 한다.
33) 본문의 '농櫳'을 '농籠'으로 쓴 판본도 있으나, 뜻은 같다.
34) 『입촉기入蜀記』에 따르면 장안의 신풍리新豐里에서 훌륭한 술이 생산되어 가게마다 인기리에 팔렸다고 했다.
35) 「하남부에서 지어본 12월의 노래·오월」의 주석 5)를 참조하기 바란다.
36) 왕기의 주석에서는 본문의 '숭菘'을 '숭崧'으로 쓰고 '높은 산'이라는 뜻으로 풀이했다. 그러나 예총치의 주석에서는 '숭菘'이 '총蔥'을 가리킨다고 하면서, '파 잎처럼 가는 손가락'이라고 풀이했다. 이 번역에서는 후자를 따른다.
37) 『시경·국풍國風·소남召南』의 「고양羔羊」에는 "염소 가죽에 다섯 군데 흰 실로 장식하고, …염소 가죽 꿰맨 것은 다섯 겹 흰 실이라네.(羔羊之皮, 素絲五紽., …羔羊之縫, 素絲五總)"라는 내용이 들어 있다. 여기서 '타紽'와 '봉縫'은 모두 수사數詞이며, 본문의 '오총五驄'은 '오총五總'과 같은 뜻이다.
38) 이 두 구절은 '운우지정雲雨之情'을 암시하고 있다. '중금重錦'은 결이 촘촘하고 고운 무늬를 염색한 비단을 가리키고, '경용輕容'은 무늬가 없는 얇고 가벼운 비단을 가리킨다.
39) 『세설신어』에는 다음과 같은 이야기가 수록되어 있다. 온교가 아내를 잃고 혼자 살고 있는데, 마침 피난을 와서 자신의 집에 머물고 있는 고모의 딸이 예쁘고 총명해서 마음에 두고 있었다. 그러다가 고모가 딸의 혼처를 구해달라고 청하자 그는 자신이 혼인할 마음을 품고, "좋은 신랑감을 구하기 어려운데, 저와 비교하면

어떤 사람을 찾으십니까?"하고 물었다. 고모는 "난리 뒤끝이라 그저 내 말년에 먹고살게만 해줄 사람이라면 되지, 어찌 감히 자네에 비견될 만한 사람을 바라겠는가?"하고 대답했다. 며칠 후에 온교는 고모에게, "혼처를 찾았습니다. 집안은 좀 가난하지만, 사윗감의 명성이나 벼슬이 저에 비해 손색이 없습니다."라고 말하며, 옥으로 만든 거울 하나를 남겨두고 나왔다. 혼례가 끝나자, 고모의 딸이 얼굴을 가린 비단 망사를 손으로 젖히며 웃었다. "전 진작에 영감인 줄 알았어요!"

40) 『세설신어』에는 다음과 같은 이야기가 수록되어 있다. 한수韓壽는 용모가 잘생겨서 가충이 그를 아전으로 삼았다. 그런데 가충이 연회를 열 때, 그의 딸이 창문으로 한수를 보고 사랑에 빠졌다. 나중에 그녀는 하녀를 시켜서 한수에게 사랑을 고백하게 했다. 이후로 한수는 남몰래 담을 넘나들며 그녀와 깊은 관계를 맺었으나, 가충의 집안에서는 그것을 눈치 챈 사람이 없었다. 가충은 딸이 평소와 달리 화장도 열심히 하고 즐거워하는 것을 발견하고 이상하게 생각했다. 그러다가 하루는 여러 아전들이 모여 있는데, 한수에게서 특별한 향기가 나는 것을 발견했다. 그리고 그는 그것이 자신이 알고 있는 어떤 옷에서만 나는 것임을 알아차렸다. 그 옷은 외국에서 조공으로 바친 것인데, 사람이 입으면 향기가 몇 달 동안 사라지지 않는 것이었다. 그는 한 무제가 이 옷을 오직 자신과 진건陳騫에게만 하사한 것이기 때문에 다른 집에서는 그런 향기를 맡을 수 없다는 점을 떠올리고, 마침내 한수와 자기 딸이 몰래 사귀고 있다는 것을 알았다. 그러나 담이 높고 경비가 삼엄한데, 도대체 어떻게 그런 일이 일어났는지 알 수 없었다. 그래서 그는 도둑이 들었다고 거짓말을 하고, 담장을 수리하게 했다. 아전들이 보고하기를, 다른 곳은 이상이 없는데 동북쪽 모서리에서 사람의 흔적이 발견되었다고 했다. 하지만 담이 높아 사람이 쉽게 넘을 수 없는데, 이상한 일이라는 것이었다. 이에 가충은 딸의 시녀들을 고문해서 사건의 진상을 파악했다. 그리고 모든 일을 비밀에 붙여두었다가, 나중에 자신의 딸을 한수에게 시집보냈다.

41) 이 두 구절은 쌍관어雙關語를 통한 은유를 활용하고 있다. 즉 '어魚'는 중국어 발음이 'yú'이기 때문에 '오娛'와 통하고, '우藕'는 '우偶'와, '연蓮'은 '연憐' 또는 '연戀'과 통한다. 또 '인人'은 '인仁'과 통하는 글자이므로, 둘째 구에 나타난 '연蓮'과 '인人'은 '연인戀仁'('연심蓮心', 즉 연꽃의 꽃술이라는 뜻인데, 이것은 '연심戀心', 즉 사랑하는 마음을 상징함) 또는 '연인戀人'을 가리킨다. 한편, 연밥은 가을이 지나면 돌처럼 단단하게 굳어지므로, '석련石蓮'이라고 표현했는데, 이것은 또한 "돌처럼 단단한 사랑"을 상징하고 있다.

42) 이 두 구절은 뜻이 무척 모호하다. 왕기는 '입에 머금은 물'은 '눈물'을 의미하고, '말갈기'는 '머리카락'을 의미한다고 설명한 옛날 주석을 의심할 만하다고 지적했다. 예총치는 본문의 '만灣'을 '만彎'의 뜻으로 풀어야 한다고 지적하면서, '만아취

灣蛾翠'는 곱게 화장한 미녀의 둥글게 굽은 눈썹을 가리킨다고 설명했다. 어쨌거나 바로 뒤에 이어지는 내용이 남자가 여자와 동침했다는 것이므로, 이 구절은 여자가 남자를 유혹했다는 뜻으로 풀이할 수도 있을 듯하다. 본문의 '아蛾'를 '아娥'로 쓴 판본도 있다.

43) 악부의 「맥상상陌上桑」에서는 남쪽에서 다섯 마리 말을 타고 온 '사군'이 진씨秦氏 집안의 딸 '나부羅敷'를 유혹하려다 거절당했다는 내용을 노래하고 있다. 그러나 여기서는 원래 내용과 달리, 사군이 나부를 유혹하는 데에 성공해서 그녀의 집에 머물며 동침했다는 뜻으로 인용되었다.

44) 사마상여에 대해서는 「회포를 노래함」의 첫째 수에 대한 주석 1)을 참조하기 바란다.

45) 예총치의 주석에 인용된 『해록쇄사海錄碎事』에 따르면, '유소장流蘇帳'은 오색의 실을 둥글게 말아서 만든 화려한 구슬을 줄줄이 꿰어서 드리운 것이라고 했다. 본문의 '계화桂火'를 '계장桂帳'으로 쓴 판본도 있다.

46) 본문의 '왕자'에 대해서는 이설이 많으나, 예총치는 그가 바로 「천상의 노래」(주석 5) 참조)에 등장하는 왕자교王子喬라고 하면서, 이하 자신이 당나라 종실宗室에 속한 사람이기 때문에 이런 표현을 빌려 스스로를 암시했다고 설명했다.

47) 본문의 '사낭謝娘'에 대해서 증익은 '사도온謝道韞'을 가리킨다고 했고, 왕기는 동진東晉 시대의 사안謝安이 얻은 기녀를 가리킨다고 했다. 그러나 예총치는 이른바 '사낭'이니 '소낭蕭娘'이니 하는 것은 당나라 때에 미녀를 일컬을 때 쓰던 일반적인 호칭이라고 했는데, 여기서는 이 설명을 따라 번역한다.

48) 『시경・당풍唐風』에 수록된 「주무綢繆」에는, "땔나무 묶세. '삼성'이 하늘에 떴네. 오늘 저녁은 어떤 저녁인가? 이 좋은 사람 만나는 때라네.(綢繆束薪, 三星在天. 今夕何夕, 見此良人)"라는 구절이 들어 있다.

49) 『수경주』에 따르면, 낙양의 태위방太尉坊과 사도방司徒坊 사이를 '동타가'라고 부르는데, 위魏나라 명제明帝가 창합문閶闔門 남쪽 거리에 구리로 낙타를 만들어 세워두었다는 곳이라고 한다. 한편, '다섯 마리 말을 타고 온 그 사람'은 「맥상상」의 '사군'을 염두에 둔 표현이다.

50) 본문의 '은액銀液'은 곧 '수은水銀'을 가리킨다. 고대 중국에서는 수은과 단사丹沙를 사용해서 신경 안정제를 만들었다고 한다.

51) 『당시기사唐詩紀事』에는, 당나라 문종文宗이 신하들에게 옛날 시에 언급된 '조탈跳脫'이 뭐냐고 물었으나 아무도 대답하지 못하자, 요즘의 팔찌와 같은 것이라고 얘기해 주었다는 이야기가 수록되어 있다.

52) 『조야첨재朝野僉載』에 따르면, 강남 홍주洪州의 토착민 가운데 하파何婆라는 사람과 숭인방崇仁坊에 사는 아래파阿來婆 등이 비파를 이용하여 점을 잘 치기로 유명

했다고 한다.
53) 본문의 '왕시王時'는 '왕시旺時', 즉 연인이 만날 운수가 왕성한 좋은 때를 가리킨다.
54) 『초사』의 주석에 따르면, '삼궁'은 자궁성紫宮星, 태미성太微星, 문창성文昌星을 가리킨다고 했다. 또한 『진서晉書・천문지天文志』에 따르면, 삼태성三台星은 여섯 개의 별이 쌍쌍이 빛나는 것을 가리키는데, 문창성에서 시작되어 태미성까지 줄이 이어져 있다고 했다. 그것을 하늘의 기둥, 즉 '천주天柱'라고도 하는데, 삼공三公의 지위를 나타낸다. 인간 세상에 있으면 삼공이라 부르고, 하늘에 있으면 삼태라고 부른다는 것이다. 여기서는 신랑감이 높은 벼슬아치일 것이라는 점의 내용을 의미한다.
55) 『본초本草』에 따르면 운모는 흙과 돌 사이에서 나는데, 여러 색의 조각으로 되어 있고, 쉽게 쪼갤 수 있게 겹겹이 층을 이루고 있다. 그 가운데 희고 맑게 빛나는 것이 상등품인데, 옛날에는 이것을 이용해서 병풍이나 등불, 창틀을 장식하곤 했다. 방사方士들은 그것을 가지고 단약丹藥을 만들기도 했으며, 악창이 나면 운모 가루를 발라 치료하기도 했다고 한다. 또한 예총치의 주석에 인용된 『회남만필술淮南萬畢術』의 주석에 따르면, 큰 운모 조각을 발바닥에 바르면 가시를 밟아도 찔리지 않는다고 했다.
56) 『수신기搜神記』에 따르면 오맹吳猛이 부적을 써서 지붕 위에 던지자 푸른 새가 나타나서 그것을 물고 갔다고 한다.
57) 『속제해기續齊諧記』에 따르면, 여남汝南 땅의 환경桓景이 비장방費長房을 따라 여러 해 동안 유학했는데, 어느 날 비장방이 그에게 이렇게 말했다. "자네 집에 재앙이 닥칠 테니 얼른 가보게. 집안사람들에게 붉은 비단으로 주머니를 만들어서 그 안에 수유를 가득 담아 팔에다 차고, 높은 곳에 올라가 국화주를 마시게 하면 이 재앙을 피할 수 있을 걸세."
58) 달 밝은 밤에 빈 침실에서 홀로 깬 아내가 남편이 다른 여자와 외박하는 것을 알면서 쓸쓸히 미소짓는 모습을 묘사했다. 일반적으로 이런 맥락이라면 응당 '원망하다怨'라는 표현을 썼을 테지만, 이하는 반대로 미소짓는다고 표현함으로써 아내의 심정을 더욱 절실히 묘사했다. 참고로, 예총치의 해설에 따르면, 이 작품에서 묘사된 여주인공은 「칠석」에서 "전당錢塘의 소소소蘇小小"라고 묘사한 기녀를 가리키는데, 이하와 각별한 애정을 나눴던 사이인 것으로 추측된다고 했다.

## 느낌을 풍자하다 感諷 五首

### 其一  하나

| | |
|---|---|
| 合浦無明珠 | 합포合浦에는 귀한 진주 없어졌고[1] |
| 龍洲無木奴 | 용양주龍陽洲에는 나무 하인[2] 없어졌으니 |
| 足知造化力 | 알 만하구나 조물주의 힘으로도 |
| 不給使君須 | 나리의 욕심을 채워주지 못한다는 것을! |
| 越婦未織作 | 월越 땅 아낙은 아직 베를 짜지 못하고 있고 |
| 吳蠶始蠕蠕 | 오吳 땅의 누에는 막 꿈틀꿈틀 기기 시작했는데 |
| 縣官騎馬來 | 현청의 관리 말 타고 와서 |
| 獰色虬紫鬚 | 험악한 표정으로 꼬불꼬불 붉은 수염 곤추세우네. |
| 懷中一方板 | 품속에 네모난 판자 들었는데 |
| 板上數行書 | 판자에는 몇 줄 글이 적혀 있네. |
| 不因使君怒 | "자사刺史 나리께서 화내지 않으셨다면 |
| 焉得詣爾廬 | 내가 어떻게 너희 집에 찾아왔겠느냐?"[3] |
| 越婦拜縣官 | 월 땅 아낙은 나리에게 절하며 사정하네. |
| 桑牙今尙小 | "뽕잎이 아직 작아서 |
| 會待春日晏 | 늦봄까지는 기다려야 |

| 絲車方擲掉 | 베틀을 돌릴 수 있답니다." |
| 越婦通言語 | 월 땅 아낙이 언질 주자 |
| 小姑具黃粱 | 어린 시누이가 누런 기장밥 차려오네. |
| 縣官踏飧去 | 현관은 밥을 날름 삼키고[4] 떠났지만 |
| 簿吏復登堂 | 부리簿吏[5]가 다시 등장하네. |

---

1) 『후한서·곽두공장렴왕소양가륙열전郭杜孔張廉王蘇羊賈陸列傳』에 따르면, 합포는 교지交趾와 경계를 맞대고 있는 곳 — 지금의 광둥성廣東省 허푸현合浦縣 — 이다. 교지는 본래 귀한 진주와 물총새 깃털, 무소의 뿔, 상아, 대모玳瑁, 그리고 특이한 향과 좋은 나무 등이 나는 곳이다. 그런데 이곳에 부임한 자사刺史들이 권세를 등에 업고 수탈을 일삼아, 결국 이곳에 주둔하던 병사들이 반란을 일으켜 자사와 합포의 태수를 붙잡고 있었다. 이에 영제靈帝가 가종賈琮 — 자는 맹견孟堅 — 을 교지의 자사로 삼아 사건을 처리하게 했는데, 가종은 백성들의 어려움을 모두 해결하고 다시 생업에 종사할 수 있게 해주어서, 백성들로부터 "가 어르신이 늦게 오시는 바람에 우리가 전에 반란을 일으켰다."고 칭송했다고 한다. 한편, 왕기와 예총치의 주석에는 모두 『후한서』에 있는 내용이라면서 다음과 같은 이야기를 인용했다(그러나 번역자가 확인한 바에 따르면 『후한서』 본문에는 그런 내용이 없다). 본래 합포에는 곡식이나 과일이 생산되지 않고 진주가 많이 나와서 그걸 팔아 이웃한 교지 땅의 양식을 사왔는데, 탐욕스러운 관리들이 마구잡이로 백성들을 내몰아 채취하는 바람에 진주조개들이 모두 교지 땅으로 옮겨가 버렸고, 이 때문에 합포는 가난하고 황폐한 땅이 되어버렸다. 나중에 가종 — 두 주석에는 모두 '맹상孟嘗'으로 표기되어 있는데, 이는 가종의 자인 '맹견孟堅'을 잘못 쓴 것이다 — 이 합포의 태수가 되어 이전의 병폐들을 모두 없애니, 한 해도 채 지나지 않아서 진주조개들이 다시 돌아왔다는 것이다.
2) 『양양기襄陽記』에는 다음과 같은 이야기가 실려 있다. 이형李衡은 집안의 재산을 불리고 싶었으나 아내 때문에 뜻대로 되지 않았다. 나중에 그는 몰래 무릉武陵의 용양주龍陽洲 — 지금의 후난성湖南省 창더현常德縣 — 로 10명을 파견해서 집을 짓고 귤나무 천 그루를 심게 했다. 그리고 죽을 때가 되자 그는 아들을 불러다놓고 이렇게 당부했다. "네 어미가 우리 집이 부자가 되는 것을 싫어해서 이렇게 가난하

게 살고 있다. 내 땅에 천 명의 '나무 하인[木奴]'이 있으니, 네가 먹고사는 데에는 지장이 없을 것이고, 또 그들이 해마다 비단 한 필을 바칠 것이니 용돈으로 쓰기에 충분할 것이다." 이형이 죽고 스무 날 남짓 지난 후에 아들은 어머니에게 이 사실을 알렸다. 그러자 어머니는, "이건 분명 감귤나무를 심어놓은 것이다. 너희 집에 10명의 손님이 없어진 지 7, 8년이 되었는데, 틀림없이 네 아비가 그들을 보내 집을 지었을 게다. 네 아비는 항상 '강릉江陵에 귤나무 천 그루가 있으면, 그대 집을 봉양할 만하다'라는 사마천司馬遷의 말을 들먹이곤 했는데, 내가 이렇게 대답해주었다. '사람은 덕과 의로움이 없는 것을 걱정해야지 부유하지 않은 것을 걱정해서는 안 돼요. 신분이 높으면서도 가난하다면 좋은 것이지, 이런 건 어디에 쓰겠어요?'라고 말이다." 오吳나라 말엽에 이형이 심은 감귤이 익어 해마다 수천 필의 비단을 얻을 수 있게 되었고, 집안 살림도 넉넉해졌다.

3) 현관을 따라온 아전이 한 말이다.
4) 예총치의 주석에 따르면, 본문의 '답踏'은 '탑噧', 즉 '허겁지겁 먹어치웠다'는 뜻으로 풀어야 한다고 했다.
5) '부리'는 재물과 곡식, 그리고 부서簿書를 관리하는 벼슬아치이다.

## 其二   둘

奇俊無少年   뛰어난 인재에겐 젊은 날이 없는데
日車何蹜蹜   해 수레[1)는 어찌 그리 쉼 없이 구르는지!
我待紆雙綬   나는 화려한 벼슬살이 기다리는데
遺我星星髮   남겨준 것은 희끗희끗한 흰머리뿐.
都門賈生墓   도성 문 밖 가의賈誼[2)의 무덤엔
靑蠅久斷絶   푸른 쉬파리[3) 끊어진 지 오래라네.
寒食搖揚天   봄바람 일렁이는 한식날[4)
憤景長肅殺   분노에 찬 햇빛은 한없이 스산하구나.

| 황한십이제 | |
|---|---|
| 皇漢十二帝 | 서한西漢의 열두 황제 가운데 |
| 유제칭예철 | |
| 唯帝稱睿哲 | 오로지 문제文帝만이 사려 깊고 지혜로웠는데 |
| 일석신수아 | |
| 一夕信豎兒 | 어느 날 갑자기 천한 아이들<sup>5)</sup>을 믿게 되어서 |
| 문명영륜헐 | |
| 文明永淪歇 | 바르고 총명했다는 칭송 영원히 사라져버렸네.<sup>6)</sup> |

1) '해 수레'에 대해서는 「하남부에서 지어본 12월의 노래·윤달」의 주석 5)를 참조하기 바란다.
2) 가의는 문제文帝에게 등용되어 한 해만에 태중대부太中大夫까지 승진하는 등 출세 가도를 달렸으나 주발周勃, 관영灌嬰, 동양후東陽侯 장상여張相如 등의 모함을 받아 황제의 눈밖으로 내몰렸고, 나중에 장사왕長沙王의 태부太傅로 폄적되었다가 요절했다.
3) 『시경·소아』에 들어 있는 「청승靑蠅」편에서처럼, 파리는 종종 참언讒言을 하는 소인배들을 비유한다.
4) 한식은 음력으로 '청명淸明'(양력 4월 4, 5일경)의 이틀 전을 가리킨다. 본문의 '요양搖揚'을 '수양垂楊'으로 쓴 판본도 있다.
5) '천한 아이들'은 가의를 모함한 간신, 특히 등통鄧通들을 가리킨다. 이 구절을 "오히려 천한 아이들의 말을 믿어서(反信豎兒言)"라고 쓴 판본도 있다.
6) 마지막 두 구에서 문제를 묘사한 '예철睿哲'과 '문명文明'은 『위고문상서僞古文尚書·순전舜典』에서 순임금을 칭송하며 쓴 '준철문명濬哲文明'이라는 구절에서 빌려 쓴 것이다.('예睿'와 '준濬'은 글자 모양이 비슷해서 서로 통용된다)

| 기삼 | |
|---|---|
| 其三 | 셋 |
| 남산하기비 | |
| 南山何其悲 | 남산은 어찌나 슬프던지? |
| 귀우쇄공초 | |
| 鬼雨灑空草 | 귀기 어린 비가 텅 빈 풀밭에 뿌린다. |
| 장안야반추 | |
| 長安夜半秋 | 장안의 가을밤은 깊어 가는데 |

| 풍 전 기 인 로
風前幾人老 | 바람 앞에서 늙어가는 이 몇일까![1] |
|---|---|
| 저 미 황 혼 경
低迷黃昏徑 | 안개 깔린 황혼의 사잇길 |
| 요 뇨 청 력 도
裊裊青櫟道 | 하늘하늘 푸른 상수리나무 우거진 큰길 |
| 월 오 수 립 영
月午樹立影 | 달은 중천에 떠서 나무는 그림자 세우고[2] |
| 일 산 유 백 효
一山唯白曉 | 온 산은 그저 새벽처럼 환하기만 하다. |
| 칠 거 영 신 인
漆炬迎新人 | 도깨비불은 새 사람[3] 맞이하고 |
| 유 광 형 요 요
幽壙螢擾擾 | 음침한 무덤구렁에선 반딧불이 어지러이 날아다닌다. |

1) 이 구절을 "바람에 잘려 봄의 자태 늙어간다(風剪春姿老)"라고 쓴 판본도 있다.
2) 본문의 '입영立影'을 '무영無影'으로 쓴 판본도 있다.
3) 금방 죽어 귀신이 된 이를 가리킨다.

### 其四  넷
<sub>기 사</sub>

| 성 진 사 방 고
星盡四方高 | 별도 다 저물어 사방의 하늘 높아지니 |
|---|---|
| 만 물 지 천 서
萬物知天曙 | 만물은 날이 밝아지려 함을 안다. |
| 기 생 수 기 양
己生須己養 | 제 목숨은 제가 먹여 살려야 하는지라 |
| 하 담 출 문 거
荷擔出門去 | 짐 지고 일하러 성문을 나선다. |
| 군 평 구 불 반
君平久不反 | 엄군평嚴君平[1]은 오래도록 돌아오지 않고 |
| 강 백 둔 국 노
康伯遁國路 | 한강韓康[2]은 서울로 오던 길에서 도망쳐버렸다. |
| 효 사 하 뇨 뇨
曉思何譊譊 | 새벽의 사색은 어찌 이리 시끄러운가? |

환 궤 천 인 어
**闤闠千人語**  도회지[3)]에 오가는 수많은 사람들의 말소리 때문이지.

---

1) 『한서・왕공량공포전王貢兩龔鮑傳』에 따르면, 촉蜀 땅의 엄군평은 성도成都의 시내에서 점을 쳐주며 지냈다. 그는 점치는 일이 천한 직업이지만 여러 사람에게 혜택을 줄 수 있다고 생각했다. 즉, 사악함과 시비를 가리는 질문을 하면 점괘에 따라서 이해관계를 얘기해주고, 누군가의 아들인 이에게 말할 때는 효도의 원칙에 따라 하고, 누군가의 아우인 사람에게는 공경하며 따라야 한다는 원칙에 따라 얘기해주고, 남의 신하 노릇을 하는 사람에게는 충성의 원칙에 따라 얘기해주듯이, 각자의 형세에 따라 선함으로 인도해주자 그의 말을 따르는 사람들이 많아졌다. 또한 그는 날이 밝으면 여러 사람들의 점을 봐주었는데, 모인 복채가 100냥이 되면 스스로 먹고살기에 충분하다고 여겨서 곧 가게문을 닫고, 사람들에게 『노자』를 가르쳤다. 유명한 양웅揚雄도 젊은 시절에 그에게 찾아가 공부했다고 한다.
2) 후한後漢 환제桓帝 때의 한강韓康(자는 백휴伯休, 경조京兆 패릉霸陵 사람)은 명산에서 약초를 캐다가 장안 시장에서 팔았는데, 결코 값을 두 번 부르는 일이 없었다고 한다. 그가 30여 년 동안 이렇게 장사를 하던 어느 날, 한 여자가 그에게서 약을 사려다가 그가 값을 깎아주지 않자, "당신이 한백휴라도 되는 게요, 값을 두 번 부르지 않게?"하고 따졌다. 이에 그는 명성을 피해 약초 장사를 했던 본래의 뜻이 어그러졌음을 깨닫고 산에 은거했다. 그러다가 환제가 사자를 보내 후한 예물과 함께 초청하자 어쩔 수 없이 응했다. 그러나 그는 사자가 준비해온 화려한 수레를 타지 않고, 스스로 땔나무를 싣는 수레를 몰고 사자보다 앞서 길을 나섰다. 마침 역관을 관리하는 벼슬아치가 황제의 초청을 받고 지나는 사람이 있을 것이라며 길과 다리를 보수한답시고 백성들의 소를 징발했는데, 그 벼슬아치는 한강의 차림새를 보고 그저 농사나 짓는 늙은이로 여기고 그의 수레 끄는 소를 징발했다. 나중에 사자가 도착해서 역관의 벼슬아치를 처벌하려 했으나, 한강의 만류로 용서해주었다. 그러나 한강은 얼마 후에 경사로 가던 도중에 도망쳐버렸다고 한다.
3) 본문의 '환궤闤闠'는 각기 저잣거리를 둘러싼 담과 저잣거리로 통하는 문을 가리킨다. 그러므로 '환궤'는 보통 저잣거리 또는 시장을 가리키는데, 여기서는 좀더 넓은 의미로 도회지를 가리킨다고 하겠다.

## 其五     다섯

石根秋水明    돌 발치의 가을 물은 맑은데

石畔秋草瘦    돌 가 가을 풀은 야위었네.

侵衣野竹香    옷속으로 파고드는 들판 대나무 향기롭고

蟄蟄垂葉厚    빽빽이 두터운 잎사귀 드리웠네.

岑中月歸來    작은 산봉우리에는 달이 돌아와

蟾光掛空秀    허공에 곱게[1] 달빛 걸렸네.

桂露對仙娥    계수나무의 이슬은 선녀를 대한 채[2]

星星下雲逗    별처럼 반짝이며 구름 아래 잠시 머무네.

凄凉梔子落    처량하게 치자 열매 떨어지고

山嚳泣晴漏    갈라진 산 틈에서 맑은 눈물 흐르네.[3]

下有張仲蔚    그 아래 장중위張仲蔚[4]가 있는데

披書案將朽    책 펼쳐놓은 책상이 썩어가네.

---

1) 본문의 '공수空秀'를 '운수雲秀'로 쓴 판본도 있다.
2) 이 구절은 계수나무와 항아姮娥가 있다는 달의 풍경을 묘사하고 있다. 본문의 '계로桂露'를 '추로秋露'로 쓴 판본도 있다.
3) '산 틈[嚳]'이란 산봉우리 혹은 큰 바위의 갈라진 틈을 가리킨다. 왕기는 이 구절이 바위틈에서 샘물이 솟는 모양을 묘사한 것이라고 했다.
4) 조기趙岐의 『삼보결록주三輔決錄注』에 따르면, 장중위는 부풍扶風 사람으로, 은거한 채 벼슬길에 나아가지 않았다고 한다. 그러나 그는 천문에 밝았고 박학다식했으며

시부詩賦를 잘 지었는데, 그의 거처에는 쑥대풀이 우거져 있을 뿐, 찾아오는 사람의 자취가 없었다고 한다.

## 삼월에 행궁을 지나며 三月過行宮

渠水紅繁擁御牆 　행궁 밖 도랑물에는 우거진 마름과 머위[1] 궁궐 담을 끌어안았는데
風嬌小葉學娥粧 　바람에 하늘거리는 작은 잎은 미인에게 화장하는 법을 배웠나보다.
垂簾幾度靑春老 　드리운 주렴 안에서 몇 번이나 헤아렸던가, 늙어가는 청춘을?
堪鎖千年白日長 　자물쇠 잠긴 방에 갇힌 천년의 세월 동안 낮은 길기만 하네.

---

[1] 본문의 '홍번紅繁'은 '홍번葒蘩', 즉 물에 사는 마름과 부평초의 일종인 머위를 가리킨다. 이것들은 종종 미인의 눈썹을 비유하는 데에 쓰였다.

# 시귀詩鬼의 노래
## 권3 卷三

## 사조와 하손의 「동작기」[1]를 떠올리며 화창함
추화하사동작기
追和何謝銅雀妓

| | |
|---|---|
| 가인일호주<br>佳人一壺酒 | 미녀 앞의 술병 하나 |
| 추용만천리<br>秋容滿千里 | 수심 깊은 얼굴에 천리의 가을 풍경 가득 비치네. |
| 석마와신연<br>石馬臥新煙 | 석마石馬는 새로 피어나는 향 연기 속에 누워 있으니[2] |
| 우래하소사<br>憂來何所似 | 찾아오는 근심을 어디에 비할까? |
| 가성차잠롱<br>歌聲且潛弄 | 노랫소리 묻혀 가물거리면 |
| 능수풍자기<br>陵樹風自起 | 무덤 앞 나무에 바람 절로 일어나네. |
| 장거압고대<br>長裾壓高臺 | 긴 옷자락 높은 대를 누르고[3] |
| 누안간화궤<br>淚眼看花机 | 눈물 젖은 눈으로 고운 탁자만 쳐다보네. |

---

1) 『악부시집』에 따르면, "「동작대銅雀臺」는 「동작기銅雀妓」라고도 한다"고 했으니, 본래 이것은 악부시의 제목 가운데 하나였음을 알 수 있다. 『업도고사鄴都故事』에 따르면, 위魏나라 무제武帝는 여러 자식들에게 다음과 같은 유언을 남겼다고 한다. "내가 죽은 후에 수도의 서쪽 언덕에 묻어다오. 그리고 첩과 기녀들을 모두 동작대에 올라가게 하고, 동작대 위에는 여섯 자 크기의 상을 놓고, 가는 베로 장막을 드리워라. 아침저녁으로 술과 육포, 물엿[粻], 건량[糒] 따위를 차려놓고, 매월 그믐과 보름에는 장막 앞에서 노래와 춤을 공연하게 하라. 너희들도 때때로 동작대에 올라 서쪽에 있는 내 무덤을 바라보도록 해라." 동작대는 건안建安 15년(210)에 업성鄴城에 세워진 누각인데, 꼭대기에 구리로 만든 큰 참새가 날아가는 듯한 모습을 장식해서 그런 이름이 붙었다고 한다. 제齊나라 때의 사조謝朓와 양梁나

라 때의 하손何遜은 각기 이 누각을 소재로 시를 지은 적이 있다. 사조의 「동사자의영동작대同謝咨議詠銅雀臺」는 다음과 같다. "가는 베 장막은 난간에 휘날리고, 술잔은 살아 있을 때처럼 채워졌네. 나무 울창한 서쪽 무덤에서, 누가 노래와 음악 소리 듣는가? 향기로운 옷깃엔 눈물자국 물들었고, 미녀들은 공연히 옛정을 되새기네. 옥좌도 적막하기만 한데, 하물며 저처럼 보잘것없는 몸이랴 어떠하겠소?(緦帷飄井幹, 樽酒若平生. 鬱鬱西陵樹, 詎聞歌吹聲. 芳襟染淚迹, 嬋娟空復情. 玉座猶寂寞, 況乃妾身輕.)" 또 하손의 「동작기」에서는, "가을바람에 낙엽 지고, 쓸쓸한 악기 소리 맑게 울리네. 무덤을 바라보며 노래하며 술을 올리고, 장막을 바라보며 빈 성에서 춤추네. 적막하게 추녀 높은 집은 공허하기만 하고, 펄럭이는 장막은 가볍기만 하네. 노래 마치고 돌아보며 일어서나니, 해는 저물고 송백 소리만 들려오네.(秋風木葉落, 蕭瑟管絃淸. 望陵歌對酒, 向帳舞空城. 寂寂簷宇曠, 飄飄帷幔輕. 曲終相顧起, 日暮松柏聲.)"라고 했다.

2) '석마'는 무덤을 지키기 위해 세워놓은 조각이다. 고대 제왕의 무덤에는 기린이나 코끼리, 말 등을 조각하여 세워놓는 경우가 많았다. 한편, 왕기의 주석에서는 본문의 '신연新烟'이 멀리서 볼 때 안개처럼 아스라한 새로 돋은 풀[艸]을 묘사한 것이라고 했다.

3) 동작대에 올라 늘어선 미녀들을 가리킨다.

## 북으로 출정하는 진 광록대부를 전송하며 送秦光祿北征

| | |
|---|---|
| 북로교감절<br>北虜膠堪折 | 북방 오랑캐 침략의 때를 만나니[1] |
| 추사란효비<br>秋沙亂曉鼙 | 가을 모래가 새벽 북소리[2]에 어지러이 날린다. |
| 염호빈범새<br>髥胡頻犯塞 | 수염 많은 오랑캐가 변방을 자주 침범하니 |
| 교기사횡예<br>驕氣似橫霓 | 교만한 기세가 가로지른 무지개 같다. |
| 파수루선도<br>灞水樓船渡 | 파수灞水[3]를 전함 타고 건너 |
| 영문세류개<br>營門細柳開 | 군영軍營을 세류細柳[4] 땅에 설치했다. |

| 장군치백마 |
| 將軍馳白馬 | 장군은 백마 타고 달리고

| 호언빙웅재 |
| 豪彦騁雄材 | 호방한 사내는 용감한 인재 초빙한다.

| 전사참창락 |
| 箭射欃槍落 | 화살 쏘면 혜성[5]이 떨어지고

| 기현일월저 |
| 旗懸日月低 | 드높은 깃발 때문에 해와 달도 낮아진 듯하다.

| 유희산이현 |
| 楡稀山易見 | 버드나무 성기니[6] 산이 쉽게 드러나고

| 갑중마빈시 |
| 甲重馬頻嘶 | 갑옷 무거워 말은 자주 울부짖는다.

| 천원성광몰 |
| 天遠星光沒 | 먼 하늘로 별빛 잠기고

| 사평초엽제 |
| 沙平草葉齊 | 평평한 사막엔 풀잎도 가지런하다.

| 풍취운로화 |
| 風吹雲路火 | 바람은 구름까지 치솟은 불길을 불어대고

| 설오옥관니 |
| 雪汙玉關泥 | 쌓인 눈은 옥문관玉門關[7] 진흙에 더럽혀졌다.

| 누단호한경 |
| 屢斷呼韓頸 | 흉노 왕[8]의 목 자주 베었고

| 증연동탁제 |
| 曾燃董卓臍 | 동탁董卓[9]의 배꼽에 불을 피운 적도 있다.

| 태장유구총 |
| 太長猶舊寵 | 태상시太常寺에서 벼슬살이한 것은 오히려 옛적의 총애이고

| 광록시신제 |
| 光祿是新隮 | 이제는 진급하여 광록대부光祿大夫[10]가 되었다.

| 보결기린기 |
| 寶玦麒麟起 | 허리에 찬 결옥玦玉[11]에서는 기린麒麟이 일어나고

| 은호비유제 |
| 銀壺狒狖啼 | 은으로 만든 화살통에서는 사나운 원숭이 울부짖는다.

| 도화련마발 |
| 桃花連馬發 | 복사꽃 무늬 연이어진 명마 타고 출발하여

| 채서박안래 |
| 彩絮撲鞍來 | 화려한 말 가슴걸이 딸랑이며 달려왔으니[12]

| 가비현금두 |
| 呵臂懸金斗 | 팔에는 말[斗]만한 금 도장 걸고[13]

| 당순주옥뢰<br>當脣注玉罍 | 커다란 옥 술잔으로 입에 술 붓겠노라. |
| 청소화쇄의<br>淸蘇和碎蟻 | 맑은 술 익어갈 때 작은 개미 같은 거품 일어나고 |
| 자니권부배<br>紫膩卷浮杯 | 멋진 안주 놓고 잔에 가득 술을 마신다. |
| 호곽선몽마<br>虎鞹先蒙馬 | 먼저 말에다 호랑이 가죽 씌웠고 |
| 어장차단서<br>魚腸且斷犀 | 무소도 절단 내는 어장검魚腸劍[14]을 지녔다. |
| 참담서려구<br>趁趯西旅狗 | 힘껏 치달리는 서쪽 오랑캐의 개[15] |
| 축액북방해<br>蹙額北方奚 | 이마 찡그린 북방의 노예. |
| 수장연향모<br>守帳然香暮 | 향 연기 피우는 저녁이면 장막을 지키고 |
| 간응영야서<br>看鷹永夜棲 | 긴 밤을 지키며 매를 돌본다. |
| 황룡취별경<br>黃龍就別鏡 | 황룡정黃龍亭[16]에서 아내가 준 거울을 보고[17] |
| 청총념양대<br>靑塚念陽臺 | 왕소군王昭君의 무덤에서 양대陽臺를 생각한다.[18] |
| 주처장교역<br>周處長橋役 | 주처周處가 장교長橋로 용 잡으러 떠나니[19] |
| 후조단롱애<br>侯調短弄哀 | 그의 연인은 공후箜篌[20] 타며 슬픔을 달랜다. |
| 전당계봉우<br>錢塘階鳳羽 | 전당錢塘에서 봉황 같은 미녀와 함께하니[21] |
| 정실벽란채<br>正室劈鸞釵 | 정실부인이 난새 조각된 비녀 쪼개버린다. |
| 내자반기수<br>內子攀琪樹 | 아내는 마당의 기수琪樹에 올라가 남편을 기다리고 |
| 강아주락매<br>羌兒奏落梅 | 오랑캐 아이는 피리 불어 「매화락梅花落」[22]을 연주한다. |
| 금조경검거<br>今朝擎劍去 | 오늘 아침 검을 들고 떠나는데 |
| 하일자교회<br>何日刺蛟回 | 언제나 교룡을 베고 돌아올까? |

1) 『한서・원앙조조전爰盎鼂錯傳』에는, "위엄을 세우려는 이는 아교가 꺾이는 때에 시작한다(欲立威者, 始於折膠.)"라는 구절이 있다. 이에 대한 소림蘇林의 주석에 따르면, 가을이 되면 아교가 굳어져서 꺾을 수 있기 때문에 활을 사용할 수 있게 되고, 이런 이유로 흉노匈奴는 항상 이 때를 기다려 출병한다고 했다.
2) 『급취편急就篇』에 대한 안사고顏師古의 주석에 따르면, '비鼙'는 말을 타고 치는 북인데, 그 모양이 작은 북[鞀]과 비슷하지만 높이가 그보다 낮고 두께도 얇다고 했다.
3) 섬서성陝西省에서 발원하여 위수渭水로 흘러들어가는 강줄기이다.
4) 장안長安 서북쪽에 위치한 지명이다.
5) 본문의 '참창欃槍'은 혜성 가운데 하나로, 전쟁의 전조를 나타낸다고 한다.
6) 옛날에는 성채를 세우면 그 위에 버드나무를 심어 은폐했다.
7) 지금의 간쑤성甘肅省 둔황敦煌에서 서쪽으로 60km 정도 떨어진 곳에 위치한 관문으로, 옛날에는 실크로드로 통하는 중요한 통로였다.
8) 본문의 '호한呼韓'은 '호한야선우呼韓邪單于'의 줄임말로서, 흉노의 왕을 가리킨다.
9) 『후한서・동탁열전董卓列傳』에 따르면, 여포呂布가 동탁을 죽여 그 시체를 저잣거리에 전시했는데, 날이 더워지자 원래 기름기가 많은 동탁의 시체에서 기름이 흘렀다. 시체를 지키던 관리가 불을 지펴 시체의 배꼽에 얹어놓으니 새벽까지 주위가 환했는데, 이렇게 여러 날 동안 탔다고 한다.
10) 당나라 때의 관료제도에 따르면, 태상시의 경卿은 정삼품이고 소경少卿은 정사품이다. 이에 비해 광록시光祿寺의 경은 종삼품이고 소경은 종사품이니, 그 지위가 태상시의 벼슬아치들보다 낮다. 그런데 본문에서 '올랐다[隮=躋]'라는 표현을 쓴 것을 보면, 이 시의 주인공인 진秦 아무개는 원래 태상시에 속한 벼슬아치였다가 출정하면서 '광록대부'의 직위를 더 받은 것으로 여겨진다. 광록대부는 금자광록金紫光祿, 은청광록銀青光祿 등과 더불어 문산관文散官, 즉 일종의 명예직에 해당한다.
11) '결玦'은 한 부분이 이지러진 고리처럼 생긴 패옥佩玉이다. 『백호통白虎通』에 따르면, 군자는 결단을 잘해야 한다는 의미에서 그와 독음이 비슷한 '결옥'을 찬다고 했다. 다음의 기린과 사나운 원숭이[狒狖]는 모두 결옥과 화살통에 장식된 무늬를 가리킨다.
12) 여기서는 본문의 '도화桃花'를 명마의 몸에 있는 얼룩무늬로, '채서彩絮'는 안장을 묶는 화려한 가슴걸이로 풀이했다. 참고로, 왕기의 주석에서는 이것들을 각각 복사꽃과 버들솜으로 풀어서, 출정하는 시기가 봄임을 나타내는 것이라고 했다. 그러나 북방 오랑캐가 가을에 침범하고 광록대부가 봄에 출정한다는 것은 어딘지 자연스럽지 못하다.

13) 『세설신어』에는 주의周顗라는 장군이 "올해에는 여러 오랑캐를 무찔러 큰 공을 세워서, 말만한 금 도장을 상으로 받아 팔뚝에 걸고 다녀야겠다."고 호언했다는 이야기가 기록되어 있다.
14) '어장검'에 대해서는 「말을 주제로 한 23편의 시·스물」의 주석 2)를 참조하기 바란다.
15) 『상서尙書』에는 "서쪽 이민족들이 '오獒'를 바쳤다(西旅底貢厥獒)"는 구절이 있는데, 그에 대한 공안국孔安國의 주석에 따르면, '오'는 키가 네 자[尺]나 되는 큰 개라고 했다.
16) 본문의 '황룡黃龍'에 대해서는, 『수경주水經注』에 "백랑수白狼水는 또 북으로 황룡성黃龍城을 지난다"라는 내용이 있고, 『십삼주지十三州志』에서는 "요동遼東 지방의 속국屬國에서는 도위都尉 벼슬에 있는 사람이 창려도昌黎道를 다스렸다"는 구절이 있으므로, 둘 중의 한 곳을 가리킬 가능성이 있다. 다만 여기서는 임시로 '황룡정'으로 번역했다.
17) 이 두 구절부터 마지막까지는 표현이 너무 애매해서 전체적인 뜻을 확정하기 어려운데, 이 때문에 왕기는 이 부분에 뭔가 빠진 부분이 있거나 잘못된 부분이 있는 듯하다고 했다. 오여륜의 주석에서는 앞 구절이 아내와 이별한 일을 서술한 것이고, 뒤 구절은 첩을 데리고 갔다는 뜻으로 풀이했으나, 뒤 구절에 대한 설명은 딱히 공감하기 어렵다.
18) 『태평환우기』에 따르면, 한나라 때 궁녀였다가 흉노의 왕비로 간 왕소군의 무덤인 '청총'은 진무군振武郡 금하현金河縣(지금의 내몽고 후허후터시呼和浩特市 남쪽)에 있는데, 무덤 위의 풀이 주위와는 달리 항상 푸르러서 그런 이름이 붙었다고 했다. 본문의 '양대陽臺'는 초나라 양왕襄王과 무산신녀巫山神女가 사랑을 나눈 이야기와 관련된 전고典故인데, 송옥의 「고당부高唐賦」에 따르면, 신녀가 떠나면서 다음과 같은 노래를 불렀다고 한다. "저는 무산의 남쪽, 고구의 험한 산 위에 살지요. 아침이면 구름이 되고, 저녁이면 지나는 비가 되어, 아침저녁으로 항상 양대 아래에 있지요.(妾在巫山之陽, 高邱之阻. 旦爲朝雲, 暮爲行雨, 朝朝暮暮, 陽臺之下.)"
19) '주처'에 대해서는 「춘방정자의 칼」 주석 3)을 참조하기 바란다. 여기서는 북벌을 떠난 진 광록대부를 가리킨다. 한편, 예총치의 주석에 인용된 『지괴志怪』에는 "의흥군義興郡 장교長橋 아래에 푸른 교룡蛟龍이 있어서 지나는 사람을 잡아먹었다"는 이야기가 실려 있다.
20) 본문의 '후조侯調'는 원래 공후를 발명한 사람인데(이에 대해서는 「이빙의 공후인」 주석 1)을 참조하기 바란다), 여기서는 그가 만든 악기, 즉 공후를 가리킨다.
21) 이 구절에서 '전당'은 소소蘇小小와 같이 뛰어난 기녀가 많은 지역을 뜻하는 것으로 여겨진다. 이 구절에 대해서는 이설이 많지만, 본 번역서에서는 '계階'를 '해

偕'로 풀이했다.
22) 『악부잡록樂府雜錄』에 따르면, 강족羌族의 음악은 피리[笛]를 불어 연주하는 것이 대표적이라고 했다. 또한 『광아廣雅』에 따르면, 악곡樂曲 이름에 「절양류折楊柳」와 「매화락」 같은 것들이 있다고 했다.

## 주고받은 시 酬答 二首
수답 이 수

### 其一 기 일
하나

金魚公子夾衫長
금 어 공 자 협 삼 장
지체 높은 귀공자[1] 장삼을 입고

密裝腰䩞割玉方
밀 장 요 정 할 옥 방
허리띠에는 네모로 다듬은 옥 빽빽이 장식했네.

行處春風隨馬尾
행 처 춘 풍 수 마 미
가는 곳마다 봄바람이 말 꽁무니를 따르니

柳花偏打內家香
유 화 편 타 내 가 향
화류계花柳界에 두루 궁중의 향기[2] 뿌리고 다니네.

---

1) 두우의 『통전』에 따르면, 당나라 때에 3품 이상의 관리들은 자주색 옷을 입고 금어대金魚袋를 허리에 차고, 5품 이상의 관리들은 붉은 비단옷을 입고 은어대銀魚袋를 허리에 찬다고 했다.
2) 본문의 '내가內家'는 원래 궁궐 안의 사람들을 가리키는 말이다.

### 其二 기 이
둘

雍州二月梅池春
옹 주 이 월 매 지 춘
옹주雍州의 이월엔 매화 핀 연못에 봄이 찾아와[1]

御水鵁鶄暖白蘋
어 수 교 청 난 백 빈
궁궐 도랑엔 해오라기[2] 찾아오고 흰 마름에 따스한 햇살

|  | 비추네. |
| --- | --- |
| 試問酒旗歌板地<br><sub>시 문 주 기 가 판 지</sub> | 물어보자, 술 팔고 기녀들의 노랫소리 울리는 곳에서 |
| 今朝誰是拗花人<br><sub>금 조 수 시 요 화 인</sub> | 오늘 아침 꽃을 꺾은[3] 사람은 누구인가? |

---

1) 당나라 때의 서경西京이 위치한 곳은 바로 옹주이며, 경조부京兆府에 속한 땅이기도 했다. 이곳은 지금의 산시성陝西省 시안西安의 서북쪽에 해당한다. 본문의 '매梅'를 '해海'로 쓴 판본도 있다.
2) 『이아爾雅』의 주석에 따르면, '교청鵁鶄'은 오리처럼 생겼으나 다리가 길고, 머리에 벼슬 같은 깃털이 자란 조류이다. 강동江東 지방에서는 집에서 길러 불을 끄는 데 이용한다고 한다.
3) 『철경록輟耕錄』에 따르면, 남방에서는 꽃을 꺾는 것을 일컬어 '요화拗花'라 한다고 했다.

## 용동성[1] 그림 畫角東城
<sub>화 각 동 성</sub>

| 河轉曙蕭蕭<br><sub>하 전 서 소 소</sub> | 은하수 돌아가니 새벽은 쓸쓸하고 |
| --- | --- |
| 鴉飛睥睨高<br><sub>아 비 비 예 고</sub> | 갈까마귀 날아가는 성 위의 담[2]은 높기만 하다. |
| 帆長摽越甸<br><sub>범 장 표 월 전</sub> | 늘어선 배들은 월越 땅 교외에서 돛을 높이 세웠고 |
| 壁冷掛吳刀<br><sub>벽 랭 괘 오 도</sub> | 싸늘한 영루營壘[3]에는 오吳나라의 보검이 걸려 있다. |
| 淡菜生寒日<br><sub>담 채 생 한 일</sub> | 담채淡菜는 차가운 태양 아래서 자라고 |
| 鯶魚溅白濤<br><sub>이 어 손 백 도</sub> | 곤이鯤鯷는 흰 파도를 뿜어낸다.[4] |
| 水花沾抹額<br><sub>수 화 첨 말 액</sub> | 물보라에 두건[5]을 적신 채 |

<ruby>旗鼓夜迎潮<rt>기 고 야 영 조</rt></ruby>　　깃발 꽂고 북 울리며 밤에 밀물을 맞이한다.

---

1) 증익의 주석에 따르면, 이 시는 전체적으로 뿔을 그린 것과는 관련이 없으므로, 제목의 '각角'은 '용甬'을 잘못 쓴 것인 듯하다고 했다. 『좌전집해左傳集解』에 따르면, 용동성甬東城은 월越 땅의 회계會稽 지방에 속하는 구장현勾章縣을 가리키며, 동해東海에 있는 섬이라고 했다. 또한 『원화군현지元和郡縣志』에 따르면, 명주明州 무현鄮縣(지금의 저장성浙江省 닝포시寧波市에 속함)의 옹주翁洲라는 섬은 바닷길로 2백 리를 들어가야 있는 곳인데, 이것이 바로 춘추시대에 용동이라고 불렸던 곳이라고 했다.
2) 본문의 '비예睥睨'는 '성가퀴[陴]'라고도 하며, 성 위에 쌓아올려 화살을 막는 작은 담을 가리킨다.
3) 본문의 '벽壁'은 여기서는 군중의 영루營壘를 가리킨다. 『한서·고제기高帝紀』에서, 유방劉邦이 "새벽에 장이와 한신의 영루로 쳐들어가 그 군사를 빼앗았다.(晨馳入張耳韓信壁, 而奪之軍.)"라고 한 것도 이런 예에 해당한다.
4) '담채'는 채소의 일종이고, '곤이'는 물고기 이름이다. 둘 다 절강 지역의 특산물이다.
5) 본문의 '말액抹額'은 두건을 가리킨다. 『고금주古今註』에 따르면, 우왕禹王이 도산塗山에서 밤에 제후들을 불러모았는데, 갑자기 큰바람이 불고 우레가 치면서 구름 속에서 갑옷을 걸친 말들과 무사 천여 명이 나타났다. 그들 가운데는 금으로 된 갑옷을 입은 이들도 있었고, 쇠로 된 갑옷을 입은 자들도 있었으며, 갑옷을 입지 않은 자들도 있었다. 그러나 그들은 모두 붉은 끈을 이마에 묶고 있었다. 우왕이 그들이 누구냐고 묻자, "이 두건은 무사의 복장인데, 모두 칼을 차고 따라다니며 호위하는 것입니다."라고 대답했다. 알고 보니, 해신海神이 우왕을 알현하러 온 것이었다고 한다.

## 사수재의 첩 호련이 남에게 개가하다[1]

謝秀才有妾縞練, 改從于人, 秀才引留之不得, 後生感憶,
<sub>사수재유첩호련 개종우인 수재인류지부득 후생감억</sub>

座人製詩嘲誚, 賀復繼四首
<sub>좌인제시조초 하부계사수</sub>

### 其一  하나
<sub>기 일</sub>

誰知泥憶雲  뉘라서 알랴, 진흙이 구름을 생각하는 줄을?
<sub>수 지 니 억 운</sub>

望斷梨花春  배꽃 피는 봄[2]에 아득히 멀리 사라져버렸네.
<sub>망 단 리 화 춘</sub>

荷絲制機練  연잎에서 뽑은 실로 고운 비단 짜고
<sub>하 사 제 기 련</sub>

竹葉剪花裙  대나무 잎으로 꽃치마 재단하네.[3]
<sub>죽 엽 전 화 군</sub>

月明啼阿姊  달 밝은 밤에 우는 언니는
<sub>월 명 제 아 자</sub>

燈暗會良人  등불 꺼지면 좋은 임 만나겠지.[4]
<sub>등 암 회 량 인</sub>

也識君夫壻  알 것도 같아, 그대의 남편이
<sub>야 식 군 부 서</sub>

金魚掛在身  금어대 허리에 찬 고귀한 신분임을.
<sub>금 어 괘 재 신</sub>

---

1) 원래의 긴 제목을 직역하면, "사수재에게 호련이라는 첩이 있는데, 다른 사람에게 개가하려 하자 사수재가 만류하려 했으나 어쩔 수 없었다. 후세 사람들이 그 일을 두고 느낀 바가 많았다. 자리에 앉은 사람들이 시를 지어 사수재를 비웃었는데, 내가 다시 네 수를 지어 그 뒤를 잇는다"라는 뜻이다.
2) '배꽃[梨花]'은 그 자체로 '이별의 말[離話]'을 암시하기도 하고, 또 배꽃이 핌으로써 봄이 다 가버린다는 뜻을 내포하고 있기도 하다.
3) 기존의 주석들은 이 두 구절이 모두 호련이 개가한 후 화려한 옷차림을 한 것으

로 풀이했다. 그러나 첫 구절은 글자의 발음을 따져보면 '하사지기련何思只其戀', 즉 "어찌 그 사랑만을 생각하랴?"는 뜻이 될 수 있다. 즉 사랑보다 돈을 택해서 결국 사치스러운 생활을 하게 되었다는 뜻이다.
4) 본문의 '자姊'를 '저姐'로 쓴 판본도 있다. 달빛 아래 우는 '언니'는 호련이 사수재의 정실부인을 칭하는 말인 듯하다. 남편이 호련에게 빠져 있는 동안에 쓸쓸한 나날을 보내던 정실부인은 이제 호련이 다른 사람에게 개가해버렸으니, 남편과 침실을 같이 쓸 수 있게 되었으리라는 뜻이다. 역대의 주석가들은 이 구절이 사치와 부를 찾아 개가한 호련의 옛 사랑 사수재에 대한 미련을 빗대어 표현한 것이라고 설명했다.

### 其二  둘

銅鏡立靑鸞  구리거울은 난새 모양의 청동 틀에 서 있고

燕脂拂紫綿  붉은 솜 문질러 연지 바르네.

腮花弄暗粉  꽃 같은 뺨에 분 짙게 바르지만

眼尾淚侵寒  눈꼬리에는 찬 기운 스미는 눈물 맺혔네.

碧玉破不復  푸른 옥돌은 깨지면 다시 붙일 수 없지만[1]

瑤琴重撥絃  옥 장식한 거문고 줄 다시 튕겨지네.[2]

今日非昔日  오늘은 어제가 아니거늘[3]

何人敢正看  뉘라서 똑바로 쳐다볼 수 있으랴?

---

1) 오정자의 주석에서는 본문의 '파불복破不復'을 '파과후破瓜後'로 쓴 판본이 많다고 하면서 그것을 따라야 한다고 했으나, 왕기는 그럴 경우 앞뒤 문맥의 연속성도 끊어지고 비유의 맛도 떨어진다고 지적했다. 이 구절은 여인이 정절을 버린 것은 되돌릴 수 없다는 뜻이다.
2) 거문고가 다른 사람의 손에 의해 다시 튕겨진다는 것은 호련이 다른 사람의 첩이

        되었음을 비유하고 있다.
    3) 호련이 이제 지체 높은 사람의 첩이 되었으니 그녀의 신분도 더불어 달라졌다는
        뜻이다.

### 其三   셋

洞房思不禁   신방에서도 그리움 어쩔 수 없으니
蜂子作花心   벌은 꽃의 마음 설레게 하기 때문이지.
灰暖殘香炷   타다 남은 향대에는 재가 아직 따뜻한데
髮冷靑蟲簪   벌레 조각한 비녀 꽂힌 머리에선 찬 기운 피어나네.[1]
夜遙燈燄短   밤은 길고 등불의 불꽃 짧아지는데
睡熟小屛深   작은 병풍 둘러진 깊은 규방에서 곤히 잠드네.
好作鴛鴦夢   즐겁게 원앙의 꿈[2] 꿀 때
南城罷擣砧   성 남쪽에서는 다듬이소리도 그쳤네.

---

1) 이 두 구절은 밤늦도록 잠들지 못하는 여인의 모습을 비유하고 있다.
2) 꿈속에서나마 옛 남편과 즐겁게 노닐기를 바라는 마음을 묘사하고 있다.

### 其四   넷

尋常輕宋玉   평소에 송옥宋玉 같은 문인 우습게 여기더니
今日嫁文鴛   오늘 문앙文鴦[1] 같은 무사에게 시집갔네.
戟幹橫龍簴   창대는 용무늬 조각된 악기 틀[2]에 비스듬히 기대놓고

| 도환의계창 | |
|---|---|
| 刀環倚桂窓 | 칼 손잡이는 계수나무 창틀에 세워두었네. |
| 요인재반수 | |
| 邀人裁半袖 | 사람 불러 반소매 옷을 만들고 |
| 단좌거호상 | |
| 端坐據胡牀 | 큰 의자[胡牀]에 단정히 기대앉았네. |
| 누습홍륜중 | |
| 淚濕紅輪重 | 눈물에 젖어 붉은 천 자락[3] 무거운데 |
| 서오상정량 | |
| 棲烏上井梁 | 천장 들보의 그림에는 까마귀 앉아 있네.[4] |

1) 『위씨춘추魏氏春秋』에 따르면, 문흠文欽의 둘째 아들 문숙文淑은 어렸을 때 이름이 앙鴦이었는데, 젊어서부터 용맹하기로 유명했다고 한다. 『진서晉書·경제기景帝紀』에도 그가 나이 열여덟에 삼군三軍 가운데 가장 용맹하다는 평을 들었다는 내용이 기록되어 있다. 한편 『진서·왕심자준열전王沈子浚列傳』 등에는 선비족鮮卑族 출신의 용맹한 장군으로서 당나라 번진藩鎭의 장군이 된 단문앙段文鴦에 관한 이야기가 언급되어 있다. 그러나 이 시에서 호련의 남편이 된 사람은 중원 사람인 듯하다.
2) 『예기』에 대한 정현鄭玄의 주석에 따르면, 하후씨夏后氏 시대에 종경鐘磬을 거는 틀인 '순거簨虡'가 있었다고 한다. 그 가운데 가로로 걸치는 것에다 기린 따위가 장식된 것을 '순'이라 하고, 세로로 세워진 것에다 범이나 표범처럼 털이 짧은 짐승[臝]이나 깃털을 가진 새의 무늬를 장식한 것을 '거'라고 하는데, 본문의 '용거龍簨'는 바로 용무늬가 장식된 '거'를 가리킨다.
3) 본문의 '홍륜紅輪'은 '홍륜紅綸', 즉 여인네들이 장식으로 차고 다니는 붉은 수건이나 천 조각을 가리키는 듯하다.
4) 일반적으로 천장에는 용이나 봉황을 그려 넣는 경우가 많은데, 지금 까마귀가 그려져 있다는 것은 마음에 두고 있는 사람과 함께하지 못하는 신세를 빗대어 묘사한 것이라 할 수 있다.

## 창곡에서 책을 읽다가 하인[1]에게 보여주다 昌谷讀書示巴童
<sub>창곡독서시파동</sub>

| | |
|---|---|
| 蟲響燈光薄 <sub>충향등광박</sub> | 벌레소리 울려댈 때 등불도 희미한데 |
| 宵寒藥氣濃 <sub>소한약기농</sub> | 추운 밤 약 냄새만 짙게 퍼진다. |
| 君憐垂翅客 <sub>군련수시객</sub> | 네가 날개 늘어뜨린 나그네[2] 가련히 여겨 |
| 辛苦尙相從 <sub>신고상상종</sub> | 힘들고 괴로워도 따라다니며 모시는구나. |

1) 두보杜甫의 시 가운데 「공안송리이십구제진숙입촉여하면악公安送李二十九弟晉肅入蜀 余下沔鄂」이 있으니, 이하의 부친인 이진숙李晉肅이 촉蜀 땅에서 벼슬살이를 한 적이 있음을 말해준다. 그러므로 여기서 언급된 '남방 출신의 하인[巴童]'은 이하의 시중을 들게 하기 위해 이진숙이 촉 땅에서 얻어온 어린 하인일 가능성이 있다.
2) 병들고 실의에 빠진 자신을 비유하고 있다.

## 하인의 대답 巴童答
<sub>파동답</sub>

| | |
|---|---|
| 巨鼻宜山褐 <sub>거비의산갈</sub> | 코 큰 이놈은 산에서 갈포나 입고 살아야 마땅한데 |
| 龎眉入苦吟 <sub>방미입고음</sub> | 눈썹 긴 나리[1]께선 저를 위해 힘겹게 노래 읊어주셨습니다. |
| 非君唱樂府 <sub>비군창악부</sub> | 나리께서 악부의 노래 부르지 않으신다면 |
| 誰識怨秋深 <sub>수식원추심</sub> | 누가 알아주겠습니까, 원망스럽게 깊어가는 가을을?[2] |

1) 이상은은 「이장길소전」에서 "이하는 몸이 마르고 눈썹이 하나로 이어졌다.(長吉細瘦通眉)"고 했다.
2) 가을[秋]은 곧 수심[愁]을 암시한다. 여기서 수심은 우선 먼 타향에서 종살이하는 하인 자신의 시름을 의미하기도 하고, 또 날개 꺾인 채 병이 깊어지는 이하 자신의 시름을 가리키기도 한다.

## 최씨 가문을 대신해서 나그네를 전송하다 代崔家送客

| | |
|---|---|
| 行蓋柳煙下 <br> 행개류연하 | 덮개 씌운 수레 안개 서린 버드나무 밑을 지나는데 |
| 馬蹄白翩翩 <br> 마제백편편 | 말발굽 하얗게 반짝인다. |
| 恐隨行處盡 <br> 공수행처진 | 그대 가려는 곳까지 다 따라가게 될는지는 모르지만[1] |
| 何忍重揚鞭 <br> 하인중양편 | 내 어찌 차마 다시[2] 채찍 들어 말을 재촉하랴? |

---

1) 이 구절을 '공수송처진恐隨送處盡' 또는 '공송행처진恐送行處盡'으로 쓴 판본도 있다.
2) 본문의 '중重'을 '부復'로 쓴 판본도 있다.

## 성을 나서다 出城

| | |
|---|---|
| 雪下桂花稀 <br> 설하계화희 | 눈 내려 계수나무 꽃 드물고[1] |
| 啼烏被彈歸 <br> 제오피탄귀 | 우는 까마귀는 화살에 쫓겨 돌아간다. |
| 關水乘驢影 <br> 관수승려영 | 관중關中 땅 강물은 나귀 그림자 싣고 흐르고 |

| 진풍모대수<br>秦風帽帶垂 | 진령秦嶺 넘어오는 바람에 모자와 허리띠 늘어진다.[2] |
| --- | --- |
| 입향시만리<br>入鄕試萬里 | 고향으로 가는 길이 만 리나 되는 듯한 것은[3] |
| 무인자감비<br>無印自堪悲 | 벼슬 하나 얻지 못함이 절로 슬프기 때문. |
| 경경인상문<br>卿卿忍相問 | 사랑하는 남편[4]께 차마 급제 여부를 물어야 할 테니 |
| 경중쌍루자<br>鏡中雙淚姿 | 거울 속 고운 아내의 얼굴에선 두 줄기 눈물 흘리리. |

1) 당나라 때에는 과거시험에 합격하는 것을 종종 '계수나무를 꺾었다[折桂]'고 비유하곤 했다. 그런 의미에서 제1~2구는 부친의 휘諱를 피해야 한다는 당시의 관습 때문에 과거시험을 치르지 못한 자신의 처지를 빗대어 묘사한 것이라 할 수 있다.
2) 장안이 옛 진나라의 함양咸陽과 관중關中 땅에 해당하기 때문에 이처럼 비유한 것이다.
3) 본문의 '시만리試萬里'를 '성만중誠萬重' 또는 '성가중誠可重'으로 표기한 판본도 있다.
4) 『세설신어』에 따르면, 왕안풍王安豐의 아내가 항상 그를 '경卿'—이것은 '그대'라는 이인칭대명사의 뜻과 '경상卿相'이라는 의미를 함께 담고 있다—이라고 불렀다. 어느 날 왕안풍이, "당신은 재상의 부인이라면서 대하는 태도가 공경스럽지 못하니, 다음부터는 그렇게 부르지 마시오."라고 농담을 했다. 그러자 부인이 이렇게 대답했다. "당신을 친애하기 때문에[親卿愛卿] '경경卿卿'이라 부른 것이에요. 제가 '경경'—이 말은 '사랑하는 당신'이라는 외면적인 뜻과 함께 '재상이 될 당신'이라는 내면적인 뜻을 아울러 품고 있다—하지 않으면 누가 '경경'하겠어요?"

## 나무 심지 마오 莫種樹
막종수

| 원중막종수<br>園中莫種樹 | 꽃밭에 나무 심지 마오 |
| --- | --- |
| 종수사시수<br>種樹四時愁 | 나무 심으면 사시사철 걱정이라오. |

| 독수남상월 | |
|---|---|
| 獨睡南牀月 | 달빛 비치는 남쪽 침상[1]에 홀로 잠드나니 |
| 금추사거추 | |
| 今秋似去秋 | 올 가을도 작년 가을과 마찬가지구려. |

---

1) 본문의 '남상南牀'을 '남창南窓'으로 쓴 판본도 있다.

## 길 떠나려 하다 將發

| 동상권석파 | |
|---|---|
| 東牀卷席罷 | 동쪽 침상[1]에서 짐을 다 꾸리고 |
| 호락장행거 | |
| 護落將行去 | 쓸쓸히[2] 길 떠나려 하네. |
| 추백요요공 | |
| 秋白遙遙空 | 휑한[3] 가을 하늘은 멀기만 하고 |
| 일만문전로 | |
| 日滿門前路 | 대문 앞 길에는 햇살이 가득하네. |

---

1) 본문의 '동상東牀'은 '사위[壻]'를 가리키는 뜻으로도 쓰인다. 여기서는 그냥 남편을 암시하고 있다.
2) 본문의 '호락護落'은 원래 '호락瓠落' 또는 '호락濩落'으로 표기하는데, 이것은 적막하게 의지할 곳도 없는 상태를 나타내는 말이다.
3) 본문의 '백白'은 하나의 글자를 통해 색감과 촉감, 그리고 그것을 통해 연상되는 이미지까지 한꺼번에 묘사하는 이하 시 특유의 표현 가운데 하나이다. '추백秋白'은 햇살과 공기가 맑고 깨끗한 가을의 모습과 추수가 끝나고 텅 빈 가을 들판의 모습을 한꺼번에 묘사하고 있는데, 이처럼 모순적인 두 가지 의미를 동시에 나타내는 우리말의 적당한 표현은 찾기 어렵다.
4) 본문의 '일日'을 '월月'로 표기한 판본도 있다.

## 강담원 그림을 보고 追賦畫江潭苑<sup>1)</sup> 四首
<small>추부화강담원   사수</small>

### 其一     하나
<small>기 일</small>

| | |
|---|---|
| 吳苑曉蒼蒼 <br><small>오 원 효 창 창</small> | 금릉金陵의 정원<sup>2)</sup> 새벽 빛 짙푸르고 |
| 宮衣水濺黃 <br><small>궁 의 수 천 황</small> | 궁녀들의 옷은 아황색. |
| 小鬟紅粉薄 <br><small>소 환 홍 분 박</small> | 조그맣게 쪽진 머리에 붉은 분가루 얇게 바르고 |
| 騎馬佩珠長 <br><small>기 마 패 주 장</small> | 말 타고 갈 때 진주 장식 패옥佩玉 길게 늘어졌네. |
| 路指臺城逈 <br><small>노 지 대 성 형</small> | 가는 방향은 멀리 대성臺城<sup>3)</sup> 쪽인데 |
| 羅薰袴褶香 <br><small>나 훈 고 습 향</small> | 비단옷에 고습袴褶<sup>4)</sup>이 향기롭구나. |
| 行雲霑翠輦 <br><small>행 운 점 취 련</small> | 지나는 구름<sup>5)</sup> 비취 장식된 수레를 적시니 |
| 今日似襄王 <br><small>금 일 사 양 왕</small> | 오늘 그는 마치 초楚나라 양왕襄王<sup>6)</sup>이 된 듯. |

---

1) 오정자의 주석에 인용된 『금릉육조사적金陵六朝事迹』에 따르면, '강담원'은 바로 양梁나라 궁궐의 정원으로, 양나라 무제武帝 대동大同 9년(544) 금릉(金陵 : 지금의 난징시南京市)에 건설한 것이라고 했다. 그러나 완공하기도 전에 후경侯景의 반란이 일어났다. 당나라 헌종憲宗 역시 옛 왕조의 멸망이라는 역사의 교훈을 망각하고 인덕전麟德殿을 짓고 연회와 사냥 등으로 황음무도한 나날을 보냈는데, 이 시는 사냥을 따라가는 궁녀들의 모습을 통해 환락에 빠진 헌종에 대해 풍자하고 있다.
2) 금릉은 바로 동오東吳가 수도를 세워 건업建業이라고 불렀던 곳이다. 이 지명은 진晉나라 때에 건강建康으로 바뀌었다가, 오대五代 양梁나라 때에 이곳에 금릉부金陵府가 설치되었다.
3) 진晉나라 성제成帝 함화咸和 7년(332)에 지은 건강궁建康宮을 가리킨다.

4) 『운회韻會』에 따르면, '고습'은 말을 탈 때 차려입는 것이라고 했으니, 일종의 전투복인 셈이다.
5) 「낙양의 미녀 진주」의 주석 3)을 참조하기 바란다.
6) 송옥의 「신녀부」에 묘사된 경양왕頃襄王을 가리킨다. 이에 대해서는 「말을 주제로 한 23편의 시·열셋」의 주석 2)를 참조하기 바란다.


其二      둘
기 이

寶袜菊衣單    보석 장식 가슴가리개[1] 위로 노란 국화색 홑옷
보 말 국 의 단

蕉花密露寒    칸나꽃[2]에 빽빽이 맺힌 이슬 차갑구나.
초 화 밀 로 한

水光蘭澤葉    연못에 살짝 잠긴 난초 잎은 물빛에 반짝이고[3]
수 광 란 택 엽

帶重剪刀錢    무겁게 늘어진 허리띠엔 전도전剪刀錢[4] 무늬 새겨졌네.
대 중 전 도 전

角暖盤弓易    뿔 장식 따뜻하니[5] 활 당기기는 쉽지만
각 난 반 궁 이

靴長上馬難    가죽신이 너무 길어 말에 오르기는 어렵네.
화 장 상 마 난

淚痕霑寢帳    눈물자국은 침실 장막을 적셨지만
누 흔 점 침 장

勻粉照金鞍    분가루 곱게 바른 얼굴 황금 안장에 비치네.[6]
균 분 조 금 안

---

1) 본문의 '말袜'은 여인들의 가슴가리개를 가리킨다.
2) '홍초紅蕉' 또는 '미인초美人蕉'라고도 부른다. 이 구절은 얇은 비단옷 속으로 은근히 비치는 가슴가리개를 묘사한 것이다.
3) 송옥의 「신녀부」에는, "난초가 목욕하는 연못은 향기를 머금고 있네.(沐蘭澤, 含芳香)"라는 구절이 들어 있다. 이 구절은 대개 난초 즙으로 머리를 감아 머리칼이 물빛처럼 반짝이는 것을 묘사한 것이라고 풀이된다.
4) 칼 모양으로 생긴 옛날의 돈이다. 한편, 예총치는 이 구절이 허리띠를 묶은 끝이 무겁게 늘어져서 마치 가위 모양으로 엇갈려 있는 모습을 묘사한 것이라고 설명

하기도 했다. 본문의 '대중帶重'을 '중대重帶'로 표기한 판본도 있다.
5) 『예기·곡례曲禮·상上』의 "활시위를 펼 때는 뿔 장식을 위로 한다.(弛弓尙角)"라는 구절에 대한 공영달의 소疏에 따르면, "활의 몸체는 나무로 하고 표면에 뿔로 장식한다.(弓之爲體, 以木爲身, 以角爲面)"고 했다.
6) 마지막 두 구절은 궁녀들의 힘겨운 삶을 묘사하고 있다. 즉 간밤에는 외로움과 고통 때문에 눈물을 흘렸지만, 오늘 아침에는 다시 화사하게 화장하고 군주의 나들이를 따라 나섰다는 뜻이다.

## 其三 (기삼) 셋

剪翅小鷹斜 (전시소응사) 가위 같은 날개 비스듬히 세운 작은 매
綹根玉鏇花 (도근옥선화) 발목에 묶은 실 옥화玉花 새겨진 수레 축[1]에 매여 있네.
鞦垂粧鈿粟 (추수장전속) 늘어진 고삐에는 좁쌀 무늬 박혀 있고
箭箙釘文牙 (전복정문아) 화살통에 박힌 못은 아름다운 상아라네.[2]
狒狒啼深竹 (비비제심죽) 성성이들은 깊은 대숲에서 울어대고
鵁鶄老濕沙 (교청로습사) 해오라기는 젖은 모래밭에서 늙어가네.[3]
宮官燒蠟火 (궁관소랍화) 환관들이 촛불을 피우니
飛燼汚鉛華 (비신오연화) 깜부기 날아와 곱게 화장한 얼굴 더럽히네.

---

1) 본문의 '선鏇'을 '축簇'으로 쓴 판본도 있다.
2) 가난에 시달리는 백성들은 아랑곳하지 않고 금과 옥으로 화려하게 장식된 말과 화살통의 모습을 통해 허종의 사치를 풍자하고 있다.
3) 이 두 구절은 숲이 우거진 사냥터가 넓고 크다는 것을 암시한다.

## 其四 넷

十騎簇芙蓉  열 마리 말에 얹힌 부용꽃 더미처럼

宮衣小隊紅  붉은 궁의宮衣의 미녀들 작은 대열을 이루었네.

練香燻宋鵲  비단옷 향기는 멋진 사냥개[1] 몸에도 배었는데

尋箭踏盧龍  화살 찾아 노룡산盧龍山[2]을 뛰어다니네.

旗濕金鈴重  깃발은 젖어 금방울 무겁고

霜乾玉鐙空  서리 마르니 옥 등자 허허롭네.

今朝畫眉早  오늘 아침은 화장을 빨리 하여

不待景陽鍾  경양루景陽樓 종소리[3] 기다릴 필요 없네.

---

1) 『비아의훈埤雅義訓』에 따르면, 뛰어난 사냥개로 한韓나라의 노盧와 송宋나라의 작鵲이 있다고 했다.
2) 『태평환우기』에 따르면, 노룡산은 승주昇州 상원현上元縣 서북쪽의 큰 강가에 있다고 했으니, 지금의 난징시南京市에 있는 사자산獅子山을 가리킨다.
3) 『남제서南齊書』에 따르면, 황제가 사냥을 나갈 때마다 궁녀들을 태운 수레를 뒤따르게 했는데, 궁녀들이 거처하는 궁궐 깊은 곳까지 시간을 알리는 북소리가 잘 들리지 않는지라 경양루에 종을 설치해서 아침 일찍 궁녀들을 깨우는 데에 사용했다고 한다.

## 장철의 집에서 술병이 들어 열넷째 형에게 부침
### 潞州張大宅病酒, 遇江使寄上十四兄[1]

秋至昭關後 　소관昭關[2]에 가을이 찾아온 뒤

當知趙國寒 　조趙나라 땅[3] 추운 줄 알았겠지요.

繫書隨短羽 　전령의 편지[4]에 딸려 소식 전하노니

寫恨破長箋 　한스러운 마음 적노라 긴 편지지 다 썼군요.

病客眠淸曉 　병든 나그네 맑은 새벽에 잠드는데

疏桐墜綠鮮 　성근 오동나무엔 푸른 잎이 드뭅니다.

城鴉啼粉堞 　성 위의 까마귀는 여장女牆 위에서 울고

軍吹壓蘆煙 　군대의 호각 소리 안개 덮인 갈대밭을 짓누릅니다.

岸幘褰紗幌 　비단 두건 대충 비껴맨 채

枯塘臥折蓮 　마른 연못가에 누워 연꽃을 꺾습니다.

木窓銀迹畵 　나무 창살엔 은빛 물감 자국 흐릿하고

石磴水痕錢 　돌다리[5]엔 동전 같은 물때가 얼룩져 있습니다.

旅酒侵愁肺 　여행길에 마신 술은 시름겨운 가슴으로 스며들고

離歌繞儒絃 　이별의 노래는 여린 거문고 줄에 서려 있습니다.

詩封兩條淚 　시를 봉하매 두 줄기 눈물 흐르나니

| 노절일지란<br>露折一枝蘭 | 이슬에 꺾인 난초 가지 같습니다. |
| --- | --- |
| 사로사계읍<br>莎老沙鷄泣 | 향부자 시들어 늙은 베짱이[6] 쓸쓸히 흐느끼는데 |
| 송건와수잔<br>松乾瓦獸殘 | 마른 와송瓦松[7] 사이로 용마루의 부서진 와수瓦獸[8]들이 처량합니다. |
| 각기연지마<br>覺騎燕地馬 | 잠에서 깨면 연燕나라 말을 타고 |
| 몽재초계선<br>夢載楚溪船 | 꿈속에서는 초楚나라 계곡에 떠가는 배를 탑니다.[9] |
| 초계경장석<br>椒桂傾長席 | 산초와 계피향 어우러진 곳에서 오래도록 술잔 기울이며 |
| 노방작대연<br>鱸魴斫玳筵 | 대모 방석에 앉아 농어와 방어 안주 잡수시겠지만 |
| 기능망구로<br>豈能忘舊路 | 어찌 잊으셨겠습니까, 그 옛날 |
| 강도체가년<br>江島滯佳年 | 아름답던 시절 어린 강 속의 섬으로 가는 그 길을? |

---

1) 제목을 직역하면, "노주潞州의 막료幕僚 장대張大의 집에서 술병이 들어 있다가 편지를 전하는 사신을 만난 김에 열넷째 형에게 부친다"는 뜻이다. '장대'는 권2에 수록된 「술자리가 끝나고 장철에게」에 언급된 '장철張徹'을 가리킨다.
2) 『강남통지江南通志』에 따르면, 소관은 화주和州 함산현含山縣(지금의 안훼이성安徽省 허현和縣) 소현小峴의 서쪽에 있는 곳으로, 춘추시대 오자서伍子胥(오원伍員)가 초楚나라에서 도망쳐 오吳나라로 갔을 때 지났다는 곳이다. 여기서는 열넷째 형이 있는 곳을 가리킨다. 이 구절의 '추秋'와 둘째 구절의 '한寒'은 모두 계절과 날씨를 얘기하면서 그 안에 시인의 시름[愁]과 궁핍한 처지[苦寒]를 암시하는 중의적인 표현으로 사용되었다.
3) 노주는 춘추시대 노자潞子의 제후국이었다가 전국시대에 상당上黨이 되었는데, 그 지역은 처음에 한韓나라 경계에 속했으나 나중에 그 가운데 일부인 풍정馮亭 지역이 조나라에 투항했다. 여기서 조나라라고 칭한 노주는 이하가 있는 곳을 가리킨다.
4) 본문의 '단우短羽'는 '우서羽書'를 가리킨다. 한漢나라 때에는 1자 2치 길이의 목간

木簡에 글을 써서 징집徵集이나 소환召喚을 알리곤 했는데, 급한 사안일 때에는 거기에 새의 깃털을 끼워 넣었다고 한다.
5) 본문의 '등磴'은 비가 와서 마당이 젖어도 발이 젖지 않고 걸어다닐 수 있도록 징검다리 모양으로 깔아둔 납작하고 큼직한 돌들을 가리킨다.
6) 본문의 '사계沙鷄'는 베짱이, 즉 '사계莎鷄'를 가리킨다. 베짱이는 달리 낙위絡緯 또는 방사파紡紗婆라고도 부른다.
7) 주로 돌 틈이나 지붕의 기와 사이에 자라는 풀인데, 멀리서 보면 소나무처럼 생겼다 해서 이렇게 부른다.
8) 지붕의 용마루 양쪽 끝을 장식하는 솔개나 사자 따위의 짐승 모양의 장식을 가리킨다.
9) 연나라는 조나라에 인접해 있고, 화주는 전국시대에 초나라 땅에 속했다.

## 잊기 어려워 難忘曲[1]

夾道開洞門 (협도개동문) 길가에 큰 대문 활짝 열려 있는데
弱楊低畫戟 (약양저화극) 휘영청 버들가지 화려한 창[2]에 닿았네.
簾影竹華起 (염영죽화기) 주렴 그림자 속에 대나무 꽃[3] 피어나고
簫聲吹日色 (소성취일색) 퉁소 소리[4]는 햇빛을 불어대네.
蜂語繞粧鏡 (봉어요장경) 윙윙 벌들의 말소리 화장 거울을 둘러싸고
畫蛾學春碧 (화아학춘벽) 초승달 같은 눈썹 화장[5] 봄날 신록新綠을 닮았네.
亂繫丁香梢 (난계정향초) 어지럽게 얽힌 정향나무[6] 가지
滿欄花向夕 (만란화향석) 난간 가득 꽃들은 석양을 바라보네.[7]

1) 송나라 곽무천郭茂倩의 『악부시집樂府詩集』에 따르면, 「상봉행相逢行」은 「상봉협로간相逢狹路間」 또는 「장안유협사행長安有狹邪行」이라고도 부르는데, 이하의 「난망곡難忘曲」도 여기에서 나온 것이라고 했다. 「상봉행」의 첫 부분은 "좁은 길 사이에서 만났는데, 길이 좁아 수레가 들어가지 못하네. 어떤 젊은이가 수레바퀴 옆에서 그대의 집을 묻는가? 그대의 집은 정말 알기 쉬워. 알기 쉬워서 잊기도 어렵지. (相逢狹路間, 道隘不容車. 不知何少年, 夾轂問君家? 君家誠易知, 易知復難忘.)"라고 되어 있으니, 「난망곡」이라는 제목은 여기에서 나온 것임을 알 수 있다.
2) 당나라 때에 3품 이상의 벼슬아치들은 모두 대문 앞에 끝이 두 갈래로 갈라진 창戟을 늘어놓아 격의에 맞는 장식으로 삼았는데, '화극畫戟'은 화려한 채색으로 장식한 창을 가리킨다. 본문의 '약양翏楊'을 요선기姚仙期 판본에서는 '강양强楊'으로 표기했다.
3) 주렴 사이로 비치는 햇빛을 가리킨다.
4) 주렴의 틈새로 불어 지나가는 바람소리를 비유한 것이다.
5) 본문의 '화아畫蛾'를 '불아拂蛾'로 쓴 판본도 있다.
6) 정향나무는 정자향丁子香 나무라고도 하는데, 2~3월에 분홍색 꽃을 피우고, 꽃이 진 다음에 열매가 열린다. 정향결丁香結이라고 부르는 이 열매는 두 쪽이 합쳐진 형태로 껍질이 무척 두꺼운데, 당나라 때의 시에서는 흔히 두 연인의 사이가 떨어지지 않을 정도로 단단히 맺어져 있음을 비유하는 데에 사용되곤 했다. 본문에서 정향나무 가지가 어지럽게 얽혀 있다고 한 것은 높은 벼슬아치인 주인이 집안에 많은 희첩姬妾을 두고 있음을 비유한 것이다.
7) '난간 가득한 꽃'은 수많은 희첩들을 가리키는데, 그것들이 석양을 바라본다는 것은 주인이 찾아와 줄 밤에 대한 기다림을 비유한 것이기도 하고, 또한 주인의 총애를 잃은 채 헛된 바람 속에서 쓸쓸히 늙어 가는 그녀들의 처지를 비유한 것이기도 하다.

## 가충의 귀한 사위 賈公閭貴壻曲[1]

朝衣不須長　　조회 때 입는 옷은 너무 길어서는 안 되지만
分花對袍縫　　겉옷 솔기에 양쪽으로 나뉜 꽃무늬 짝이 맞춰져 있네.

| 앵앵백마래<br>嚶嚶白馬來 | 딸랑딸랑 방울소리 울리며 백마가 오는데 |
| 만뇌황금중<br>滿腦黃金重 | 머리 가득 황금 장식이 묵직하게 걸렸구나. |
| 금조향기고<br>今朝香氣苦 | 오늘 아침은 향기도 맡기 괴롭고 |
| 산호삽난침<br>珊瑚澁難枕 | 산호 베개도 껄끄러워 베기 어렵다지. |
| 차요롱풍인<br>且要弄風人 | 풍류 희롱하는 사람2) 불러 |
| 난포사상음<br>暖蒲沙上飮 | 따뜻한 부들 우거진 모래밭에서 술을 마시네. |
| 연어답렴구<br>燕語踏簾鉤 | 제비는 재잘거리며 주렴 고리를 밟고 |
| 일홍병중벽<br>日虹屛中碧 | 대낮의 수무지개 병풍 속에서 푸르게 빛나네.3) |
| 반령재하양<br>潘令在河陽 | 반악潘岳4)이 하양 땅의 현령으로 있을 때에는 |
| 무인사방색<br>無人死芳色 | 죽음으로 절개 지킨 미녀가 하나도 없었다네! |

---

1) 가충賈充의 자는 공려公閭이다. 『진서晉書』 권40에 수록된 그의 전기에 따르면, 그에게는 전처 이씨李氏에게서 낳은 두 딸이 있는데, 전荃이라는 딸은 제齊나라 왕 사마유司馬攸의 왕비가 되었고, 유裕라는 이름을 가진 다른 한 딸은 결혼 상대가 누군지 알 수 없다. 또한 그의 후처 곽씨郭氏도 딸 둘을 낳았는데, 시時라는 이름을 가진 딸은 진晉나라 혜제惠帝의 황후가 되었고, 오午라는 이름을 가진 다른 한 딸은 「골치 아픈 사람」의 주석 40)에 설명된 일화에서처럼 혼인 전의 부적절한 관계를 거쳐 한수韓壽의 아내가 되었다. 이 시에서 묘사하고 있는 '귀한 사위'는 아마 마지막에 언급된 한수를 가리키는 듯하다. 이 시는 안사의 난[安史之亂] 여파로 불안한 정국과 피폐한 민생에도 아랑곳하지 않고 사치와 향락을 일삼는 귀족 계층에 대한 풍자의 의미를 담고 있다.
2) 기녀妓女를 가리킨다.
3) 제비와 수무지개는 모두 음란하고 방탕한 '가충의 귀한 사위'를 가리킨다. 한편 다른 각도에서 보면, 주렴을 밟은 제비나 병풍 속으로 들어온 수무지개는 가충이 기녀와 놀아나는 사이에 그의 아내를 찾아가는 옛 정인을 암시할 수도 있다.

4) 『세설신어』에 따르면, 반악은 용모가 멋들어지고 신비한 매력이 있어서, 젊었을 때 거문고를 끼고 낙양의 길거리에 나가면 만나는 부녀자들마다 손을 맞잡고 그를 에워쌌다고 한다. 또 『어림語林』에 따르면, 그가 수레를 타고 길을 갈 때마다 노파들이 던진 과일로 수레가 가득 찼다고 한다. 한편 『백첩白帖』에 따르면, 반악이 하양현(河陽縣: 지금의 허난성河南省 멍현孟縣)의 현령으로 있을 때 복숭아나무와 살구나무를 많이 심어서, 그 고을에 화현花縣이라는 명칭이 생겼다고 했다.

## 밤새 술 마시고 아침에 잠들다 夜飮朝眠曲

| | |
|---|---|
| 觴酣出座東方高 상감출좌동방고 | 얼큰하게 취해 자리에서 나오니 동쪽 하늘 높아졌는데 |
| 腰橫半解星勞勞 요횡반해성로로 | 허리띠는 반쯤 풀려 있고 별빛은 흐릿해졌네. |
| 柳苑鴉啼公主醉 유원아제공주취 | 버들가지 우거진 정원[1]에 까마귀 울자 공주는 취하고 |
| 薄露壓花蕙蘭氣 박로압화혜란기 | 옅은 이슬 꽃을 누를 때 난초[2]는 향기 뿌리네. |
| 玉轉濕絲牽曉水 옥전습사견효수 | 옥 두레박 젖은 동아줄로 새벽 물을 길어 올릴 때 |
| 熱粉生香琅玕紫 열분생향랑간자 | 뜨거워진 화장에서 향기 풍겨 얼굴은 낭간琅玕처럼 발그레하네. |
| 夜飮朝眠斷無事 야음조면단무사 | 밤새 술 마시고 아침에 잠들어도 아무 일 없으니 |
| 楚羅之幃臥皇子 초라지위와황자 | 화려한 비단 장막 안에 황제의 아들 누워 있네. |

---

1) 본문의 '유원柳苑'을 '유화柳花'로 쓴 판본도 있다.
2) 본문의 '혜란蕙蘭'을 '혜원蕙畹'으로 쓴 판본도 있다. 이 구절은 꽃에 맺힌 이슬을 통해 은근히 남녀간의 성행위를 암시하고 있다.

## 왕준의 무덤[1] 아래서 王浚墓下作

| 人間無阿童<br><sub>인 간 무 아 동</sub> | 인간 세상에 아이[2]는 없는데 |
| --- | --- |
| 猶唱水中龍<br><sub>유 창 수 중 룡</sub> | 아직도 물속의 용을 노래한다. |
| 白草侵烟死<br><sub>백 초 침 연 사</sub> | 하얀 풀들은 안개 속에서 죽어가고 |
| 秋藜繞地紅<br><sub>추 려 요 지 홍</sub> | 가을 명아주 땅을 붉게 에워쌌다. |
| 古書平黑石<br><sub>고 서 평 흑 석</sub> | 검은 비석의 옛 글은 평평히 닳아버렸고 |
| 神劍斷青銅<br><sub>신 검 단 청 동</sub> | 신검은 부러진 청동 막대로 변해버렸겠지. |
| 耕勢魚鱗起<br><sub>경 세 어 린 기</sub> | 갈아놓은 밭이랑은 물고기 비늘처럼 일어나고 |
| 墳科馬鬣封<br><sub>분 과 마 렵 봉</sub> | 무덤은 커다란 말갈기처럼 길쭉하게 솟아 있구나.[3] |
| 菊花垂濕露<br><sub>국 화 수 습 로</sub> | 국화는 이슬에 젖어 늘어져 있고 |
| 棘徑臥乾蓬<br><sub>극 경 와 건 봉</sub> | 가시나무 우거진 산길에는 마른 쑥대가 쓰러져 있다. |
| 松柏愁香澀<br><sub>송 백 수 향 삽</sub> | 소나무 잣나무 시름겨운 향기 코를 찌르는데 |
| 南原幾夜風<br><sub>남 원 기 야 풍</sub> | 남쪽 들판엔 얼마나 많은 밤바람이 불었을까! |

---

1) 『태평환우기』에 따르면, 왕준王浚의 무덤은 괵주虢州 항농현恒農縣에 있는데, 왕준이 진晉나라에서 벼슬살이를 했지만 오吳 땅을 평정하는 데에 공적이 있어서 이곳에 묻혔다고 했다. 한편 『진서』에 수록된 전기에 따르면, 왕준은 백곡산柏谷山에 묻혔는데, 그곳에는 소나무와 잣나무가 무성했다고 한다.
2) 『진서』에 기록된 왕준의 전기에 따르면, 당시에 오나라에 "아이야, 아이야, 칼 물

고 헤엄쳐 강 건너렴. 강가의 호랑이는 무서워 말고, 물속의 용만 조심하렴.(阿童 復阿童, 銜刀浮渡江. 不畏岸上虎, 但畏水中龍.)"이라는 노래가 유행했는데, 양호羊祜가 그걸 듣고 틀림없이 수군의 승리를 예언하는 노래라 짐작하고 그 이름에 해당하는 인물을 찾으려 했다. 마침 익주益州의 자사刺史로 있던 왕준이 대사농大司農이 되었는데, 양호는 그가 능력도 있고 또 왕준의 어릴 적 이름이 '아이[阿童]'였음을 알고 상소를 올려 그로 하여금 익주의 모든 군사적 일을 감독하게 하고, 용양장 군龍驤將軍의 직위를 주면서 배를 건조하여 강의 흐름을 따라 전투할 계책을 세우도록 은밀히 지시했다고 한다. 이 시의 첫 두 구절은 왕준은 이미 죽어 이 세상에 없는데, 그의 업적을 예견한 노래는 아직 불리고 있다는 뜻이다.

3) 무덤의 봉분이 약간 길쭉하게 높이 솟아오른 것을 일컬어 '마렵봉馬鬣封'이라고 부른다. 『예기·단궁檀弓』에 인용된 자하子夏의 말에 따르면, 공자孔子가 따르겠다고 한 무덤의 모양은 봉분이 도끼 모양으로 솟은 것이었는데, 이것이 바로 '마렵봉'이라고 했다. 본문의 '분과墳科'를 '분사墳斜'로 쓴 판본도 있다.

## 나그넷길 客游
<small>객 유</small>

| 悲滿千里心 | 슬픔 가득한 나그네 마음 |
| 日暖南山石 | 햇살은 남산 바위에 따뜻하구나. |
| 不謁承明廬 | 승명려承明廬<sup>1)</sup>의 황제 알현하지 못하고 |
| 老作平原客 | 늙도록 평원군平原君<sup>2)</sup>의 식객食客 노릇이라. |
| 四時別家廟 | 사시사철 가문의 사당 떠나 있고 |
| 三年去鄕國 | 3년 동안 고향 떠나 있네. |
| 旅歌屢彈鋏 | 나그네의 노래 부르며 칼자루 얼마나 두드렸던가?<sup>3)</sup> |
| 歸問時裂帛 | 귀향길 물으며 이따금 비단 찢어 편지를 쓴다. |

1) 한나라 궁전의 석거각石渠閣 밖에 있던 곳으로 황제의 숙소이다.
2) 전국시대 조趙나라의 공자公子 조승趙勝을 가리킨다. 그는 제齊나라의 맹상군孟嘗君, 위魏나라의 신릉군信陵君, 초楚나라의 춘신군春申君과 더불어 많은 식객을 받아들여 우대한 것으로 유명하다. 이로 보건대, 이 시를 지을 무렵에 이하는 옛 조나라 땅을 여행하고 있었던 듯하다.
3) 『전국책』에는 제나라 출신의 풍훤馮諼이 먹고살기가 어려워지자 맹상군의 집에 식객으로 들어가 있다가, 칼자루를 두드리며 노래를 불러 맹상군으로 하여금 좋은 식사와 마차를 안배해주도록 했다는 이야기가 실려 있다.

## 장안의 숭의리에서 비에 길이 막히다 崇義里滯雨

| | |
|---|---|
| 落漠誰家子 | 처량하고 쓸쓸한 그는 뉘 집 자손인가? |
| 來感長安秋 | 장안의 가을 느끼며 탄식하고 있다. |
| 壯年抱羈恨 | 젊은 나이에 떠도는 신하의 한을 품고 |
| 夢泣生白頭 | 꿈속에도 눈물 흘리다 흰머리 생겼다. |
| 瘦馬秣敗草 | 야윈 말에게 시든 풀 먹이고 |
| 雨沫飄寒溝 | 빗방울처럼 차가운 도랑에 거품 되어 떠다닌다. |
| 南宮古簾暗 | 남쪽 궁궐1)에는 낡은 주렴 어둑하고 |
| 濕景傳籤籌 | 젖은 풍경 속으로 시간을 알리는 막대기 소리 들려온다. |
| 家山遠千里 | 고향은 천리 먼 곳에 있고2) |
| 雲脚天東頭 | 구름은 하늘 동쪽에 걸려 있다. |
| 憂眠枕劍匣 | 시름에 잠겨 칼집 베고 잠들면 |

| 객장몽봉후 |   |
|---|---|
| 客帳夢封侯 | 여관의 꿈속에서 제후에 봉해진다.3) |

---

1) 왕기의 주석에 인용된 『옹록雍錄』에 따르면, 상서성尚書省은 주작문朱雀門 북쪽 거리에 있는데, 육부六部가 그 곁에 붙어 있었다. 또 예부禮部는 상서성에 부속되어 있었는데, 상서성 앞에 따로 예부가 하나 더 있었다고 한다. 혹은 상서성의 육부가 모두 상서성의 남쪽에 있다 해서 예부랑禮部郎을 남궁사인南宮舍人이라 부르기도 했다. 그러나 당나라 때에는 일반적으로 상서성을 '남쪽 궁궐[南宮]'이라 불렀다. 이 구절은 과거시험에서 인재를 선발하는 관리들의 무능함을 은유하고 있다.
2) 이하의 집은 하남河南 복창현福昌縣에 있었는데, 이곳은 장안에서 동쪽으로 8백 리 남짓 떨어져 있다. 다음 구절의 구름은 이하 자신을 암시한다.
3) 『후한서·반초전班超傳』에 따르면, 반고班固가 교서랑校書郎에 임명되자 반초는 모친과 함께 낙양으로 왔는데 생활이 궁핍해서 관청의 문서를 써주면서 생계를 유지했다. 어느 날 그는 붓을 내던지며, "대장부가 (중략) 이역異域에 나가 공을 세우고 제후에 봉해져야 마땅하거늘, 어찌 오래도록 글 쓰는 일에 매달릴 수 있겠는가!"라고 탄식했다고 한다.


# 풍소련 馮小憐1)

| 만두견소련 |   |
|---|---|
| 灣頭見小憐 | 물굽이에서 소련을 만나 |
| 청상비파현 |   |
| 請上琵琶絃 | 비파 한 곡 연주해 달라고 청했지. |
| 파득춘풍한 |   |
| 破得春風恨 | 봄바람2)의 한을 깨쳐버리니 |
| 금조치기전 |   |
| 今朝值幾錢 | 지금 그 연주의 값어치는 얼마나 될까? |
| 군수죽엽대 |   |
| 裙垂竹葉帶 | 치마 위로 댓잎 모양 허리띠 매고 |
| 빈습행화연 |   |
| 鬢濕杏花烟 | 젖은 귀밑머리에 살구꽃 향기 서렸다. |

| 옥랭홍사중 | |
|---|---|
| 玉冷紅絲重 | 옥 손잡이 차갑고 붉은 채찍 무겁기만 한데 |
| 제궁첩가편 | |
| 齊宮妾駕鞭 | 제나라 궁녀들은 말을 몰고 갔지.[3] |

1) 『북사北史·풍숙비전馮淑妃傳』에 따르면, 풍숙비는 이름이 소련小憐이며 원래 대목후大穆后의 시녀였다고 한다. 나중에 대목후에 대한 황제의 애정이 식자 그녀를 바치면서 속명續命이라고 불렀는데, 그녀는 총명하고 비파를 잘 타며, 노래와 춤에도 뛰어났다고 한다. 후주後主(고위高緯)가 그녀에게 빠져 항상 한자리에 같이 앉고, 외출할 때에도 나란히 말을 타면서 살아서도 죽어서도 함께하기를 바랐다고 한다. 한편 예총치의 주석에 인용된 유우석劉禹錫의 「태낭가인泰娘歌引」에 따르면, 태낭은 상서尙書 위하경韋夏卿이 오군吳郡에서 얻은 첩인데, 비파와 가무를 가르쳐 능통하게 되었다고 한다. 나중에 위하경이 동경東京에서 죽자 태낭은 민간에 나가 살게 되었다고 한다. 이를 근거로 예총치는 이 작품이 이하가 우연히 태낭을 만나본 후에 지은 것이 아닐까 추측하고 있다.
2) 본문의 '춘풍春風'을 '동풍東風'으로 쓴 판본도 있다.
3) 본문의 '첩가편妾駕鞭'을 '가첩편駕妾鞭'으로 쓴 판본도 있다.

## 진상[1]에게 贈陳商

| 장안유남아 | |
|---|---|
| 長安有男兒 | 장안에 한 사내 있는데 |
| 이십심이후 | |
| 二十心已朽 | 나이 스물에 이미 마음이 썩어버렸다네. |
| 능가퇴안전 | |
| 楞伽堆案前 | 책상 앞에는 『능가경楞伽經』이 쌓여 있고 |
| 초사계주후 | |
| 楚辭繫肘後 | 팔꿈치 뒤에는 『초사楚辭』가 매달려 있지. |
| 인생유궁졸 | |
| 人生有窮拙 | 사람으로 태어나 삶이 궁핍하고 옹졸하니 |

| 일 모 료 음 주 |  |
|---|---|
| 日暮聊飮酒 | 해 저물면 그저 술이나 마시지. |
| 지 금 도 이 색 |  |
| 祇今道已塞 | 지금은 길이 이미 막혀버렸는데 |
| 하 필 수 백 수 |  |
| 何必須白首 | 굳이 머리가 희어지도록 걸어본들 무엇하리? |
| 처 처 진 술 성 |  |
| 淒淒陳述聖 | 쓸쓸하도다, 진상이여! |
| 피 갈 서 조 두 |  |
| 披褐鉏俎豆 | 베옷 열어젖히고 옛날의 제사 의례를 공부했다지.[2] |
| 학 위 요 순 문 |  |
| 學爲堯舜文 | 공부한 것은 요·순의 문장인데 |
| 시 인 책 쇠 우 |  |
| 時人責衰偶 | 당시 사람들은 배우排偶만 놓고 트집을 잡았지.[3] |
| 시 문 거 철 동 |  |
| 柴門車轍凍 | 사립문엔 수레바퀴 자국이 얼어붙었고 |
| 일 하 유 영 수 |  |
| 日下楡影瘦 | 해질녘 느릅나무 그림자가 가냘프구나. |
| 황 혼 방 아 래 |  |
| 黃昏訪我來 | 황혼에 나를 찾아왔는데 |
| 고 절 청 양 추 |  |
| 苦節靑陽皺 | 힘겹게 절개 지키다 젊은 나이에 주름이 가득했지. |
| 태 화 오 천 인 |  |
| 太華五千仞 | 태화산太華山[4] 오천 길 봉우리는 |
| 벽 지 추 삼 수 |  |
| 劈地抽森秀 | 대지를 쪼개고 큰 나무처럼 치솟아 있는데 |
| 방 고 무 촌 심 |  |
| 旁苦無寸尋 | 조금도 평탄한 곳 없이 험준하게[5] |
| 일 상 알 우 두 |  |
| 一上戞牛斗 | 곧장 치솟아 하늘의 별자리를 찌른다. |
| 공 경 종 불 련 |  |
| 公卿縱不憐 | 높은 벼슬아치들이 불쌍히 여겨주지 않는다 해도[6] |
| 영 능 쇄 오 구 |  |
| 寧能鎖吾口 | 어찌 내 입을 막을 수 있으랴! |
| 이 생 사 태 화 |  |
| 李生師太華 | 나도 태화산 같은 그대의 품격 스승으로 삼아 |
| 대 좌 간 백 주 |  |
| 大坐看白晝 | 편안히 앉아 날이 지나는 모습 구경하려오. |

| 봉상작박속 | |
|---|---|
| 逢霜作樸樕 | 서리 만나면 덤불이 되고 |
| 득기위춘류 | |
| 得氣爲春柳 | 기운 얻으면 봄버들 되리니. |
| 예절내상거 | |
| 禮節乃相去 | 세속의 예절은 내게서 떠나가버려[7] |
| 초췌여추구 | |
| 顦顇如芻狗 | 몰골도 추구芻狗[8]마냥 초췌할 따름. |
| 풍설직재단 | |
| 風雪直齋壇 | 눈보라 치면 제단을 지키면서 |
| 묵조관동수 | |
| 墨組貫銅綬 | 검은 실에 동수銅綬[9]를 꿰차고 있다오. |
| 신첩기태간 | |
| 臣妾氣態間 | 비천한 사람들의 기세등등한 행동 속에서[10] |
| 유욕승기추 | |
| 唯欲承箕帚 | 그저 청소하는 일이나 도와야지. |
| 천안하시개 | |
| 天眼何時開 | 하늘의 눈은 언제나 뜨이려나? |
| 고검용일후 | |
| 古劍庸一吼 | 낡은 검은 부질없이 울고 있구나.[11] |

---

1) 오정자의 주석에 따르면, 진상陳商은 자가 술성述聖이고, 진陳나라 선제宣帝의 후손인 산기상시散騎常侍 진이陳彝의 아들이다. 진사과進士科에 합격하여 관직에 올라 비서감秘書監을 지냈고, 허창현許昌縣의 현남縣南으로 봉해졌다. 『당서唐書·예문지藝文志』에 문집 17권을 남겼다는 기록이 있다. 주자청朱自淸의 『이하연보李賀年譜』에 따르면, 이 작품은 원화 6년(811) 겨울, 이하가 22세 때에 쓴 것이라고 했다.
2) 본문의 '서조두俎豆'에 대해서 예총치는 '서鉏'가 '조俎'를 잘못 쓴 것이라고 했는데, 그럴 경우 해석이 이상해진다.
3) 한유韓愈는 「답진상서答陳商書」에서, "언어의 뜻이 높고 심원하여, 서너 번을 읽어도 뜻을 완전히 깨달을 수 없다(…語高而旨深, 三四讀尙不能通達)"고 했다. 그러므로 이 구절에서 '쇠우衰偶'는 '쇠약배우衰弱排偶'의 뜻임을 알 수 있다.
4) 태화산은 원래 『산해경·서산경西山經』에 나오는 전설 속의 산이다. 이 산은 사방이 네모꼴로 깎아지른 듯이 솟아 있고, 높이가 5천 길에 너비가 10리나 된다. 이곳에는 새나 다른 짐승들이 살지 못하는데, 오직 비유肥蟲라고 하는 뱀만이 살고 있다. 이 뱀은 6개의 발과 4개의 날개를 갖고 있는데, 이것이 나타나면 온 세상에

큰 가뭄이 든다고 한다. 여기서는 산서山西 땅의 화산華山을 가리킨다.
5) 본문의 '방고旁苦'를 '방고旁古'로 쓴 판본도 있다. 이 구절은 주위에 평탄한 땅이 조금도 없이 외롭고 쓸쓸하게 높이 치솟은 태화산을 빌려 진상의 상황을 비유한 것이다.
6) 본문의 '불련不憐'을 '불언不言'으로 쓴 판본도 있다.
7) 예총치의 주석에 따르면, 본문의 '거去'는 '겁劫'으로 풀어야 할 듯하다고 했다. 이럴 경우 본문은 "예절의 핍박을 받아"라는 정도의 뜻이 될 듯하다. 본 번역에서는 이 구절을 피휘避諱의 관습 때문에 벼슬길에 뜻이 꺾여버린 자신의 처지를 언급한 것으로 풀이했다.
8) 육덕명陸德明의 주석에 따르면, '추구芻狗'는 볏짚을 엮어서 개의 모양을 만든 것으로, '무축巫祝'들이 제사에 사용하는 것이라고 했다.
9) 당나라 때의 봉례랑奉禮郞은 종구품從九品의 관직으로서, 군주와 신하의 판위板位에 대한 제사를 관장하고, 제기祭器를 진열하며, 절을 올리는 절차를 인도했기 때문에, 인수印綬를 찰 수도 없었다. 그러므로 이 구절은 한漢나라 때의 의제儀制를 빌려 자신이 관직에 있음을 묘사한 것일 따름이다.
10) 공안국孔安國에 따르면, 천민 가운데 남자는 자신을 일컬어 '신臣'이라 하고 여자는 '첩妾'이라 했다 한다. 또한 정현鄭玄의 『주례周禮』 주석에서도 '신첩臣妾'은 가난하고 신분이 낮은 남녀를 가리킨다고 했다. 여기에서는 아마도 당나라 중엽 이후로 환관들이 득세하여 제사를 관장하는 봉례랑의 일에까지 간섭하는 상황을 암시한 것으로 여겨진다.
11) 『태평어람·세설世說』에는 어떤 사람이 전국시대 사람인 왕자교王子喬의 묘를 도굴하려 했는데, 무덤 안에 아무것도 보이지 않고 그저 허공에 검 한 자루가 떠 있기에, 잡으려 했더니 검이 큰 소리로 울어 잡지 못했는데, 갑자기 하늘로 치솟아 올라가 버렸다. 옛 사람들은 이 검이 바로 왕자교의 화신이라고 생각했다.

## 낚시 釣魚詩

| 秋水釣紅渠 | 붉은 단풍 비치는 가을 물에 낚시 드리우고
| 仙人待素書 | 선인仙人은 흰 책을 기다리네.[1]

| 능사영독견<br>菱絲縈獨繭 | 마름 풀을 독견사獨繭絲[2]에 묶었으니 |
| 고미칩쌍어<br>菰米蟄雙魚 | 줄풀 아래 숨은 한 쌍의 물고기 잡으려는 것이지. |
| 사죽수청소<br>斜竹垂淸沼 | 맑은 못[3]에 낚싯대 비스듬히 드리우니 |
| 장륜관벽허<br>長綸貫碧虛 | 긴 줄은 푸른 허공 담은 물을 꿰뚫었네. |
| 이현춘석척<br>餌懸春蜥蜴 | 미끼로는 봄날의 도마뱀 달았고 |
| 구추소섬여<br>鉤墜小蟾蜍 | 바늘에 작은 두꺼비를 끼웠네. |
| 첨자정무한<br>詹子情無限 | 첨하詹何의 정서는 끝이 없었지만 |
| 용양한유여<br>龍陽恨有餘 | 용양군龍陽君의 회한은 넘쳐났네.[4] |
| 위간연포상<br>爲看煙浦上 | 보라, 안개 낀 포구에 |
| 초녀루첨거<br>楚女淚沾裾 | 초楚 땅 여인네 눈물로 치마 적시는구나.[5] |

---

1) 『열선전列仙傳』에 따르면, 질향銍鄉의 능양자명陵陽子明은 낚시를 좋아했다. 어느 날 그는 소용돌이에서 백룡을 낚았는데, 겁이 나서 용에게 절을 하고 풀어주었다. 그로부터 얼마 후에 흰 물고기 한 마리를 잡았는데, 물고기 뱃속에서 책을 한 권 얻었다. 그는 그 책에 적힌 복식服食의 방법에 따라 황산黃山에 올라가 여러 광물을 채취하여 끓여 먹었다고 한다.

2) 『열자列子·탕문湯問』에 초나라의 첨하詹何가 독견사로 낚싯줄을 삼고, 바늘을 구부려 낚싯바늘로 삼고, 가시나무 줄기로 낚싯대를 삼고, 쪼갠 곡식알로 미끼를 삼아 백 길이나 되는 연못의 소용돌이 속에서 수레에 가득 물고기를 잡았지만, 낚싯줄도 끊어지지 않고, 낚싯바늘도 펴지지 않았으며, 낚싯대도 구부러지지 않았다는 이야기가 실려 있다.

3) 본문의 '청소淸沼'를 '청수靑沼'로 쓴 판본도 있다

4) 『전국책』에 따르면, 용양군이 위魏나라 왕과 함께 배를 타고 낚시를 하다가, 물고기 십여 마리를 잡고 눈물을 흘렸다. 왕이 그 이유를 묻자 그는 이렇게 대답했다. "제가 처음 물고기를 잡았을 때에는 매우 즐거웠고, 그 뒤에 더 잡으니 즐거움이

더욱 커졌습니다. 하지만 이제 저는 제 앞에 잡힌 물고기들을 모두 버릴까 합니다. (중략) 이제 제 벼슬은 군주君主 자리에 이르렀지만 마당에서 저를 보면 사람들이 바쁜 걸음으로 내달리고, 길에서 만난 사람들은 저를 피합니다. 천하에 미인도 많겠지만, 제가 왕께 사랑을 얻었다는 얘기를 들으면 모두 치마를 걷어붙이고 내달려 왕을 뒤쫓을 것입니다. 저도 예전에 제가 잡은 물고기와 같은 신세가 되어 장차 버림을 받을 것이니, 어찌 눈물이 나오지 않을 수 있겠습니까?"

5) 때를 놓쳐서 짝을 만나지 못하고 눈물로 치마를 적시는 여인을 통해 낚시에서 물고기를 잡지 못한 사람, 혹은 뜻을 이루지 못한 선비의 모습을 비유하고 있다.

## 관직을 마치고 연주<sup>1)</sup>로 돌아오는 둘째 형에게
### 奉和二兄罷使遣馬歸延州
봉화이형파사견마귀연주

空留三尺劍 　허공에 세 자 검을 남겨두고
공류삼척검

不用一丸泥 　한 덩이 진흙<sup>2)</sup> 쓰지 못했군요.
불용일환니

馬向沙場去 　말은 변방의 모래밭으로 떠나고
마향사장거

人歸故國來 　사람은 고향으로 돌아오는군요.
인귀고국래

笛愁翻隴水 　피리는 시름겨워 「농두유수곡隴頭流水曲」<sup>3)</sup>을 흘리고
적수번롱수

酒喜瀝春灰 　술은 기쁘게도 봄날 석회에 걸러집니다.<sup>4)</sup>
주희력춘회

錦帶休驚雁 　비단 허리띠 차고 기러기 놀라게 하지 말고<sup>5)</sup>
금대휴경안

羅衣尙鬪雞 　비단옷 입고 닭싸움이나 구경 갑시다.
나의상투계

還吳已渺渺 　오吳 땅으로 돌아오는 길 이미 아득해졌으니<sup>6)</sup>
환오이묘묘

入郢莫淒淒 　영郢으로 들어선 걸 처량하다 여기지 마십시오.<sup>7)</sup>
입영막처처

| 자시도리수 |  |
|---|---|
| 自是桃李樹 | 스스로 복숭아나무이자 살구나무이니 |

하환불성혜
何患不成蹊　오솔길 만들어지지 않을까[8] 어찌 걱정하십니까?

---

1) 당나라 때의 연주延州는 관내도關內道에 속했으며, 장안에서 동북쪽으로 630리 정도 떨어진 곳에 있었다. 이곳은 지금의 산시성陝西省 이앤안시延安市에 해당한다.
2) 『후한서 · 외효공손술열전隗囂公孫述列傳』에는 왕원王元이 외효隗囂에게 진흙 한 덩이로 함곡관函谷關을 막겠다고 말한 내용이 기록되어 있다.
3) 「농두음隴頭吟」이라고도 부른다. 『문헌통고』에 따르면, 그것은 18개의 『고각횡취곡鼓角橫吹曲』 가운데 하나로 「농두수隴頭水」라고도 부른다고 했다.
4) 옛날에는 술이 익기 시작하면 석회를 조금 섞어 넣어서 불순물을 제거하여 전체적인 술 색깔을 맑게 만들었다고 한다.
5) 『전국책』에 따르면, 위魏나라의 경영更嬴이 빈 활을 쏘아 기러기를 떨어뜨리자, 왕이 그 솜씨에 감탄했다. 그러자 경영은 이렇게 설명했다. "이놈은 병든 놈이라, 느리게 날면서 슬피 울더군요. 느리게 난 것은 다친 상처가 있기 때문이고, 슬피 운 것은 무리를 잃었기 때문입니다. 상처의 아픔이 없어지지 않았기 때문에 놀란 마음이 없어지지 않았다가, 활시위가 튕겨지는 소리를 듣고 갑자기 높이 날려다가 상처가 아파서 떨어진 것입니다."
6) 관직을 마치고 고향으로 돌아오는 것을 비유한다.
7) 굴원屈原의 「애영哀郢」은 옛 도읍으로 돌아갈 것을 그리며 쓴 작품이라고 한다. 그러므로 여기서 '영으로 들어간다'는 것은 다시 벼슬길에 올라 황궁으로 들어간다는 뜻을 암시하고 있는 듯하다.
8) 마지막 두 구절은 둘째 형의 재능이 뛰어나니 장차 벼슬길이 저절로 열릴 것이라는 위로의 의미를 담고 있다. 본문의 '하환何患'을 '하외何畏'로 쓴 판본도 있다.

## 화답 答贈

| 본시장공자 |  |
|---|---|
| 本是張公子 | 한 사람은 본래 장방張放 같은 귀공자[1]요 |

| 증명악록화 | |
|---|---|
| 曾名萼綠華 | 또 한 사람은 일찍이 악록화萼綠華 같은 선녀[2]로 불렸다네. |
| 침향훈소상 | |
| 沉香熏小像 | 작은 코끼리 모양 향로[3]에선 침향沈香이 타고 |
| 양류반제아 | |
| 楊柳伴啼鴉 | 버들가지에는 우는 까마귀 함께 있네.[4] |
| 노중금니랭 | |
| 露重金泥冷 | 이슬에 흠뻑 젖어 금물 장식한 옷 싸늘하고 |
| 배란옥수사 | |
| 杯闌玉樹斜 | 술이 얼큰하여 옥수玉樹 같은 몸은 기우뚱. |
| 금당고주객 | |
| 琴堂沽酒客 | 금대琴臺[5]에서 술 파는 나그네 |
| 신매후원화 | |
| 新買後園花 | 뒤뜰의 꽃[6]을 새로 샀다네. |

---

1) 한나라 성제成帝 때에, "제비들은 꼬리 줄지어 날며, 장공자와 때때로 만난다네.(燕燕尾涎涎, 張公子, 時相見)"라는 동요가 유행했는데, 여기서 '제비들'은 조비연趙飛燕을 암시하고 '장공자'는 성제가 아끼던 신하인 부평후富平侯 장방을 의미한다. 여기서는 장방과 같은 귀공자를 비유하고 있다.

2) 『진고眞誥』에 따르면, 악록화라는 스무 살 전후의 여자는 스스로 남산南山에서 왔다고 했는데, 그곳이 어디 있는 어느 산인지는 알 수 없다. 그녀는 푸른 옷을 입고 얼굴이 무척 아름다웠는데, 동진東晉 목제穆帝의 승평升平 3년(359) 11월 11일 밤에 처음 양권羊權의 집에 찾아왔다가, 이후로도 한 달에 서너 차례씩 들르곤 했다. 그녀는 본래 성이 양楊씨라고 하면서, 양권에게 시 1편과 화완포火浣布로 만든 수건 1장, 금과 옥으로 만든 팔찌 하나를 주었다고 한다. 여기서는 귀공자가 새로 얻은 첩을 비유하고 있다.

3) 본문의 '소상小像'은 '소상小象'으로 써야 옳을 듯하다. 오정자의 주석에서도 '소상'은 향을 피우는 도구[香器]라고 했다.

4) 옛 악부시에, "잠시 백문 앞으로 나가니, 버들가지는 까마귀 숨기기 좋아라. 내 기꺼이 침수향이 될 테니, 그대는 박산의 향로가 되어주오.(暫出白門前, 楊柳可藏烏. 歡作沈水香, 儂作博山爐)"라는 구절이 있으니, 서로 헤어지기 어려운 연인 사이를 노래한 것이다.

5) 본문의 '금당琴堂'은 사마상여司馬相如의 옛 집인 '금대'를 가리킨다. 또한 사마상여는 임공臨邛에서 술장사를 한 적이 있기 때문에, 이런 식으로 표현한 것이다.

6) 『당서·예악지禮樂志』에 따르면, 진陳나라 후주後主(진숙실陳叔寶)가 아름다운 비빈

妃嬪을 노래한「옥수후정화玉樹後庭花」를 지었다고 했는데, 여기서는 아름다운 첩을 가리킨다. 한편, 앞 구절의 사마상여와 연관시켜 생각하면, '뒤뜰의 꽃'은 탁문군卓文君 같은 부귀한 집안의 딸을 암시한다고 하겠다.

## 조선비 집의 벽에 쓰다 題趙生壁
<sub>제 조 생 벽</sub>

| | |
|---|---|
| 大婦然竹根 <sub>대부연죽근</sub> | 첫째 며느리는 대나무 뿌리 태우고 |
| 中婦舂玉屑 <sub>중부용옥설</sub> | 둘째 며느리는 옥가루 같은 쌀 찧는다.[1] |
| 冬暖拾松枝 <sub>동난습송지</sub> | 따뜻한 겨울날 솔가지 주우러 가면 |
| 日煙生蒙滅 <sub>일연생몽멸</sub> | 온 산에 안개가 가물가물. |
| 木蘚靑桐老 <sub>목선청동로</sub> | 늙은 벽오동엔 이끼가 가득하고 |
| 石泉水聲發 <sub>석천수성발</sub> | 돌우물[2]에선 물소리 들려온다. |
| 曝背臥東亭 <sub>폭배와동정</sub> | 동쪽 정자에 웃통 벗고 누우니 |
| 桃花滿肌骨 <sub>도화만기골</sub> | 온 몸 가득 복사꽃 떨어진다. |

---

1) 처음 두 구절은 옛 악부의 「고상봉곡古相逢曲」의 구법句法을 흉내낸 것인데, 그 노래는 다음과 같다. "큰며느리는 꽃무늬 비단 짜고, 둘째 며느리는 연노란 천을 짜는데, 막내며느리는 하는 일 없이, 큰 거문고 끼고 높은 당堂에 오르네.(大婦織綺羅, 中婦織流黃, 小婦無所爲, 挾瑟上高堂.)"
2) 본문의 '석천石泉'을 '석정石井'으로 쓴 판본도 있다.

## 봄날의 감회 感春

| 日暖自蕭條 | 햇살 따뜻하니 절로 쓸쓸해져 |
| 花悲北郭騷 | 꽃들은 가난한 북곽소北郭騷[1]를 슬퍼한다. |
| 楡穿萊子眼 | 느릅나무는 작은 동전 같은 싹[2]을 틔우고 |
| 柳斷舞兒腰 | 끊어질 듯 버들가지는 춤추는 미녀의 허리 같다. |
| 上幕迎神燕 | 장막 치고 신령한 제비[3] 맞이하고 |
| 飛絲送百勞 | 아지랑이 날릴 때까치[4] 전송한다. |
| 胡琴今日恨 | 호금胡琴[5]도 오늘은 한이 맺혀서 |
| 急語向檀槽 | 급히 소리내어 단향나무 통을 울린다. |

1) 『여씨춘추』에는 그물을 짜고, 갈대를 베고, 짚신을 짜면서 어머니를 봉양했다는 제齊나라의 북곽소北郭騷에 대한 이야기가 실려 있는데, 훗날 시인들은 흔히 가난 속에서 어렵게 효성을 다하는 사람을 대표하는 뜻으로 그를 거론했다.
2) 오정자의 주석에 따르면, 본문의 '내자萊子'는 '내자來子'로 써야 옳다고 했다. 육조 송宋나라의 폐제廢帝(유자업劉子業) 경화景和 1년(465)에 '경화景和'라는 글자가 새겨진 두 종류의 작은 동전[銖錢]을 주조했는데, 크기가 작고 윤곽선이 없으며 갈아 다듬어 구멍을 뚫지 않은 것을 일컬어 '내자'라 했고, 그보다 더 가볍고 얇은 것을 '행엽荇葉'이라 했다고 한다.
3) 『예기·월령月令』의 주석에 따르면, 고신씨高辛氏의 시절에 제비가 알을 낳았는데, 융간娀簡이 그걸 삼키고 설契을 낳았다. 나중에 왕이 제비를 매관媒官으로 삼아 상서로운 새로 취급하고 그 사당을 지었으며, '매媒'를 '매禖'로 바꾸어 신으로 섬겼다고 한다. 이에 따라 옛날에는 제비를 아들을 낳게 해주는 징후로 여겨서, 제

비가 올 때면 제사[禳祭]를 지냈다고 한다.
4) 본문의 '백로百勞'는 '백로伯勞', 즉 때까치[鵙]를 가리킨다. 조식曹植의 「악조론惡鳥論」에 따르면, 옛날 윤길보尹吉甫가 후처의 참언을 믿고 효자 백기伯奇를 죽여버리고, 나중에 후회했다. 어느 날 그는 들로 사냥을 나갔다가 뽕나무 위에서 이상한 새가 울고 있는 것을 발견하고, 그 새가 아들 백기의 영혼이 변한 것이라고 생각했다. 그래서 "백기야 힘들겠구나[伯勞乎]! 네가 내 아들이면 내 가마에 앉고, 내 아들이 아니면 날아가버려라."하고 말했더니, 말이 끝나기도 전에 새가 수레 덮개에 날아와 앉았다. 성으로 돌아오자 그 새는 우물 난간에 앉아 윤길보의 방을 쳐다보며 울었다. 윤길보는 후처를 활로 쏴 죽여서, 아들의 영혼에게 사죄했다. 이 때문에 민간에서는 때까치가 울면 집안에 흉한 일이 생긴다며 싫어했다고 한다.
5) 왕기의 주석에 따르면, 여기서 말하는 '호금'은 활로 줄을 켜서 소리를 내는 오늘날의 '호금'과는 달리, 손가락으로 줄을 퉁겨 소리를 내는 줄이 다섯 개 있는 비파 모양의 악기이다.

## 신선 仙人

彈琴石壁上 　바위 절벽 위에서 거문고 타며
翻翻一仙人 　훨훨[1] 나는 신선 하나.
手持白鸞尾 　손에는 하얀 난새[2]의 꼬리털을 쥐고
夜掃南山雲 　밤중에 종남산의 구름을 쓰네.
鹿飮寒澗下 　사슴은 차가운 개울물 마시고
魚歸淸海濱 　물고기는 맑은 바다로 돌아가지.
當時漢武帝 　옛날 한나라 무제武帝 때에는
書報桃花春 　편지로 서왕모의 복숭아꽃[3] 피었다고 알려주었지.

1) 본문의 '번번翻翻'을 '편편翩翩'으로 쓴 판본도 있는데, 뜻은 같다. 왕기의 주석에는 원화 연간에 방사方士 무리들이 다투어 황제께 나아가니, 황제가 그들을 궁중으로 불러들였다는 요경삼姚經三의 말이 언급되어 있다. 이하의 이 작품 역시 이른바 '종남첩경終南捷徑'의 기풍에 따라 거짓으로 은사隱士 노릇을 하며 황제가 불러줄 날만 기다리고 있는 이들을 풍자한 것이라 하겠다.
2) 예총치의 주석에 인용된 『금경주禽經註』에 따르면, 난새는 봉황의 일종으로, 태어날 때에는 봉황과 비슷하나 자라면서 깃털 색깔이 변하기 때문에 '변變'자의 일부를 따서 이름을 붙였다고 했다. 옛날에는 난새를 상서로운 징조로 여겼는데, 깃털 색깔에 푸른색이 많으면 푸른 난새[靑鸞]라 하고, 흰색이 많으면 하얀 난새[白鸞]라 했다고 한다.
3) 이에 대해서는 「호탕하게 노래하다」의 주석 2)를 참조하기 바란다.

## 하양성[1]의 노래 河陽歌

| | |
|---|---|
| 染羅衣 (염라의) | 비단옷 염색하는데 |
| 秋藍難着色 (추람난착색) | 가을 하늘 쪽빛은 물들이기 힘들구나. |
| 不是無心人 (불시무심인) | 무정한 사람이어서가 아니라 |
| 爲作臺邛客 (위작대공객) | 임공臨邛의 나그네[2] 신세이기 때문이지. |
| 花燒中潬城 (화소중단성) | 중단성中潬城[3]엔 타는 듯 꽃이 활짝 피었지만 |
| 顔郞身已老 (안랑신이로) | 안사顔駟[4]는 이미 늙은 몸이 되었다네. |
| 惜許兩少年 (석허량소년) | 안타깝구나[5] 두 젊은이여! |
| 抽心似春草 (추심사춘초) | 사랑의 마음 봄날 풀처럼 돋아나네. |
| 今日見銀牌 (금일견은패) | 오늘 은패銀牌[6] 찬 그대 만났으니 |

| 금야명옥연<br>今夜鳴玉讌 | 오늘밤은 옥패玉佩 두드리며 술시중 들어주오.[7] |
| 우두고일척<br>牛頭高一尺 | 높이가 한 자나 되는 쇠머리 술잔[8]을 |
| 격좌응상견<br>隔坐應相見 | 사이에 두고 앉아 서로 바라봐야지. |
| 월종동방래<br>月從東方來 | 달은 동쪽에서 떠오르고 |
| 주종동방전<br>酒從東方轉 | 술잔은 동쪽에서 전해지네. |
| 광선어구홍<br>觥船飫口紅 | 뿔 술잔은 배처럼 붉은 입술에 술을 가득 붓고 |
| 밀거천지란<br>蜜炬千枝爛 | 수없이 많은 촛불 밤새 녹았네. |

---

1) 하양성河陽城에 대해서는 「공주의 나들이」에 대한 주석 3)을 참조하기 바란다.
2) 이것은 사마상여의 일화와 관련된 것인데, 자세한 내용은 「회포를 노래함·하나」의 주석 1)을 참조하기 바란다.
3) 왕기의 주석에 인용된 『박택편泊宅編』에 따르면, 하양 땅에는 세 개의 성이 있는데, 가운데 있는 것이 '중단성'이다. 황하의 두 물줄기가 세 성 사이를 관통하는데, 가을에 물이 불어 넘칠 때면 남북의 두 성이 모두 물난리를 겪지만 '중단성'만은 아무 탈이 없었다고 한다. 이 때문에 이 성이 세워진 섬[潬]이 강물의 높낮이에 따라 오르락내리락하면서 일정한 높이를 유지한다는 이야기가 퍼지기도 했다.
4) 『한무고사』에 따르면, 안사는 문제(文帝 : 기원전 179~기원전 157 재위) 때에 숙위宿衛를 맡은 벼슬인 낭郎이 되었는데, 무제(武帝 : 기원전 140~기원전 87 재위)가 그가 근무하는 부서에 들렀다가 안사의 눈썹이 짙고 머리가 하얀 것을 보고 이렇게 물었다. "영감은 언제 낭이 되었기에 그렇게 늙었는가?" 그러자 안사가 이렇게 대답했다. "저는 문제 때에 낭이 되었는데 문제께서 문文을 좋아하셨지만 저는 무武를 좋아했습니다. 그 뒤를 이은 경제景帝께서는 아름다운 것을 좋아하셨지만 저는 용모가 못생겼습니다. 이제 폐하께서 즉위하셔서 젊은이들을 좋아하시는데, 저는 이미 늙었습니다. 이렇게 세 황제를 거치면서도 저를 알아주는 황제를 만나지 못했기 때문에, 이렇게 말단 관직에서 늦게 된 것입니다."
5) 본문의 '석허惜許'를 '석허昔許'로 쓴 판본도 있다. 후자는 '먼 옛날' 혹은 '옛적에 마음을 허락하다'는 뜻이 되겠으나, 이럴 경우 전체적으로 문맥이 자연스럽지 못하다.
6) 증익의 주석에 따르면, 당나라의 관기官妓들은 은패에 이름을 새겨서 허리에 착용

했다고 한다.
7) 『국어』에 수록된 「왕손어가 나라의 보물을 논하다(王孫圉論國之寶)」에 따르면, 왕손어가 진晉나라에 초빙되어 가자 정공定公이 그를 위해 잔치를 베풀었는데, 조간자趙簡子(조앙趙鞅)가 옥패를 두드리며 술자리를 보좌했다고 한다.
8) 본문의 '우두牛頭'는 쇠머리 모양의 술잔으로, 옛날에는 '희준犧尊'이라고 불렀다.

## 꽃놀이 노래 — 서문과 함께 花游曲 幷序[1]

寒食日, 諸王妓游, 賀入座, 因採梁簡文詩調賦花游曲, 與妓彈唱.
<sub>한식일  제왕기유  하입좌  인채량간문시조부화유곡  여기탄창</sub>

한식날에 여러 왕들이 기녀를 데리고 놀러갈 때 나도 자리에 끼었는데, 양梁나라 간문제簡文帝가 지은 시의 가락을 따서 「꽃놀이 노래」를 짓고, 기녀들과 함께 악기를 연주하며 노래했다.

春柳南陌態  봄버들은 남쪽 두렁에서 자태 뽐내고
冷花寒露恣  싸늘한 꽃은 찬 이슬 속에서 아름답게 피었구나.[2]
今朝醉城外  오늘 아침은 성 밖에서 취해
拂鏡濃掃眉  거울 닦아 짙은 눈썹을 빗네.
煙濕愁車重  축축한 안개비가 수레에 무겁게 젖어들어
紅油覆畫衣  고운 옷 위에 붉은 비옷[3]을 덮었네.
舞裙香不暖  무희舞姬의 치맛자락에서 풍기는 향기 따뜻해지지 않고
酒色上來遲  얼굴에 술기운도 천천히 올라오네.

---

1) 여기서는 꽃구경이 아니라 기녀를 데리고 놀러가는 것을 의미한다.

2) 본문의 '자츤'는 '자姿'의 뜻으로 풀이하는 것이 더 타당해 보인다.
3) 본문의 '홍유紅油'는 기름을 먹인 붉은 종이로 만든 비옷의 일종으로, 망토처럼 어깨에 걸치는 것을 가리킨다.

## ✕ 봄날의 낮 春晝

| | |
|---|---|
| 주성보춘경루전<br>朱城報春更漏轉 | 황성皇城의 봄을 알리며 물시계 돌아가고 |
| 광풍최란취소전<br>光風催蘭吹小殿 | 햇살 안은 바람1)은 난초꽃 피우라 재촉하며 작은 전각으로 불어오네. |
| 초세감소<br>草細堪梳 | 풀들은 빗질해도 좋을 만큼 가늘고 |
| 유장여선<br>柳長如線 | 버들가지는 실처럼 길게 늘어졌네. |
| 권의진제<br>卷衣秦帝 | 옷을 갠 진시황秦始皇2) |
| 소분조연<br>掃粉趙燕 | 화장한 조비연趙飛燕. |
| 일함화막<br>日含畫幕 | 햇빛은 화려한 장막을 감싸고 |
| 봉상라천<br>蜂上羅薦 | 벌은 비단 깔개로 날아오르네. |
| 평양화오<br>平陽花塢 | 평양공주平陽公主의 꽃동네3) |
| 하양화현<br>河陽花縣 | 반악潘岳의 꽃마을.4) |
| 월부지기<br>越婦搘機 | 월越 땅 아낙 베틀 잡고 있을 때 |
| 오잠작견<br>吳蠶作繭 | 오吳 땅 누에는 실을 잣네. |
| 능정계대<br>菱汀繫帶 | 마름 우거진 모래밭 허리띠처럼 둘러 있고 |

| 하당의선<br>荷塘倚扇 | 연꽃 핀 연못은 부채처럼 기대 있네. |
| 강남유정<br>江南有情 | 강남의 봄 풍경 정겹다지만 |
| 새북무한<br>塞北無限 | 북쪽 변방엔 살풍경 한없이 펼쳐졌다네. |

---

1) 본문의 '광풍光風'은 비가 그치고 해가 뜰 때 부는 바람으로, 풀과 나뭇잎을 반짝이게 하는 것을 가리킨다.
2) 『악부고제요해樂府古題要解』에 따르면, 「진왕권의곡秦王卷衣曲」이라는 노래는 함양咸陽의 봄 풍경과 궁궐의 장엄하고 화려한 모습을 묘사한 것으로, 진시황이 옷을 개서 사랑하는 여인에게 주는 내용이라고 했다.
3) 증익의 주석에 따르면, 한나라 때 평양공주가 꽃으로 마을을 가꿨는데, 사람들이 그 마을을 '꽃동네[花塢]'라 불렀다고 한다.
4) 반악의 꽃마을[花縣]에 대해서는 「가충의 귀한 사위」에 대한 주석 4)를 참조하기 바란다.

## 안락궁 安樂宮[1]

| 심정동오기<br>深井桐烏起 | 깊은 우물가[2] 오동나무에서 까마귀 날아올라 |
| 상부견청수<br>尙復牽淸水 | 다시 맑은 물 길어 올리네. |
| 미관소릉과<br>未盥邵陵瓜 | 아직 동릉과東陵瓜[3] 씻지 않아서 |
| 병중롱장취<br>瓶中弄長翠 | 병 안엔 푸른 물 찰랑거리네. |
| 신성안락궁<br>新成安樂宮 | 새로 지은 안락궁 |
| 궁여봉황시<br>宮如鳳凰翅 | 그 모습 마치 봉황의 날개 같았지. |

| 가회랍판명 | |
| --- | --- |
| 歌廻蠟板鳴 | 노랫소리 퍼지며 납판蠟板[4]이 울릴 때 |
| 좌관제호사 | |
| 左悺提壺使 | 좌관左悺[5]은 제호조提壺鳥[6]를 부렸네. |
| 녹번비수곡 | |
| 綠蘩悲水曲 | 푸른 머위[7]는 물굽이에서 슬피 시들고 있고 |
| 수유별추자 | |
| 茱萸別秋子 | 수유는 가을날 붉게 익은 열매와 헤어지네. |

1) 『태평환우기』에 따르면, 안락궁은 무창현武昌縣에서 서북쪽으로 물길을 따라 240 리 떨어진 곳에 있는데, 오吳나라 손권孫權의 황무黃武 2년(223)에 세운 것이다. 적오赤烏 13년(250)에 무창에 있던 목재와 기와를 가져다 건업建業을 수리하는 바람에 폐허로 변해 버렸다. 『악부고제요해』에 따르면, 「신성안락궁新成安樂宮」이라는 노래에 그 건물과 장식의 아름다움이 자세히 묘사되어 있다고 한다.
2) 본문의 '심정深井'을 '칠정漆井'으로 쓴 판본도 있다.
3) 진秦나라 때에 동릉후東陵侯를 지낸 소평召平은 진나라가 망하자 평민 신분이 되어 장안에서 오이를 가꾸며 어렵게 살았는데, 오이 맛이 훌륭해서 '동릉과'라고 불렸다. 다만 여기서 이하는 '동릉과'나 '소평과召平瓜'라 하지 않고 '소릉과邵陵瓜'라고 표현을 바꿔 썼다.
4) 나무 표면에 밀랍을 발라 매끄럽게 반짝이도록 만든 박판拍板, 즉 두들겨 장단을 맞추는 악기이다.
5) 『후한서』에 따르면, 좌관은 하남河南 평음平陰 사람으로, 환제(桓帝 : 147~167 재위) 초기에 소황문사小黃門史가 되었다가 양기梁冀의 반란군을 무찌른 공로로 중상시中常侍가 되었고, 상채후上蔡侯에 봉해졌다. 그는 당시 같은 날 함께 봉해진 단초單超, 서황徐璜, 구원具瑗, 당형唐衡 등과 함께 '오후五侯'로 칭해졌다. 여기서는 황제의 측근을 대표하는 의미로 언급되었다.
6) '제호提壺', '제호로提壺蘆' 또는 '제호로提胡蘆'라고도 부른다. 송나라 때 왕질王質의 『임천결계林泉結契』에 따르면, 이 새는 익더귀[鷂]를 닮았으나 몸집이 그보다 작고, 몸에 줄무늬가 있으며, 부리는 둥글게 굽어 있는데, 그 소리는 맑고 묵직하여 처음에는 조금 느린 듯하다가 이내 크고 격렬해진다고 했다.
7) 「삼월에 행궁을 지나며」의 주석 1)을 참조하기 바란다.

## 나비 날다 蝴蝶飛[1]

| | |
|---|---|
| 楊花撲帳春雲熱<br><sub>양 화 박 장 춘 운 열</sub> | 버들꽃 장막에 부딪칠 때 봄날 구름[2] 뜨거워지는데 |
| 龜甲屛風醉眼纈<br><sub>귀 갑 병 풍 취 안 힐</sub> | 거북 껍질 장식한 병풍 안에는 현란한 얼룩무늬 옷 입은 여인.[3] |
| 東家蝴蝶西家飛<br><sub>동 가 호 접 서 가 비</sub> | 동쪽 집 나비 서쪽 집으로 나니 |
| 白騎少年今日歸<br><sub>백 기 소 년 금 일 귀</sub> | 백마 탄 젊은이 오늘 돌아오리라. |

---

1) 이 시의 제목을 「나비 춤추다(蝴蝶舞)」로 쓴 판본도 있다.
2) 장막에 비친 버들꽃의 그림자를 암시한다고도 할 수 있다. 이 구절은 따뜻해지는 봄날의 설레는 여인의 마음을 '부딪치다[撲]'는 글자와 '뜨겁다[熱]'라는 글자로 절묘하게 묘사하고 있다. 판본에 따라서는 '열熱'을 '난暖'으로 표기하는 경우도 있다.
3) 본문의 '귀갑병풍龜甲屛風'과 '취안힐醉眼纈'에 대해서는 각각 「골치 아픈 사람」의 주석 29)와 14)를 참조하기 바란다.


## 양나라 공자 梁公子

| | |
|---|---|
| 風采出蕭家<br><sub>풍 채 출 소 가</sub> | 풍채 좋은 몸은 소씨蕭氏 가문에서 태어났지만 |
| 本是菖蒲花<br><sub>본 시 창 포 화</sub> | 본래는 창포꽃이었다네.[1] |
| 南塘蓮子熟<br><sub>남 당 련 자 숙</sub> | 남쪽 연못에 연밥이 익어[2] |

| 洗馬走江沙 | 말 씻기고 강가 모래밭[3]을 달리네. |
| 御牋銀沫冷 | 황제의 편지에 은가루가 싸늘한데[4] |
| 長簟鳳窠斜 | 긴 자리에는 수놓은 봉황 문양[5]이 비스듬하네. |
| 種柳營中暗 | 버드나무 심어 군영軍營 안이 어둑한데[6] |
| 題書賜館娃 | 편지 써서 기녀[7]에게 주네. |

---

1) 양나라 공자가 양나라 황실의 후손임을 암시하고 있다. 『양서梁書』에 따르면, 태조太祖(소순지蕭順之)의 헌황후獻皇后 장씨張氏가 방안에 있다가 정원에 핀 창포꽃을 보았는데, 찬란하게 빛나는 자태가 인간 세상에 있는 것 같지 않았다. 황후가 깜짝 놀라며 시종들에게 그 꽃이 보이냐고 했더니, 모두들 보지 못했다고 대답했다. 그러자 황후는, "저걸 본 사람은 부귀한 신분이 된다더구나."하면서 그 꽃을 따 삼켰는데, 그 달에 고조高祖를 낳았다.
2) 옛 악부 「서주곡西州曲」에 다음과 같은 내용이 있다. "남쪽 연못에 가을이 되어 연밥을 따는데, 연꽃이 사람 머리보다 높네. 머리 숙여 연밥을 가지고 노는데, 연밥은 물처럼 맑네.(採蓮南塘秋, 蓮花過人頭. 低頭弄蓮子, 蓮子淸如水.)" 이 노래는 연蓮과 연憐(또는 戀)의 해음諧音을 통해 가을날의 사랑을 은유적으로 노래한 것이다.
3) 본문의 '강사江沙'를 '강애江涯'로 쓴 판본도 있다.
4) 황제가 종이에 은가루를 입힌 고급 편지지를 사용했음을 나타낸 표현이다.
5) 당나라 때에는 꽃이나 봉황을 주제로 수를 놓는 것이 유행했는데, 비단에 둥근 문양이 하나만 있는 것을 독과릉獨窠綾이라 했고, 두 개 있는 것을 양과릉兩窠綾이라 했다.
6) 『진서』에 따르면, 도간陶侃이 무창武昌 땅에 주둔했을 때, 모든 군영에 버드나무를 심도록 임무를 부여했다고 한다.
7) 양웅揚雄의 『방언方言』에 따르면, 오吳 땅에 관와궁館娃宮이라는 것이 있었는데, 그 지역 사람들은 미녀를 '와娃'라고 불렀다 한다. 여기서는 오 땅의 관와궁과는 직접적인 관련이 없고, 그저 '관官'과 '관館'의 발음이 유사한 점에 착안하여 '관기官妓'를 가리키는 뜻으로 사용되었다.

## 모란을 심다 牡丹種曲

| | |
|---|---|
| 蓮枝未長秦蘅老 | 연꽃 가지 아직 짧은데 진형秦蘅[1]은 늙어서 |
| 走馬馱金齕春草 | 황금 싣고 말 달려 봄풀을 캐네.[2] |
| 水灌香泥却月盆 | 반달 모양 화분[3]에 담긴 향긋한 흙에 물을 주니 |
| 一夜綠房迎白曉 | 밤새 부풀어 오른 꽃봉오리 밝아오는 새벽을 맞네. |
| 美人醉語園中烟 | 미인의 취한 말소리 정원의 안개 속에 울리는데 |
| 晚華已散蝶又闌 | 저녁 꽃은 이미 떨어져버렸고 나비도 드물어졌네. |
| 梁王老去羅衣在 | 양왕梁王은 늙어 죽고 비단옷만 남았는데[4] |
| 拂袖風吹蜀國絃 | 소매 스치며 바람 일어 「촉국현蜀國絃」[5]을 연주하네. |
| 歸霞帔拖蜀帳昏 | 저녁놀 속에 꽃받침 떨어질 때 꽃 가리개 어둑하고 |
| 嫣紅落粉罷承恩 | 아리따운 붉은 꽃잎 떨어져 사랑 받는 일도 끝났네.[6] |
| 檀郎謝女眠何處 | 처녀 총각들은 어디에서 잠드나?[7] |
| 樓臺月明燕夜語 | 달빛 밝은 누대에서 밤 제비 소리[8] 들려오네. |

---

1) 송옥宋玉의 「풍부風賦」에 대한 주석에서는 '진秦'이 향초香草이고, '형蘅'은 '족두리풀[杜蘅]'이라고 했다. 그러나 왕기는 본문의 '진형秦蘅'이 무슨 꽃인지 알 수 없다고 했다.
2) '봄풀'은 모란을 가리킨다. 『국사보國史補』에 따르면, 당나라 때 장안의 귀족들은 매년 늦봄마다 이리저리 몰려다니며 모란을 구경했는데, 비싼 것은 꽃나무 하나에

값이 수십만 냥이나 되었다고 한다. 일반적으로 모란은 '꽃의 왕[花王]'으로 불리며 부귀를 상징하는 꽃으로 여겨졌다. 한편, 송宋나라 때의 주돈이周敦頤는 「애련설愛蓮說」에서 연꽃은 줄기가 "속은 욕심이 없이 통해 있고 밖은 곧은[中通外直]" 데다 그 꽃의 "향기는 멀리 갈수록 맑아지니[香遠益淸]" 군자를 상징한다고 했다. 또한 족두리풀도 꽃은 향기롭지만 그 모양은 보잘것없다고 알려져 있으니, 둘 다 외양보다 본질이 아름다운 꽃임을 의미한다. 결국 이 두 구절은 이제 겉은 초라해도 속은 아름다운 족두리꽃이 시들고 군자의 꽃인 연꽃은 아직 피어나지 않은 시절에 부귀를 상징하는 모란이 피어난다고 얘기하는 셈이니, 그 의미가 교묘하다.

3) 본문의 '각월却月'은 반달 모양을 가리킨다.
4) 이 구절에 대해서는 이설이 많다. 먼저 『군방보群芳譜』에 따르면 모란 가운데 왕가대홍王家大紅, 문공홍文公紅, 석가홍石家紅, 봉래상공蓬萊相公 등의 이름이 붙은 것들이 있다고 했으니, 본문의 '양왕'은 귀한 모란의 품종 가운데 하나를 가리키는 말일 수도 있다. 또 어쩌면 양씨와 왕씨 두 사람은 위자魏紫, 요황姚黃처럼 모란을 재배하여 명성을 얻은 이들을 의미할 수도 있다. 한편 왕기의 주석에서는 '양왕梁王'은 모두 기녀들의 성씨이며, '나의羅衣' 역시 기녀의 이름이라고 했다. 이런 식으로 해석하자면 이 구절은 노래하는 기녀 양씨와 왕씨는 비록 이미 늙은 몸이지만, 가무歌舞에 뛰어난 '나의'가 모란을 감상하는 잔치 자리에 아직 있어 「촉국현」 가락에 맞춰 춤을 추고 있다는 뜻이 된다. 그러나 이하 시에서 사용된 전고典故가 이처럼 모호한 경우는 매우 드물다. 그러므로 '양왕'이라는 말은 일반적으로 화려한 잔치를 즐겼던 귀족을 대표하는 뜻으로 풀이할 수도 있겠다. 다만 이 경우에도 남아 있는 비단옷의 의미가 명확하지 않다는 문제점이 있다.
5) 옛 악부의 노래 제목이다. 여기서는 모란이 지는 초여름에 자주 부는 남풍을 떠올리는 의미에서 사용되었다.
6) 본문의 '촉장蜀帳'은 꽃잎을 보호하기 위해 촉 땅에서 난 종이 또는 비단으로 만든 장막을 가리킨다. 둘째 구절의 '언嫣'자는 '언蔫', 즉 시들었다는 의미로 풀이할 수도 있다.
7) 본문의 '단랑사녀檀郎謝女'는 본래 반악潘岳과 사낭謝娘을 가리키지만, 여기서는 젊은 남녀를 가리키는 일반적인 의미로 쓰였다. 반악은 그 성을 따서 반랑潘郎이라 칭해지기도 했고, 또 그의 어릴 적 이름을 따서 단랑檀郎 또는 단노檀奴라고 칭해지곤 했다. 처녀 총각들이 '잠든다'는 것은 귀족들이 이제 져버린 모란에 대한 흥미를 잃고 다시 향락적인 생활에 빠져들었다는 것을 암시한다
8) 연인들의 밀어를 비유한 표현이다.

## 뒤뜰에 우물 파다 後園鑿井歌[1]

| | |
|---|---|
| 井上轆轤牀上轉 | 우물 위의 도르래가 나무틀 위에서 구르니[2] |
| 水聲繁 | 물소리는 요란한데 |
| 絲聲淺 | 줄소리는 희미하네.[3] |
| 情若何 | 정이란 무엇과 같을까? |
| 荀奉倩 | 순찬荀粲의 아내 사랑[4]과 같지. |
| 城頭日 | 성 꼭대기의 해여 |
| 長向城頭住 | 오래도록 그 자리에 머물러다오. |
| 一日作千年 | 하루가 천년이 되어 |
| 不須流下去 | 영원히 흘러가버리지 않았으면. |

---

1) 『진서』에 수록된 『불무가시拂舞歌詩』에는 「회남왕편淮南王篇」이 들어 있는데, 그 내용 가운데 다음과 같은 구절이 있다. "뒤뜰에 우물 파고 은으로 침대 만들어, 하얀 줄에 금병 걸어 차가운 물을 긷네.(後園鑿井銀作牀, 金甁素綆汲寒漿)." 이 시의 제목은 여기에서 따온 것이지만, 노래하는 내용은 원작과 다르다.
2) '도르래[轆轤]'와 '나무틀[牀]'은 다정한 부부관계를 암시한다.
3) 요란한 물소리는 부부 간의 깊은 정을, 희미한 줄소리는 짧은 인생[世生淺]을 암시한다. 판본에 따라서는 이 구절을 '현성천絃聲淺'으로 표기하기도 한다.
4) 『세설신어』에 따르면 순찬(荀粲, 자字는 봉천奉倩)은 아내와 사이가 돈독했다. 겨울에 아내가 열병에 시달리자 그는 마당에 나가 몸에 냉기를 모아서 방에 돌아와 아내의 몸을 끌어안고 열을 식혀주었다. 그러다가 아내가 죽고 얼마 후에 그도 죽었다고 한다.

## 슬픔을 털자 — 꽃 아래에서 開愁歌 花下作

|  |  |
|---|---|
| 秋風吹地百草乾 | 가을바람 대지에 불어 풀들 다 말랐는데 |
| 華容碧影生晚寒 | 푸른 잎 속의 아리따운 자태[1] 저물녘 추위 속에 피어난다. |
| 我當二十不得意 | 내 나이 스물에도 뜻을 이루지 못하여 |
| 一心愁謝如枯蘭 | 마음이 온통 마른 난초처럼 시름겨워 시드는구나. |
| 衣如飛鶉馬如狗 | 옷은 메추라기 털처럼 누덕누덕 꿰맸고 말은 개처럼 야위어 |
| 臨岐擊劍生銅吼 | 갈림길에서 칼 휘두르니 구리 울음소리 일어난다. |
| 旗亭下馬解秋衣 | 주루[2]에서 말 내려 가을 옷을 벗어 |
| 請貰宜陽一壺酒 | 그걸 저당 잡히고 의양宜陽[3]의 술 한 병 얻었다. |
| 壺中喚天雲不開 | 술병 속의 하늘 향해 소리쳐도 구름은 걷히지 않고 |
| 白晝萬里閒凄迷 | 환한 대낮이건만 드넓은 세상은 쓸쓸하고 어지러울 뿐. |
| 主人勸我養心骨 | 주인은 날더러 정신과 육체를 기르라고 하면서 |
| 莫受俗物相塡豗 | 속된 일 때문에 얽매이지 말라[4] 권한다. |

---

1) 자귀나무 꽃[馬纓花]이나 목부용木芙蓉 등은 모두 가을에 꽃을 피우니, '아리따운 자태'란 바로 이런 꽃들의 모습을 칭송하면서, 동시에 불우한 시인 자신의 모습을 투영한 것이다.
2) 본문의 '기정旗亭'은 '저잣거리의 주루[市樓]'를 가리키는데, 대개 주루들은 누각의

꼭대기나 문 입구에 깃발을 꽂아둔 데에서 이런 명칭이 생겼다.
3) 당나라 때의 복창현福昌縣으로, 이하의 고향인 창곡昌谷이 속한 지역이다.
4) 본문의 '회㾌'자는 자전에 나오지 않는 글자인데, 『당음통첨唐音通籤』에 따르면, 이것은 바로 '회隤'자를 가리키며 그 뜻은 '격격'과 같다고 했다. 왕기 역시 이렇게 설명하면서, '전회塡隤'는 '밀어내다[推排]' 또는 '배제排擠하다'는 뜻이라고 했다. 여기서 '속된 일에 얽매인다'는 것은 피휘避諱의 관습에 막혀 뜻이 좌절된 일을 가리킨다.

## 진궁 — 서문과 함께 秦宮詩 幷序[1]

秦宮, 漢將軍梁冀之嬖奴也. 秦宮得寵內舍, 故以驕名大譟于人. 予撫舊
而作長辭, 辭以馮子都之事相爲對望, 又云昔有之詩.

진궁은 한나라 때의 장군 양기梁冀의 총애를 받던 노비였다. 진궁은 총애를 받아 내실에 살았기 때문에 교만한 명성이 사람들에게 시끄럽게 알려져 있었다. 나는 옛날 노래를 본떠[2] 긴 작품을 지어서 풍은馮殷의 일[3]과 대비시키면서, 예전에 있었던 이런 내용의 시에 대해서도 언급했다.

越羅衫袂迎春風　　월越 땅의 비단으로 만든 옷소매[4] 봄바람 맞고

玉刻麒麟腰帶紅　　옥에 기린 조각한 허리띠 빨갛게 빛났네.

樓頭曲宴仙人語　　누각에서 잔치[5] 벌어져 신선들의 말소리 들려오고

帳底吹笙香霧濃　　휘장 속에 피리소리 울릴 때 향 연기 진하게 퍼졌네.

人間酒暖春茫茫　　인간 세상[6]에 술은 따뜻하게 익고 봄은 아득한데

花枝入簾白日長　　꽃가지 주렴 사이로 들어오고 낮은 길기만 했지.

| | |
|---|---|
| 飛䆫複道傳籌飮 | 높다란 창 이층 복도[7]에서 술잔 돌리며 마시는데 |
| 午夜銅盤膩燭黃 | 한밤의 구리 쟁반[8]에 노란 촛농 흥건히 흘러내렸네. |
| 秃衿小袖調鸚鵡 | 고름 없고 소매 짧은 옷 입은 채 앵무새 훈련시키고 |
| 紫繡麻鞡踏哮虎 | 삼베에 수놓은 신 신고 울부짖는 호랑이[9] 밟았네. |
| 斫桂燒金待曉筵 | 계수나무 장작으로 황금 솥 때며 새벽 잔치 준비하고 |
| 白鹿淸酥夜半煮 | 흰 사슴[10] 맑은 연유煉乳를 한밤에 끓였네. |
| 桐英永巷騎新馬 | 오동나무 꽃 핀 긴 거리에 새로 산 말 타고 다니다 |
| 內屋深屛生色畫 | 안채 깊숙한 병풍 속에서 춘화春畫를 연출했네. |
| 開門爛用水衡錢 | 대문 열고 나가면 황제의 돈[11] 마음대로 뿌리고 |
| 卷起黃河向身瀉 | 황하의 물 거둬들여 자기 몸에 뿌렸네. |
| 皇天厄運猶曾裂 | 위대한 하늘은 액운 만나 아직 찢겨 있건만[12] |
| 秦宮一生花底活 | 진궁은 평생 동안 꽃 속에서 살았다네. |
| 鸞篦奪得不還人 | 난새 조각한 빗치개[篦][13] 빼앗아 돌려주지 않고 |
| 醉睡氍毹滿堂月 | 술 취해 양탄자[14] 위에서 잠들 때 방안 가득 달빛 비쳤네. |

---

1) 『후한서·양기전梁冀傳』에 따르면, 양기는 노비들을 감독하던 노비인 진궁을 총애하여 태창太昌 땅의 현령이라는 벼슬까지 주었다. 이 때문에 진궁은 양기의 아내 손수孫壽가 거처하는 곳까지 마음대로 드나들다가 마침내 둘이 사통하게 되었다. 당시 그는 양기 부부에게 안팎으로 사랑을 받아 위세와 권세가 대단했으며, 심지어 이천 석石의 녹봉을 받는 자사刺史들까지도 모두 그를 찾아와 인사하곤 했다고 한다.

2) 풍은의 일을 노래한 옛 노래 「우림랑羽林郞」을 가리킨다.

3) 『한서·곽광전霍光傳』에 따르면, 곽광이 노비들을 감독하던 노비인 풍자도馮子都(즉 풍은)를 아껴서 항상 함께 일을 논의했는데, 결국 그의 아내가 홀로 있을 때에 풍은과 사통하게 되었다.
4) 본문의 '삼몌衫袂'를 '협삼夾衫'으로 쓴 판본도 있다.
5) 본문의 '곡연曲宴'은 궁중에서 벌이는 사적인 연회를 가리킨다.
6) 본문의 '인간人間'을 '인한人閒'으로 쓴 판본도 있다.
7) 위아래로 두 개의 복도를 만들어놓은 것을 '복도複道'라고 한다. 『후한서』의 기록에 따르면, 양기와 그의 아내 손수는 서로 경쟁하며 화려한 집과 정원을 꾸며놓고, 부부가 나란히 깃털 덮개에 금은으로 장식한 수레를 탄 채 기녀들과 악단을 대동하고 집안을 돌아다니며 구경하기도 했는데, 어떤 때는 하루 밤낮을 꼬박 지내고서야 그 일이 끝나곤 했다고 한다.
8) '구리 쟁반'은 초를 받치는 것을 가리킨다. 본문의 '오야동반午夜銅盤'을 '십야동반十夜銅盤' 또는 '반야몽롱半夜朦朧'으로 쓴 판본도 있다.
9) '울부짖는 호랑이'는 신 끝에 매단 장식을 가리킨다. 본문의 '효호哮虎'를 '후호吼虎'로 쓴 판본도 있다.
10) 임방의 『술이기』에 따르면, 사슴이 천오백년을 묵으면 털빛이 하얗게 변한다고 했다. 본문의 '청수淸酥'를 '청소青蘇'로, '야반夜半'을 '야래夜來'로 쓴 판본도 있다.
11) 한나라 때에는 수형도위水衡都尉라는 벼슬이 있어서, 황제의 사냥터인 상림원上林苑을 관리하고, 세금을 관리하며 천자가 사적으로 쓸 돈과 재물을 제공했다. 당시 양기는 황제의 재산을 훔쳐 호사로운 생활을 즐겼으니, 진궁이 그 돈을 제멋대로 쓴 것도 당연한 일이었다.
12) 황제의 권위가 약화되어 측근들과 권신權臣들이 권력을 남용하는 상황을 비유한 것이다.
13) 상아나 대모玳瑁에 난새의 모습을 조각하여 장식한 빗치개[篦]로서, 여기서는 양기의 아내 손수를 비유한 것이다.
14) 「궁궐 미녀의 노래」에 대한 주석 3)을 참조하기 바란다.

## 조조를 풍자한 왕찬[1]을 칭송한 옛날 업성[2]의 동요
### 古鄴城童子謠效王粲刺曹操
<small>고 업 성 동 자 요 효 왕 찬 자 조 조</small>

| | |
|---|---|
| 鄴城中, 暮塵起 <small>업성중 모진기</small> | 업성 안에 저녁 무렵 먼지 일어나네. |
| 探黑丸, 斫文吏 <small>탐흑환 작문리</small> | 검은 탄환 찾아 탐관오리 처단하네.[3] |
| 棘爲鞭, 虎爲馬 <small>극위편 호위마</small> | 가시나무로 채찍 만들고 호랑이로 말을 삼으니 |
| 團團走, 鄴城下 <small>단단주 업성하</small> | 떼 지어 도망치네, 업성 아래로. |
| 切玉劍, 射日弓 <small>절옥검 사일궁</small> | 옥을 자르는 칼, 해를 쏘는 활.[4] |
| 獻何人, 奉相公 <small>헌하인 봉상공</small> | 누구에게 바칠까, 승상丞相 나리께 바치지. |
| 扶轂來, 關右兒 <small>부곡래 관우아</small> | 수레 타고 왔다네, 관중關中[5]의 건아健兒. |
| 香掃塗, 相公歸 <small>향소도 상공귀</small> | 향기로 길을 쓸고 승상 나리 돌아가네. |

---

1) 왕찬王粲은 자가 중선仲宣으로 조조의 위魏나라에서 시중侍中 벼슬을 지냈다. 그는 박물학에 조예가 깊었고, 시에도 재능이 뛰어나 건안칠자建安七子 가운데 하나로 꼽힌다.
2) 한나라 때의 현縣 이름으로, 지금의 허베이성河北省 린장현臨漳縣 근처에 있다. 이곳은 조조가 위나라를 세우고 도읍을 정한 곳이기도 하다.
3) 『한서·혹리열전酷吏列傳』의 윤상(尹賞, 자는 자심子心)에 대한 부분에는 당시 장안長安에 간사하고 교활한 무리들이 점차 늘어서, 민간의 젊은이들이 자신의 원한 때문에 혹은 다른 사람의 의뢰를 받고 관리를 살해하는 일이 잦았다는 기록이 있다. 그들은 붉은색과 검은색, 흰색으로 구별되는 세 종류의 탄환을 만들어 지니고 다녔는데, 붉은 탄환을 가진 자는 무리武吏를 살해하고, 검은 탄환을 가진 자는 문리文吏를 살해하고, 흰 탄환을 가진 자는 상사喪事를 주관했다고 한다.

4) 『회남자』에 따르면, 요堯임금 때에 하늘에 열 개의 해가 떠서 요임금이 예羿를 시켜서 아홉 개의 해를 활로 쏘아 떨어뜨리니, 해에 살던 아홉 마리 까마귀들이 모두 죽어서 그 깃털이 떨어져 내렸다고 한다.
5) 관중關中(지금의 산시성陝西省에 속함)의 동쪽을 일컫는 말인 듯하다.

## 양선비의 청화자석연 楊生靑花紫石硯歌[1]
(양생청화자석연가)

端州石工巧如神 (단주석공교여신)  단주端州[2]의 석공들은 기교가 신과 같아

踏天磨刀割紫雲 (답천마도할자운)  하늘 밟고 칼 갈아 자줏빛 구름 깎아냈네.

傭刓抱水含滿唇 (용완포수함만순)  가지런히 깎아 물 부으면 입 안 가득 머금은 듯

暗灑萇弘冷血痕 (암쇄장홍랭혈흔)  은근히 장홍萇弘의 차가운 핏빛 같은 푸른빛[3] 뿌린다네.

紗帷晝暖墨花春 (사유주난묵화춘)  비단 장막 안의 낮은 따뜻하여 먹은 봄꽃처럼 피어나고

輕漚漂沫松麝薰 (경구표말송사훈)  가볍게 뜬 거품들은 솔향기와 사향 풍기네.

乾膩薄重立脚勻 (건니박중립각균)  마르거나 젖거나 묽거나 진하거나 발이 고른지라

數寸光秋無日昏 (수촌광추무일혼)  몇 치 벼루 위에 가을 햇살 빛나 흐릴 날 없다네.[4]

圓毫促點聲靜新 (원호촉점성정신)  둥근 붓 찍으면 소리도 조용하고 신선하니

孔硯寬頑何足云 (공연관완하족운)  공자가 썼다는 넓은 벼루가 이에 비할 수 있으랴![5]

---

1) 『단계연보端溪硯譜』에 따르면, 이하는 「단주청화석연가端州青花石硯歌」라는 시를 썼다고 하면서, 대개 당나라 때 이래로 벼루에 푸른 눈[青眼] 모양의 무늬가 있는 것을 상품으로 쳤고, 노란색이나 붉은색의 무늬가 있는 것은 하품으로 쳤다고 한다.
2) 『단계연보』에 따르면, 단주의 고요현高要縣에 부가산斧柯山이 있는데, 그 산의 바

위가 벼루를 만드는 데에 아주 좋다고 했다. 산 아래의 바위[下巖] 가운데는 샘이 솟아나는 것들도 있는데, 그런 바위는 큰 가뭄에도 물이 마르지 않는다고 했다. 그 위에는 중암中巖과 상암上巖이 있고, 상암에서 산등으로 넘어가는 곳에 있는 바위를 용암龍巖이라고 했는데, 이것이 바로 당나라 때에 벼루에 쓸 돌의 재료였다고 한다. 나중에는 하암에서 채취한 돌이 용암보다 뛰어나서, 용암은 더 이상 사용되지 않았다고 한다. 용암은 돌색이 짙은 자줏빛이고 무늬[眼]가 작은 것이 특징이라고 한다.

3) 이에 대해서는 「가을이 왔다」에 대한 주석 3)을 참조하기 바란다.
4) '발이 고르다'는 것은 벼루의 바닥이 평평해서 책상에 단단히 붙어 있기 때문에, 먹을 갈 때 기울거나 흔들리지 않는다는 뜻이다. 본문의 '건니박중乾膩薄重'은 갈아놓은 먹 색깔을 비유한 것이다. 본문의 '광추光秋'를 '추광秋光'으로 쓴 판본도 있다. 둘째 구는 작은 벼루에 빛나는 먹의 색깔이 가을 햇빛처럼 맑음을 묘사한 것이다.
5) 오집지伍緝之의 『종정기從征記』에는 공자의 사당에 돌로 만든 벼루 하나가 있는데, 그 모양이 무척 예스럽고 소박하여 공자가 생전에 사용하던 물건인 듯하다는 기록이 있다. 본문의 '완頑'을 '석碩'으로 쓴 판본도 있다.

## 규방 안의 그리움 房中思
<sub>방중사</sub>

| 新桂如蛾眉 <sub>신계여아미</sub> | 새로 난 계수나무 잎은 미인의 눈썹 같은데[1] |
| 秋風吹小綠 <sub>추풍취소록</sub> | 가을바람이 연둣빛 작은 잎에 분다. |
| 行輪出門去 <sub>행륜출문거</sub> | 수레 타고 대문 나서니 |
| 玉鸞聲斷續 <sub>옥란성단속</sub> | 옥 방울 울리는 소리 끊어졌다 이어진다. |
| 月軒下風露 <sub>월헌하풍로</sub> | 달빛 비치는 건물 아래 이슬 머금은 바람 불어 |
| 曉庭自幽澀 <sub>효정자유삽</sub> | 새벽 정원은 절로 고요하고 쓸쓸하구나. |
| 誰能事貞素 <sub>수능사정소</sub> | 뉘라서 늘 고요하고 적막하게 지낼 수 있으랴? |

| 와 청 사 계 유 |  |
|---|---|
| 臥聽莎雞泣 | 귀뚜라미[2] 우는 소리 누워 듣는다. |

---

1) 규방 안에 있는 미인의 눈썹이 갓 피어난 계수나무 잎 같다는 의미를 거꾸로 묘사하고 있다.
2) 「장철의 집에서 술병이 들어 열넷째 형에게 부침」에 대한 주석 2)를 참조하기 바란다.

## 석성의 새벽 石城曉[1]

| 월 라 대 제 상 | |
|---|---|
| 月落大堤上 | 큰 제방 위로 달이 떨어지고 |
| 여 원 서 오 기 | |
| 女垣棲烏起 | 여장女牆[2]에 깃든 까마귀 날아오르네. |
| 세 로 습 단 홍 | |
| 細露濕團紅 | 작은 이슬 붉은 꽃잎에 축축이 맺혀 |
| 한 향 해 야 취 | |
| 寒香解夜醉 | 차가운 향기 밤의 술기운 깨게 하네. |
| 여 우 도 천 하 | |
| 女牛渡天河 | 직녀와 견우[3] 은하수 건널 때 |
| 유 연 만 성 곡 | |
| 柳烟滿城曲 | 성 모퉁이에는 안개 머금은 버드나무 가득하네. |
| 상 객 류 단 영 | |
| 上客留斷纓 | 높은 손님이 향낭香囊 끊어 남길 때 |
| 잔 아 투 쌍 록 | |
| 殘蛾鬪雙綠 | 미녀는 화장 자국 희미한 두 눈썹 찡그리네. |
| 춘 장 의 미 선 익 라 | |
| 春帳依微蟬翼羅 | 봄날 비단 휘장은 매미 날개처럼[4] 어렴풋이 속이 비치고 |
| 횡 인 돌 금 은 체 화 | |
| 橫茵突金隱體花 | 금실로 수놓은 요에는 암화暗花 무늬 아름답네.[5] |
| 장 전 경 서 아 모 기 | |
| 帳前輕絮鵝毛起 | 휘장 앞에는 가벼운 버들솜 거위 털[6]처럼 날리는데 |

욕설춘심무소사
欲說春心無所似  봄날의 설레는 마음 말하려 해도 비교할 데가 없네.

---

1) 『구당서·악지樂志』에 따르면, 「석성락石城樂」이라는 노래는 송장질宋臧質이 지은 것인데, 여기에서 「막수락莫愁樂」이라는 노래가 생겨났다. 석성은 경릉竟陵에 있는데, 그곳에는 노래를 잘 부르는 막수莫愁라는 여자가 있다고 했다. 「막수락」의 내용은 다음과 같다. "막수는 어디 있는가? 석성의 서쪽에 있지. 사공이 두 개의 노를 저어, 막수를 데려가려고 오네.(莫愁在何處? 莫愁石城西. 艇子打兩槳, 催送莫愁來.)" 여기서 이하는 석성을 소재로 새벽에 일어난 기녀가 밤새 사랑을 나눈 사람과 헤어지려는 모습을 묘사했기 때문에, 특별히 이런 제목을 사용했다.
2) 「공주의 나들이」에 대한 주석 6)을 참조하기 바란다.
3) 본문의 '여우女牛'를 '석자石子'로 쓴 판본도 있다.
4) 『백첩白帖』에 따르면, '선익蟬翼'은 매미 날개처럼 가볍고 얇은 비단의 일종이라고 했다.
5) 손님을 떠나보낸 후 홀로 남은 기녀의 고독과 적막을 우회적으로 묘사한 것이다.
6) 본문의 '아모鵝毛'를 '학모鶴毛'로 쓴 판본도 있다.

## 괴로워라, 짧은 낮이여 苦晝短

| 비광비광
飛光飛光 | 날아가는 빛이여, 시간이여 |
| 권이일배주
勸爾一杯酒 | 술 한 잔 받으시게나. |
| 오불식청천고
吾不識靑天高 | 푸른 하늘 높은지도, 땅이 두터운지도 |
| 황지후
黃地厚 | 나는 몰라. |
| 유견월한일난
唯見月寒日暖 | 그저 차가운 달빛과 따뜻한 햇볕이 |
| 내전인수
來煎人壽 | 사람의 수명 태우는 줄만 알 뿐. |

| 식웅즉비<br>食熊則肥 | 곰 발바닥 먹으면 살찌고 |
| 식와즉수<br>食蛙則瘦 | 개구리 먹으면 비쩍 마르지.[1] |
| 신군하재<br>神君何在 | 신군神君[2]은 어디 계시며 |
| 태일안유<br>太一安有 | 태일太一[3]은 어디 있는가? |
| 천동유약목<br>天東有若木 | 하늘 동쪽에 약목若木[4]이 있는데 |
| 하치함촉룡<br>下置啣燭龍 | 그 아래 촛불 문 용[5]을 두었다네. |
| 오장참룡족<br>吾將斬龍足 | 내 장차 용의 다리를 자르고 |
| 작룡육<br>嚼龍肉 | 용의 고기를 씹어 먹어 |
| 사지조부득회<br>使之朝不得迴 | 아침에도 돌아오지 못하고 |
| 야부득복<br>夜不得伏 | 저녁에도 숨지 못하게 하리라.[6] |
| 자연로자불사<br>自然老者不死 | 그러면 자연히 늙은이는 죽지 않고 |
| 소자불곡<br>少者不哭 | 젊은이가 곡할 일도 없어지리니 |
| 하위복황금<br>何爲服黃金 | 황금 단약丹藥 먹고 |
| 탄백옥<br>吞白玉 | 백옥白玉 선약仙藥 삼켜 무엇하랴?[7] |
| 수시임공자<br>誰是任公子 | 누구인가, 구름 속으로 |
| 운중기백려<br>雲中騎白驢 | 흰 나귀 타고 간 임공자[8]는? |
| 유철무릉다체골<br>劉徹茂陵多滯骨 | 한 무제의 무덤엔 백골이 많이 남아 있을 테고[9] |
| 영정재관비포어<br>嬴政梓棺費鮑魚 | 진시황의 관에는 부질없이 절인 생선 덮어두었지.[10] |

1) 옛날 중국에서는 곰 발바닥이나 웅지熊脂는 부귀한 사람들이 먹는 진귀한 음식이고, 개구리는 가난한 사람들의 음식이라고 여겼다. 여기서는 부자나 가난한 사람이나 모두 세월 앞에 무력하다는 의미를 나타내고 있다.
2) 『사기·봉선서封禪書』에 따르면, 한나라 무제 건원建元 2년(기원전 139)에 '신군'을 구해 상림上林에 있는 제씨관蹏氏觀에 모셨는데, 신군이란 저승에서 아들의 죽음을 슬퍼하다 자신의 동서同壻인 완약宛若의 몸에 신으로 빙의한 장릉長陵 땅의 여자를 가리킨다고 했다. 완약이 자신의 집에 그녀의 사당을 만들어놓고 모시자, 근처의 백성들 가운데 참배하는 이들이 많았다고 한다.
3) 『사기·봉선서』에는 한나라 무제가 박훋 땅 출신의 유기謬忌가 제안한 방안에 따라 '태일'의 사당을 지었다는 기록이 있다. 유기의 설명에 따르면 태일은 하늘의 신 가운데 신분이 높은 이로서, 그를 보좌하는 신들을 일컬어 '오제五帝'라고 했다. 결국 무제는 유기의 말대로 장안 동남쪽 교외에 태일의 사당을 건립하고, '태일'과 '천일天一', '지일地一'에게 3년마다 한번씩 '태뢰太牢'의 제사를 올렸다. 여기서 '신군'과 '태일'은 모두 사람의 불로장생을 도와주는 신적 존재를 가리킨다.
4) 『산해경·대황북경大荒北經』에 따르면, 대황大荒 가운데 형석산衡石山, 구음산九陰山, 형야산泂野山이 있는데, 그 위에 붉은 줄기 푸른 잎에 붉은 꽃이 피는 '약목'이라는 나무가 있다고 했다. 곽박郭璞의 주석에서는 곤륜昆侖의 서쪽에서 생겨나 서극西極에 기대어 있는데, 그 꽃은 붉은 빛을 내며 땅을 비춘다고 했다. 그런데 학의행郝懿行의 전소箋疏에서는 이곳의 '약목'이 '부상扶桑' 또는 '부목扶木'이라고도 불리는 양곡湯谷(해가 떠오르는 곳이라는 전설상의 장소)의 '약목'과는 다른 것이라고 했다. 여기서도 '하늘 동쪽'이라는 말이 있는 것으로 보건대, 태양을 비유하고 있는 듯하다.
5) 『초사·천문天問』에 "해는 어찌 오지 않는가? 촉룡은 어디를 비추는가?(日安不到, 燭龍何照?)"라는 구절이 있는데, 이에 대한 주석에 따르면, 하늘 서북쪽에 어둑하고 해가 없는 나라가 있는데 그곳에서는 용이 촛불을 물고 비추고 있다고 했다. 그러나 촉룡이 있다는 곳도 하늘 서북쪽이므로 본문의 표현처럼 하늘 동쪽과는 거리가 멀다. 그러므로 여기서 '촛불 문 용'은 희화羲和(여기에 대해서는 「하남부에서 지어본 12월의 노래·윤달」에 대한 주석 5)를 참조하기 바란다)의 해 수레를 모는 여섯 마리 용을 가리키는 것이라고 할 수 있다.
6) 해 수레를 모는 용을 없애버림으로써 밤낮과 시간의 흐름을 없애버리겠다는 의미이다.
7) 『포박자』에 따르면, 금이나 옥을 복용하면 수명이 금이나 옥처럼 길고 단단해진다고 했다. 본문의 '복服'을 '이餌'로 쓴 판본도 있다.
8) 옛날 주석에서는 『장자』에 임공자가 동해에서 낚시질했다는 이야기가 있고, 장과張果가 종이로 흰 나귀를 만들었다는 이야기가 있어서, 두 개의 고사를 합쳐서 표

현한 것이라고 했다. 그러나 왕기는 전고典故를 그런 식으로 활용하는 예는 드물다고 하면서, 이 구절이 무엇을 근거로 한 표현인지 알 수 없다고 했다. 본문의 '수시誰是'를 '수사誰似'로, '백려白驢'를 '벽려碧驢'로 쓴 판본도 있다. 아라이 판본에서는 '수시誰是'를 '수사誰似'라고 표기했으나, 이는 잘못인 듯하다.
9) 본문의 유철劉徹은 한 무제의 이름이다. 『한무내전漢武內傳』에는 무제가 도를 좋아하긴 하지만 몸[形]이 게으르고 정신[神]이 오염된 데다 뼈대[骨]에 진액津液이 없어서 신선이 될 재목은 아닌 듯하다는 서왕모西王母의 말이 기록되어 있다. 무제의 무덤은 무릉茂陵에 있다.
10) 『사기·진시황본기秦始皇本紀』에 따르면, 시황제는 사구沙丘 평대平臺에서 죽었는데, 승상 이사李斯는 황제가 외부에서 죽은 것이 알려지면 나라 안이 시끄러워질 것이라 생각하여, 그 사실을 비밀로 한 채 시황제의 관을 차가운 수레에 싣고 돌아왔다. 그런데 마침 때가 여름이라 관을 실은 수레에서 심한 악취가 풍기는지라, 수레 위에 절인 생선을 한 섬[石] 얹어 시체가 부패하는 냄새를 숨겼다고 한다.

# 장화 2년에 章和二年中[1]

雲蕭索  구름은 뒤엉켰고
田風拂拂  들판에는 바람[2] 솔솔 부는데
麥芒如篲黍如粟  보리 까끄라기는 빗자루 만드는 기장인 듯 조인 듯.
關中父老百領襦  관중關中[3]의 어른들은 모두들 소매 짧은 옷을 입었고
關東吏人乏詬租  관동關東의 관리들은 세금 재촉하며 욕하는 일 없다.
健犢春耕土膏黑  건장한 송아지 봄갈이 하는 흙은 윤택한 검은색이고
菖蒲叢叢沿水脈  창포는 무더기로 자라 도랑가에 우거졌다.
殷勤爲我下田租  공손하게 우리에게 세금을 부과하고

| <sub>백 전 휴 상 사 동 객</sub><br>百錢攜償絲桐客 | 많은 돈 가져와서 가수[4)]에게 상을 준다. |
|---|---|
| <sub>유 춘 만 광 오 화 백</sub><br>遊春漫光塢花白 | 따스한 햇살 받으며 봄놀이 가니 언덕엔 꽃이 하얗고 |
| <sub>야 림 산 향 신 강 석</sub><br>野林散香神降席 | 들판 숲에 향 연기 흩어지니 신이 내려와 자리에 앉는다. |
| <sub>배 신 득 수 헌 천 자</sub><br>拜神得壽獻天子 | 신에게 절하며 천자의 장수 기원하나니 |
| <sub>칠 성 관 단 항 아 사</sub><br>七星貫斷姮娥死 | 북두칠성 끊어지고 항아姮娥[5)]가 죽을 때까지 사시옵소서. |

1) 『당서・악지』에 따르면, 「장화이년중」은 본래 옛날 「비무곡鼙舞曲」의 둘째 장章이었는데, 위魏나라 때에 「태화유성제太和有聖帝」라고 제목을 바꿨다가, 진晉나라 때에 다시 「천명天命」으로 바꾸었다고 한다. '장화章和'는 동한東漢 장제章帝(유훤劉烜 : 76~88 재위)의 연호로서, 장화 2년은 서기 88년에 해당한다.
2) 본문의 '전풍田風'을 그냥 '풍風'으로 쓴 판본도 있다.
3) 「조조를 풍자한 왕찬을 칭송한 옛날 업성의 동요」에 대한 주석 5)를 참조하기 바란다.
4) 본문의 '사동객絲桐客'은 악기를 연주하며 노래하는 예인藝人을 가리킨다. 앞 구절의 '전조田租'를 '전서田鉏'로 쓴 판본도 있다.
5) 『회남자』에 따르면, 항아는 예羿의 아내였는데, 예가 요임금의 명령에 따라 9개의 해를 활로 쏘아 떨어뜨리고 서왕모西王母에게 받은 불사의 약을 훔쳐먹고 달나라로 도망가 달의 요정이 되었다고 한다.

## 봄에 창곡으로 돌아가다 <sub>춘 귀 창 곡</sub> 春歸昌谷

| <sub>속 발 방 독 서</sub><br>束髮方讀書 | 머리 묶고 비로소 공부를 시작하였으니[1)] |
|---|---|
| <sub>모 신 고 불 조</sub><br>謀身苦不早 | 입신立身 꾀한 것이 이르지 않다 할 수 없지. |
| <sub>종 군 미 승 전</sub><br>終軍未乘傳 | 종군終軍[2)]은 아직 벼슬 얻지 못했고, |

| 안 자 빈 선 로 |  |
|---|---|
| 顔子鬢先老 | 안회顔回[3]는 귀밑머리가 먼저 세었다지. |
| 천 망 신 숭 대 | |
| 天網信崇大 | 하늘의 그물[4]은 정말 높고도 크지만 |
| 교 사 상 소 소 | |
| 矯士常愫愫 | 올곧은 선비는 항상 근심에 싸여 있지. |
| 일 목 병 감 화 | |
| 逸目騈甘華 | 맛 좋고 모양 예쁜 음식 마음대로 보지만 |
| 기 심 여 도 료 | |
| 羈心如荼蓼 | 매여 있는 마음은 쓰고 신 채소를 먹은 듯하네. |
| 한 운 이 삼 월 | |
| 旱雲二三月 | 타는 구름은 두세 달 동안 떠 있고 |
| 잠 수 상 전 도 | |
| 岑岫相顚倒 | 산봉우리들은 뒤집혀 있다. |
| 수 게 정 옥 반 | |
| 誰揭赬玉盤 | 누구인가, 붉은 옥쟁반[5] 높이 들어 |
| 동 방 발 홍 조 | |
| 東方發紅照 | 동방에 붉은 빛 비추는 그는? |
| 춘 열 장 학 개 | |
| 春熱張鶴蓋 | 더운 봄날 학 날개 같은 수레덮개 펴는데 |
| 토 목 관 괴 소 | |
| 兎目官槐小 | 큰길 가 홰나무엔 토끼 눈 같은 새싹[6] 돋는다. |
| 사 초 면 여 병 | |
| 思焦面如病 | 수심으로 타는 마음에 얼굴은 병자 같고 |
| 상 담 장 사 교 | |
| 嘗膽腸似絞 | 쓸개를 씹어 창자가 꼬인 듯하다.[7] |
| 경 국 심 란 만 | |
| 京國心爛漫 | 수도 장안에서는 마음이 산만하여 |
| 야 몽 귀 가 소 | |
| 夜夢歸家少 | 밤이면 집으로 돌아가는 꿈도 드물어졌다. |
| 발 인 동 문 외 | |
| 發軔東門外 | 동쪽 성문 밖으로 수레 타고 나서니 |
| 천 지 개 호 호 | |
| 天地皆浩浩 | 하늘도 땅도 모두 넓기만 하다. |
| 청 수 려 산 두 | |
| 靑樹驪山頭 | 여산驪山[8] 머리에는 푸른 나무 서 있고 |
| 화 풍 만 진 도 | |
| 花風滿秦道 | 진秦나라 길[9]에는 꽃바람 가득하구나. |

| 궁 대 광 착 락 |
| 宮臺光錯落 | 궁궐과 누대에 햇빛 어지럽게 반짝이고

장 화 편 봉 교
裝畫徧峰嶠 그림처럼 치장한 산봉우리들 높기도 하구나.[10]

세 록 급 단 홍
細綠及團紅 작은 나뭇잎들과 무리로 핀 붉은 꽃잎들

당 로 잡 제 소
當路雜啼笑 길에는 울고 웃는 온갖 새들의 소리 뒤섞여 울린다.

향 풍 하 고 광
香風下高廣 향기로운 바람[11]은 높고 넓은 산등성에 내리 불고

안 마 정 화 요
鞍馬正華耀 안장 없는 말은 참으로 화려하게 반짝인다.

독 승 계 서 거
獨乘雞棲車 닭장처럼 초라한 수레 홀로 타니

자 각 소 풍 조
自覺少風調 스스로 느끼기에도 품격이 떨어진다.

심 곡 어 형 영
心曲語形影 마음속으로만 몸과 그림자를 얘기할 뿐

지 신 언 족 락
祇身焉足樂 이 몸이 어디 좋아할 만한 데가 있으랴?

기 능 탈 부 담
豈能脫負擔 속세의 부담을 어떻게 벗어버릴 수 있을까?

각 곡 증 무 조
刻鵠曾無兆 고니를 조각하려 해도[12] 좋은 징조 없었다.

유 유 태 화 측
幽幽太華側 어둑한 태화산太華山 기슭에

노 백 여 건 독
老柏如建纛 늙은 잣나무는 군영의 큰 깃발처럼 늘어서 있네.

용 피 상 배 알
龍皮相排戛 용 비늘 같은 껍질 두른 기둥은 창처럼 늘어서 있고

취 우 갱 탕 도
翠羽更蕩掉 푸른 깃털 같은 잎들은 어지럽게 흔들린다.

구 추 위 초 췌
驅趨委憔悴 바삐 길 가느라 피곤하여 몰골이 초췌하지만

조 람 강 소 모
眺覽强笑貌 멋진 풍경 둘러보며 억지로 웃음 짓는다.[13]

화 만 애 행 주
花蔓閡行輈 꽃 덩굴은 수레 끌채를 방해하고

| 곡연명심요<br>縠烟暝深徼 | 비단 같은 안개는 깊은 오솔길에 어둑하다. |
| 소건무소취<br>少健無所就 | 젊고 건강한 몸으로 이룬 바 없으니 |
| 입문괴가로<br>入門媿家老 | 대문을 들어서면 늙은 모친께 부끄럽겠지만 |
| 청강의대수<br>聽講依大樹 | 큰 나무에 기대 불경佛經 강론을 듣고 |
| 관서림곡소<br>觀書臨曲沼 | 굽은 못 가에서 책을 읽으리라. |
| 지비출합호<br>知非出柙虎 | 스스로 우리에서 나온 호랑이가 아닌 줄 아는지라 |
| 감작장무표<br>甘作藏霧豹 | 기꺼이 안개 속에 숨은 표범14)이 되려 하노라. |
| 한조처증격<br>韓鳥處繒繳 | 한韓나라 새는 줄 매단 화살 닿는 곳에 있고 |
| 상조재롱조<br>湘鯈在籠罩 | 상수湘水의 피라미는 통발 속에 있다.15) |
| 협행무확로<br>狹行無廓路 | 좁은 길 가고 있지만 넓은 길16) 나올 리 없는데 |
| 장사도경조<br>壯士徒輕躁 | 사나이는 부질없이 걸음을 재촉한다. |

---

1) 『대대례大戴禮』에 "머리를 묶으면 대학에 들어간다.(束髮而就大學)"고 했으니, '머리를 묶는다'는 것은 어린애 티를 벗고 소년으로 접어들었다는 것을 가리킨다.
2) 종군은 제남濟南 사람으로 자는 자운子雲이다. 어려서부터 언변이 좋고 글을 잘 쓰기로 유명해서, 18세에 박사제자博士弟子가 되었다. 그가 길을 떠나려 할 때 제남 땅의 관리가 그에게 돌아올 때 쓸 증명서를 주자 그는 그것을 팽개치며, 대장부가 뜻을 품고 길을 떠나니 돌아올 때에는 반드시 증명서가 없이도 통행할 수 있는 관리가 되어 있을 것이라고 장담했다고 한다. 본문의 '승전乘傳'은 벼슬아치가 되어서 역관驛關을 지나는 수레를 탄다는 뜻이다.
3) 『공자가어孔子家語』에 따르면, 안회는 노魯나라 사람으로 자가 자연子淵인데, 나이 열아홉에 머리가 하얗게 세었고, 31세에 죽었다고 한다.
4) 조식曹植은 「양수에게 보내는 편지(與楊修書)」에서, "우리 왕이 이에 하늘의 그물을 쳐서 인재를 거둬들였다.(吾王于是設天網以該之)"라고 쓴 적이 있다.
5) 태양을 가리킨다.

6) 「면애행 2수—여산으로 떠나는 아우를 전송하며·둘」에 대한 주석 2)를 참조하기 바란다.
7) 월越나라 왕 구천勾踐이 오吳나라의 포로로 있다가 풀려나자 애타게 복수를 생각하며, 머리 위에 쓸개를 걸어놓고 앉으나 누우나 쳐다보고, 식사 때에도 쓸개를 씹으며, "너는 오나라의 수도 회계會稽에서 당한 치욕을 잊었느냐?"하고 스스로 다그쳤다고 한다.
8) 『일통지』에 따르면, 여산은 섬서성 임동현臨潼縣 동남쪽에 있는데, 옛날 여융족驪戎族이 살던 곳이라서 그런 이름이 붙었다고 한다.
9) 섬서 지방은 원래 진秦나라 영토에 속했기 때문에, 그곳에 있는 큰길을 진도秦道라고 불렀다.
10) 여산에는 화청궁華淸宮, 집령대集靈臺, 무마대舞馬臺 등이 있다. 본문의 '장화裝畫'를 '장진裝盡'으로, '편봉교徧峰嶠'를 '편봉교遍峰嶠'로 쓴 판본도 있다.
11) 본문의 '향풍香風'을 '향기香氣'로 쓴 판본도 있다.
12) 『후한서·마원열전馬援列傳』에서 마원은 조카들에게 용백고龍伯高의 뛰어난 인품을 본받으라고 훈계하면서, 그렇게 노력하면 용백고와 같은 사람은 못 될지라도 언행을 삼가고 조심하는 선비는 될 수 있으니, 마치 고니[鵠]를 조각하려 하면 최소한 오리[鶩] 비슷한 것이라도 조각할 수 있는 것과 같다고 했다.
13) 본문의 '소모笑貌'를 '용모容貌'로 쓴 판본도 있다.
14) 『열녀전』에 따르면, 남산에 사는 검은 표범이 이레 동안 안개가 끼고 비가 내려도 먹이를 찾아 산을 내려오지 않는 것은 그 털을 윤택하게 하고 무늬를 풍성하게 만들기 위해 숨어서 해를 멀리하기 때문이라고 했다.
15) '한나라'와 '상수'는 각각 남쪽과 북쪽을 가리킨다. 이 두 구절은 벼슬길에 있는 사람은 남북을 막론하고 모두 조정의 구속과 모함의 위험으로부터 자유롭지 못하다는 것을 비유하고 있다. 본문의 '증격繒繳'은 '증격繒繳'을 잘못 쓴 것이다.
16) 본문의 '확로廓路'를 '확락廓落'으로 쓴 판본도 있다.

## 창곡의 시 — 5월 27일에 昌谷詩 五月二十七日作 <sub>창곡시 오월이십칠일작</sub>

| | |
|---|---|
| 昌谷五月稻 <sub>창곡오월도</sub> | 창곡의 오월 벼잎은 |
| 細青滿平水 <sub>세청만평수</sub> | 작고 푸른 것이 가득 찬 수면 같다.[1] |
| 遙巒相壓疊 <sub>요만상압첩</sub> | 멀리 산들이 겹겹이 늘어서 있고 |
| 頹綠愁墮地 <sub>퇴록수타지</sub> | 시들어 가는 녹음은 땅에 떨어질까 걱정한다. |
| 光潔無秋思 <sub>광결무추사</sub> | 깨끗한 햇살엔 가을에 대한 걱정 전혀 없고 |
| 涼曠吹浮媚 <sub>양광취부미</sub> | 시원한 들판엔 풀들이 바람에 살랑거린다. |
| 竹香滿凄寂 <sub>죽향만처적</sub> | 대나무 향기엔 쓸쓸한 적막이 가득한데 |
| 粉節塗生翠 <sub>분절도생취</sub> | 마디에 가루 묻힌 채 길 위에 푸른 죽순 돋아난다. |
| 草髮垂恨鬢 <sub>초발수한빈</sub> | 풀잎은 한 서린 귀밑머리처럼 늘어져 있고 |
| 光露泣幽淚 <sub>광로읍유루</sub> | 햇살 받은 이슬은 어둑한 눈물 흘린다. |
| 層圍爛洞曲 <sub>층위란동곡</sub> | 찬란하게 마을 모퉁이를 겹겹이 둘러싼 |
| 芳徑老紅醉 <sub>방경로홍취</sub> | 향기로운 길에는 시들어 가는 붉은 꽃들 취한 듯 흔들린다. |
| 攢蟲鍿古柳 <sub>찬충수고류</sub> | 늙은 버드나무에는 벌레들이 들러붙어 갉아대고 |
| 蟬子鳴高邃 <sub>선자명고수</sub> | 매미는 높은 나무 그늘에서 울어댄다. |
| 大帶委黃葛 <sub>대대위황갈</sub> | 큰 허리띠 같은 칡은 누렇게 시들어가고 |
| 紫蒲交狹涘 <sub>자포교협사</sub> | 자줏빛 어린 창포는 좁은 물가에 얽혀 있다. |

| 석 전 치 부 자 |
| 石錢差復籍 | 바위의 이끼는 삐죽삐죽 겹쳐 자라고
| 후 엽 개 반 니 |
| 厚葉皆蟠膩 | 두터운 나뭇잎은 모두 윤기 내며 우거져 있다.
| 태 사 호 평 백 |
| 汰沙好平白 | 물결이 밀어놓은 모래는 어찌나 고르고 하얀지!
| 입 마 인 청 자 |
| 立馬印青字 | 서 있는 말은 푸른 풀밭에 글자처럼 찍혀 있다.[2]
| 만 린 자 오 유 |
| 晚鱗自遨遊 | 저물녘 물고기들은 제멋대로 놀러다니고
| 수 곡 명 단 치 |
| 瘦鵠暝單峙 | 마른 학[3]은 어둑한 들에 홀로 우뚝 서 있다.
| 요 료 습 고 성 |
| 嘹嘹濕蛄聲 | 찌르륵찌르륵 축축한 땅강아지 소리[4]
| 열 원 경 천 기 |
| 咽源驚濺起 | 샘물 소리 삼키며 갑작스레 들려온다.
| 우 완 옥 진 로 |
| 紆緩玉真路 | 구불구불 신녀神女의 사당으로 가는 길[5]
| 신 아 혜 화 리 |
| 神娥蕙花裏 | 신녀는 혜란蕙蘭꽃 속에 묻혀 있다.
| 태 서 영 간 력 |
| 苔絮縈澗礫 | 이끼 뭉치는 계곡의 조약돌에 감겨 있고
| 산 실 수 정 자 |
| 山實垂楨紫 | 산속의 열매 빨갛게 늘어뜨려 있다.
| 소 백 엄 중 선 |
| 小柏儼重扇 | 작은 잣나무는 정말 겹겹의 부채 같고
| 비 송 돌 단 수 |
| 肥松突丹髓 | 살찐 소나무에선 단사액丹沙液처럼 발그레한 송진이 솟는다.
| 명 류 주 향 운 |
| 鳴流走響韻 | 졸졸 내달리며 물소리 노래처럼 울리고
| 농 추 타 광 수 |
| 壟秋拖光穗 | 밭이랑에 맥추麥秋[6]가 와 반짝이는 보리이삭 땅에 끌린다.
| 앵 창 민 녀 가 |
| 鶯唱閩女歌 | 꾀꼬리는 민閩[7] 땅 여인들의 노래처럼 울어대고
| 폭 현 초 련 피 |
| 瀑懸楚練帔 | 폭포는 초楚 땅 여인들의 명주치마처럼 걸려 있다.
| 풍 로 만 소 안 |
| 風露滿笑眼 | 바람 맞은 이슬은 웃는 눈동자처럼 꽃잎에 가득하고

| 병암잡서추 | |
|---|---|
| 骈巖雜舒崷 | 나란히 솟은 바위 깎아지른 모습으로 뒤섞여 있다. |
| 난소병석령 | |
| 亂篠迸石嶺 | 바위고개에는 작은 대나무 어지럽게 자라고 |
| 세경훤도비 | |
| 細頸喧島毖 | 물 가운데 작은 섬에선 목이 가는 새가 지저귄다. |
| 일각소혼예 | |
| 日脚掃昏翳 | 햇살이 어둑한 숲 그늘을 쓸면 |
| 신운계화비 | |
| 新雲啓華閟 | 새로 떠오른 구름이 화려하고 깊은 자태 드러낸다. |
| 밀밀염하광 | |
| 謐謐厭夏光 | 구름은 고요하게 여름 햇빛을 누르고 |
| 상풍도청기 | |
| 商風道淸氣 | 가을바람[8]은 맑은 공기 이끌어온다. |
| 고명전옥용 | |
| 高明展玉容 | 높고 밝은 곳에 올라 신녀의 옥 같은 얼굴 뵙고[9] |
| 소계사천궤 | |
| 燒桂祀天几 | 계수나무 향 태워 신녀의 안석[几]에 제사 올린다.[10] |
| 무의야피불 | |
| 霧衣夜披拂 | 선녀의 안개 옷 밤이 되면 바람에 나부끼니 |
| 면단몽진수 | |
| 眠壇夢眞粹 | 제단에서 잠들며 참답고 순수한 모습 꿈꾸지. |
| 대가서란로 | |
| 待駕棲鸞老 | 황제의 왕림 기다리다 낡아버린 수레의 난새 장식[11] |
| 고궁초벽비 | |
| 故宮椒壁圮 | 무너져버린 옛 궁궐의 산초 향 바른 벽.[12] |
| 홍롱삭령향 | |
| 鴻瓏數鈴響 | 딸랑딸랑 처마 아래 방울이 울리니 |
| 기신발량사 | |
| 羈臣發涼思 | 타국을 떠도는 신하는 처량한 생각에 잠긴다. |
| 음등속주건 | |
| 陰藤束朱鍵 | 무성한 등나무 덩굴 붉게 녹슨 자물쇠를 묶고 |
| 용장착소매 | |
| 龍帳着魈魅 | 용무늬 휘장엔 온갖 도깨비들[13]이 붙어 있다. |
| 벽금첩화정 | |
| 碧錦帖花檉 | 푸른 비단에는 꽃 피운 능수버들이 수놓아져 있고 |
| 향금사잔귀 | |
| 香衾事殘貴 | 향기로운 이불은 스러진 귀인貴人[14]을 섬기고 있다. |

| 가 진 두 목 재 |  |
|---|---|
| 歌塵蠹木在 | 노랫소리에 먼지 떨리던 대들보[15]는 좀들에게 파먹히고 |
| 무 채 장 운 사 |  |
| 舞綵長雲似 | 무희들의 화려한 옷은 구름처럼 길게 걸려 있다. |
| 진 양 할 수 단 |  |
| 珍壤割繡段 | 진귀한 땅은 비단 조각처럼 나뉘고 |
| 이 속 조 풍 의 |  |
| 里俗祖風義 | 마을 사람들은 올바른 풍속을 따른다.[16] |
| 인 흉 불 상 저 |  |
| 鄰凶不相杵 | 이웃에 흉한 일 있으면 절구질 소리 들리지 않게 하고[17] |
| 역 병 무 사 사 |  |
| 疫病無邪祀 | 역병이 돌아도 사이邪異한 제사 따위는 올리지 않는다. |
| 태 피 식 인 혜 |  |
| 鮐皮識仁惠 | 노인들[18]은 어질고 은혜로운 마음을 알고 |
| 관 각 지 전 치 |  |
| 丱角知靦恥 | 처녀총각들[19]은 부끄러워할 줄 알지. |
| 현 성 사 형 관 |  |
| 縣省司刑官 | 마을 관청에는 형벌 담당하는 관리 없고 |
| 호 핍 후 조 리 |  |
| 戶乏詬租吏 | 집집마다 세금 거두는 관리 욕하는 일 없다. |
| 죽 수 첨 타 간 |  |
| 竹藪添墮簡 | 대밭이 무성하니 훼손된 책 보충하기 좋고 |
| 석 기 인 구 이 |  |
| 石磯引鉤餌 | 강가의 바위는 낚시꾼을 끌어들인다.[20] |
| 계 만 전 수 대 |  |
| 溪灣轉水帶 | 계곡 물은 둥글게 띠를 이루며 돌아 흐르고 |
| 파 초 경 촉 지 |  |
| 芭蕉傾蜀紙 | 파초 잎은 촉蜀 땅의 종이처럼 비스듬히 늘어졌다. |
| 잠 광 황 곡 금 |  |
| 岑光晃縠襟 | 산봉우리의 빛[21]은 명주 소매에 비쳐 빛나고 |
| 고 경 불 번 사 |  |
| 孤景拂繁事 | 저무는 태양은 번잡한 세상사 떨쳐버리게 한다. |
| 천 준 도 재 주 |  |
| 泉樽陶宰酒 | 샘 같은 술잔에 넘실거리는 도잠陶潛의 술[22] |
| 월 미 사 랑 기 |  |
| 月眉謝郎妓 | 초승달 같은 눈썹 예쁜 사안謝安의 기녀들.[23] |
| 정 정 유 종 원 |  |
| 丁丁幽鍾遠 | 뎅뎅 그윽한 종소리 멀리 퍼지면 |

| 교교단비지 |
| 矯矯單飛至 | 높다랗게 새 한 마리 날아온다.
| 하헌은차아 |
| 霞巘殷嵯峨 | 노을 속의 낭떠러지는 어둑하게 높이 솟았고
| 위류성쟁차 |
| 危溜聲爭次 | 가파른 여울에 물소리 다투어 이어진다.
| 담아류평벽 |
| 淡蛾流平碧 | 맑은 달은 잔잔하고 푸른 물속을 흐르는데
| 박월묘음췌 |
| 薄月眇陰悴 | 기울어가는 모습 희미한 구름에 가려 초췌하다.
| 양광입간안 |
| 涼光入澗岸 | 서늘한 빛이 계곡 물가로 들어와
| 확진산중의 |
| 廓盡山中意 | 산속의 흥취 더없이 즐기게 한다.
| 어동하소망 |
| 漁童下宵網 | 고기 잡는 아이들 밤에 그물을 치면
| 상금송연시 |
| 霜禽竦烟翅 | 서리처럼 하얀 새들 화들짝 안개 같은 날개 퍼덕인다.
| 담경활교연 |
| 潭鏡滑蛟涎 | 거울 같은 못은 교룡蛟龍의 침처럼 매끄럽고
| 부주엄어희 |
| 浮珠唵魚戲 | 벙긋거리는 물고기들의 입장난에 구슬 같은 거품들[24] 떠다닌다.
| 풍동요갑슬 |
| 風桐瑤匣瑟 | 바람 맞은 오동나무는 멋진 거문고처럼 음악을 연주하고
| 형성금성사 |
| 螢星錦城使 | 별빛 같은 반딧불들은 금성錦城을 찾아온 사자使者 같다.[25]
| 유철장표대 |
| 柳綴長縹帶 | 버들가지는 긴 비단 허리띠처럼 꿰어 있고
| 황도단적취 |
| 篁掉短笛吹 | 대나무는 바람에 소리내는 피리처럼 짤막하다.
| 석근연록선 |
| 石根緣綠蘚 | 돌 뿌리는 푸른 이끼에 이어져 있고
| 노순추단지 |
| 蘆筍抽丹漬 | 갈대 순은 붉은 흙탕물 속에서 자라 오른다.
| 표선롱천영 |
| 漂旋弄天影 | 거품 떠도는 소용돌이엔 하늘 그림자 일렁이고

| 古檜拏雲臂 | 늙은 노송나무는 구름 잡을 듯 팔을 뻗쳤다. |
| 愁月薇帳紅 | 시름겨운 달빛 아래 장미는 붉은 장막 드리우니 |
| 罥雲香蔓刺 | 구름 걸친 가시 덩굴에 향기가 가득하다. |
| 芒麥平百井 | 수염 자란 보리밭 넓고 평평하게 펼쳐졌고 |
| 閒乘列千肆 | 평온한 마을에는 수많은 가게 늘어섰다.[26] |
| 刺促成紀人 | 세사에 시달리는 성기成紀 사람은[27] |
| 好學鴟夷子 | 치이자피鴟夷子皮[28]나 잘 본받아야지. |

---

1) 이 구절을 "가는 풀은 가을물처럼 평탄하네.(細草平秋水.)"라고 쓴 판본도 있다.
2) 이 구절의 해석에 대해서는 이견이 엇갈린다. 기존의 설명들은 대개 두 부류로 나뉘는데, 하나는 실제로 말에 '청靑'이라는 글자로 낙인烙印을 찍은 것이라고 여기는 것이고, 다른 하나는 말이 풀밭에 서 있는 모습이 마치 푸른 바탕에 써놓은 글자처럼 점점이 눈에 들어오는 모습, 혹은 말들의 발자국이 글자 모양으로 찍힌 것을 묘사한 것이라는 것이다. 전자의 경우는 원래 관청 소유의 말이 민간에 내려지는 바람에, 그 소속을 나타내는 '청'이라는 낙인이 찍혀 있다는 것인데, 이 설명은 조금 부자연스럽다. 또한 '서 있는' 말의 발자국이 글자 모양으로 찍혀 있다는 설명도 어딘지 어색해 보인다.
3) 옛 글에서 고니를 나타내는 '곡鵠'은 종종 학을 나타내는 '학鶴'과 통용通用되곤 했으니, 흰머리를 나타내는 말로 '곡발鵠髮'과 '학발鶴髮'이 같이 쓰이는 것이 그 증거이다.
4) 『본초경本草經』에 따르면, '땅강아지[螻蛄]'는 땅에 굴을 파고 사는데, 날개가 짧고 다리가 네 개이다. 수놈은 우는 소리를 잘 내고 날 줄도 알지만, 암놈은 몸집이 크고 날개가 작아 날 줄을 몰라서 바람을 마시고 흙을 먹으며 살고, 불빛을 좋아한다고 했다. 여기서는 땅강아지가 땅에 굴을 파고 살기 때문에 '축축한'이라는 형용사를 써서 묘사했다.
5) 본래 이 구절에는 '원주元注'라 하여, "(이곳이) 측천무후則天武后가 순행했던 길에 가깝다(近武后巡幸路)"라는 설명이 붙어 있었다. 그러나 왕기는 그것이 이하가 직접 붙인 주석이 아닐 것이라고 했다. 또한 여기서 '옥진玉眞'은 '옥녀玉女'를 가리키며, 다음 구절에 언급된 '신아神娥', 즉 '신녀神女'와 같다고 설명했다. 특히 그는 다음 구절에

서 "신녀가 혜란꽃 속에 묻혀 있다"는 내용으로 보건대, 이 길이 난향신녀묘蘭香神女廟로 통하는 길을 높은 곳에서 바라보고 묘사한 것임이 분명하다고 지적했다.
6) 왕기의 주석에서는 본문의 '추秋'를 '추楸', 즉 개오동나무로 풀이하면서, 이 구절은 밭이랑의 개오동나무 줄기가 아래로 늘어진 모양이 마치 벼이삭이 늘어진 모습과 비슷하다는 뜻이라고 했다. 그러나 예총치의 주석에서는 북방의 오월은『예기』에서 말한 '맹하孟夏의 달'이자 보리가 익는 계절인 '맥추麥秋'에 해당한다고 지적했는데, 번역자도 이 설명이 더 타당하다고 여겨 따른다.
7) 지금의 푸지앤성福建省 일대를 가리킨다.
8) 왕기의 주석에 인용된『세화기려歲華紀麗』에 따르면, 가을바람을 '상풍商風'이라 부른다고 했다. 여기서는 맑고 시원한 바람을 가리킨다.
9) 본문의 이 구절을 "고면복옥용高眠復玉容" 또는 "고면복옥용高眠服玉容"으로 쓴 판본들도 있으나, 그럴 경우 뜻이 명확하지 않기 때문에, 여기서는 예총치가 채택한 오여륜吳汝綸의 판본을 따랐다.
10) 이 구절 뒤에는 다음과 같은 '원주元注'가 붙어 있다. "창곡은 여산-지금의 허난성河南省 푸창현福昌縣 서남쪽에 있는 여궤산女几山-고개와 이어져 있다. 그 산은 난향신녀가 하늘로 올라간 곳으로, 그녀가 남긴 안석[几]이 거기에 있다.(谷與女山嶺阪相承, 山卽蘭香神女上天處也, 遺几在焉.)"
11)『당서·지리지』에 따르면 당나라 고종高宗의 현경顯慶 2년(657)에 하남부 복창현에 있던 옛 수隋나라의 복창궁福昌宮을 다시 세웠는데, 본문의 '서란棲鸞'은 한나라 때의 건장궁建章宮에 있던 구리로 만든 봉황의 모습을 본떠 만든 난새 모양의 장식물이다.
12) 「회계에서 돌아오며-서문과 함께」에 대한 주석 3)을 참조하기 바란다. 한편 이 구절에는 "복창궁은 창곡의 동쪽에 있다(福昌宮在谷之東)"라는 '원주'가 붙어 있다.
13) 본문의 '소매魈魅'는 각종 요괴와 도깨비들을 가리킨다.『포박자』에 따르면, 산의 요정 가운데 어린애처럼 생긴 데에다 외발로 뒤로 걸으면서 밤이 되면 사람을 건드리기 좋아하는 놈을 일컬어 '소魈'라고 하는데, 그 이름을 부르면 나쁜 짓을 할 수 없다고 했다. 또『설문해자』에서 '매魅'는 늙은 요정[老精物]이라고 했는데,『주례』의 주석에 따르면 그놈은 사람의 얼굴에 짐승의 몸뚱이를 하고 있고 발이 네 개인데 사람을 미혹하기를 좋아한다고 했다.
14) 예총치의 주석에 따르면, 복창궁은 측천무후를 섬기는 사당 같은 역할을 했을 가능성이 크다고 했다. 그러므로 여기서 말하는 '귀인'은 측천무후를 가리킨다고 하겠다.
15) 유향劉向의『별록別錄』에 따르면, 한나라 왕조가 일어난 이래 좋은 노래를 잘 부른 사람으로는 노魯나라 출신의 우공虞公이 유명했는데, 그가 노래를 부르면 그

애절함이 대들보 위의 먼지를 떨리게 할 정도였다고 한다.
16) 궁궐 양쪽의 좋은 땅은 조각조각 사람들에게 팔려 농사짓는 땅이 되었고, 창곡의 사람들은 올바른 풍속을 따르기 때문에 미신을 믿지 않는다는 뜻이다.
17) 『예기』에 따르면, "이웃에 초상이 나면 절구질 소리가 들리지 않게 한다(鄰有喪, 舂不相)"고 했다.
18) 『이아』에 대한 형병邢昺의 주석[疏]에 따르면, 노인은 기가 쇠약해져서 피부가 마르고, 등은 복어처럼 반점이 생긴다고 했다.
19) 본문의 '관각丱角'은 어린아이의 머리를 두 갈래로 나누어 머리 양쪽에 뿔 모양으로 잡아맨 것을 가리키는데, 일반적으로 어린 남녀를 아울러 칭하는 말이다.
20) 본문의 '구이鉤餌'를 '인이紉餌'로 쓴 판본도 있다.
21) 본문의 '잠광岑光'을 '잠색岑色'으로 쓴 판본도 있다.
22) 『송서宋書』에 따르면, 안연지顏延之는 심양潯陽에 있을 때 도잠과 우의가 깊었는데, 나중에 시안군始安郡에 부임하자 종종 도잠을 찾아가서 매번 취하도록 마시곤 했다. 나중에 그는 다른 곳으로 떠나면서 도잠에게 이만 냥을 주었는데, 도잠은 그것을 모두 술집에 맡겨두고 조금씩 술을 마셨다고 한다. 여기서는 도잠이 팽택彭澤에서 현령縣令을 지낸 적이 있기 때문에 '도재陶宰'라 칭했다.
23) 『세설신어』와 『문장지文章志』의 기록들에 따르면, 사안은 마음 씀씀이가 일상적인 예절에 구애되지 않고 자유로워서 항상 기녀를 끼고 마음대로 놀러 다녔다고 한다.
24) 본문의 '부주浮珠'를 여기서는 일반적인 주석들을 따라서 '물 위에 뜬 거품'으로 풀이했으나, '물에 비친 별빛'으로 풀이해도 좋을 듯하다.
25) 『화양국지華陽國志』에 따르면, 동한東漢 때의 이합李郃이 익주益州, 즉 금성錦城(지금의 쓰촨성 청두시成都市)의 후리후사候吏(접대를 담당하는 아전)가 되었는데, 화제和帝(89~105 재위)가 미복微服 차림의 사자 두 명을 파견했다. 그들은 촉蜀 땅에 이르러 이합의 관사에서 하루를 묵었는데, 이합은 그들에게 술을 내주고 이슬을 맞으며 함께 마셨다. 그러다가 이합은 자신이 두 사자가 출발하는 날부터 알고 있었다고 말했다. 두 사자가 이상하게 생각하고 그 이유를 묻자, 이합은 자신이 천문을 살펴보니 두 개의 사성使星이 익주 지역으로 들어오더라고 대답했다 한다.
26) 공영달의 『예기정의禮記正義』에 따르면, 옛날에는 아홉 명의 농부에게 할당된 농토(각기 백 묘畝씩 모두 9백 묘)를 정井이라 했고, 4개의 정이 모이면 읍邑, 4개의 읍이 모이면 구邱, 다시 4개의 구가 모이면 승乘이 되었다고 했다.
27) 이하 자신을 일컫는 말로, 당나라 때의 이씨李氏는 한나라 때에 농서隴西 성기 출신으로 이름을 날린 이광李廣의 후손이기 때문에 이렇게 표현한 것이다.
28) 춘추시대 월越나라의 범려范蠡는 월나라 왕 구천勾踐을 도와 오吳나라에 복수하고 나자, 벼슬을 버리고 강호로 은거했다. 먼저 제齊나라로 가서 이름을 '치이자피'라

바꾸어 살았고, 나중에 도陶 땅으로 가서 '주공朱公'이라 칭하면서 엄청난 부를 축적했다가, 나중에 백성들에게 모두 나눠주었다고 한다.

## 구리 낙타[1]의 슬픔 銅駝悲

| | |
|---|---|
| 落魄三月罷 | 실의에 빠진 채 삼월도 저물어 가는데 |
| 尋花去東家 | 꽃 찾아 동쪽 집으로 간다. |
| 誰作送春曲 | 뉘라서 봄을 보내는 노래 지어주랴? |
| 洛岸悲銅駝 | 낙수洛水 가에서 구리 낙타 슬퍼한다. |
| 橋南多馬客 | 천진교天津橋 남쪽엔 말 탄 유람객들 많이 지나고 |
| 北山饒古人 | 북망산北邙山에는 옛 사람들의 무덤 즐비하구나. |
| 客飮杯中酒 | 나그네는 잔속의 술을 마시고 |
| 駝悲千萬春 | 낙타는 천만 년을 오가는 봄을 슬퍼한다. |
| 生世莫徒勞 | 세상에 태어나 헛된 수고만 하지 말지니 |
| 風吹盤上燭 | 바람이 접시 위의 촛불을 부는구나. |
| 厭見桃株笑 | 흐드러지게 핀 복사꽃 지겹게 보았기에[2] |
| 銅駝夜來哭 | 구리 낙타는 밤이 되면 슬피 울지. |

---

1) 『낙양기洛陽記』에 따르면, 한나라 궁궐 남쪽 네거리에 높이가 아홉 자나 되는 구리 낙타 두 마리를 주조해 마주보게 세워두었는데, 머리는 양과 같고 목은 말을

닮았다고 했다. 당시 민간에서는 "금마문金馬門 밖에는 많은 현자賢者들이 모여 있고, 동타가銅駝街 거리에는 젊은이들이 모여 있다"고 했는데, 이는 낙양에 인물들이 많이 모여 있었음을 비유한 것이다. 전중련錢仲聯의 『이하연보회전李賀年譜會箋』에 따르면, 이 시는 원화 4년(809)에 이하가 진사 시험에 급제하지 못하고 장안을 떠나 낙양으로 간 후에 지은 것이라고 했다.
2) 유지기劉知幾의 『사통史通』에서는 당나라 때의 속된 문인들이 새가 우는 것을 '울부짖는다[啼]'고 표현하고, 꽃이 피는 것을 '웃는다[笑]'고 표현한다고 지적했다.

## 창곡에서 낙양의 후문까지 自昌谷到洛後門
<sub>자창곡도락후문</sub>

| | |
|---|---|
| 九月大野白 <sub>구월대야백</sub> | 9월의 넓은 들은 공활하고 |
| 蒼岑竦秋門 <sub>창잠송추문</sub> | 짙푸른 산봉우리 가을의 대문처럼 솟아 있다. |
| 寒涼十月末 <sub>한량시월말</sub> | 쌀쌀한 10월 말<sup>1)</sup>이면 |
| 雪霰蒙曉昏 <sub>설산몽효혼</sub> | 눈송이들이 어둑한 새벽을 덮지. |
| 澹色結晝天 <sub>담색결주천</sub> | 대낮의 하늘엔 암담한 색이 맺혀 있고 |
| 心事塡空雲 <sub>심사전공운</sub> | 심사는 창공을 메운 구름 같다. |
| 道上千里風 <sub>도상천리풍</sub> | 길에는 천리 먼 곳에서 바람이 불어오고 |
| 野竹蛇涎痕 <sub>야죽사연흔</sub> | 들판 대숲에는 뱀들이 침 흘린 자국 남아 있다. |
| 石澗凍波聲 <sub>석간동파성</sub> | 돌 사이 계곡에선 얼음 속을 흐르는 물소리 들리고 |
| 雞叫淸寒晨 <sub>계규청한신</sub> | 맑고 쌀쌀한 새벽에 닭이 운다. |
| 强行到東舍 <sub>강행도동사</sub> | 억지로 길 떠나 동쪽 집<sup>2)</sup>에 도착하여 |

| 해마투구린 | |
|---|---|
| 解馬投舊鄰 | 말을 풀어놓고 옛날 이웃집에 묵었다. |
| 동가명료자 | |
| 東家名廖者 | 동쪽 집에는 이름이 요廖인 이가 있는데 |
| 향곡전성신 | |
| 鄕曲傳姓辛 | 그 마을에 전해지는 성은 신辛씨란다.[3] |
| 장두비음주 | |
| 杖頭非飮酒 | 지팡이 끝에 건 돈[4]은 술 마시려는 것이 아니라 |
| 오청조기인 | |
| 吾請造其人 | 내 그 점쟁이를 찾아가려는 것이지. |
| 시욕남거초 | |
| 始欲南去楚 | 처음엔 남쪽 초楚 땅으로 갔다가 |
| 우장서적진 | |
| 又將西適秦 | 다시 서쪽 진秦 땅[5]으로 가려 했지. |
| 양왕여무제 | |
| 襄王與武帝 | 초 양왕襄王과 한 무제武帝는 |
| 각자류청춘 | |
| 各自留靑春 | 각기 푸른 봄 같은 명성[6] 남겼지. |
| 문도란대상 | |
| 聞道蘭臺上 | 듣자 하니 난대蘭臺[7] 위에는 |
| 송옥무귀혼 | |
| 宋玉無歸魂 | 송옥宋玉[8]의 영혼 돌아오지 않았다 한다. |
| 상표량항자 | |
| 緗縹兩行字 | 책[9]에 적힌 두 줄 글은 |
| 칩충두추운 | |
| 蟄蟲蠹秋芸 | 숨은 벌레들이 운향芸香[10]까지 파먹어버렸다. |
| 위탐진대의 | |
| 爲探秦臺意 | 진나라 누대樓臺[11] 찾아온 뜻이 |
| 기명여부신 | |
| 豈命余負薪 | 어찌 날더러 나무나 하며 살라는 것이겠는가! |

---

1) 본문의 '시월十月'을 '교월交月'로 쓴 판본도 있다.
2) 이하가 낙양에 있을 때 머물던 집이다.
3) 『좌전·민공閔公 1년』에는 필만畢萬의 벼슬길에 대해 점을 쳐준 진晉나라의 대부 大夫 신료辛廖에 대한 기록이 있다. 여기서는 점쟁이를 가리킨다.
4) 『세설신어』에 따르면 완선자阮宣子(완수阮修)는 항상 길을 걸어갈 때 지팡이 끝에

100냥의 돈을 걸고 다니다가, 술집을 만나면 혼자 술을 마셨다고 한다.
5) 낙양이 옛 진나라 땅에 속하기 때문에 이렇게 표현했다.
6) 두 군주(이들에 대해서는 「말을 주제로 한 23편의 시」 제13수와 제23수에 있는 주석을 참조하기 바란다)가 모두 인재를 아꼈음을 칭송한 것이다.
7) 「나부산 산사람이 갈포를 주다」에 대한 주석 3)를 참조하기 바란다.
8) 송옥은 「초혼招魂」을 지어 굴원屈原의 영혼을 부르려 했다고 한다. 여기서는 그 일과는 상관없이, 남쪽 초 땅에 더 이상 글재주를 가진 인재가 나오지 않는다는 것을 의미하고 있다.
9) 본문의 '상표緗縹'는 원래 상질緗帙과 표낭縹囊을 가리키는데, 여기서는 책을 의미한다. 상질은 옅은 황색의 비단으로 만든 책을 담는 작은 상재[匣]를 가리키고, 표낭은 하늘색 비단으로 만든 책 주머니를 가리킨다.
10) '칠리향七里香'이라고도 부르는 '운향'은 완두콩처럼 생긴 식물로 무리지어 자라는데, 그 잎이 매우 향기롭다. 가을이 지나면 잎에 하얀 가루가 덮인 것처럼 색이 변하는데, 이것을 따서 방석이나 책 속에 넣어두면 벌레가 끼지 않는다고 한다.
11) 낙양을 가리킨다. 마지막 두 구절은 인재를 아끼는 낙양에서 입신양명의 뜻을 이루겠다는 의지를 나타내고 있다.

## 7월 1일 새벽에 태행산[1]을 들어서며
### 七月一日曉入太行山
칠 월 일 일 효 입 태 행 산

一夕繞山秋   하룻밤 사이에 가을 기운이 산을 둘러
일 석 요 산 추

香露溢蒙菉   송라松蘿에도 조개풀에도[2] 향긋한 이슬 맺혔다.
향 로 합 몽 록

新橋倚雲阪   새로 만든 다리 구름 걸린 산비탈에 기대 있고
신 교 의 운 판

候蟲嘶露樸   계절에 맞춰 나타난 벌레들 이슬 젖은 숲에서 울어댄다.
후 충 시 로 박

洛南今已遠   낙양 남쪽의 창곡昌谷[3]은 이미 멀어졌으니
낙 남 금 이 원

越衾誰爲熟   월越 땅의 비단으로 만든 이불[4]은 누굴 위해 덮힐까?
월 금 수 위 숙

| 석기하처처 | |
|---|---|
| 石氣何淒淒 | 바위 기운은 쓸쓸하기 그지없고 |
| 노사여단족 | |
| 老莎如短鏃 | 사초莎草[5] 잎사귀는 짧은 화살처럼 날카롭다. |

---

1) 산서山西, 하남河南, 직예直隷의 세 성省에 동서로 걸쳐 있는 광대한 산맥을 일컫는다. 지역에 따라 항악恒岳, 곽진霍鎭, 중조中條, 오대五臺 등의 명칭으로 불리는데, 실은 이것들은 모두 태행산의 지맥支脈을 일컫는 명칭들일 뿐이다.
2) 『이아』에 따르면, '몽蒙'은 왕녀王女를 가리키는데, 이것은 '여라女蘿' 또는 '송라松蘿'라고 불리는 소나무 겨우살이를 말한다. '황초黃草'라고도 불리는 조개풀[菉]은 줄기가 가는 덩굴식물로, 즙이 많은 그 잎은 염료染料로 사용된다. 약재로 쓰일 때는 담죽엽淡竹葉이라 불린다.
3) 이하의 고향을 가리킨다. 본문의 '낙남洛南'을 '낙양洛陽'으로 쓴 판본도 있다.
4) 고향에 두고 온 아내를 그리는 표현인 듯하다.
5) '뇌공두雷公頭', '속근초續根草'라고도 하며, 땅 밑의 뿌리는 '향부자香附子'라 하여 약초로 사용된다.


## 쌀쌀한 가을 — 춘방정자[1]로 있는 열두번째 형에게

추량시  기정자십이형
秋凉詩 寄正字十二兄

| 폐문감추풍 | |
|---|---|
| 閉門感秋風 | 문을 걸어 닫으니 가을바람 느껴지는데 |
| 유자임계활 | |
| 幽姿任契闊 | 형님의 그윽한 자태 뵙지 못한 지 오래군요. |
| 대야생소공 | |
| 大野生素空 | 큰 들엔 깨끗한 공기 피어나는데 |
| 천지광숙살 | |
| 天地曠肅殺 | 드넓은 하늘과 땅은 쓸쓸하기 그지없습니다. |
| 노광읍잔혜 | |
| 露光泣殘蕙 | 반짝이는 이슬[2]은 혜초蕙草 시들어감에 눈물 흘리고 |

| 蟲響連夜發 | 벌레소리는 밤마다 들려옵니다. |
| 房寒寸輝薄 | 싸늘한 방에는 등불마저 희미하고 |
| 迎風絳紗折 | 붉은 비단 휘장은 바람에 꺾여 나부낍니다. |
| 披書古芸馥 | 책을 펼치니 묵은 운향芸香[3] 냄새 풍기고 |
| 恨唱華容歇 | 한 맺힌 노래 부르다 고운 얼굴도 시들었습니다. |
| 百日不相知 | 백일 동안이나 소식 주고받지 못했으니 |
| 花光變涼節 | 서늘한 계절에 꽃빛깔도 바뀌었겠지요. |
| 弟兄誰念慮 | 아우와 형 사이야 누가 걱정하겠습니까? |
| 牋翰旣通達 | 편지로 이미 사정을 잘 알 수 있는 걸요. |
| 靑袍度白馬 | 푸른 도포[4]에 흰 말 타고 다니며 |
| 草簡奏東闕 | 상소의 글[5] 써서 동궁東宮에 아뢰겠지요. |
| 夢中相聚笑 | 꿈속에서 함께 모여 담소를 나눴는데 |
| 覺見半牀月 | 깨어보니 달빛이 침상에 반쯤 비추고 있습니다. |
| 長思劇循環 | 기나긴 그리움 꼬리 물고 한없이 이어져 |
| 亂憂抵覃葛 | 어지러운 마음 칡덩굴처럼 얽혀 있습니다. |

---

1) 「춘방정자의 칼」에 대한 주석 1)을 참조하기 바란다.
2) 본문의 '노광露光'을 '광로光露'로 쓴 판본도 있다.
3) 「창곡에서 낙양의 후문까지」에 대한 주석 10)을 참조하기 바란다.
4) 당나라 때 정자正字는 종구품從九品의 관직이기 때문에 푸른 관복을 입었다. 본문의 '백마白馬'를 '수마瘦馬'로 쓴 판본도 있다.

5) 『진서・부현전傅玄傳』에 따르면, 부현이 어사중승御史中丞으로 있을 때 저녁에 탄핵할 일이 생기면 하얀 수판手板(=홀笏)을 들고 의관을 바로 한 채 앉아서 잠들지 않고 날이 새기를 기다렸다고 한다. 이 때문에 후세에 탄핵의 내용을 아뢰는 것을 일컬어 '백간白簡'이라고 부르게 되었다고 한다. 여기서는 그냥 상소할 내용을 가리킨다.

# 시귀詩鬼의 노래

## 권4卷四

## 쑥이 무성하게 艾如張[1]

| | |
|---|---|
| 錦襜褕 (금첨유) | 옷자락 반듯한 비단 홑옷 |
| 繡襠襦 (수당유) | 수놓은 바지와 웃옷.[2] |
| 强飮啄 (강음탁) | 힘써 먹이 찾아서 |
| 哺爾雛 (포이추) | 새끼 먹여 키우지.[3] |
| 隴東臥穟滿風雨 (농동와수만풍우) | 밭이랑 동쪽 쓰러진 혜초蕙草엔 비바람 가득 몰아치나니 |
| 莫信籠媒隴西去 (막신롱매롱서거) | 믿지 마라, 새장 속의 미끼 새[4]가 밭이랑 서쪽으로 갔다는 소문. |
| 齊人織網如素空 (제인직망여소공) | 제齊나라 사람이 짠 그물은 공기처럼 흔적 없는데 |
| 張在野田平碧中 (장재야전평벽중) | 밭 위[5] 푸른 곡식 위에 펼쳐져 있단다. |
| 網絲漠漠無形影 (망사막막무형영) | 넓게 펼쳐진 그물은 형체도 그림자도 없어 |
| 誤爾觸之傷首紅 (오이촉지상수홍) | 잘못 건드리면 머리에 붉은 상처 난단다. |
| 艾葉綠花誰剪刻 (애엽록화수전각) | 초록빛 꽃 같은 쑥잎[6] 누가 잘라 만들었나? |
| 中藏禍機不可測 (중장화기불가측) | 그 속에 감춰진 재앙의 기미 짐작할 수 없구나. |

---

1) 『송서宋書』에 따르면, 한나라 때의 「고취요가鼓吹鐃歌」 18곡 가운데 「애여장」이 있다고 했는데, 그 때 '애艾'는 풀을 베어낸다는 뜻의 '예刈'와 같고, '여如'는 연사連詞 '이而'와 발음과 뜻이 모두 같다. 이 경우 노래의 제목은 '쑥대를 베어내고 참새 잡는 그물을 펼쳐놓는다'는 뜻이다. 한편, 왕기의 주석에 인용된, 『야객총서野客叢書』에

언급된 북위北魏 온자승溫子昇이 지은 노래에서는 그냥 쑥[蓬艾]이라는 뜻으로 사용되었는데, 이하 역시 그런 의미로 사용한 듯하다. 이 작품에 대해서는 여러 해석이 많지만, 대개 원화 10년(815)에 일어난 유우석劉禹錫의 '관화시안觀花詩案'과 관련된 풍자시로 보는 이가 많다. 이른바 영정혁신永貞革新이 실패하고 유종원柳宗元 등과 함께 지방으로 폄적되었던 유우석은 10년 후에 장안으로 돌아와 승진을 눈앞에 둔 시점에서 「원화 10년 낭주에서 경사로 불려와 재미 삼아 꽃구경하는 여러 군자들에게 드림(元和十年自朗州召至京戱贈看花諸君子)」이라는 시를 지었다. 그러나 이 시에는 당시 집권자들을 조롱하는 뜻이 담겨 있다고 해서 유우석은 다시 파주播州를 거쳐 연주連州로 폄적되었다. 그런데 마침 10년 전에 유우석은 연주를 거쳐 파주로 폄적된 일이 있기 때문에, 두번째 폄적에는 일종의 교묘한 경고의 의미가 담겨 있었다.

2) 두 구는 모두 꿩의 아름다운 깃털을 묘사한 것이다.
3) 『당문수당문수唐文粹』에서는 이 두 구절을 "강강탁식포이추강强强啄食哺爾雛"라고 했다.
4) 여기서는 어려서부터 사람의 손으로 기르면서 길들여 야생 꿩을 유인하여 잡는 데에 쓰는 꿩을 가리킨다. 본문의 '농매籠媒'를 '양매良媒'로 쓴 판본도 있다.
5) 본문의 '야전野田'을 '야춘野春'으로 쓴 판본도 있다.
6) 그물코를 숨기기 위해 군데군데 쑥잎을 꽂아 위장한 것을 가리킨다.

## 구름 위로 오르는 즐거움 上雲樂<sup>상운락</sup>[1]

| 비향주홍만천춘<br>飛香走紅滿天春 | 날리는 향기 속에 지나는 미녀들 보니 하늘 가득 봄이 온 듯하고 |
| 화룡반반상자운<br>花龍盤盤上紫雲 | 꽃무늬 치장한 용은 자줏빛 구름 위에 똬리 틀었다. |
| 삼천궁녀열금옥<br>三千宮女列金屋 | 3천 궁녀들이 황금 지붕 궁궐[2]에 늘어서 있고 |
| 오십현슬해상문<br>五十絃瑟海上聞 | 50개의 비파와 거문고 소리 바다에서도 들리겠지. |
| 천강쇄쇄은사로<br>天江碎碎銀沙路 | 하늘의 강[3]은 은모래 속으로 난 길에 졸졸 흐르고 |
| 영녀기중단연소<br>嬴女機中斷烟素 | 베틀 위의 장안 여인네들[4] 안개처럼 하얀 비단 잘라 |

<u>봉무의</u>
縫舞衣　　　　　춤출 때 입을 옷 만들지
<u>팔월일일군전무</u>
八月一日君前舞　8월 1일[5]에 군왕君王 앞에서 춤추기 위해.

---

1) 왕기의 주석에 인용된 『고금악록古今樂錄』에 따르면, 양梁 무제武帝는 「상운락」의 리듬에 맞춰 일곱 곡의 노래를 지었는데, 순서대로 「봉대곡鳳臺曲」과 「동백곡桐柏曲」, 「방장곡方丈曲」, 「방제곡方諸曲」, 「옥귀곡玉龜曲」, 「금단곡金丹曲」, 「금릉곡金陵曲」이다. 이 노래들의 내용은 모두 신선神仙에 관한 것이라 했다.
2) 『한무고사漢武故事』에 따르면, 한나라 무제가 어렸을 때, 그보다 나이가 훨씬 많은 공주가 그를 안아 무릎에 앉히고 나이 많은 시녀들을 가리키며, "아내를 얻고 싶니?"하고 물었다. 무제가 "필요 없어요."하고 대답하자, 공주는 다시 자신의 딸 아교阿嬌를 가리키며 마음에 드느냐고 물었다. 그러자 무제는 "아교를 아내로 얻는다면 황금 지붕의 집[金屋]에 갈무리해두겠어요."라고 대답했다고 한다. 본문의 '궁녀宮女'를 '채녀彩女'로 쓴 판본도 있다.
3) 은하수를 가리킨다. 본문의 '천강天江'을 '천하天河'로 쓴 판본도 있다.
4) 본문의 '영녀嬴女'는 원래 진秦나라 여자라는 뜻인데, 대개 '베 짜는 여자'라는 뜻으로도 널리 쓰인다. 여기서는 장안이 옛날 진나라 영토에 속했기 때문에 그 표현을 빌려 장안의 여인을 가리키고 있다. 왕기의 주석에 따르면, 이 구절을 "장안 여인네들 베틀에는 안개처럼 하얀 비단, 그 비단 잘라(嬴女機中烟素素, 斷烟素)"라고 쓴 판본도 있으나 잘못된 것인 듯하다고 했다.
5) 아마도 당시 궁중의 특별한 연회가 있는 날인 듯하나, 자세한 내용은 알 수 없다.


## 마다루자 摩多樓子[1]

<u>옥새거금인</u>
玉塞去金人　　옥문관은 금 인형이 있는 곳에서[2]
<u>이만사천리</u>
二萬四千里　　2만 4천 리나 떨어져 있고
<u>풍취사작운</u>
風吹沙作雲　　바람이 모래 몰아쳐 구름 일으키듯

| 일시도료수<br>一時渡遼水 | 순식간에 요하遼河³⁾를 건넜다. |
|---|---|
| 천백수여련<br>天白水如練 | 하늘은 맑고 물줄기는 비단을 펼쳐놓은 듯한데 |
| 갑사쌍관단<br>甲絲雙串斷 | 갑옷 꿴 두 겹 실은 끊어져 너덜거린다. |
| 행행막고신<br>行行莫苦辛 | 끝없는 행군 힘겹고 괴롭기 그지없는데 |
| 성월유잔반<br>城月猶殘半 | 성 위의 달은 아직 반이 남았다. |
| 효기삭연상<br>曉氣朔烟上 | 새벽 공기 속에 북방의 안개 피어나는데 |
| 녹촉호마제<br>趢趗胡馬蹄 | 작고 촘촘히 찍힌 북방 오랑캐의 말발굽.⁴⁾ |
| 행인림수별<br>行人臨水別 | 떠나는 사람들 강가에서 작별하는데 |
| 농수장동서<br>隴水長東西 | 농수隴水⁵⁾의 물줄기 동서로 길게 흐르네. |

---

1) 왕기의 주석에 따르면, 「마다루자」는 악부樂府의 『잡곡가사雜曲歌辭』에 수록된 곡명曲名이지만 어디에서 비롯된 것인지는 알 수 없고, 대체적으로 노래의 내용이 전쟁과 관련된 것이라고 했다.
2) 『태평환우기』에 따르면, 옥문관은 사주沙州 수창현壽昌縣에서 서남쪽으로 180리 떨어진 곳(지금의 간쑤성甘肅省 위먼현玉門縣)에 있다고 했다. 『한서·곽거병전霍去病傳』에 따르면, 한나라 무제의 원수元狩 3년(기원전 120) 봄에 곽거병은 표기장군驃騎將軍이 되어 1만 명의 기병을 이끌고 농서隴西로 가서 엿새 동안 싸웠는데, 언기산焉耆山을 지나 천리도 넘게 진격하여 휴도왕休屠王이 하늘에 제사 지낼 때 쓰던 '금 인형[金人]'을 거둬들였다고 했다.
3) 『한서·지리지』에 따르면, 거대한 요수遼水는 요동遼東의 변방 밖에서 시작하여 안시安市에 이르러 바다로 들어가는데, 그 물줄기가 1,250리나 된다고 했다. 셋째 구의 '풍취風吹'를 '풍권風卷'으로 쓴 판본도 있다.
4) 이 두 구절은 새벽에 피어나는 안개가 곧 오랑캐 기병들의 말발굽에 의해 일어난 먼지임을 묘사한 것이다.
5) 원래는 섬서성 농산隴山의 분수령分水嶺을 가리키는 말이다. 그러나 이 시에 언급된 지명들이 실제 지리적 상황에 맞는 것은 아니라서, 가령 '옥문관'과 휴도왕의

영역이 2만 4천 리나 떨어져 있다는 것은 과장이며, '요수'는 실제로 서역西域과는 반대의 곳에 위치해 있다. 그러므로 왕기의 지적처럼, 이런 지명들은 그저 높고 험한 산, 또는 먼 이역의 거대한 강물 정도로 이해하면 될 듯하다. 본문의 '농수隴水'를 '격롱隔隴'으로 쓴 판본도 있다.

## 사나운 호랑이 猛虎行

| | |
|---|---|
| 長戈莫舂 (장과막용) | 긴 창으로도 찌르지 못하고 |
| 長弩莫抨 (장노막평) | 긴 쇠뇌[1]로도 쏘아 잡지 못하지. |
| 乳孫哺子 (유손포자) | 젖먹이 손자 어린 아들도 |
| 教得生獰 (교득생녕) | 흉악하게 가르쳐놓지. |
| 擧頭爲城 (거두위성) | 머리 쳐들면 성이 되고 |
| 掉尾爲旌 (도미위정) | 꼬리 흔들면 깃발이 되니[2] |
| 東海黃公 (동해황공) | 동해의 황공黃公[3]도 |
| 愁見夜行 (수견야행) | 밤길 다니기 걱정스러울 지경. |
| 道逢騶虞 (도봉추우) | 길에서 추우騶虞[4] 만나면 |
| 牛哀不平 (우애불평) | 공우애公牛哀[5]는 불평을 하지. |
| 何用尺刀 (하용척도) | 긴 칼은 어디에 쓰랴? |
| 壁上雷鳴 (벽상뢰명) | 벽 위에서 우레처럼 울고만 있을 뿐![6] |
| 泰山之下 (태산지하) | 태산泰山 아래 |

| 부인곡성 | |
| --- | --- |
| 婦人哭聲 | 부인의 통곡 소리.[7] |
| 관가유정 | |
| 官家有程 | 관청에서 기한을 정해두었으나 |
| 이불감청 | |
| 吏不敢聽 | 아전들은 감히 따를 수 없지.[8] |

---

1) 본문의 '장노長弩'를 '강노强弩'로 쓴 판본도 있다.
2) 『논형論衡·솔성率性』에 곤鯀이 "짐승의 뿔을 나란히 엮어 성을 만들고, 꼬리를 들어 깃발을 만들 수 있었다(比獸之角可以爲城, 擧尾以爲旌)"는 내용이 있다.
3) 『서경잡기』에 따르면, 동해 황공은 어려서 도술을 배워 뱀을 제압하고 호랑이를 몰고 다녔으며, 허리에는 적금도赤金刀를 차고 머리에는 붉은 비단을 묶은 채 구름과 안개를 일으키고 앉은 채 산과 바다를 만들어낼 수 있었다. 그러나 나이가 들어 기력이 쇠약해지고 술을 지나치게 많이 마셔서 더 이상 도술을 부릴 수 없게 되었다. 진秦나라 말엽에 동해에 흰 호랑이가 나타났는데, 황공이 적금도로 제압하려다 도술이 통하지 않아서 잡아먹히고 말았다고 한다.
4) 『시경』에 대한 정현의 주석[傳]에 따르면, 추우는 의로운 짐승의 이름이다. 그것은 하얀 바탕에 검은 무늬가 있는 호랑이 모양인데, 살아 있는 것을 먹지 않고, 덕성이 있는 사람을 만나면 그를 따른다고 했다.
5) 『회남자·숙진훈俶眞訓』에 따르면, 공우애가 돌림병에 걸려 이레 동안 호랑이로 변해 있는데, 그 형이 찾아왔다가 그걸 보고 잡아 죽였다고 한다. 이 구절은 추우가 어진 동물이라 살아 있는 것을 먹지 않으니, 호랑이로 변한 공우애가 보면 추우가 호랑이의 형상을 하고도 사람을 잡아먹지 않는다고 불평할 것이라는 뜻이다.
6) 『도검록刀劍錄』에 따르면, 남량南涼의 독발오고禿髮烏孤가 태초太初 3년(399)에 칼을 하나 만들었는데, 폭이 좁고 길이는 두 자 다섯 치에 칼날이 푸른색이었다. 그 칼을 만든 장인은 그걸 만들 때 꿈에 붉은 옷을 입은 한 사람을 만났는데, 자신을 태일신太一神이라고 밝힌 그 사람은 적이 나타나면 그 칼이 저절로 울 거라고 말했다 한다. 나중에 그 칼은 돌궐突厥의 가한可汗이 소유하게 되었다고 한다.
7) 『예기·단궁檀弓』에 따르면, 공자가 태산을 지날 때 무덤 아래서 곡하고 있는 한 부인을 만났는데, 그녀의 말이 자신의 시아버지와 남편이 호랑이에게 죽었고 이제 또 아들마저 호랑이에게 죽었다는 것이었다. 그런데 공자가 산속을 떠나지 않는 이유를 묻자 그녀는 그곳에서는 가혹한 정치가 없기 때문이라고 대답했다. 이에 공자는 제자들에게 '가혹한 정치는 호랑이보다 사납다.'고 가르쳤다.
8) 호랑이가 너무 사나워 관청에서 기한을 정해두고 호환虎患을 제거하라고 해도 관

리들이 감히 나서지 못한다는 뜻이다. 예총치는 이 시의 호랑이가 지방에 자리 잡고 약탈을 일삼는 번진藩鎭을 풍자한 것이라고 설명했다.

## 해가 뜨네 日出行

| 白日下崑崙 | 밝은 해 곤륜산崑崙山[1]에 떨어져 |
| 發光如舒絲 | 실을 뽑듯 빛을 내뿜네. |
| 徒照葵藿心 | 덧없이 해바라기의 마음만 비출 뿐 |
| 不照游子悲 | 나그네의 슬픔은 비쳐주지 않네. |
| 折折黃河曲 | 굽이굽이 황하의 물줄기[2] 흘러도 |
| 日從中央轉 | 해는 중앙에서 굴러가네. |
| 暘谷耳曾聞 | 해가 뜨는 곳이라는 양곡暘谷에 대해서는 들어봤지만 |
| 若木眼不見 | 가지에 해를 건 약목若木[3]을 직접 보진 못했네. |
| 奈爾鑠石 | 돌을 녹이는 것[4]이야 그렇다 해도 |
| 胡爲銷人 | 어찌하여 사람을 녹인단 말인가? |
| 羿彎弓屬矢 | 예羿가 활 당겨 화살 쟀을 때 |
| 那不中足 | 어찌하여 발을 쏘아 맞추지 못했을까? |
| 令久不得奔 | 영원히[5] 달리지 못하게 만들 일이지 |
| 詎敎晨光夕昏 | 어찌하여 아침이면 빛나고 저녁이면 어두워지게 했는가![6] |

1) 『사기』의 주석에 따르면, 곤륜산은 높이가 2,500여 리나 되는데, 해와 달이 숨어서 밝게 빛나는 곳이라고 했다.
2) 『하도河圖』에 따르면, 황하는 곤륜산에서 나와 천리마다 한번 굽이쳐 흐르는데, 아홉 번을 굽이치면 바다에 들어가게 된다고 했다. 이 두 구절은 황하의 물줄기가 거세고 굽이치는 곳이 많지만, 해는 그 가운데서 곧게 굴러간다는 것을 말하고 있다.
3) 「괴로워라, 짧은 낮이여」에 대한 주석 4)를 참조하기 바란다.
4) 송옥의 「초혼招魂」에 "열 개의 해가 연이어 나타나니, 쇠가 녹아 흐르고 돌이 녹네.(十日代出, 流金鑠石)"라는 구절이 있다. 본문의 '내이奈爾'를 '내하奈何'로 쓴 판본도 있다.
5) 『문원영화文苑英華』에서는 이 작품을 인용하면서 본문의 '영구슈久'를 '영오슈烏'로 표기했다.
6) 세월이 빨리 흐름을 한탄하는 말이다.

## 쓸쓸한 피리소리 苦篁調嘯引<sup>고황조소인</sup>[1]

請說軒轅在時事 <sub>청설헌원재시사</sub>
말해보게, 헌원軒轅[2]이 살아 있을 때의 일을.

伶倫採竹二十四 <sub>영륜채죽이십사</sub>
영륜伶倫[3]은 대나무를 잘라 24개의 음을 만들었다지.

伶倫採之自崑邱 <sub>영륜채지자곤구</sub>
영륜이 그것을 곤륜산[4] 언덕에서 얻으니

軒轅詔遣中分作十二 <sub>헌원조견중분작십이</sub>
헌원이 조서詔書 내려 중간을 나누어 12음이 되게 했다지.

伶倫以之正音律 <sub>영륜이지정음률</sub>
영륜은 그것으로 음률을 바르게 했고

軒轅以之調元氣 <sub>헌원이지조원기</sub>
헌원은 그것으로 우주의 기운 조절했다지.

當時黃帝上天時 <sub>당시황제상천시</sub>
당시 황제가 하늘로 올라갈 때[5]

二十三管咸相隨 <sub>이십삼관함상수</sub>
23개의 피리가 모두 따라갔으나

| 유 류 일 관 인 간 취 |
| 唯留一管人間吹 | 오직 하나의 피리만은 인간 세상에 남아 울렸다지.
| 무 덕 불 능 득 차 관 |
| 無德不能得此管 | 덕이 없으면 이 피리 얻을 수 없나니
| 차 관 침 매 우 순 사 |
| 此管沉埋虞舜祠 | 이 피리는 요·순의 사당에 깊이 묻혀 있다네.[6]

---

1) 오정자의 주석에 따르면, 악부의 노래 가운데 「조소인調笑引」이 있는데 '소笑'자를 '소嘯'로 쓰기도 한다고 했다.
2) 『사기·오제본기五帝本紀』에 따르면, 황제黃帝는 소전少典의 아들로서 성은 공손公孫이고 이름은 헌원이라 했다. 태어나면서부터 신령한 능력이 있어서 젖먹이 때부터 말을 할 줄 알았고, 어려서는 지혜가 깊고 생각이 빨랐으며, 자라서는 성품이 돈후하고 영민했고, 성년이 되어서도 총명했다고 한다.
3) 『풍속통風俗通』에 따르면, 황제가 영륜을 시켜서 한여름 밤에 해곡嶰谷에서 대나무를 채취해 구멍이 두텁고 고른 것을 두 마디 잘라 불어보게 하여 황종黃鐘의 피리를 만들게 하고, 12개의 대통[筩]을 만들어 봉황의 울음소리를 들었다고 한다. 그 가운데 암컷의 소리가 6개요 수컷의 소리도 6개니, 하늘과 땅의 바람이 바르게 되었다. 그리고 12가지로 음률을 맞추니 오성五聲이 여기에서 생겨나고 팔음八音이 여기에서 나왔다.
4) 「해가 뜨네」에 대한 주석 4)를 참조하기 바란다. 본문의 '곤구崑邱'를 '곤륜崑崙'으로 쓴 판본도 있다.
5) 『사기·봉선서封禪書』에는 한나라 무제가 "내 듣기로 황제는 죽지 않았다고 하던데, 지금 무덤이 있는 것은 무슨 이유인가?"하고 물으니, 누군가 "황제께서는 이미 신선이 되어 하늘로 올라가시자, 신하들이 그분의 옷과 모자를 묻었습니다."라고 대답했다는 기록이 있다.
6) 『풍속통』에 따르면, 한나라 장제(章帝:76~88 재위) 때에 영릉零陵 출신의 문학文學 해경奚景이 냉도冷道의 순임금 사당에서 생황[笙]을 얻었는데, 하얀 옥으로 만든 피리였다. 이로 보건대, 옛날에는 옥을 가지고 피리를 만들었다가, 후세에 대나무로 바꾼 것임을 알 수 있다고 했다. 한편 아라이 판본에서는 『속고일총서續古逸叢書』를 근거로 이 작품의 제10구를 '인간무덕불능득人間無德不能得'이라고 표기했는데, 전체적인 의미는 차이가 없다.

## 불무가사 拂舞歌辭1)

| | |
|---|---|
| 吳娥聲絶天 | 오吳 땅 미녀의 노랫소리 하늘까지 이르러 |
| 空雲閒徘徊 | 공중의 구름 한가로이 맴도네.2) |
| 門外滿車馬 | 대문 밖에는 수레와 말들 가득하지만 |
| 亦須生綠苔 | 그래도 푸른 이끼 생겨나게 마련이지. |
| 樽有烏程酒 | 술잔에 채워진 오정주烏程酒3)로 |
| 勸君千萬壽 | 그대에게 권하며 영원한 장수를 기원하나니 |
| 全勝漢武錦樓上 | 한 무제가 화려한 누각에서 맑고 쌀쌀한 새벽이면 |
| 曉望晴寒飮花露 | 꽃잎의 이슬 마시길 바랐던 것4)보다 훨씬 낫다네. |
| 東方日不破 | 동방의 해는 스러지지 않고 |
| 天光無老時 | 하늘빛은 노쇠해질 때가 없다네. |
| 丹成作蛇乘白霧 | 연단煉丹 이루어 뱀이 하얀 안개 타는 것 같이 된다 해도5) |
| 千年重化玉井土 | 천년의 세월 지나면 다시 옥난간 우물의 흙이 될지니. |
| 從蛇作土二千載 | 뱀은 흙이 되어 이천 년이 지나도6) |
| 吳堤綠草年年在 | 오 땅 제방의 푸른 풀7)은 해마다 자란다네. |
| 背有八卦稱神仙 | 등에 팔괘八卦 무늬 있다고 신선이라 부르지만8) |
| 邪鱗頑甲滑腥涎 | 간사한 물고기 단단한 껍질엔 비린내 나는 침만 미끄럽 |

다네.

───────────

1) 『진서』에 따르면, '불무拂舞'는 강남에서 나온 것으로 옛날에는 '오무吳舞'라고 불렸는데, 그 가사를 검토해보면 오나라 말이 아니라고 했다. 왕기의 주석에서는 '불무'가 먼지떨이[拂]를 들고 춤추면서 노래를 함께 부르는 것이라고 했다.
2) 『열자』에 따르면, 설담薛談이 진청秦靑에게 노래를 배우는데, 진청의 기술을 다 배우기도 전에 스스로 다 배웠다고 여기고 작별 인사를 했다. 진청은 그를 만류하지 않고 교외의 갈림길에서 전별餞別했는데, 진청이 가락에 맞춰 구슬프게 노래하자 그 소리가 숲의 나무를 진동시키고, 그 메아리가 가는 구름을 멈추게 했다고 한다.
3) 오흥吳興의 오정현烏程縣은 약죽箬竹으로 걸러낸 좋은 술이 나기로 유명한데, 전설에 따르면 옛날 이 지역에 살던 오씨烏氏와 정씨程氏가 술을 빚는 재주가 뛰어났다고 한다. '약죽'에 대해서는 「유운을 추모하여 화답함」에 대한 주석 4)를 참조하기 바란다.
4) 「금동선인 한나라를 떠나다–서문과 함께」에 대한 주석 1)을 참조하기 바란다. 본문의 '한무漢武'를 '한무漢舞'로, 그리고 '청한晴寒'을 '청공晴空'으로 쓴 판본도 있다.
5) 옛날 『갈석편碣石篇』이라는 노래에는, "신성한 거북이 오래 산다 하지만 수명이 다할 때가 있고, 하늘 나는 뱀이 안개를 탄다 해도 결국 흙속의 재가 되리라.(神龜雖壽, 猶有盡時. 騰蛇乘霧, 終爲土灰)"라는 구절이 들어 있다고 한다.
6) 곽무천의 『악부시집』에서는 이 구절과 앞의 두 구절을 "천년중화옥정귀千年重化玉井龜. 종사작귀이천재從蛇作龜二千載"라고 했으나 잘못된 것이다. 또 '이천재二千載'를 '일천재一千載'로 쓴 판본도 있다.
7) 본문의 '녹초綠草'를 '춘록春綠' 또는 '육초陸草'로 쓴 판본도 있다.
8) 마지막 두 구절은 거북[龜]을 풍자한 것이다. 본문의 '배유背有'를 '배문背文'으로 쓴 판본도 있다.

## 밤에 앉아 읊조리다 夜坐吟[1]

| | |
|---|---|
| 踏踏馬蹄誰見過 <sub>답답마제수견과</sub> | 따각따각 말발굽 소리 누가 찾아오나? |
| 眼看北斗直天河 <sub>안간북두직천하</sub> | 보이는 것이라곤 은하수에 걸린 북두칠성뿐. |
| 西風羅幕生翠波 <sub>서풍라막생취파</sub> | 비단 장막에 서풍 불어 푸른 물결 일어날 때 |
| 鉛華笑妾顰青蛾 <sub>연화소첩빈청아</sub> | 곱게 분 바르고[2] 웃는 첩은 푸른 아미蛾眉 찡그리네. |
| 爲君起唱長相思 <sub>위군기창장상사</sub> | 그대 위해 일어나 「긴 그리움(長相思)」 노래하니[3] |
| 簾外嚴霜皆倒飛 <sub>염외엄상개도비</sub> | 주렴 밖의 무서리도 모두 거꾸로 내리네. |
| 明星爛爛東方陲 <sub>명성란란동방수</sub> | 밝은 별은 동쪽 하늘가에서 반짝이고 |
| 紅霞梢出東南涯 <sub>홍하초출동남애</sub> | 동남쪽 하늘 끝에선 붉은 노을 조금씩 나타나는데 |
| 陸郎去矣乘班騅 <sub>육랑거의승반추</sub> | 그이[4]는 떠났다네, 얼룩무늬 오추마烏騅馬[5] 타고. |

---

1) 악부의 노래 제목이다. 규방에 앉아 그리움에 애태우는 여인을 묘사한 이런 내용은 대체로 육조시대 포조鮑照의 「밤새워 앉아 읊조리다(代夜坐吟)」에서 시작된 것으로 알려져 있는데, 그 내용은 다음과 같다. "침침한 겨울밤 밤새 앉아 읊조리는데, 입 안의 소리 나오기도 전에 마음은 이미 아네. 서리는 장막으로 스며들고, 바람은 숲을 지나는데, 싸늘한 등불은 꺼졌네. 그대 얼굴 찾으며, 그대 노래 느끼고, 그대 목소리 좇나니, 목소리가 좋아서가 아니라, 그대의 깊은 뜻을 아끼기 때문이지.(冬夜沈沈夜坐吟, 含聲未發已知心. 霜入幕, 風度林, 寒燈滅, 朱顏尋, 體君歌, 逐君音. 不貴聲, 貴意深.)"
2) 조식曹植의 「낙신부洛神賦」에 대한 주석에서는 '연화鉛華'를 '분粉'이라고 했다.
3) 「장상사」는 악부의 노래 제목이다. 육조시대 서릉徐陵이 지었다는 「장상사」의 첫 부분은 "오래도록 그리워하네, 좋은 봄에. 꿈속에선 항상 울지만 슬픔을 내보이진

않아. 휘장 앞에 일어나, 창문 앞에서 흐느끼네…(長相思, 好春節. 夢裏恒啼悲不洩. 帳前起, 窓前咽…)"로 시작한다. 본문의 '기창起唱'을 '기무起舞'로 쓴 판본도 있다.
4) 「낙양의 미녀 진주」에 대한 주석 6)을 참조하기 바란다.
5) 『설문해자』에 따르면, '추驩'는 검푸른 털이 뒤섞인 말을 가리킨다.

## 공후인 箜篌引[1]

公乎公乎  그대여, 그대여!

提壺將焉如  술병 들고 어디로 가시려는가?

屈平沈湘不足慕  상수湘水에 몸 던진 굴원屈原[2] 부러워할 게 없고

徐衍入海誠爲愚  바다로 들어간 서연徐衍[3]은 정말 어리석었소.

公乎公乎  그대여, 그대여!

牀有菅席盤有魚  침상엔 골 방석 깔리고 쟁반엔 생선이 있소.

北里有賢兄  북쪽 마을엔 현명한 총각 있고

東鄰有小姑  동쪽 이웃엔 젊은 아가씨 있소.

隴畝油油黍與葫  밭두렁엔 윤기 나는 기장과 마늘[4] 있고

瓦甌濁醪蟻浮浮  술단지엔 개미 같은 거품 둥둥 뜬 탁주가 있소.

黍可食  먹음직스러운 기장과

醪可飮  마실 만한 탁주 있으니

公乎公乎其奈居  그대여, 그대여! 살 만하지 않소?[5]

| 피발분류경하여
被髮奔流竟何如 | 머리 풀어헤치고 강물로 뛰어들면 결국 어찌 되겠소?
| 현형소고곡오오
賢兄小姑哭嗚嗚 | 현명한 총각과 젊은 아가씨 울음만 구슬플 뿐이지! |

---

1) 「공무도하가公無渡河歌」라고도 한다. 『고금주』에 따르면, 「공후인」은 조선朝鮮의 나루터를 지키던 병사 곽리자고霍里子高의 아내 여옥麗玉이 지은 것이라고 한다. 새벽에 일어나 배를 저어 가는데, 흰머리를 풀어헤친 웬 미친 사내가 술병을 든 채 어지럽게 물살을 헤치며 강을 헤엄쳐 건너고 있었다. 그의 아내가 소리쳐 부르며 저지하려 했으나 따라잡지 못하고 결국 물에 빠져 죽고 말았는데, 이에 공후를 들고 연주하며 「공무도하」의 노래를 지어 불렀다. 그 소리가 매우 구슬펐는데, 노래가 끝나자 여인도 강에 뛰어들어 죽고 말았다고 한다. 곽리자고가 돌아와 그 노래를 아내에게 들려주자, 여옥이 가슴 아파하며 공후를 들고 그 노래를 기록했는데, 나중에 그 노래를 들은 사람은 모두 눈물을 흘리며 울음을 삼켰다고 한다. 여옥은 그 노래를 이웃에 사는 여용麗容에게 전하면서, 제목을 「공후인」이라 붙였다고 한다. 여옥의 「공후인」은 그 내용이 다음과 같다. "임이여, 강을 건너지 마오. 임이여, 끝내 강을 건너시다 물에 빠져 죽었으니, 그대를 어쩌면 좋을까?(公無渡河, 公竟渡河, 墮河而死, 當奈公何?)"
2) 유향劉向의 『신서新序』에 따르면, 굴원은 어리석은 왕이 풍속을 어지럽히고 옳고 그름, 맑음과 흐림을 올바로 구별하지 못해서 자신이 세상에서 제대로 받아들여지지 않자 스스로 상수湘水의 멱라汨羅에 뛰어들어 죽었다고 했다.
3) 『한서·가추매로전賈鄒枚路傳』에 인용된, 추양鄒陽이 양효왕梁孝王에게 올린 상소문과 그에 대한 주석에 따르면, 서연은 주周나라 말엽의 인물로, 돌을 지고 바다로 들어가 죽었다고 한다.
4) 본문의 '호葫'를 '화禾'로 쓴 판본도 있다.
5) 본문의 '기내거其奈居'를 '기내군其奈君'으로 쓴 판본도 있다.

## 무산은 높기만 하다 巫山高[1]

| | |
|---|---|
| 碧叢叢 | 빽빽한 녹음 |
| 高揷天 | 높이 하늘에 꽂혔고[2] |
| 大江翻瀾神曳烟 | 큰 강물은 물결 뒤집고 신녀神女는 구름 끌고 다니네.[3] |
| 楚魂尋夢風颸然 | 초나라의 혼[4]이 꿈길에 찾아올 때 바람은 쌀쌀하게 불었고 |
| 曉風飛雨生苔錢 | 새벽바람에 빗방울 날릴 때 동전 같은 이끼 피어나네. |
| 瑤姬一去一千年 | 요희瑤姬[5]는 한 번 가서 천년 동안 돌아오지 않고 |
| 丁香筇竹啼老猿 | 정향丁香 냄새 그윽한 공죽筇竹[6] 숲에서 늙은 원숭이 울고 있네. |
| 古祠近月蟾桂寒 | 낡은 사당 가까이 떠오른 달에는 두꺼비와 계수나무 쓸쓸하고 |
| 椒花墜紅濕雲間 | 축축한 구름 사이로[7] 산초꽃 붉게 떨어지네. |

---

1) 『송서』에 따르면, 한나라 때의 「고취요가」 18곡 가운데 「무산고」라는 노래가 있다고 했다. 『사천성지四川省志』에 따르면, 무산은 기주夔州 무산현巫山縣에서 동쪽으로 30리 떨어진 곳에 있는데, 그 모양이 마치 한자漢字 '巫'와 같다고 했다.
2) 본문의 '고삽천高揷天'을 '제삽천齊揷天'이라고 쓴 판본도 있고, 또 아예 첫 2구절을 합쳐서 "무산의 짙푸른 녹음 높이 하늘에 꽂혔고(巫山叢碧高揷天)"라고 쓴 판본도 있다.
3) 『입촉기入蜀記』에 따르면, 무산 응진관凝眞觀에는 묘용진인妙用眞人의 사당이 있는

데, 여기에 모셔진 이가 바로 세상에서 무산 신녀라고 일컫는 여자 신선이라고 했다. 이 사당은 무산을 똑바로 마주보고 있는데, 무산 봉우리들은 하늘을 찌를 듯 높이 솟아 있고, 산발치는 바로 강물로 들어가 있다고 했다. 사람들은 태산泰山이나 화산華山, 형산衡山, 여산廬山 등 유명하다는 다른 산들도 이 산의 기묘함에는 미치지 못한다고 했다. 여기서도 12개의 봉우리들을 다 볼 수 있는 것이 아니라 8, 9개만 보이지만, 그 가운데서도 신녀봉神女峯이 가장 기묘하고 아름답다고 했다. 또한 『축사祝史』에 따르면, 매년 8월 15일 밤에 달이 밝을 때면, 어디선가 음악소리가 봉우리 사이를 왔다갔다하는데, 이에 따라 산속의 원숭이들도 모두 울어대다가 새벽이 되어서야 그친다고 했다. 본문의 '대강大江'을 '파강巴江'으로 쓴 판본도 있다.

4) 초나라 경양왕頃襄王을 가리킨다. 자세한 내용은 「말을 주제로 한 23편의 시·열셋」의 주석 2)를 참조하기 바란다. 본문의 '시연颸然'을 '삽연颯然'으로 쓴 판본도 있다.

5) 『양왕기구전襄王耆舊傳』에 따르면, 요희는 적제赤帝의 딸인데, 시집을 가기 전에 죽어서 무산 남쪽에 묻혔기 때문에 '무산의 딸[巫山女]'이라고 불렸다. 초나라 회왕懷王이 고당高唐에 놀러가서 낮잠을 자다가 꿈에 신녀를 만났는데, 자칭 무산의 딸이라 했다. 이에 회왕은 무산 남쪽에 도관道觀을 지었다고 한다.

6) 공산邛山에서 나는 대나무 이름인데, 이 대나무는 마디가 길고 속이 차 있어서 지팡이로 쓰기에 좋다고 했다. 『사기』와 『한서』에서는 이것을 모두 '공죽邛竹'으로 쓰고 있다.

7) 본문의 '운간雲間'을 '운단雲端'으로 쓴 판본도 있다.

## 평성[1] 아래에서 平城下

飢寒平城下 　춥고 배고픈 평성 아래에서
夜夜守明月 　밤마다 밝은 달빛 아래 수자리 선다.
別劍無玉花 　이별의 증표로 가져온 검에는 옥 장식도 없어졌고

| 해풍단빈발 | |
|---|---|
| 海風斷鬢髮 | 한해瀚海²⁾의 바람에 머리카락 끊어졌다. |
| 새장련백공 | |
| 塞長連白空 | 긴 성채는 텅 빈 하늘까지 이어졌고 |
| 요견한기홍 | |
| 遙見漢旗紅 | 멀리 중국³⁾의 붉은 깃발 보인다. |
| 청장취단적 | |
| 靑帳吹短笛 | 푸른 천막 안에서 짧은 피리 불 때 |
| 연무습화룡 | |
| 煙霧濕畫龍 | 안개는 용무늬 그려진 깃발 적신다. |
| 일만재성상 | |
| 日晩在城上 | 해 저물녘 성 위에 올라 |
| 의희망성하 | |
| 依稀望城下 | 어렴풋한 성 아래 풍경 내려다본다. |
| 풍취고봉기 | |
| 風吹枯蓬起 | 바람에 마른 쑥대 날아오르고 |
| 성중시수마 | |
| 城中嘶瘦馬 | 성 안에선 마른 말이 울어댄다. |
| 차문축성리 | |
| 借問築城吏 | 성 쌓는 관리에게 묻노니 |
| 거관기천리 | |
| 去關幾千里 | 이곳은 중원에서 몇 천리나 떨어져 있는가? |
| 유수과시귀 | |
| 惟愁裹屍歸 | 그저 포대에 싸인 시체로 돌아갈까⁴⁾ 걱정스러울 뿐 |
| 불석도과사 | |
| 不惜倒戈死 | 창에 찔려 죽는 것은 아깝지 않다! |

---

1) 『신당서·지리지』에 따르면, 운주雲州에 운중雲中과 누번樓煩이라는 작은 부대가 주둔한 곳이 있었고, 그곳에는 병사들이 출정하는 길인 음산도陰山道와 청파도靑坡道가 있었다고 했다. 이곳이 바로 옛 평성현平城縣에 속한 곳으로서, 지금의 산시성山西省 다통시大同市 동쪽에 해당한다. 이하는 원화 9~11년(814~816)까지 노주潞州로 가서 장철張徹의 막부幕府에 투신하여 무관武官으로 공을 세우려는 뜻을 품은 적이 있는데, 이 시도 이 무렵에 지어진 듯하다.
2) 몽고 고원의 사막 일대를 가리킨다.
3) 한漢나라 때 이래로 만리장성 바깥의 소수민족들은 만리장성 안쪽을 '한나라 땅[漢地]'이라고 불렀는데, 중원의 왕조가 바뀌어도 그 명칭은 변하지 않았다. 그러

므로 왕기의 주석에서는 이 구절이 한 고조高祖가 평성平城에서 흉노匈奴에게 포위되었던 사실과는 아무 관련이 없다고 말했던 것이다.
4) 『후한서·마원전馬援傳』에 따르면, 마원은 사나이라면 전쟁터에서 전사하여 말가죽에 싸인 시체로 돌아와 무덤에 묻혀야지 침상에 누워서 아녀자의 손에 놀아나서는 안 된다고 호언했다. 그러나 여기서 포대에 싸인 시체는 전사한 병사가 아니라, 굶어 죽은 병사를 가리킨다.

## 강남의 놀이 江南弄[1]

| | |
|---|---|
| 江中綠霧起涼波 | 강 속의 푸른 안개 시원한 파도 일으키고 |
| 天上疊巘紅嵯峨 | 하늘에는 첩첩이 붉은 구름 산 까마득하네. |
| 水風浦雲生老竹 | 강바람 불어오고 구름 떠가는 포구에는 늙은 대나무 자라고 |
| 渚暝蒲帆如一幅 | 어둑한 물가와 부들처럼 떠 있는 돛단배들은 한 폭의 그림 같네.[2] |
| 鱸魚千頭酒百斛 | 농어 천 마리에 술 천 말[3] |
| 酒中倒臥南山綠 | 술 속에는 푸른 남산이 거꾸로 누워 있네. |
| 吳歈越吟未終曲 | 오吳나라와 초楚나라의 노래 아직 끝나지 않았는데[4] |
| 江上團團貼寒玉 | 강물에는 동그랗게 차가운 옥 같은 달이 붙었네. |

---

1) 『고금악록古今樂錄』에 따르면, 양梁나라 천감天監 11년(512)에 무제武帝가 「서곡西曲」을 개편하여 「강남상운락江南上雲樂」 14곡과 「강남롱」 7곡을 만들었다고 한다.
2) 본문의 '여일폭如一幅'을 '유일폭猶一幅'으로 쓴 판본도 있다.

3) 『오군지吳郡志』에 따르면, 세상의 농어들은 모두 볼이 둘이지만 오직 송강松江의 농어만은 볼이 넷이라 하여 통통한 살을 비유했다. 강남의 농어는 위魏·진晉 이래 귀한 음식으로 여겨졌는데, 특히 가을철에 회로 먹는다고 한다. 본문의 '곡斛'은 열 말斗을 가리킨다.
4) 본문의 '오유吳歈'를 '오유吳觚'로 쓴 판본도 있으나, 잘못된 것이다.

## 영화락 榮華樂[1]

| 鳶肩公子二十餘 | 솔개처럼 어깨 추켜세운 귀공자[2]는 스무 살 남짓에 |
| 齒編貝 | 이는 조개를 엮어놓은 듯 |
| 脣激朱 | 입술은 환한 붉은색. |
| 氣如虹霓 | 무지개처럼 높은 기개로 |
| 飮如建瓴 | 동이째 술을 마시고 |
| 走馬夜歸叫嚴更 | 밤늦은 통금시간에 맞춰 말 달려 집으로 돌아갔다네. |
| 徑穿複道游椒房 | 이층 복도를 곧장 지나 산초 향기 그윽한 황후의 방[3]에서 노닐었고 |
| 尨裘金玦雜花光 | 화려한 털옷에 금팔찌[4] 차니 꽃 같은 빛 어지러웠네. |
| 玉堂調笑金樓子 | 옥 같은 집에서 황금 누각의 여인 놀리고 |
| 臺下戲學邯鄲倡 | 누대 아래에서 장난치며 한단邯鄲의 기생 희롱했네.[5] |
| 口吟舌話稱女郎 | 입속으로 웅얼웅얼 여자처럼 말하면서 |
| 錦袂繡面漢帝旁 | 수놓은 옷 입고 예쁜 표정으로 한나라 황제 옆에 섰네. |

| 득명주십곡 |
| 得明珠十斛 | 명주 열 말과 |
| 백벽일쌍 | |
| 白璧一雙 | 흰 벽옥 한 쌍 얻고 |
| 신조수금예자광황황 | |
| 新詔垂金曳紫光煌煌 | 새로 받은 금 도장 차고 자줏빛 관복 끄니[6] 모습도 눈부셨네. |
| 마여비 | |
| 馬如飛 | 말은 나는 듯이 달리고 |
| 인여수 | |
| 人如水 | 사람들은 밀물처럼 몰려와[7] |
| 구경륙관개망리 | |
| 九卿六官皆望履 | 높고 낮은 벼슬아치들 모두 그의 행보 우러러보았네. |
| 장회일월선반장 | |
| 將迴日月先反掌 | 해와 달 되돌리려 해도 손바닥만 뒤집으면 되었고 |
| 욕작강하유획지 | |
| 欲作江河惟畫地 | 강줄기 만들고 싶으면 그저 땅에 선을 긋기만 하면 되었지.[8] |
| 아아호관상절운 | |
| 峨峨虎冠上切雲 | 높다랗게 치솟은 모자는 구름에 닿을 듯하고 |
| 송검신추릉자분 | |
| 竦劍晨趨凌紫氛 | 높이 칼 차고 새벽에 달려가 궁궐의 자줏빛 기운도 우습게 여겼지. |
| 수단천심이조례 | |
| 繡段千尋貽皁隷 | 수놓은 비단 팔천 자 문지기 하인에게 주었고 |
| 황금백일황가신 | |
| 黃金百鎰貺家臣 | 황금 20만 냥 가신家臣에게 주었지.[9] |
| 십이문전장대택 | |
| 十二門前張大宅 | 열두 대문 앞에 큰 저택 펼쳐져 있는데 |
| 청춘연기련천벽 | |
| 晴春煙起連天碧 | 맑은 봄날 연기 치솟으면 푸른 하늘에 닿을 정도였지.[10] |
| 금포철일잡홍광 | |
| 金鋪綴日雜紅光 | 금으로 된 문고리 받침은 햇빛 받아 불긋불긋 빛나고 |
| 동룡섭환사쟁력 | |
| 銅龍囓環似爭力 | 구리로 만든 용 모양 문고리는 힘을 다투는 듯했네. |
| 요희응취와방석 | |
| 瑤姬凝醉臥芳席 | 요희瑤姬[11]는 술 취해 향긋한 자리에 누워 있고 |

| 해 소 롱 창 공 하 격<br>海素籠窓空下隔 | 교초사鮫綃紗[12] 덮은 창문 하릴없이 닫혀 있었네. |
| 단 혈 취 봉 충 행 포<br>丹穴取鳳充行庖 | 단혈산丹穴山에서 봉황 잡으면[13] 여행길 음식으로 삼을 만했겠지만 |
| 화 화 여 권 나 족 식<br>玃玃如拳那足食 | 주먹만한 원숭이 요리[14]야 어디 먹을 만했으랴? |
| 금 섬 하 하 란 촉 향<br>金蟾呀呀蘭燭香 | 입 벌린 금두꺼비[15]에게선 난초 같은 촛불 향기롭게 타오르고 |
| 군 장 무 기 성 랑 당<br>軍裝武妓聲琅璫 | 군복 차림으로 무술武術하는 미녀들의 목소리는 옥이 짤랑이는 듯. |
| 수 지 화 우 야 래 과<br>誰知花雨夜來過 | 간밤에 꽃비 내렸는지 누가 알랴마는 |
| 단 견 지 대 춘 초 장<br>但見池臺春草長 | 연못가 누각 아래에는 봄풀이 길게 자랐구나. |
| 조 조 현 취 잡 천 개<br>嘈嘈絃吹匝天開 | 시끌벅적 악기 소리 온 하늘에 울려 퍼지고 |
| 홍 애 소 성 요 천 래<br>洪崖簫聲繞天來 | 홍애洪崖 선생[16]의 퉁소 소리 하늘 돌아 들려오네. |
| 천 장 일 시 관 쌍 호<br>天長一矢貫雙虎 | 타고난 활 솜씨는 한 발에 호랑이 두 마리를 꿸 정도라서 |
| 운 파 절 빙 괄 한 뢰<br>雲跁絶騁聒旱雷 | 구름 같은 활 손잡이 쥐고 말 달리며 마른벼락처럼 내쏘았네. |
| 난 수 교 간 관 아 무<br>亂袖交竿管兒舞 | 어지러운 옷소매 대 막대처럼 휘저으며 아이들에게 춤을 가르치고 |
| 오 음 록 조 학 언 어<br>吳音綠鳥學言語 | 오吳 땅의 노래는 말 배운 앵무새 소리처럼 영롱하네. |
| 능 교 각 석 평 자 금<br>能教刻石平紫金 | 석굴 깎아 자줏빛 귀한 금 고르게 깔아두었고 |
| 해 송 각 모 기 신 토<br>解送刻毛寄新兔 | 털 깎은 토끼 풀어 보내고 새 토끼 맡겼다네.[17] |
| 삼 황 후<br>三皇后 | 세 황후와 |

| 칠귀인 | |
|---|---|
| 七貴人 | 일곱 귀인貴人 |
| 오십교위이장군 | |
| 五十校尉二將軍 | 50명의 교위校尉와 두 장군을 배출했지.[18] |
| 당시비거축채운 | |
| 當時飛去逐彩雲 | 당시에 그들이 구름 좇아 날아가 버렸나 했더니 |
| 화작금일경화춘 | |
| 化作今日京華春 | 오늘날 경성京城에서 영화 누리는 귀족들로 변했구나. |

---

1) 이 작품의 제목을 「동락량가요東洛梁家謠」라고 한 판본도 있다.
2) 『후한서 · 양기전梁冀傳』에 따르면, 양기는 자가 백탁伯卓인데, 어깨가 높이 추켜올려져 있고, 승냥이 눈을 똑바로 치켜뜨고, 말할 때는 입 안에서 우물우물하지만, 글재주가 있고 계산에 밝아 젊은 나이에 크게 출세했다. 그는 놀기 좋아하고 술을 좋아했으며, 활쏘기, 바둑, 도박, 축국蹴鞠, 돈치기 등에 뛰어났다. 또한 사냥할 매와 개를 키우고, 말 기르기를 좋아했으며, 닭싸움도 즐겼다고 한다.
3) 양기의 누이는 동한東漢 순제順帝(유보劉保 : 126~144 재위)의 황후였다.
4) 본문의 '결玦'은 고리처럼 되어 있으나 한쪽이 이지러진 팔찌나 귀걸이의 옥 장식을 가리킨다.
5) 옛날 「상봉행相逢行」에는 "황금으로 그대 대문 만들고, 백옥으로 그대 집 만들어, 집안에 술상 차려놓고, 한단의 기생에게 가무歌舞를 시키네.(黃金爲君門, 白玉爲君堂, 堂上置樽酒, 作使邯鄲倡)"라는 내용이 들어 있다. 한편, 왕기의 주석에서는 본문의 '희학戲學'을 '희압戲狎'으로 써야 할 듯하다고 했다. 『후한서 · 양기전』에 따르면, 양기의 부친 양상梁商이 순제에게 우통기友通期라는 미녀를 바쳤는데, 그녀가 사소한 잘못을 저지르는 바람에 순제가 다시 그녀를 양상에게 돌려보냈다. 양상은 감히 그녀를 자기 집에 두지 못하고 다른 곳으로 시집보냈는데, 양기가 몰래 사람을 시켜 그녀를 빼돌렸다. 그리고 마침 양상이 죽어서 상복을 입게 되자, 양기는 부친의 무덤이 있는 성 서쪽에서 몰래 그녀와 함께 살았다고 했다.
6) 황제에게 아부하여 새롭게 높은 벼슬을 받았다는 뜻이다.
7) 『후한서 · 마황후전馬皇后傳』에서 마황후가 탁룡문灌龍門에 들른 일을 기술한 부분에는, "수레는 흐르는 물처럼 달리고, 말은 물속에 노니는 용과 같다.(車如流水, 馬如游龍)"는 표현이 있다.
8) 당시 양기는 권세가 막강하여 모든 관리들이 크고 작은 모든 일들을 그에게 먼저 물어본 후에 결정했다. 그는 궁중의 시위侍衛들도 자신이 직접 심어두었고, 궁중의 모든 일들을 자잘한 것까지 모두 알고 있었다. 관리들이 임명되면 먼저 그를

찾아가 감사하고 나서 비로소 상서尙書를 찾아갔을 정도라고 했다.
9) 당시 양기의 집을 찾아온 손님들은 집안으로 들어가기 위해 문지기에게 많은 뇌물을 주어야 했다고 한다.
10) 『후한서』에 기록된 바에 따르면, 양기의 집은 정남쪽으로 난 평성문平城門 외에, 상서문上西門, 옹문雍門, 광양문廣陽門, 진문津門, 소원문小苑門, 개양문開陽門, 모문耗門, 중동문中東門, 상동문上東門, 곡문穀門, 하문夏門까지 모두 12개의 대문이 있었다고 한다. 양기의 화려한 저택에 대해서는 또 「진궁-서문과 함께」에 대한 주석 7)을 참조하기 바란다.
11) '요희'에 대해서는 「무산은 높기만 하다」에 대한 주석 5)를 참조하기 바란다. 여기서는 양기의 희첩姬妾을 가리킨다.
12) 본문의 '해소海素'를 가리킨다. 임방의 『술이기』에 따르면, 이것은 남해에서 나는 귀한 실로서 '용사龍紗'라고도 불리며, 이것으로 옷을 만들면 방수의 기능이 있다고 했다. 한편 『박물지』에 따르면, '상어 인간[鮫人]'들은 물고기처럼 물속에 사는데, 이들은 항상 실을 짜서 가끔 사람에게 나타나 팔곤 했다고 한다.
13) 『산해경・남산경南山經』에 따르면, 금과 옥이 많이 나는 단혈산에는 닭처럼 생긴 데다 오색 무늬를 가진 새가 있는데, 이름을 봉황이라 한다고 했다. 이 새의 머리 무늬는 덕德을, 날개 무늬는 의義를, 등 무늬는 예禮를, 가슴 무늬는 인仁을, 배의 무늬는 신信을 상징한다. 또한 이 새는 먹고 마시는 것이 자연의 절도에 맞으며, 절로 노래하고 절로 춤추는데, 이 새가 나타나면 세상이 평안해진다고 했다.
14) 『익부방물략기益部方物略記』에 따르면, 확獲은 공주邛州와 촉蜀 땅 근처에서 나는데, 생김새는 원숭이나 유인원과 비슷하지만 성격이 덜 조급하다고 했다. 그런데 이 원숭이는 살이 매우 기름지고 풍성해서, 촉 땅의 사람들은 이 원숭이를 통째로 굽거나 찐 것을 진미珍味로 여긴다고 했다.
15) 금으로 만든 촛대이다.
16) 『신선전』에 언급된 옛날 신선의 이름이다.
17) 이 두 구절은 뜻이 분명하지 않다. 『후한서』의 전기에 따르면, 왕기는 하남성河南城 서쪽에 토끼가 노는 정원을 만들었는데, 담장 둘레가 수십 리요, 고을의 병졸들을 시켜 누각을 짓게 하여, 여러 해가 걸려서 완성되었다. 그리고 각 지역에서 살아 있는 토끼를 징발하게 해서 털에 낙인을 찍고 길렀는데, 그걸 잡은 사람은 사형에 처할 정도로 엄하게 관리했다. 한번은 서역의 장사치가 금기를 모르고 토끼 한 마리를 죽였다가, 나중에 누군가 밀고하는 바람에 그 일에 연루되어 10여 명이 처형되었다고 한다.
18) 양기의 가문에서는 7명의 제후와 세 황후, 6명의 귀인, 2명의 대장군을 배출했고, 부인과 딸들도 식읍食邑을 받았으며, '군君'이라 불린 사람도 7명이었다. 또한 공

주 3명이 그 집안의 외척이었고, 그 나머지 경卿, 장군, 윤尹(현령), 교위 등이 57명이었다. 권세를 27년 동안 누리면서 번영이 극에 달해, 그 위세가 나라 안팎으로 널리 퍼졌다.

## 서로 술 권하며 相勸酒(상권주)

| | |
|---|---|
| 羲和騁六轡 (희화빙륙비) | 희화는 여섯 용이 끄는 수레 모는데[1] |
| 晝夕不曾閑 (주석부증한) | 밤낮으로 쉰 적 없었네. |
| 彈烏崦嵫竹 (탄오엄자죽) | 엄자산崦嵫山 대나무로 삼족오三足烏 때리고[2] |
| 扶馬蟠桃鞭 (질마반도편) | 도도산桃都山 복숭아나무 가지[3]로 말채찍 삼네. |
| 蓐收旣斷翠柳 (욕수기단취류) | 욕수蓐收[4]가 이미 푸른 버드나무 잘라버렸는데 |
| 靑帝又造紅蘭 (청제우조홍란) | 청제靑帝[5]는 또 꽃술 붉은 난초 만들어 내네. |
| 堯舜至今萬萬歲 (요순지금만만세) | 요·순으로부터 지금까지의 기나긴 세월을 |
| 數子將爲傾蓋間 (수자장위경개간) | 이들은 그저 길가다 잠깐 만난 것처럼 여긴다네. |
| 靑錢白璧買無端 (청전백벽매무단) | 푸른 돈으로도 흰 벽옥으로도 시간의 끝자락조차 사지 못하나니 |
| 丈夫快意方爲歡 (장부쾌의방위환) | 사나이는 마음이 유쾌해지면 비로소 즐거움으로 여긴다네. |
| 臞蠵臑熊何足云 (확휴노웅하족운) | 바다거북으로 끓인 국도 곰 발바닥 요리도 어찌 만족스러우랴? |
| 會須鍾飮北海 (회수종음북해) | 모름지기 북해의 바닷물로 담근 술 마시고 |

| 箕踞南山 | 남산처럼 편안하게 쪼그려 앉아야지.[6] |
| 歌淫淫 | 노랫소리 넘치고 |
| 管愔愔 | 피리소리 평화로운데 |
| 橫波好送雕題金 | 곁눈질하며 이마에 문신 새긴 남방 사람들의 금을 나눠주네.[7] |
| 人生得意且如此 | 사람이 태어나 뜻을 얻으면 또한 이러하니 |
| 何用强知元化心 | 조물주의 마음은 억지로 알아 무엇하랴? |
| 相勸酒 | 서로 술 권하세 |
| 終無輟 | 끝날 날 없이. |
| 伏願陛下鴻名終不歇 | 엎드려 바라옵건대, 폐하의 큰 명성 다하지 않고 |
| 子孫綿如石上葛 | 자손이 바위 위의 칡처럼 길이 이어지소서. |
| 來長安 | 장안에 오니[8] |
| 車駢駢 | 수레들 나란히 달리는데, |
| 中有梁冀舊宅 | 그 속엔 양기梁冀가 살던 집[9]이며 |
| 石崇故園 | 석숭石崇의 옛 정원이 있네.[10] |

---

1) 「하남부에서 지어본 12월의 노래·윤달」에 대한 주석 5)를 참조하기 바란다.
2) 『산해경·서산경西山經』에는 황달을 낫게 하고 화재를 막아주는 열매를 맺는 단목丹木이 자란다는 엄자산이 언급되어 있는데, 곽박의 주석에 따르면 그곳은 해가 져서 들어가는 산이라고 했다. 한편, 왕기의 주석에 인용된 『춘추원명포春秋元命苞』에 따르면, 양陽의 기운은 셋[三]에서 형성되기 때문에 해 속에는 발이 3개 달

린 까마귀가 있다고 했다. 본문의 '엄자죽崦嵫竹'을 '엄자석崦嵫石'으로 쓴 판본도 있다.
3) 왕기의 주석에 인용된 『하도괄지상河圖括地象』에 따르면 도도산에는 큰 복숭아 나무가 있는데, 나무가 자리 잡은 지역이 삼천리에 이르고, 그 위에 사는 금계金鷄는 해가 비치면 운다고 했다.
4) 『예기·월령月令』에 따르면, '욕수'는 초가을[孟秋]의 신이다.
5) 봄을 주관하는 동방東方의 신이다.
6) 조식의 『여오질서與吳質書』에는, "바라건대 태산을 들어 고기로 삼고, 동해를 기울여 술을 만들고 싶소.(願擧泰山以爲肉, 傾東海以爲酒)"라는 구절이 들어 있다.
7) 『예기·왕제王制』에 "남방을 '만'이라 하는데, 이마에 문신을 하고 정강이가 비틀려 꼬여 있으며, 음식을 익혀 먹지 않는 이들이다.(南方曰蠻, 雕題交趾, 有不火食者矣)"라는 구절이 있다.
8) 『문원영화』에는 이 구절이 '동락장안東洛長安'으로 되어 있다.
9) 「영화락」과 그에 대한 주석들을 참조하기 바란다.
10) 『세설신어』에 따르면 진晉나라의 부자 석숭은 왕개王愷와 사치를 다투어, 두 사람 모두 수레와 옷차림을 무척 호사스럽게 장식했다고 한다. 또 『속문장지續文章志』에 따르면, 석숭은 수만금의 자산을 갖고 있어서 저택이며 수레를 모두 왕처럼 꾸미고, 산해진미를 먹으며, 화려한 비단옷에 금과 비취 귀걸이를 하고 악기 연주에도 뛰어난 수백 명의 절세미녀들을 희첩으로 두고 살았으며, 정원의 누대들도 아름답기 그지없었다고 한다. 한편, 『일통지』에서는 하남성 서쪽 교외에 세워진 금곡원金谷園에 대해 묘사하고 있다. 그에 따르면, 태백원太白原부터 금곡까지 금수金水가 흘렀는데, 석숭은 이를 따라 정원을 건축하고 스스로 시를 지어 그 모습을 노래했다고 한다. 이곳에 있는 청량대淸涼臺는 바로 석숭의 첩 녹주綠珠가 뛰어내려 죽은 곳이기도 하다.

# 요화락 瑤華樂[1]

穆天子(목천자)     주周나라 목왕穆王은
走龍媒(주룡매)     천마天馬[2] 몰고 다녔네.

| 팔비동롱축천회 | |
|---|---|
| 八轡冬瓏逐天迴 | 여덟 마리 말이 끄는 수레 방울 딸랑이며[3] 하늘 따라 돌아오는데 |
| 오정소지응운개 | |
| 五精掃地凝雲開 | 하늘의 다섯 별자리[4] 땅을 쓸어 뭉친 구름 걷혔네. |
| 고문좌우일월환 | |
| 高門左右日月環 | 높은 대문 좌우에는 해와 달이 돌고 |
| 사방착루릉층안 | |
| 四方錯鏤稜層殷 | 사방에는 검붉은 꽃문양 층층이 조각되어 있네.[5] |
| 무하수미장반산 | |
| 舞霞垂尾長盤跚 | 춤추는 노을은 용처럼 꼬리 드리운 채 구불구불 펼쳐졌고 |
| 강징해정신모안 | |
| 江澄海淨神母顔 | 강처럼 바다처럼 청정한 신모神母의 얼굴. |
| 시홍점취조우천 | |
| 施紅點翠照虞泉 | 붉은 바탕에 점점이 일렁이는 푸른 빛 우천虞泉[6]을 비출 때 |
| 예운타옥하곤산 | |
| 曳雲拖玉下崑山 | 옥 같은 구름 끌고 곤륜산 내려왔지. |
| 열패여송 | |
| 列旆如松 | 소나무처럼 늘어선 깃발 |
| 장개여륜 | |
| 張蓋如輪 | 수레바퀴처럼 펼쳐진 덮개. |
| 금풍전추 | |
| 金風殿秋 | 가을바람 뒷전에서 불어오고[7] |
| 청명발춘 | |
| 淸明發春 | 맑고 깨끗한 봄기운 앞에서 피어나네. |
| 팔란십승 | |
| 八鑾十乘 | 여덟 마리 말이 끄는 수레 열 대 |
| 축여운둔 | |
| 矗如雲屯 | 무리진 구름처럼 빽빽하네. |
| 경종요석감로문 | |
| 瓊鍾瑤席甘露文 | 옥 술잔 옥 방석에 짙은 이슬[8] 곱게 서리니 |
| 원상강설하족운 | |
| 元霜絳雪何足云 | 원상元霜이며 강설絳雪[9] 같은 음식이야 비할 바 아니라네. |
| 훈매염류장증군 | |
| 薰梅染柳將贈君 | 매화 향에 버들색 물들인 영약靈藥 그대에게 드리고 |

鉛華之水洗君骨　　연화鉛華의 물<sup>10)</sup>로 그대의 뼈대 씻어주어
與君相對作眞質　　그대와 마주 보며 불로장생의 몸이 되리라.

---

1) 『습유기』에 따르면 주나라 목왕은 천자에 즉위한 지 32년 만에 천하를 순행巡幸했는데, 황금과 벽옥으로 장식한 수레를 몰고 바람을 타고 조양산朝陽山을 넘어서 새벽부터 저녁까지 천하 곳곳을 두루 돌아다니며, 역사가 열 명으로 하여금 다닌 곳을 기록하게 했다. 또 옥으로 치장한 수레[瑤華輪] 열 대에 책을 싣고 뒤따르게 했다고 하는데, 이 시의 제목은 여기에서 따온 것으로 보인다.
2) 『열자』에 따르면 주 목왕은 8마리 명마가 끄는 수레를 타고 여행하다가 서왕모를 만나 요지에서 함께 술을 마셨다고 한다. 한편, 『한서‧예악지禮樂志』의 "천마가 왔으니, 그것은 용을 부르는 중매쟁이라네. 하늘나라에 가서 신선의 누대를 구경했네.(天馬徠, 龍之媒, 游閶闔, 觀玉臺)"에 대한 주석에서 응소應邵는 천마天馬란 신룡神龍의 한 부류이니, 그것이 이르렀다는 것은 틀림없이 용이 나타날 것이라는 징조라고 설명했다.
3) 본문의 '동롱冬瓏'은 난여鸞輿의 방울소리를 묘사한 의성어이다. 판본에 따라 이것을 '동롱冬曨' 또는 '영롱玲瓏'으로 쓴 것들도 있다.
4) 장형張衡의 『동경부東京賦』에는 "오정이 군사를 이끌고 와서 무찔렀다.(五精師而來摧)"는 구절이 있는데, 이에 대한 주석에 따르면, '오정'이란 바로 하늘의 다섯 방위를 차지하는 별자리들[五方星]을 가리킨다. 또한 반고班固의 『동도부東都賦』에는 "우사가 널리 씻어주고, 풍백이 먼지를 치워준다.(雨師汎灑, 風伯淸塵)"라는 구절이 있으니, 이 시의 문맥과 내용상으로 상통한다.
5) 서왕모의 거처에 대한 묘사이다. 본문의 '안殷'은 검붉은색[赤黑色]을 가리킨다.
6) 『회남자‧천문훈天文訓』에는 태양이 "우연虞淵에 가까워지는 것을 황혼黃昏이라 하고, 몽곡蒙谷에 잠기는 것을 저녁, 즉 정혼定昏이라 한다"는 내용이 있다. 당나라 때에는 고조高祖 이연李淵의 휘諱를 피해 '우연'을 '우천虞泉'으로 표기했다.
7) 왕기의 주석에 인용된 『세화기려歲華紀麗』에 따르면, 가을바람을 '금풍金風'이라 한다고 했다. 또 『운회韻會』에 따르면 군대의 앞을 '계啓'라 하고, 군대의 뒤를 '전殿'이라 한다고 했다. 본문의 '전추殿秋'를 '염추斂秋'로 쓴 판본도 있다.
8) 『서응도瑞應圖』에 따르면 이슬의 색이 짙으면 감로甘露가 되는데, 왕 노릇 하는 이가 덕을 베풀면 그 나라 땅의 초목에 감로가 내린다고 했다. 이 구절은 전체적으로 태평성대 속에 풍성하게 차려진 술과 음식을 즐긴다는 것을 묘사하고 있다.

9) 『한무내전』에 따르면, '원상元霜'과 '강설絳雪'은 신선이 되어 승천하게 만들어 주는 약 이름이다. 여기서는 훌륭한 음식을 가리킨다.
10) 『담자화서譚子化書』에 따르면, 도가에서는 불화로에서 연단鉛丹을 제조하여 곡식을 대신한다고 했는데, '연화의 물'이란 바로 이 연단을 녹인 물을 가리킨다.

## 북방의 추위 北中寒

| 일방흑조삼방자<br>一方黑照三方紫 | 한 쪽의 검은 기운 비쳐 세 쪽도 자주색으로 변하고[1] |

황하빙합어룡사
黃河冰合魚龍死   황하에 얼음이 합쳐지니 물고기도 용도 죽어간다.

삼척목피단문리
三尺木皮斷文理   세 자나 되는 나무껍질[2]도 얼어서 결이 끊어지고

백석강거상하수
百石强車上河水   돌을 가득 실은 무거운 수레도 강 위를 지날 수 있겠다.

상화초상대여전
霜花草上大如錢   풀에 서린 서리꽃은 동전만큼 크고

휘도불입미몽천
揮刀不入迷濛天   칼을 휘둘러도 안개 자욱한 하늘에 들어가지 않는다.

쟁영해수비릉훤
爭瀅海水飛凌喧   다투어 흐르는 바닷물은 얼음[3] 위로 날아오르며 굉음 울리고

산폭무성옥홍현
山瀑無聲玉虹懸   소리 없는 산속 폭포에는 옥 같은 무지개 걸려 있다.

---

1) 『주례』의 주석에 따르면, 옛날의 예禮에서는 북방은 겨울의 자리로서 흑정黑精의 제왕으로 불리며, 전욱顓頊이 어둠침침하게 그곳에서 먹고 있다고 여겼다. 또한 『금단청진원오金丹清眞元奧』에 따르면, 태양은 남쪽에서 밝게 빛나고, 태음太陰은 북쪽에서 어둡다[黑]고 했다.
2) 『한서・원앙조조전爰盎鼂錯傳』에는 "북방 오랑캐의 땅은 음기가 쌓인 땅이라 나무껍질이 세 차나 되고 얼음 두께는 여섯 자나 되는데, 그곳 사람들은 육식을 하며

가축의 젖으로 발효시킨 술을 마시며, 얼굴에 주름이 많다. 또 그곳의 들짐승과 날짐승들은 털이 수북하고 추위에 잘 견딘다.(夫胡貊之地, 積陰之處也, 木皮三寸, 冰厚六尺, 食肉而飲酪, 其人密理, 鳥獸氄毛, 其性能寒)"라는 내용이 들어 있다. 그러므로 본문의 '삼척三尺'은 '삼촌三寸'을 잘못 쓴 것으로 보인다.
3) 본문의 '능凌'은 얼음 덩어리를 가리킨다.

## 양나라 누대의 옛 뜻 梁臺古意[1]

梁王臺沼空中立　　양나라 왕의 연못가 누대 공중에 서 있어[2]

天河之水夜飛入　　은하수의 물 밤이면 날아 들어왔지.

臺前鬪玉作蛟龍　　누대 앞에는 옥을 깎아[3] 교룡蛟龍 만들어두었는데

綠粉掃天愁露濕　　하늘을 쓰는 푸른 대나무엔 시름 어린 이슬 축축했지.

撞鍾飮酒行射天　　잔 부딪혀 술 마시고 하늘 향해 활 쏘니[4]

金虎蹙袭噴血斑　　금빛 호랑이 움츠린 가죽엔 토한 피가 얼룩졌지.[5]

朝朝暮暮愁海翻　　아침마다 저녁마다 시름겨운 바다 파도 뒤집어지는데

長繩繫日樂當年　　긴 끈으로 해 묶어놓고 인생을 즐겼지.

芙蓉凝紅得秋色　　이슬 맺힌 붉은 부용꽃에는 가을빛 물들었고

蘭臉別春啼脈脈　　봄과 이별하는 난초의 얼굴 위로 새 울음 하염없다.

蘆洲客雁報春來　　갈대 섬의 기러기 봄이 되면 다시 오마 말하는데

寥落野湟秋漫白　　쓸쓸한 들판 강물[6]엔 드넓게 펼쳐진 가을 공허하구나.

1) 이 작품의 제목을 「양대고수梁臺古愁」로 쓴 판본도 있다.
2) 『서경잡기』에 따르면, 양나라 효왕孝王은 정원과 화려한 궁전을 짓기 좋아했는데, 그가 만든 토원兎苑이라는 정원에는 백령산百靈山이라는 가산假山이 있고, 그 안에는 부촌석膚寸石, 낙원암落猿巖, 서룡수棲龍岫 등이 만들어져 있었으며, 안지雁池라는 못에는 학주鶴洲와 부저鳧渚라는 섬들이 조성되어 있었다. 여러 궁전들은 모두 연결되어 있어서, 담장 길이가 무려 수십 리나 되었으며, 기이한 과실수와 이상한 날짐승 및 들짐승들이 두루 갖춰져 있었다. 효왕은 날마다 궁녀들과 손님들을 데리고 그 안에서 사냥이나 낚시질을 했다.
3) 본문의 '투鬪'는 나무나 돌의 조각을 끼워 맞출 때 틈이 벌어지지 않게 하는 것이다. 그러므로 이 구절은 몇 개의 옥 조각을 정교하게 깎아 교룡 모양으로 끼워 맞추었다는 뜻이다.
4) 『사기·은본기殷本紀』에 따르면, 제무을帝武乙(=주紂)이 무도無道하여, 가죽 주머니에 피를 채워 매달아놓고 활로 쏘아 맞히는 놀이를 하면서 그걸 '하늘 쏘기[射天]'라 불렀다고 한다. 그러나 본문의 묘사는 그 고사와 관련이 없기 때문에, 역대의 주석가들은 이것이 양 효왕이 경제景帝에게 자신을 비방했던 원앙爰盎 등 10여 명의 신하들을 암살한 일을 비유한 것이라고 설명했다. 그러나 번역자가 보기에는, 설령 이면에 내포된 의미가 이러하다 할지라도, 표면적인 의미는 역시 사냥하는 장면에 대한 묘사인 듯하다.
5) 역대의 주석가들은 이 구절이 표면적으로 호랑이 가죽으로 만든 자줏빛 갖옷을 묘사하면서, 이면에는 소인과 아첨꾼들을 가까이한 효왕을 풍자한 것이라고 설명했다. 『예기·옥조玉藻』에는 "군주는 비단옷 위에 여우의 겨드랑이 털로 만든 갖옷을 입고, 오른쪽에 있는 신하는 호랑이 가죽으로 만든 갖옷을, 왼쪽에 있는 신하는 이리 가죽으로 만든 갖옷을 입는데, 일반 병사들은 여우 털로 만든 갖옷을 입지 않는다.(君衣狐白裘, 錦衣以裼之. 君之右虎裘, 厥左狼裘. 士不衣狐白.)"라는 내용이 있다. 한편 장형의 『동경부』에 대한 이선李善의 주석에 인용된 응소應邵의 『한관의漢官儀』에 따르면, 군주에게 복종하지 않는 신하들은 서로 무리를 이루는데, 소인들이 자리를 차지하고 있으면서 비슷한 무리를 천거하여 군주 옆에 세워놓고 있으니, 탐욕스러운 행실이 쇠처럼 단단하고, 비방하는 말이 호랑이처럼 사납다고 했다. 그러나 번역자는 이 구절 역시 호랑이를 사냥하는 장면에 대한 묘사라고만 해석해도 무방할 듯하다.
6) 본문의 '야황野湟'을 '야황野篁'으로 쓴 판본도 있다.

## 그대여, 대문 나가지 마오 公無出門[1]
공무출문

<br>

| | |
|---|---|
| 天迷迷 <sub>천미미</sub> | 하늘은 어둠침침하고 |
| 地密密 <sub>지밀밀</sub> | 땅은 빽빽하다. |
| 熊虺食人魂 <sub>웅훼식인혼</sub> | 살모사[2]는 사람의 혼을 먹고 |
| 雪霜斷人骨 <sub>설상단인골</sub> | 눈서리는 사람의 뼈를 부러뜨린다.[3] |
| 嗾犬狺狺相索索 <sub>주견은은상삭삭</sub> | 개 짖는 소리 컹컹 불안하게 쫓아오는데 |
| 舐掌偏宜佩蘭客 <sub>지장편의패란객</sub> | 손바닥 핥으며 오로지 허리에 난초 장식한 착한 사람만 물려고 하는구나.[4] |
| 帝遣乘軒災自滅 <sub>제견승헌재자멸</sub> | 천제天帝께서 큰 수레 보내[5] 재앙이 절로 스러지니 |
| 玉星點劍黃金軛 <sub>옥성점검황금액</sub> | 옥 장식 별처럼 박힌 칼 차고 황금 멍에 씌운 말을 몬다. |
| 我雖跨馬不得還 <sub>아수과마부득환</sub> | 내 비록 바삐 말 달려도 돌아갈 수 없으니 |
| 歷陽湖波大如山 <sub>역양호파대여산</sub> | 역양歷陽의 호수[6] 물결 산처럼 크기 때문이지. |
| 毒虯相視振金環 <sub>독규상시진금환</sub> | 사나운 규룡虯龍들 서로 노려보며 금팔찌 떨리도록 울어대고 |
| 狻猊貐貐吐饞涎 <sub>산예알유토참연</sub> | 사자[7]와 알유貐貐[8]가 게걸스럽게 침 흘리고 있구나. |
| 鮑焦一世披草眠 <sub>포초일세피초면</sub> | 포초鮑焦[9]는 평생 풀을 깔고 잤고 |
| 顔回卄九鬢毛斑 <sub>안회입구빈모반</sub> | 안회顔回[10]는 나이 스물아홉에 귀밑머리가 세었다지. |

| <sub>안 회 비 혈 쇠</sub><br>顏回非血衰 | 안회의 피가 쇠약해진 것이 아니요 |
|---|---|
| <sub>포 초 불 위 천</sub><br>鮑焦不違天 | 포초가 하늘을 어긴 것이 아니지만 |
| <sub>천 외 조 합 교</sub><br>天畏遭啣嚙 | 하늘은 그들이 잡혀 먹힐까 걱정해서 |
| <sub>소 이 치 지 연</sub><br>所以致之然 | 그런 지경에 이르게 한 것이지. |
| <sub>분 명 유 구 공 불 신</sub><br>分明猶懼公不信 | 분명한 일이지만 그대 믿지 않을까 염려스러우니 |
| <sub>공 간 가 벽 서 문 천</sub><br>公看呵壁書問天 | 그대여 보시게, 벽에 대고 소리쳐 하늘에 까닭 물은 굴원屈原[11]의 경우를. |

---

1) 명나라 때 서위徐渭의 주석에 따르면, 이것은 죽은 자의 영혼으로 하여금 사방과 위아래 어디로든 가지 말라고 부르는[招魂] 말인데, 세속적인 것을 버린다는 의미가 담겨 있다고 했다. 이 시는 흉악한 짐승 같은 악한들이 설치는 세상에서 마음 편히 살아갈 수 없는 고결한 선비의 비애를 노래하고 있다.
2) 송옥의 「초혼」에는 "수컷 살모사는 머리가 아홉인데, 오가는 동작이 아주 빠르며, 사람을 삼켜서 제 심장을 이롭게 한다.(雄虺九首, 往來鯈忽, 吞人以益其心些)"라는 구절이 있다. 그러므로 본문의 '웅훼熊虺'는 '웅훼雄虺'를 잘못 쓴 것인 듯하다.
3) 본문의 '설상雪霜'을 '상설霜雪'로, '단斷'을 '파破'로 쓴 판본도 있다.
4) 『비아埤雅』에 따르면, 곰이 겨울에 동면하면서 배가 고프면 제 발바닥을 핥는다고 했는데, 여기서는 개가 혀를 핥으며 입맛을 다시는 모양을 의미한다. 또한 굴원의 「이소」에는 "가을 난초 실에 묶어 장식하네(紉秋蘭以爲佩)"라는 구절이 있는데, 왕일王逸의 주석에서는 이것이 덕이 있는 사람을 상징한다고 했다. 즉 행실이 고결한 사람이 향기로운 꽃으로 몸을 장식한다는 것이다.
5) 『진고眞誥』에 따르면, 적수산赤水山에서 도를 배우던 주유자朱孺子가 오색 구름수레[雲車]를 타고 하늘로 올라갔다고 한다. 본문의 '자멸自滅'을 '자식自息'으로 쓴 판본도 있다.
6) 『수신기』에 따르면, 역양군歷陽郡이 하룻밤 사이에 땅속으로 가라앉아 못이 되었는데, 지금의 마호麻湖가 바로 그곳이라는 기록이 있다. 한편 『일통지』에 따르면, 마호는 화주성和州城에서 서쪽으로 30리 떨어진 곳에 있는데, 둘레가 70리로 한 군郡의 크기만 하다. 옛날에는 역호歷湖라고 불렸는데, 나중에 지명이 잘못 알려

져서 '마호'가 되었다고 한다.
7) 『이아』의 주석에 따르면, '산예狻猊'는 서역西域에 사는 사자獅子이다.
8) 본문의 '알유猰貐'는 '알유猰㺄' 또는 '알유猰𤡮'라고도 쓴다. 임방의 『술이기』에 따르면, 알유는 들짐승 가운데 가장 큰 것으로, 용의 머리에 말의 꼬리, 호랑이 발톱을 가지고 잘 달리면서 사람을 잡아먹는데, 치도治道를 갖춘 군주가 다스릴 때면 숨었다가 무도한 군주가 다스릴 때에 나타나 사람을 잡아먹는다고 했다.
9) 『풍속통』에 따르면, 포초는 몸소 밭을 갈아 밥을 해먹고, 몸소 우물을 파서 물을 마셨으며, 자기 아내가 짠 베로만 옷을 해 입었다. 한번은 산속에서 배가 고파 대추를 따먹었는데, 누군가 "이 대추나무를 당신이 심은 것이오?"하고 묻자, 먹은 것을 토해내고 선 채로 말라 죽었다고 한다.
10) 「봄에 창곡으로 돌아가다」에 대한 주석 3)을 참조하기 바란다.
11) 왕일의 『초사장구楚辭章句』에 따르면, 「천문天問」은 굴원이 지은 것인데, 제목을 「문천問天」이라 하지 않은 것은 하늘이 존귀한 존재인지라 거기에 대고 물어볼 수 없기 때문이라고 했다. 굴원이 쫓겨나 시름에 겨워 몸이 초췌해진 채 강산을 두루 헤매다가, 하늘을 보고 탄식하던 차에 초나라 선왕의 사당과 공경公卿들의 사당을 발견했다. 거기에는 하늘과 땅, 산천, 신령神靈 등이 그려져 있었고, 온갖 이상한 일이며 옛 성현들과 괴물들에 대한 이야기가 기록되어 있었다. 굴원은 세상을 떠도느라 너무 피곤하여 사당 아래에 쉬면서 그 그림들을 올려다보다가, 사당 벽에 글을 써서 큰 소리로 물어보며 자신의 분노를 드러내고 시름과 근심을 펼쳐 적었다.


## 귀신의 노래 神絃曲[신현곡][1)]

西山日沒東山昏 [서산일몰동산혼]    서산에 해가 저무니 동쪽 산이 흐릿해지고
旋風吹馬馬踏雲 [선풍취마마답운]    회오리바람이 말을 부니 신마神馬가 구름을 밟네.
畫絃素管聲淺繁 [화현소관성천번]    화려한 악기들 소리 어지러이 오르내릴 때
花裙綷縩步秋塵 [화군최채보추진]    무녀巫女는 치맛자락 사각거리며 걸음마다 가을 먼지 일

으키네.

| 桂葉刷風桂墜子 | 계수나무 잎사귀 바람에 휩쓸리며 열매 떨어질 때 |
| 靑狸哭血寒狐死 | 푸른 살쾡이 피울음 속에 처량한 이리 죽어가네. |
| 古壁彩虯金帖尾 | 낡은 벽에 화려한 용은 금빛 꼬리 달려 있는데 |
| 雨工騎入秋潭水 | 우공雨工[2]이 그것을 타고 가을 연못 속으로 들어가네. |
| 百年老鴞成木魅 | 백년 묵은 올빼미[3]는 나무귀신이 되고 |
| 笑聲碧火巢中起 | 웃음소리 일으키며 파리한 도깨비불 둥지에서 일어나네. |

---

1) 『고금악록』에는 「신현가神絃歌」 11곡이 수록되어 있다. 왕기의 주석에 따르면, 「신현곡」은 신기神祇에게 제사를 올리면서 악기 연주와 노래로 신을 즐겁게 해주려는 노래라고 하면서, 이 시에서 통곡하는 이리와 죽은 여우, 올빼미 둥지에서 일어나는 도깨비불 따위를 언급한 것은 기원하는 대상이 사악한 것을 처단하고 도깨비를 물리치는 신이기 때문이 아닐까 생각된다고 했다.

2) 『유의전柳毅傳』에 따르면, '우공'은 동정호洞庭湖의 용군龍君이 기르는 우레와 벽력의 신[雷霆神]이다. 그 모양은 양처럼 생겼으나, 눈매며 걸음걸이, 먹고 마시는 모양이 특이하다고 했다. 본문의 "그것을 타고 가을 연못 속으로 들어가네(騎入秋潭水)"라는 구절을 "밤에 그걸 타고 연못 속으로 들어가네(夜騎入潭水)"라고 쓴 판본도 있다.

3) 올빼미는 중국에서 재앙을 불러오는 새로 여겨졌으며, 일찍이 가의賈誼가 「복조부鵩鳥賦」에서 노래한 새가 바로 이것이다. 한편, 포조鮑照의 「무성부蕪城賦」에는 "나무 도깨비, 산속의 귀신, 들판의 쥐, 성 안의 여우(木魅山鬼, 野鼠城狐)"라는 구절이 들어 있다.

## 신의 악기 神絃(신현)

| 女巫澆酒雲滿空 (여무요주운만공) | 무녀巫女가 술 부으니 하늘에 구름 가득하고 |
| 玉爐炭火香鼕鼕 (옥로탄화향동동) | 옥 화로에 석탄 탈 때 둥둥 북소리 속에 향 연기 퍼지네. |
| 海神山鬼來座中 (해신산귀래좌중) | 바다 신과 산 귀신 자리에 찾아오니 |
| 紙錢窸窣鳴飈風 (지전실솔명선풍) | 지전[1]은 사르락 회오리바람에 우네. |
| 相思木帖金舞鸞 (상사목첩금무란) | 상사목相思木 비파 위에 금물로 춤추는 난새 그려졌는데 |
| 攢蛾一嘁重一彈 (찬아일잠중일탄) | 눈썹 찌푸린 채 중얼거릴 때마다 다시 줄을 튕기네. |
| 呼星召鬼歆杯盤 (호성소귀흠배반) | 별신과 산귀山鬼 불러 술과 안주 흠향歆饗하게 하는데 |
| 山魅食時人森寒 (산매식시인삼한) | 산도깨비가 먹을 때면 사람들은 으스스해지네. |
| 終南日色低平灣 (종남일색저평만) | 종남산[2]의 햇살 평평한 분지에 낮게 드리우는데 |
| 神兮長在有無間 (신혜장재유무간) | 신께서는 영원토록 있음과 없음 사이에 계시네. |
| 神嗔神喜師更顔 (신진신희사갱안) | 신께서 화내고 기뻐하실 때마다 무녀의 안색 바뀌고 |
| 送神萬騎還靑山 (송신만기환청산) | 수많은 말 타고 푸른 산으로 돌아가시는 신을 전송하네. |

---

1) 왕기의 주석에 인용된 『봉씨문견록封氏聞見錄』에 따르면, 옛날에는 귀신에게 제사를 지낼 때 옥[圭璧]이나 비단[幣帛]을 썼으며, 제사를 마치면 그것을 땅에 묻었다. (이것을 '예전瘞錢'이라고 한다) 후대에는 돈[錢]을 보배로 여기게 되자 제사에서도 돈을 쓰기 시작했다가, 점차 제사 절차가 간소해지고 특히 종이가 발명된 후부터 -대개 위魏·진晉 시대부터- 는 종이돈을 쓰기 시작했다고 했다.

2) 『원화군현지』에 따르면, 종남산終南山은 경조부京兆府 만년현萬年縣에서 남쪽으로 50리 떨어진 곳에 있다고 했다. 이 산은 흔히 남산南山 또는 진령秦嶺으로 불리는데, 감숙성甘肅省에서 시작해서 섬서성陝西省을 지나 하남성河南省까지 수백 리나 이어진 산맥이다.

## 귀신을 보내는 노래 神絃別曲 (신현별곡)

| | |
|---|---|
| 巫山小女隔雲別 (무산소녀격운별) | 무산의 젊은 신녀神女와 구름을 사이에 두고 이별하니 |
| 春風松花山上發 (춘풍송화산상발) | 봄바람에 송화가 산 위에서 피어나네. |
| 綠蓋獨穿香徑歸 (녹개독천향경귀) | 초록빛 덮개 쓴 채 홀로 향기로운 길 뚫고 돌아갈 때 |
| 白馬花竿前孑孑 (백마화간전혈혈) | 백마 탄 기수가 든 화려한 깃발이 앞에서 높이 펄럭이네. |
| 蜀江風澹水如羅 (촉강풍담수여라) | 촉蜀 땅 강물[1]에 바람 잔잔하여 수면은 비단 같은데 |
| 墮蘭誰泛相經過 (타란수범상경과) | 떨어진 난초꽃 누가[2] 지나는 물길에 띄웠나? |
| 南山桂樹爲君死 (남산계수위군사) | 남산의 계수나무 그대 때문에 너무나 기뻐[3] |
| 雲衫淺汚紅脂花 (운삼천오홍지화) | 구름치마 엷게 물들인 빨간 연지 같은 꽃 피웠네.[4] |

---

1) 무산 발치를 흐르는 강물이다.
2) 예총치의 주석에 따르면, 여기서 '누구'는 신을 암시한다. 신이란 그 존재 여부를 명확히 알 수 없기 때문에 '누가'라는 의문사를 썼다는 것이다.
3) 왕기의 주석에서는 본문의 '사死'를 너무도 기쁘다[喜殺]라는 뜻으로 풀이했다. 즉 다음 구절까지의 내용은 남산의 계수나무가 신이 어루만져 준 데에 너무 기뻐하여 아름다운 꽃을 피웠다는 것이다.
4) 『본초경』에 따르면, 계수나무에는 여러 종류가 있는데 그 가운데 꽃이 흰 것을 은

계銀桂라 하고, 노란 것을 금계金桂, 빨간 것을 단계丹桂라고 부른다. 가을에 꽃을 피우는 것도 있고, 봄에 꽃을 피우는 것도 있으며, 사계절마다 꽃을 피우는 것도 있고, 매 달마다 꽃을 피우는 것도 있다고 한다. 본문의 '천오淺汚'를 '잔오殘汚'로 쓴 판본도 있다.

## 녹수의 노래 綠水詞

| | |
|---|---|
| 今宵好風月 (금소호풍월) | 오늘 밤은 바람도 달빛도 좋은데 |
| 阿侯在何處 (아후재하처) | 아후阿侯[1]는 어디 있는가? |
| 爲有傾人色 (위유경인색) | 사람들 자지러지게 할 만한 미색 갖추었지만 |
| 翻成足愁苦 (번성족수고) | 오히려 한없는 시름과 고통거리만 되었을 뿐. |
| 東湖採蓮葉 (동호채련엽) | 동쪽 호수에서 연잎 따고 |
| 南湖拔蒲根 (남호발포근) | 남쪽 호수에서 창포 뿌리 뽑네. |
| 未持寄小姑 (미지기소고) | 가져다가 동생에게 주지 말고 |
| 且持感愁魂 (차지감수혼) | 가져다가 시름겨운 영혼이나 달래주오.[2] |

---

1) 왕기의 주석에 인용된 양梁나라 무제武帝의 시에, "황하의 물은 동쪽으로 흐르고, 낙양에는 막수라는 이름의 소녀가 있지. 열다섯에 노씨 집안에 시집가서, 열여섯에 아들을 낳으니 자字가 아후였네.(河中之水向東流, 洛陽女兒名莫愁. 十五嫁爲盧家婦, 十六生兒字阿侯)"라는 내용이 들어 있다. 오여륜의 주석에서는 「춘회인春懷引」이라는 노래를 인용하면서, '아후'가 기생이라고 설명했다.
2) 본문의 '수혼愁魂'을 '추풍秋風'으로 쓴 판본도 있다. 한편, 왕기의 주석에 인용된 옛날 「채련동곡採蓮童曲」에는 "동쪽 호수에서 부추 캐는 아이, 서쪽 호수에서 마

름을 캐네. 그걸 가지고 재미있는 놀이라 노래하지 말고, 가지고 와서 시름겨운 그리움 풀어주렴.(東湖扶菰童, 西湖採菱茞. 不持歌作樂, 爲持解愁思)"이라는 내용이 들어 있다.

## 모랫길[1] 노래 沙路曲

| 柳瞼半眠丞相樹 | 버들눈 반쯤 잠든 승상의 나무[2] |
| 珮馬釘鈴踏沙路 | 치장한 말 방울소리 딸랑이며 모랫길을 달린다. |
| 斷燼遺香裊翠煙 | 타다 남은 향불에선 파리한 연기 가물거리고 |
| 燭騎蹄鳴上天去 | 촛불 든 기마병의 말발굽 소리[3] 하늘로 울려 퍼진다. |
| 帝家玉龍開九關 | 황제 집안의 옥룡玉龍이 조정의 아홉 관문 여니 |
| 帝前動笏移南山 | 황제 앞에서 홀笏 들고 움직이는 모습 남산도 옮길 듯하다. |
| 獨垂重印押千官 | 무거운 도장 홀로 드리우고 여러 벼슬아치들 통솔하니 |
| 金窠篆字紅屈盤 | 금 바탕[4]에 글자 새겨 붉은 선이 구불구불. |
| 沙路歸來聞好語 | 모랫길로 돌아올 때 칭송 소리 들리는데 |
| 旱火不光天下雨 | 가뭄의 불볕 빛을 잃고 하늘이 비를 내렸다네.[5] |

---

1) 『국사보國史補』에 따르면, 승상에 임명된 사람은 반항班行을 넘어서 승진한 것을 기념하여 특별한 예식을 거행했다. 즉 부현府縣에서 모래를 가져와서 그의 집에서부터 성 동쪽의 거리까지 길에 뿌리는데, 그것을 일컬어 '사제沙堤'라 한다고 했다.

2) 『삼보고사三輔故事』에 따르면, 한나라 왕실 정원에 사람처럼 생긴 버드나무가 있어 '인류人柳'라고 불렸는데, 하루에 세번 자고 세번 일어났다고 했다. 여기서는 버드나무 가지가 그늘을 드리운 모습을 묘사한 말이다. 이 버드나무는 승상이 지나는 길가에 심어진 것이기 때문에 '승상의 나무'라고 했다. 한편, 본문의 '유검柳瞼'을 '유겹柳臉' 또는 '유음柳陰'으로 쓴 판본도 있다.
3) 본문의 '촉기제명燭騎蹄鳴'을 '독기제오獨騎啼烏'로 쓴 판본도 있다.
4) 도장에 새긴 글씨의 획劃을 제외한 여백을 '과窠'라고 한다.
5) 표면적으로는 훌륭한 재상을 등용하니 하늘이 가뭄을 적시는 비를 내려주었다는 말이나, 실제로는 당시의 재상인 두황상杜黃裳이 정치를 잘못하여 세상에 가뭄과 물난리가 해마다 이어졌음을 풍자한 것이다.


## 주상께서 돌아오시다 上之回[1]

上之回 (상지회)  주상께서 돌아오시니
大旗喜 (대기희)  큰 깃발 기꺼이 휘날린다.
懸紅雲 (현홍운)  붉은 구름 같은 깃발 내걸리니
撻鳳尾 (달봉미)  봉황 꼬리 같은 깃털 장식 펄럭인다.
劍匣破 (검갑파)  칼집 깨지면서 검이 날아올라[2]
舞蛟龍 (무교룡)  교룡蛟龍처럼 춤추며 적을 무찌른다.
蚩尤死 (치우사)  치우蚩尤[3]가 죽으니
鼓逢逢 (고봉봉)  북소리 둥둥.
天高慶雲齊墜地 (천고경운제추지)  드높은 하늘에 경사스러운 구름[4] 일제히 땅에 드리우니

<sub>지 무 경 연 해 천 리</sub>
地無驚煙海千里　　땅에는 전쟁의 봉화 연기 없이 온 세상 평안해졌다.

---

1) 『악부고제요해樂府古題要解』에 따르면, 「상지회」는 한나라 무제 원봉元封 연간(기원전 110~105) 초기에 황제가 옹雍 땅을 가면서 회중回中의 길이 트이는 바람에, 그 후로 자주 순행巡幸하게 되었다. 당시 그 일을 칭송한 노래가 있는데, "(황제께서) 석궐에 가셔서 제후국들을 바라보시니, 월지국이 신하가 되고, 흉노가 항복했네.(遊石闕, 望諸國, 月支臣, 匈奴服)"라는 내용이었다.
2) 『습유기』에 따르면, 전욱顓頊에게는 예영검曳影劍이 있었는데, 칼이 허공에 뛰어올라 가만히 있다가 사방에서 적이 공격하면 전욱이 손가락으로 가리키는 방향으로 날아가 적을 무찔렀다고 한다. 또한 사용하지 않을 때에는 칼집 속에서 항상 용이나 호랑이가 우는 듯한 소리가 들렸다고 한다.
3) 『사기・오제본기五帝本紀』에 따르면, 치우가 난을 일으키고 황제黃帝의 명령을 듣지 않자 황제가 제후의 군대를 징발하여 탁록涿鹿의 들에서 맞서서 결국 치우를 사로잡아 처형했으니, 제후들이 모두 헌원軒轅을 떠받들어 천자로 모셨다고 했다.
4) 『한서・천문지』에 따르면, 연기인 듯하면서도 아니고 뭉게뭉게 수레바퀴처럼 일어나는 구름을 '경사스러운 구름[慶雲]'이라 하는데, 이것이 나타나면 좋은 일이 일어난다는 징조라고 했다. 본문의 '경운'을 '경뢰慶雷'로 쓴 판본도 있다. 한편 왕기는 본문의 '해海'를 '온 세상[四海]'이 아니라 '어둑하다[晦]'로 풀어야 한다고 했는데, 앞 구절의 구름을 고려한다면 이 또한 어느 정도 일리가 있다.


## 높은 관리[1]께서 내 집을 찾아오시다 <sub>고 헌 과</sub> 高軒過

<sub>한 원 외 유 황 보 시 어 식 견 과　　인 이 명 작</sub>
韓員外愈皇甫侍御湜見過, 因而命作.
원외랑員外郎 한유韓愈와 시어사侍御史 황보식皇甫湜이 찾아오셔서, 그분들의 지시를 받고 짓다.

<sub>화 거 직 취 청 여 총</sub>
華裾織翠青如蔥　　고운 옷 비췻빛 천은 파잎처럼 푸르고

| 금환압비요령롱
金環壓轡搖玲瓏 | 말고삐의 금환金環은 영롱한 소리 내며 흔들린다. |
| 마제은이성륭륭
馬蹄隱耳聲隆隆 | 은은히 들려오는[2] 말발굽 소리는 우레처럼 웅장한데 |
| 입문하마기여홍
入門下馬氣如虹 | 문을 들어서 말에서 내리니 기개가 무지개 같구나. |
| 운시동경재자
云是東京才子 | 듣자 하니 낙양洛陽의 재자才子요 |
| 문장거공
文章巨公 | 글 잘하는 문호文豪라네.[3] |
| 이십팔수라심흉
二十八宿羅心胸 | 가슴엔 28개의 별자리[4] 두루 펼쳐 놓았고 |
| 원정경경관당중
元精耿耿貫當中 | 하늘의 정기가 환하게 그 속을 꿰뚫고 있구나.[5] |
| 전전작부성마공
殿前作賦聲摩空 | 전각 앞에서 부賦 지어 읊으면 그 소리 하늘에 닿으니 |
| 필보조화천무공
筆補造化天無功 | 조물주의 오묘함을 붓으로 보충하니 하늘도 내세울 공이 없어지리라. |
| 방미서객감추봉
龐眉書客感秋蓬 | 눈썹 붙은 서생[6]은 가을 쑥대 같은 신세에 시름겨운데 |
| 수지사초생화풍
誰知死草生華風 | 뉘라서 알랴, 죽은 풀이 생명의 바람 일으킬 줄을! |
| 아금수시부명홍
我今垂翅附冥鴻 | 지금 내 비록 날개 늘어뜨리고 높이 나는 큰 새에 의지하지만 |
| 타일불수사작룡
他日不羞蛇作龍 | 언젠가는 부끄럽지 않으리라, 뱀에서 용이 될 테니! |

---

1) 『설문해자』의 주석에 따르면, '헌軒'은 대부大夫 이상의 벼슬아치들이 타는 수레를 가리킨다. 『척언摭言』에서는 이 시를 이하가 7세 때에 지은 것이라고 했으나, 왕기의 주석에서는 그것이 엉터리라고 주장했다. 즉 원화元和 3년(808)에 황보식은 육혼현陸渾縣의 현위縣尉로서 정치의 잘못에 대해 직접적으로 간언하는 바람에 당시 재상 자리에 있던 이길보李吉甫에게 미움을 받아 진급되지 않은 상태였고, 한유가 원외랑이 된 것은 그 이듬해인 원화 4년인데, 이 당시 이하는 이미 약관弱

冠의 나이였기 때문이라는 것이다.
2) 본문의 '은이隱耳'를 '은은隱隱'으로 쓴 판본도 있다.
3) 이 두 구절을 '동경재자東京才子, 문장공文章公'으로 쓴 판본도 있다.
4) 옛날 천문학에서는 하늘을 사궁四宮(또는 사신四神)으로 나누고, 다시 각 궁마다 7개씩 모두 28개의 별자리[二十八宿]를 안배했다. 즉 동쪽에 해당하는 청룡靑龍(또는 창룡蒼龍)의 자리에는 각角, 항亢, 저氐, 방房, 심心, 미尾, 기箕의 별자리를 안배하고, 서쪽에 해당하는 백호白虎의 자리에는 규奎, 누婁, 위胃, 묘昴, 필畢, 자觜, 삼參의 별자리를 안배했다. 또 남쪽에 해당하는 주작朱雀의 자리에는 정井, 귀鬼, 유柳, 성星, 장張, 익翼, 진軫의 별자리를 안배하고, 북쪽에 해당하는 현무玄武의 자리에는 두斗, 우牛, 여女, 허虛, 위危, 실室, 벽壁의 별자리를 안배했다.
5) 본문의 '원정경경元精耿耿'을 '구정조요九精照耀'로 쓴 판본도 있다. 또한 '경경耿耿'을 '형형炯炯'으로 쓴 판본도 있다.
6) 이하 자신을 가리킨다. 이에 대해서는 「하인의 대답」에 대한 주석 1)을 참조하기 바란다.

## 패궁부인 貝宮夫人[1]

丁丁海女弄金環  짤랑짤랑 해녀[2]는 금팔찌 흔들고
雀釵翹揭雙翅關  참새 조각 비녀 꽁지 치켜든 채[3] 두 날개 접었네.
六宮不語一生閑  여섯 개 침실[4]에서 말도 없이 평생이 적막하고
高懸銀牓照靑山  높이 걸린 은 편액扁額[5]엔 푸른 산이 비치네.
長眉凝綠幾千年  긴 눈썹에 서린 청춘 몇 천년이나 변함없는지?
淸涼堪老鏡中鸞  맑고 서늘한 그 분위기는 거울 속 난새도 늙게 할 만하네.[6]
秋肌稍覺玉衣寒  가을날 살에 닿은 옥의玉衣[7] 조금 싸늘하게 느껴지는데

<ruby>空光帖妥水如天<rt>공 광 첩 타 수 여 천</rt></ruby>　　공중에 햇살 평온하고 물빛은 하늘을 닮았네.

---

1) '패궁부인'이 어떤 여신인지는 명확히 알 수 없으나, 임방의 『술이기』에 따르면, 태을산太乙山 아래에 패궁부인의 사당이 있다고 했다. 오정자와 증익은 본문의 '해녀海女'와 '패궁貝宮'이라는 단어에 착안해서 그녀가 용왕의 딸이라고 추측하기도 했다.
2) 예총치의 주석에서는 신녀를 모시는 시녀라고 했다. 그러나 패궁부인이 용왕의 딸이라면 '해녀' 또한 그녀를 가리키는 말일 수도 있겠다. 본문의 '금환金環'을 '금전金錢'으로 쓴 판본도 있다.
3) 본문의 '교게翹揭'를 '게교揭翹'로 쓴 판본도 있다.
4) 『주례』의 주석에 따르면, 부인의 침소를 '궁宮'이라 하고, 황후는 왕처럼 6개의 침소를 두고 사는데, 그 가운데 정침正寢이 하나이고, 나머지 5개는 연침燕寢이라고 했다. 여기서는 '부인'이라는 칭호를 썼기 때문에 귀부인의 신분에 어울리도록 침소가 6개라고 묘사한 것이다. 대부분의 주석서에서는 이 구절이 사당에 흙으로 빚어 모셔놓은 여신의 신상神像을 묘사한 것이라고 설명하고 있다.
5) 『신이경』에는 동방에 궁궐이 있는데 청석靑石으로 담을 쌓고, 대문에 은으로 만든 편액이 걸려 있다는 이야기가 실려 있다.
6) 남조 송나라의 범태范泰가 쓴 「난조시서鸞鳥詩序」에 따르면, 옛날에 계빈왕罽賓王이 준묘산峻卯山에 그물을 쳐서 난새 한 마리를 사로잡고 무척 아꼈는데, 그 새가 삼년 동안 한 번도 울지 않았다. 그러자 그 부인이 "듣자 하니, 새는 같은 부류를 보면 운다고 하던데, 거울을 걸어 비치게 하면 어떨까요?"하고 제안했다. 왕이 그 말대로 했더니, 난새는 거울에 비친 모습을 보며 구슬피 울어서 그 소리가 하늘에까지 울렸다. 그러다가 새는 펄쩍 날아오르더니 그대로 죽어버렸다고 한다. 여기서는 영원한 청춘을 누리는 여신이 정욕情慾이 없는 청정한 마음을 유지하며 홀로 지내는 모습이 심지어 거울에 비친 무심한 난새가 늙어 죽도록 변하지 않는다는 뜻을 나타내고 있다.
7) 『삼국지·위지魏志』에 대한 배송지裵松之의 주석에는, 진후甄后가 어린 시절 잠자리에 들 때면 집안사람들은 마치 누군가 그녀의 몸 위에 옥으로 된 옷을 덮어주는 것을 보는 듯했다는 기록이 있다. 한편, 오정자의 주석에서는 '옥의'를 '화려한 옷'으로 풀이했다.

# 난향신녀의 사당 蘭香神女廟[1]

| | |
|---|---|
| 古春年年在 | 옛 봄은 해마다 찾아와 |
| 閑綠搖暖雲 | 한가한 녹음 따스한 구름에 흔들리네. |
| 松香飛晚華 | 소나무 향기는 저물녘 화사한 노을 속에 날리고 |
| 柳渚含日昏 | 물가 버드나무는 황혼의 햇살 머금었네. |
| 沙砲落紅滿 | 모래밭 조약돌[2]엔 붉은 꽃잎 가득 떨어졌고 |
| 石泉生水芹 | 돌 샘 언저리엔 미나리가 자라네. |
| 幽篁畫新粉 | 어둑한 대숲은 새롭게 분으로 치장하고 |
| 蛾綠橫曉門 | 눈썹 화장처럼 푸른 산이 새벽 문에 비스듬히 들어오네. |
| 弱蕙不勝露 | 여린 혜란蕙蘭은 이슬을 이기지 못하고 |
| 山秀愁空春 | 빼어난 산 풍경은 공허한 봄을 시름겨워하네. |
| 舞佩剪鸞翼 | 무희舞姬들은 난새 날개 잘라 만든 장식을 차고 |
| 帳帶塗輕銀 | 장막 끈에는 가벼운 은물 발라놓았네. |
| 蘭桂吹濃香 | 난초와 계수나무 짙은 향기 뿜어대고 |
| 菱藕長莘莘 | 마름과 연은 빽빽하게 자라네. |
| 看雨逢瑤姬 | 비를 보면 요지瑤池의 미녀[3] 만나고 |
| 乘船值江君 | 배에 타면 상군湘君[4]을 만나네. |

| 취소음주취<br>吹簫飮酒醉 | 퉁소 불다 취하도록 술 마시고 |
| 결수금사군<br>結綬金絲裙 | 금실로 짠 치마에 비단 끈 묶었네. |
| 주천가백록<br>走天呵白鹿 | 하늘을 내달리며 흰 사슴 부리고[5] |
| 유수편금린<br>游水鞭錦鱗 | 물속에 노닐며 비늘 고운 물고기 타네.[6] |
| 밀발허환비<br>密髮虛鬟飛 | 빽빽한 머리칼로 속이 빈 둥근 쪽 높이 지었고 |
| 이협응화균<br>膩頰凝花勻 | 매끄러운 볼은 꽃이 엉긴 듯 고루 붉네. |
| 단빈분주과<br>團鬢分珠窠 | 짙은 살쩍 아래 둘로 나뉜 보조개[7] |
| 농미롱소순<br>濃眉籠小唇 | 짙은 눈썹 아래 등롱燈籠처럼 둥글고 작은 입술. |
| 농접화경연<br>弄蝶和輕姸 | 나비 쫓아다니는 온화하고 가벼운 자태 |
| 풍광집요신<br>風光怯腰身 | 바람과 햇살에도 허리 하늘거리는 몸매. |
| 심위금압랭<br>深幃金鴨冷 | 깊은 휘장 속에는 도금한 오리 향로가 싸늘하고 |
| 염경유봉진<br>奩鏡幽鳳塵 | 화장대 거울에 새긴 봉황엔 먼지가 앉았네. |
| 답무승풍귀<br>踏霧乘風歸 | 안개 밟고 바람 타고 돌아가니 |
| 감옥산상문<br>撼玉山上聞 | 패옥佩玉 짤랑이는 소리 산 위에서 들려오네.[8] |

---

1) 『태평광기』에 인용된 『용성선록墉城仙錄』에 따르면, 어느 어부가 상강湘江 동정호洞庭湖 물가에서 아기 울음소리를 들었는데, 사방을 둘러봐도 아무도 없고 오직 3세 정도 되는 여자애만 있는지라, 어부가 불쌍히 여겨 거둬 길렀다. 10세 남짓 되자 소녀는 타고난 자태가 빼어나고 얼굴에 신령한 빛이 감돌아 마치 하늘에서 내려온 사람 같았다. 그러던 어느 날 공중에서 푸른 옷을 입은 선동仙童들이 나타나 그녀를 데리고 함께 떠났는데, 떠나면서 소녀는 어부에게 이렇게 말했다. "저는 두난향杜蘭香이라는 선녀인데, 잘못을 저질러 인간 세계로 내쫓겼다가 이제 기

한이 차서 돌아가는 것입니다." 그후로도 그녀는 가끔 집에 들르곤 했는데, 동정호 근처의 포산包山에 사는 장석張碩의 집에 강림해서 신선이 되어 날아가는 방법을 가르쳐주니, 장석도 신선이 되었다고 한다. 그런데 이 시의 원주元注에서는 창곡昌谷에 있는 여산女山이 난향신녀가 하늘로 올라간 곳이어서 그곳에 제단이 있다고 했으니, 『용성선록』에 기록된 이야기와는 다르다. 이 때문에 왕기의 주석에서는 두난향과 난향신녀가 다른 사람일 것이라고 설명했다. 한편, 이 시의 제목에는 원래 '3월에 지음(三月中作)'이라는 주석이 달려 있다.

2) 본문의 '사포沙砲'를 '사체沙砌'로 쓴 판본도 있다.
3) 무산巫山의 신녀神女를 가리킨다. '요희'에 대한 좀 더 자세한 내용은 「무산은 높기만 하다」에 대한 주석 5)를 참조하기 바란다.
4) '상아湘娥'라고도 부른다. 이에 대해서는 「이빙의 공후인」에 대한 주석 2)를 참조하기 바란다. 『초사』에 수록된 「상군湘君」에는 "나는 힘차게 계수나무 배를 타고, 원군과 상군더러 파도 없애게 하고, 강물이 편안히 흐르게 하라 했네.(沛吾乘兮桂舟, 令沅湘兮無波, 使江水兮安流)"라는 내용이 있는데, 본문의 '승선乘船'은 이것을 염두에 둔 표현이다.
5) 『신선전』에 따르면, 중산中山 땅의 위숙경衛叔卿은 운모雲母를 복용하고 신선이 되었다. 한나라 원봉元封 2년(기원전 109) 8월에 무제武帝가 궁전에 앉아 있는데, 문득 한 사람이 구름수레를 탄 채 흰 사슴을 몰고 하늘에서 내려왔으니, 그가 바로 위숙경이었다고 한다.
6) 『열자』에 따르면, 조趙나라의 금고琴高는 탁수涿水에 들어가 새끼용을 잡았다. 그는 그것을 타고 떠나면서 동생더러 목욕재계한 후 물가에 제사상을 차려놓고 기다리라 했다. 그리고는 얼마 후에 과연 붉은 잉어를 타고 왔는데, 많은 사람들이 그걸 보았다. 그는 한달 남짓 머물다가, 여름에 다시 물속으로 들어가 버렸다.
7) 본문의 '주과珠窠'를 '주소珠巢'로 쓴 판본도 있다.
8) 왕기의 주석에서는 본문의 '문聞'을 '문門'으로 표기한 판본을 채용하면서, '옥玉'을 문에 장식된 옥으로 풀이했다. 여기서는 예총치의 주석에 따라 번역했다.

## 변방으로 가는 위인실 형제를 전송하며
送韋仁實兄弟入關[1]

| | |
|---|---|
| 送客飮別酒 | 나그네 전송하며 이별주 마시는데 |
| 千觴無赭顏 | 천 잔을 마셔도 얼굴 붉어지지 않는다. |
| 何物最傷心 | 무엇이 가장 마음 상하게 하나? |
| 馬首鳴金環 | 말 머리에서 울어대는 금방울이지. |
| 野色浩無主 | 들판 정경은 드넓고 주인도 없는데 |
| 秋明空曠間 | 가을은 맑아 널따란 들판 공활하다. |
| 坐來壯膽破 | 앉아 있자니 사나이 마음 찢어지고 |
| 斷目不能看 | 그대는 아득히 멀어져[2] 볼 수가 없구나! |
| 行槐引西道 | 늘어선 홰나무 서쪽으로 가는 길 인도하고 |
| 青梢長攢攢 | 푸른 나무 꼭대기 하늘을 찌르며 높이 자랐다.[3] |
| 韋郞好兄弟 | 위랑韋郞 멋진 형제는 |
| 疊玉生文翰 | 옥을 쌓아놓은 듯 고운 글 지어냈지. |
| 我在山上舍 | 나는 산 위의 집에 살며 |
| 一畝蒿磽田 | 쑥대 우거지고 자갈 많은 밭을 가꾸지. |
| 夜雨叫租吏 | 밤비 속에서 세금 독촉하는 관리 소리치니 |

| 춘성암교관 |  |
|---|---|
| 春聲暗交關 | 봄의 소리와 어둠 속에서 서로 얽힌다.[4] |
| 수해념로로 |  |
| 誰解念勞勞 | 뉘라서 이 힘겨운[5] 상념 풀어주랴? |
| 창돌유남산 |  |
| 蒼突唯南山 | 오직 푸르게 솟은 남산뿐이지. |

---

1) 『구당서·왕파전王播傳』에는 목종穆宗 장경長慶 4년(824)에 보궐補闕 위인실이 연영전延英殿에서 왕파가 권문세족들에게 많은 뇌물을 뿌리며 소금과 철의 생산과 유통을 담당하는 관직을 얻으려 했다고 탄핵한 일이 기록되어 있다. 왕기의 주석에서는 이 시가 그 사건을 풍자한 것이라고 설명하고 있다. 그러나 이하는 원화元和 12년(817)에 죽었고, 이 시는 대략 원화 10년 전후에 지어졌으므로, 당시에 위인실 형제는 아직 나이 어린 소년에 지나지 않았다. 즉 위씨 형제가 당시에 변방으로 가게 된 것은 왕파를 탄핵한 사건과는 관련이 없는 것이다.
2) 본문의 '단목斷目'을 『문원영화』에서는 '신월新月'로 표기했다.
3) 『문원영화』에는 이 구절 다음에 "군자송진수君子送秦水, 소인소락연小人巢洛烟"이라는 두 구절이 삽입되어 있다.
4) 본문의 '춘春'자는 제6구의 '추秋'자와 어울리지 않으니, 아마 잘못 표기된 글자인 듯하다. 이 때문에 이것을 '용春'으로 쓴 판본도 있다. 한편, 본문의 '암교관暗交關'을 『문원영화』에서는 '문암관聞暗關'으로 표기했는데, 의미는 여전히 모호하다.
5) 본문의 '노로勞勞'를 '노고勞苦'로 쓴 판본도 있다.

## 낙양성 밖에서 황보식과 작별하다 洛陽城外別皇甫湜

| 낙양취별풍 |  |
|---|---|
| 洛陽吹別風 | 낙양에는 이별의 바람 불고 |
| 용문기단연 |  |
| 龍門起斷煙 | 용문[1]에는 조각조각 연기 솟는다. |
| 동수속생삽 |  |
| 冬樹束生澀 | 겨울나무는 가지가 묶인 듯 답답한 모습 드러내고 |

| 만자응화천 |
| 晚紫凝華天 | 자줏빛 저녁놀은 고운 하늘에 맺혀 있다.
| 단신야상상 |
| 單身野霜上 | 홀몸으로 서리 내리는 들길에서
| 피마비봉간 |
| 疲馬飛蓬間 | 날리는 쑥대 사이로 지친 말을 몬다.
| 빙헌일쌍루 |
| 凭軒一雙淚 | 집[2]에 기대어 두 줄기 눈물
| 봉추록의전 |
| 奉墜綠衣前 | 초록 옷의 관리[3]에게 바치며 떨어뜨린다.

---

1) 『일통지』에 따르면, 용문은 하남부성河南府城(지금의 뤄양시洛陽市)에서 남쪽으로 25리 떨어진 곳에 있는데, 두 산이 마주보고 솟아 있다. 동쪽에 있는 것은 향산香山이고, 서쪽은 용문산龍門山인데, 바위 절벽이 가파르게 서 있다. 그 사이에서 이수伊水가 나오는데, 이궐伊闕이라고도 부른다.
2) 본문의 '헌軒'은 수레를 가리키기도 하고 집을 가리키기도 하는데, 여기서는 황보식과 작별한 곳의 건물을 가리키는 듯하다.
3) 『구당서』에 따르면, 태종太宗의 정관貞觀 4년(630)에는 3품 이상의 문무 대신들은 자주색 관복을 입고, 5품 이상은 붉은색[緋], 6품과 7품은 초록색, 8품과 9품은 푸른색 관복을 입게 했다. 그러다가 고종高宗의 상원上元 1년(674)부터는 3품 이상은 자주색, 4품은 진한 붉은색, 5품은 옅은 붉은색, 6품은 짙은 초록색, 7품은 옅은 초록색, 8품은 짙은 파란색, 9품은 옅은 파란색 관복을 입게 했다. 시어侍御는 7품의 벼슬이기 때문에 옅은 초록색 관복을 입으니, 이 시는 황보식이 시어로 있을 때에 지은 것임을 알 수 있다. 왕기의 주석에서는 당시에 황보식이 육혼위陸渾尉(육혼은 지금의 허난성 숭현嵩縣의 동북쪽에 해당한다)로서 9품 관리에 지나지 않았으니 초록색 옷을 입었을 리가 없다고 했는데, 그렇다면 여기서 '초록 옷의 관리'라고 한 것은 지방관으로 좌천된 황보식에 대한 위로의 의미를 담고 있다고 하겠다.

## 저물녘 서늘한 계곡 溪晚涼
<sub>계만량</sub>

| | |
|---|---|
| 白狐向月號山風 <br><sub>백호향월호산풍</sub> | 흰 여우는 달을 보며 산바람 속에 울고 |
| 秋寒掃雲留碧空 <br><sub>추한소운류벽공</sub> | 쌀쌀한 가을이 구름 쓸어 푸른 하늘만 남았다. |
| 玉煙青溼白如幢 <br><sub>옥연청습백여당</sub> | 옥 같은 연기 파리하게[1] 윤기 머금어 깃발처럼 하얗게 일렁이고 |
| 銀灣曉轉流天東 <br><sub>은만효전류천동</sub> | 은하수는 새벽[2]이 되어 하늘 동쪽으로 흐른다. |
| 溪汀眠鷺夢征鴻 <br><sub>계정면로몽정홍</sub> | 시냇가에 잠든 해오라기는 북으로 가는 기러기 꿈꾸고 |
| 輕漣不語細游溶 <br><sub>경련불어세유용</sub> | 가벼운 물결은 소리도 없고 흐름도 미미하다. |
| 層岫廻岑復疊龍 <br><sub>층수회잠복첩룡</sub> | 층층이 돌아가는 산봉우리들 용처럼 꿈틀꿈틀 겹쳐 있고 |
| 苦篁對客吟歌筒 <br><sub>고황대객음가통</sub> | 쓸쓸한 대나무는 나그네에게 피리소리 들려준다. |

---

1) 왕기의 주석에서는 본문의 '청靑'은 '청淸'을 잘못 쓴 것이 아닐까 추측했다.
2) 왕기는 이 시의 제목에 저물녘[晚]이라고 밝혔기 때문에, 이 구절의 '효曉'자가 잘못 표기된 것인지도 모르겠다고 했다.

## 나리는 오지 않고 — 황보식 선배의 대청에 쓰다
官不來 題皇甫湜先輩廳[1]

| | |
|---|---|
| 官不來 | 나리는 오지 않고 |
| 官庭秋 | 관청 마당엔 가을이 들었는데 |
| 老桐錯幹靑龍愁 | 늙은 오동나무 얽힌 줄기는 시름겨운 청룡인 듯. |
| 書司曹佐走如牛 | 아전들은 소처럼 분주히 뛰어다니는데 |
| 疊聲問佐官來否 | 자꾸만 그들에게 물어본다, "나리는 오셨는가?" |
| 官不來 | 나리는 오지 않고 |
| 門幽幽 | 대문엔 그윽한 정적만 흐른다. |

---

1) 이 시의 원래 제목은 「관불래」이고, "황보식 선배의 대청에 쓰다"는 이하 자신이 붙인 주석인 듯하다. '선배先輩'에 대해서는 「춘방정자의 칼」에 대한 주석 2)를 참조하기 바란다. 이 시는 황보식이 육혼위陸渾尉로 있을 때, 이하가 찾아왔다가 그를 만나지 못하고 장난삼아 쓴 것으로 여겨진다.

## 장평[1] 땅의 화살촉 長平箭頭歌

| | |
|---|---|
| 漆灰骨末丹水砂 | 옻칠한 듯, 뼛가루 바른 듯, 붉은 물에 잠긴 모래인 듯 |
| 凄凄古血生銅花 | 처참하게 옛날의 피 젖어 구리엔 꽃 같은 녹이 피었다. |

| 백령금간우중진 |
| :--- |
| 白翎金簳雨中盡 | 흰 깃도 도금한 화살대도 빗속에 다 사라지고

지여삼척잔랑아
直餘三脊殘狼牙 그저 세 개의 이리 이빨 같은 화살촉만 남았다.

아심평원승량마
我尋平原乘兩馬 나는 두 마리 말 타고 넓은 들 찾아갔다,

역동석전호오하
驛東石田蒿塢下 역 동쪽 자갈밭 쑥대 우거진 언덕 아래로.

풍장일단성소소
風長日短星蕭蕭 바람은 그치지 않고 날은 짧아 별빛도 쓸쓸한데

흑기운습현공야
黑旗雲溼懸空夜 검은 깃발[2] 같은 젖은 구름 밤하늘에 걸려 있다.

좌혼우백제기수
左魂右魄啼肌瘦 좌우의 혼백들 비쩍 말라 울고 있어서

낙병도진장양자
酪瓶倒盡將羊炙 술병 다 비우고 양고기 구워 제사 올린다.

충처안병로순홍
蟲悽雁病蘆筍紅 벌레소리 쓸쓸하고 기러기 힘들게 날 때 갈대 순도 빨갛게 익고

회풍송객취음화
迴風送客吹陰火 회오리바람은 나그네 전송하며 도깨비불을 불어댄다.[3]

방고환란수단촉
訪古汍瀾收斷鏃 옛 유적 찾아가 한없이 눈물 흘리며 부러진 화살촉 주우니

절봉적문증규육
折鋒赤璺曾刲肉 부러진 날의 붉게 갈라진 흠은 그 옛날 살을 찌를 때 생겼으리라.

남맥동성마상아
南陌東城馬上兒 성 동쪽 남쪽 길에서 말 타는 아이는

권아장금환료죽
勸我將金換簝竹 쇠붙이 가져와서 나에게 대나무 제기祭器[4]와 바꾸자 한다.

---

1) 장평은 전국시대 조趙나라에 속했던 곳으로, 지금의 허난성 시화현西華縣 동북쪽에 해당한다. 왕기의 주석에 인용된 『도서편圖書編』에 따르면, 이곳은 진秦나라의 장수 백기白起가 조나라의 병사 40만 명을 묻은 곳인데, 그곳에 사는 사람들에게 정확한 지역을 물으면 다들 모른다고 하면서 그저 근처의 시골 농부들이 밭을 갈

다가 종종 초록색 옥처럼 파랗게 녹슨 구리 화살촉을 발견하곤 한다고 했다.
2) 본문의 '흑기黑旗'를 '성기星旗'로 쓴 판본도 있다.
3) 왕기의 주석에서는 이 구절까지 위로 4구절의 운韻이 맞지 않는다고 지적하면서, 원래 이 부분은 "左魂右魄啼肌瘠, 酪瓶倒盡將羊炙. 蟲悽雁病蘆筍紅, 陰火迴風吹送客."으로 되어 있지 않았을까 하고 추측했다. 이 경우 다른 부분은 해석상 큰 차이가 없고, 마지막 부분만 "도깨비불 회오리바람에 나그네 전송하며 분다"는 정도로 뜻이 달라진다.
4) 본문의 '요죽簝竹'은 제사 때에 고기를 담는 대나무 그릇을 가리킨다. 마지막 구절에 대해 왕기는 '요죽'을 화살 만드는 데에 필요한 대나무라고 생각하고, '요簝'자가 잘못된 것이 아닐까 추측했으나, 지나친 억측인 듯하다. 이에 비해, 예총치는 말 탄 소년이 시인이 주운 화살촉을 자기에게 팔아 그 돈으로 제기를 사라고 권했다는 뜻으로 풀이했다. 그러나 본 번역에서는 그 지역에서 늘 말을 타고 놀던 아이가 자신이 모아두었던 화살촉을 들고 와서, 조금 전에 시인이 제사 지낼 때 사용했던 제기와 바꾸자고 제안한 것으로 풀이했다.


## 강가의 누대 江樓曲

樓前流水江陵道
누대 앞에 흐르는 물은 강릉江陵으로 가는 길

鯉魚風起芙蓉老
잉어 바람[1] 일어나니 부용꽃도 시들어간다.

曉釵催鬢語南風
새벽에 비녀 꽂으며 머리 만지고[2] 마파람 보며 얘기하는데

抽帆歸來一日功
돛 펴고 돌아오는 건 하루 일거리밖에 안 된다지.

鼉吟浦口飛梅雨
악어 우는 나루터에 매화비[3] 내리고

竿頭酒旗換青苧
대나무 장대 끝 술집의 깃발은 푸른 모시 천으로 바뀌었다.

| 蕭騷浪白雲差池 | 파도는 하얗게 요동치고 구름은 못에 닿을 듯한데 |
| 黃粉油衫寄郎主 | 노란 비옷 챙겨 주인[4]에게 보낸다. |
| 新槽酒聲苦無力 | 새로 빚은 술통의 술 익는 소리 너무도 힘없고 |
| 南湖一頃菱花白 | 남쪽 호수에는 드넓은 마름꽃[5]이 하얗게 빛난다. |
| 眼前便有千里愁 | 눈앞에는 천리 먼 시름이 놓여 있어 |
| 小玉開屛見山色 | 시녀[6]는 병풍 열고 산을 바라본다. |

---

1) 『석계만지石溪漫志』에 따르면, '잉어 바람[鯉魚風]'은 봄과 여름이 교체할 무렵에 분다고 했다. 대개 아카시아꽃이 만발할 무렵에 잉어들의 산란産卵이 시작되어 얕은 물가의 수초 밭에서 활발하게 뛰어오르는 것이 많이 목격되는데, 아마도 이런 모습 때문에 붙여진 이름이 아닐까 여겨진다.
2) 본문의 '최催'를 '최摧'로 쓴 판본도 있다.
3) 『초학기初學記』에 따르면, 매실이 익을 무렵 내리는 비를 '매화비[梅雨]'라 하는데, 강남 지역에서는 그것을 '노란 매화비[黃梅雨]'라 부른다고 했다.
4) 왕기의 주석에 인용된 『통감주通鑒註』에 따르면, 문하의 제자들이나 집안의 노비들이 주인을 '낭郎'이라 불렀는데, 송나라 무렵 민간에서는 보통 '낭주郎主'라고 불렀다고 한다. 여기서는 첩이나 시녀가 남편 또는 주인을 지칭하는 말로 쓰였다.
5) 본문의 '마름꽃[菱花]'은 거울을 비유한다. 『이아익爾雅翼』에 따르면, 옛날에는 마름꽃에 달린 6개의 꽃받침을 본떠서 거울을 만들었다고 한다.
6) 원진元稹의 시 「저무는 가을(暮秋)」에 "시녀는 침상에 올라 잠자리의 이불을 펴네(小玉上床鋪夜衾)"라는 구절이 있듯이, 당나라 때에는 종종 시녀를 가리킬 때 '소옥小玉'이라는 표현을 썼다. 앞 구절의 '천리수千里愁'를 '천리사千里思'로 쓴 판본도 있다.

# 변방에서 塞下曲[1]

| 한자 (독음) | 번역 |
|---|---|
| 胡角引北風 (호각인북풍) | 오랑캐의 뿔피리소리 삭풍을 끌어오고 |
| 薊門白于水 (계문백우수) | 계문薊門[2]은 수면보다 하얗게 펼쳐졌다. |
| 天含靑海道 (천함청해도) | 하늘은 청해靑海[3]로 가는 길 품고 있고 |
| 城頭月千里 (성두월천리) | 성 머리엔 달빛이 천리를 비추고 있다. |
| 露下旗濛濛 (노하기몽몽) | 이슬 내려 깃발은 축축하고 |
| 寒金鳴夜刻 (한금명야각) | 싸늘한 구리 막대기[4] 밤의 시간 알리며 운다. |
| 蕃甲鏁蛇鱗 (번갑쇄사린) | 빽빽한 갑옷은 사슬에 엮인 뱀 비늘처럼 빛나고 |
| 馬嘶靑塚白 (마시청총백) | 말 울음소리 청총靑塚[5]에 공허하게 울린다. |
| 秋靜見旄頭 (추정현모두) | 고요한 가을 하늘에 모두旄頭[6]가 나타나면 |
| 沙遠席箕愁 (사원석기수) | 먼 사막에 북방의 갈대[7] 시름겹다. |
| 帳北天應盡 (장북천응진) | 군막軍幕 북쪽은 하늘도 다하는 곳 |
| 河聲出塞流 (하성출새류) | 황하[8]의 물소리 변방을 나와 흐른다. |

---

1) 『악부시집』에 따르면, 『진서·악지樂志』에서는 「변방을 나가다(出塞)」와 「변방에서 들어오다(入塞)」를 이연년李延年이 지었다고 했는데, 당나라 때의 「새상塞上」이나 「새하塞下」도 대개 여기에서 나온 것이라고 했다.

2) 왕기의 주석에 따르면, 계문은 곧 계주薊州이다. 전국시대에는 연燕나라에 속했다가, 진秦나라 때에 어양군漁陽郡이 되었다. 당나라 개원開元 18년(730)에 그곳에

있는 계구薊丘로 인해 계주로 이름을 바꿨는데, 문인들은 대부분 그곳을 계문이라 불렀다고 한다. 이곳은 지금의 허베이성河北省 치현薊縣에 해당하는데, 북경 덕승문德勝門 서북쪽에 해당한다. 한편 이곳을 토성관土城關이라고도 부르는데, 청나라 때의 이른바 '연경십팔경燕京十八景' 가운데 하나인 '계문연수薊門烟樹'는 바로 이곳을 가리킨다.
3) 당나라 때 토곡혼吐谷渾이 점령하고 있던 지역이다.
4) 본문의 '금金'은 군중에서 밤에 시간을 알리기 위해 두드리는 구리 막대기를 가리킨다.
5) 「북으로 출정하는 진 광록대부를 전송하며」에 대한 주석 18)을 참조하기 바란다.
6) 『사기·천관서天官書』에 따르면, 묘성昴星을 '모旄'라고 하는데, 이는 북방의 별자리이다. 또 그에 대한 주석에 따르면, 이 별자리는 북방에서 전쟁의 징후를 알려주는 역할을 한다고 했다.
7) 『유양잡조』에 따르면, '석기席箕'는 북방 이민족의 땅에서 자라는 갈대의 일종이다. 본문의 '기箕'를 '기羈'로 쓴 판본도 있으나, 이는 잘못된 것이다.
8) 황하는 청해에서 발원하여 동쪽으로 감숙성甘肅省으로 들어왔다가 동북쪽 만리장성의 밖으로 흘러 나가며, 그곳에서 다시 내몽고를 지나 남쪽으로 방향을 바꿔 만리장성 안쪽으로 들어온다.

## 물들인 실 봄날 베틀에 얹다 染絲上春機

玉甖汲水桐花井 오동나무 꽃 핀 우물에서 옥병에 물 긷는데

蒨絲沈水如雲影 진홍색 물들인 끈[1] 물에 잠겨 구름 그림자 같다.

美人懶態燕脂愁 미인의 나른한 자태[2]에 연지 화장도 시름겨워 보이는데

春梭抛擲鳴高樓 봄날에 베틀 북 던지는 소리 높은 누각에 울린다.

綵線結茸背複疊 고운 실 무성하게 엮어 수놓아 뒷면에 겹친 자국 나타나면

| 백 겹 옥 랑 기 도 엽
白袷玉郞寄桃葉 | 하얀 옷깃의 옥 같은 낭군에게 도엽도桃葉渡[3]에서 부쳐야지. |
| 위 군 도 란 작 요 수
爲君挑鸞作腰綬 | 그대 위해 난새 수놓아 허리띠[4] 만들 테니 |
| 원 군 처 처 의 춘 주
願君處處宜春酒 | 바라건대 그대 어디서나 봄술 마시게 되었으면.[5] |

---

1) 예총치의 주석에 따르면, 본문의 '천蒨'은 그 뿌리로 진홍색을 물들이는 데에 쓰는 풀이름이다.
2) 본문의 '나태懶態'를 '나태嬾態'로 쓴 판본도 있다.
3) 『육조사적六朝事迹』에 따르면, 『도경圖經』에서는 도엽도가 남경南京의 진회하秦淮河 어귀에 있는 나루터라고 했다. '도엽'은 원래 진晉나라 왕헌지王獻之의 애첩 이름이며, 그녀의 동생은 도근桃根이라 했다. 왕헌지의 시에, "도엽이여, 도엽이여, 강 건널 때 노 저을 필요 없네. 건널 때에는 고생할 필요 없으니, 내 몸소 그대 맞으러 가리.(桃葉復桃葉, 渡江不用楫. 但渡無所苦, 我自迎接汝)"라는 것이 있다고 했다. 예총치의 주석에서는 이것이 일반적인 남자를 가리키는 의미로 사용되었다고 했으나, 억측인 듯하다. 한편 왕기의 주석에 따르면, 『유정시화柳亭詩話』에서는 본문의 '옥랑玉郞'이 원래 '왕랑王郞'이었던 것을 방각본坊刻本에서 잘못 쓴 것으로 지적했지만, '옥랑'으로 쓴 것이 더 묘미가 있다고 설명했다.
4) 당나라 때 이상은李商隱이 쓴 「술자리에서 기생을 대신하여 두 종사랑從事郞께 바침(飮席代官妓贈兩從事)」에는, "바라건대 붉은 허리띠 되어, 두 마리 봉황 같이 물게 했으면.(願得化爲紅綬帶, 許敎雙鳳一時銜)"이라는 내용이 있다. 이것은 허리띠 양쪽에 수놓은 봉황이 허리띠를 묶을 때 부리를 맞대는 것처럼 사랑하는 연인이 함께 어울리는 것을 암시하는 묘사인데, 본문의 '난새 수놓은 허리띠'도 이와 같은 의미를 담고 있다.
5) 마지막 두 구절은 이 멋진 허리띠 차고 있으면 어딜 가나 미인들과 어울릴 수 있으리라는 뜻으로, 버림받은 여인의 슬픔을 반어적으로 묘사한 것이다. 즉 '봄술[春酒]'은 '춘정春情을 푸는 놀이'라는 의미를 함축하고 있다. 본문의 '춘주春酒'를 '춘설春雪'로 쓴 판본도 있다.

## 작은 오립송의 노래 — 서문과 함께 五粒小松歌 幷序[1]

前謝秀才杜雲卿命予作五粒小松歌, 予以選書多事, 不治曲辭. 經十日,
聊道八句, 以當命意.

예전에 사수재謝秀才와 두운경杜雲卿이 나에게 「작은 오립송의 노래(五粒小松歌)」를 지으라고 명했는데, 나는 글을 고르는 일 때문에 바빠서 노래 가사를 짓지 못했다. 열흘 뒤에야 8구절을 지어 그 명을 따른 셈으로 친다.

蛇子蛇孫鱗蜿蜿   뱀 아들 뱀 손자[2] 비늘이 꿈틀꿈틀

新香幾粒洪崖飯   신선한 향기의 열매 몇 알은 신선의 밥[3]이라네.

綠波浸葉滿濃光   초록 물결 스민 잎에는 진한 빛이 가득한데

細束龍髥鉸刀翦   가늘게 묶인 용 수염 같은 잎은 가위로 자른 듯하네.

主人壁上鋪州圖   주인집 벽에는 지도가 펼쳐져 있고

主人堂前多俗儒   주인집 앞에는 속된 선비들만 많구나.

月明白露秋淚滴   달은 밝고 하얀 이슬은 가을의 눈물처럼 떨어지는데[4]

石筍溪雲肯寄書   죽순처럼 뾰죽한 돌들과 계곡의 구름은 편지 보내려 할까?[5]

---

1) 『오대사五代史』에 따르면, 화산華山에는 오립송五粒松이 있는데, 그 송진이 땅에 스며들어 천년이 되면 약으로 변하고, 그것을 먹으면 도가에서 말하는 전설적인 벌레인 삼시충三尸蟲까지 없앨 수 있다고 했다. 한편 『계유잡지癸酉雜識』에 따르면,

소나무 잎은 모두 두 줄기로 되어 있기 때문에, 세상에서는 흔히 그것을 '솔비녀[松釵]'라고 부른다. 오직 노송나무[桔松]만은 잎사귀 이삭이 세 가닥 수염[三鬣]으로 되어 있으며, 고려高麗에서 나는 것은 다섯 가닥[五鬣]이니, 이것이 바로 오늘날 화산의 소나무라고 하는 것이라고 했다.『본초경』의 주석에서는 '오립송'을 '오렵송五鬣松'으로 써야 옳다고 했다.
2) 옛날에는 소나무의 꿈틀꿈틀한 가지와 줄기를 노래할 때 주로 용을 들어서 비유했으나, 여기서는 작은 소나무이기 때문에 뱀으로 비유한 것이다.
3) 본문의 '홍애洪崖'는 『신선전』에 언급된 옛날 신선의 이름이다.
4) 본문의 '백로추루적白露秋淚滴'을 '노읍현추루露泣懸秋淚'로 쓴 판본도 있다.
5) 본래 바위와 구름 어우러진 계곡 가에서 자라던 소나무가 그것들과 떨어져 속된 선비의 집에 있으니, 무정한 바위와 구름이 옛 이웃을 그리워할지 모르겠다는 뜻이다. 본문의 '긍기서肯寄書'를 '호기서好寄書'로 쓴 판본도 있다.

## 못가에서 塘上行[1]

<br>우 화 량 로 습<br>
藕花涼露濕   연꽃에 찬 이슬 축축하여

<br>화 결 우 근 삽<br>
花缺藕根澁   꽃 시들어 연뿌리도 떫어졌겠지.

<br>비 하 자 원 앙<br>
飛下雌鴛鴦   날아 내린 수컷 원앙새 때문에

<br>당 수 성 합 합<br>
塘水聲溘溘   연못 물소리 첨벙첨벙.

---

1) 왕승건王僧虔의 『기록技錄』에 따르면, '당상행'은 바로 악부의 「상화가相和歌」 청조清調 6곡 가운데 하나라고 했다. 오정자의 주석에 따르면 '당상행'은 「당상신고행塘上辛苦行」이라고도 하는데, 위魏나라 문제文帝의 부인인 진후甄后가 지었다고도 하고, 위나라 무제武帝가 지었다는 설도 있다. 육기陸機도 이런 제목의 작품을 지었는데, 그 주석에 따르면 부인이 남편의 사랑을 잃고 못가를 거닐며 이 노래를 읊조린다고 했다. 『업중고사鄴中故事』에는 진후가 문제의 희첩인 곽씨郭氏의

참소를 당해 사약을 받고 죽을 때, 다음과 같은 노래를 불렀다고 했다. "내 연못에 창포 자라는데, 그 잎이 왜 처져 있는가? 어찌하여 갈대를 베지 않아, 그대와 생이별하게 되었는지!(蒲生我池中, 其葉何離離? 豈無蒹葭艾, 與君生離別!)"

## 여장군의 노래 呂將軍歌

| | |
|---|---|
| 呂將軍 | 여장군 |
| 騎赤兎 | 적토마赤兎馬[1] 탔네. |
| 獨攜大膽出秦門 | 홀로 대담하게 성문[2]을 나섰는데 |
| 金粟堆邊哭陵樹 | 금속산金粟山[3] 자락엔 황릉皇陵 보며 우는 나무 서 있네. |
| 北方逆氣汚靑天 | 북방의 반역 기운 푸른 하늘 더럽혀서[4] |
| 劍龍夜叫將軍閒 | 밤마다 칼이 용울음 울어도[5] 장군은 한가하지. |
| 將軍振袖拂劍鍔 | 장군은 소맷자락 떨치며 칼날을 어루만지는데 |
| 玉闕朱城有門閣 | 옥 궁궐 붉은 성[6]에는 대문과 누각 겹겹이 세워졌구나. |
| 榼榼銀龜搖白馬 | 단정한 거북 모양 은 도장[7] 백마에 매달려 흔들리는데 |
| 傅粉女郎火旗下 | 분 바른 여자 같은 모습[8]으로 붉은 깃발 아래 섰네. |
| 恆山鐵騎請金槍 | 항산恆山의 철갑 기마병들이 금창金槍 든 그에게 싸움 거는데[9] |
| 遙聞篋中花箭香 | 화살통 속의 곱상한 화살 향기 아련히 전해지네. |
| 西郊寒蓬葉如刺 | 서쪽 교외의 차가운 쑥은 잎이 가시 같은데 |

| 황천신재양신기 |
| 皇天新栽養神驥 | 황궁에서는 새로 신령한 말[神驥]¹⁰⁾ 사들여 기른다네.
| 구중고항배건제 |
| 廐中高桁排蹇蹄 | 마구간 높다란 차꼬에 매인¹¹⁾ 절름발이 말은
| 포식청추음백수 |
| 飽食青芻飲白水 | 싱싱한 먹이 배불리 먹고 맑은 물 마신다네.
| 원창저미개장지 |
| 圓蒼低迷蓋張地 | 둥근 하늘 낮게 깔려 덮개처럼 땅을 덮으니
| 구주인사개여차 |
| 九州人事皆如此 | 온 세상의 사람 일이란 모두 이와 같다네.
| 적산수정어시영 |
| 赤山秀鋌御時英 | 적산赤山의 빼어난 쇳덩이¹²⁾ 시대를 이끌 영재인데
| 녹안장군회천의 |
| 綠眼將軍會天意 | 푸른 눈의 장군¹³⁾은 하늘의 뜻 알고 있다네.

---

1) 삼국시대의 여포呂布가 탔다는 명마 이름이다. 이 시에서 노래하는 여장군과 여포의 성이 같기 때문에, 적토마를 언급하여 여장군의 말이 훌륭하다는 것을 묘사했다.
2) 본문의 '진문秦門'은 여기서는 장안성長安城의 성문을 가리킨다.
3) 『대당신어大唐新語』에 따르면, 당 현종玄宗이 예종睿宗의 무덤인 교릉橋陵을 찾아갈 때마다 금속산에 이르면 용이 똬리를 튼 듯 봉황이 날개를 편 듯한 산의 형세를 보면서 항상 자신은 죽은 후 이곳에 묻히겠다고 얘기했다. 이에 따라 숙종肅宗 보응寶應(762) 연간에 그 유지를 따라 금속산에 능을 조성했다고 한다. 예총치의 주석에 따르면, 여장군은 현종의 능을 호위하던 장군이었던 듯하다.
4) 당나라 덕종德宗 때부터 헌종憲宗 때까지 북방의 번진藩鎭들이 서로 동맹을 맺어 중앙 황실에 저항하는 일이 잦았다. 『통감通鑑』의 원화元和 6년(811) 기록에 따르면, 당시 하북河北에는 외적의 침입이 잦았고, 또 호전적인 견융犬戎도 경수涇水와 농수隴水 근처에 있어서 전쟁이 잦았다고 했다.
5) 「진상에게」에 대한 주석 11)과 「사나운 호랑이」에 대한 주석 6)을 참조하기 바란다.
6) 황제의 궁궐을 가리킨다. 여기서는 여장군이 출정하여 공을 세우고자 하는 뜻은 있으나, 구중궁궐의 황제에게 자신의 뜻을 전할 길 없음을 암시하고 있다.
7) 『한관의漢官儀』에 따르면, 왕과 공후公侯는 금 도장을, 2천 석 이상의 봉록을 받는 높은 관료는 은 도장을 차는데, 모두 도장 꼭지에 거북 모양을 장식했다고 한다.
8) 중앙에서 파견한 지휘관의 유약한 모습을 비꼰 표현이다. 원화 4년(809)에 성덕군 成德軍 절도사로 있던 왕승종王承宗이 반란을 일으키자 조정에서 토벌군을 파견했는데, 토돌승관吐突承璀이라는 환관宦官을 사령관으로 삼았다. 백거이白居易를 비롯

한 당시 관료들이 누차 이 일의 부당함을 간언했지만, 받아들여지지 않았다. 본문의 '화기火旗'를 '대기大旗'로 쓴 판본도 있다.
9) 항산은 지금의 허베이성에 있다. 전국시대 조나라 땅이었다가 한나라 때에 항산군恒山郡이 되었는데, 나중에 문제文帝의 휘諱를 피해 상산군常山郡으로 불리다가, 당나라 때에 항주恒州가 되었다. 그러나 나중에 다시 항산군, 평산군平山郡 등으로 명칭이 바뀌었다.
10) 좋은 말을 가리킨다. 변방의 말은 얼어서 잎이 가시 같은 쑥을 먹고 있는데, 황궁에서는 훌륭한 말에 좋은 먹이 먹여 그저 보기만 좋게 기르고 있다는 뜻이다. 본문의 '신新'을 '친親'으로 쓴 판본도 있다.
11) 본문의 '배排'를 '도挑'로 쓴 판본도 있다.
12) 적산은 회계會稽(지금의 쟝쑤성 쑤저우시蘇州市 일대) 남쪽에 있는 적근산赤菫山을 가리킨다. 『회계기會稽記』에 따르면, 전설적인 장인匠人 구야자歐冶子는 야계耶溪의 물을 거르고 증발시켜 구리를 얻고, 적근산을 파서 나온 주석과 섞어 훌륭한 칼을 만들었다고 한다.
13) 아마 여장군은 푸른 눈을 가진 이민족 출신이었던 듯하다.


## 붉은 천 빨지 마오 休洗紅[1]

| 休洗紅 | 붉은 천 빨지 마오 |
| 洗多紅色淺 | 자주 빨면 붉은 염색 흐려지나니.[2] |
| 卿卿騁少年 | 사랑하는 당신[3]은 자부심 많은 젊은이 |
| 昨日殷橋見 | 어제 은교殷橋[4]에서 만났지. |
| 封侯早歸來 | 높은 벼슬 얻거들랑 빨리 돌아오셔서 |
| 莫作絃上箭 | 시위 떠난 화살처럼 되지 마소서. |

---

1) 왕기의 주석에 인용된 옛 시에 다음과 같은 것이 있다. "붉은 천 빨지 마오, 자주

빨면 붉은 염색 흐려지니. 바느질한 낡은 옷 아까운 건 아니지만, 진홍색 물들이던 옛날이 생각나오. 백년을 사는 사람 몇이나 될까? 나중에 온 신부도 지금은 노파가 되었다네.(休洗紅, 洗多紅染淡. 不惜故縫衣, 記得初按茜. 人壽百年能幾何? 後來新婦今爲婆)." 그러나 이하의 이 작품은 옛 시와 리듬만 비슷할 뿐, 내용이나 주제는 많이 다르다.

2) 본문의 '천淺'을 '담淡'으로 쓴 판본도 있다.
3) '경경卿卿'에 대해서는 「성을 나서다」에 대한 주석 4)를 참조하기 바란다.
4) 지명인 듯하나 자세히 알 수 없다.

## 들판의 노래 野歌

| | |
|---|---|
| 鴉翎羽箭山桑弓 | 까마귀 깃 꽂은 화살과 산뽕나무로 만든 활 |
| 仰天射落銜蘆鴻 | 하늘 향해 쏘아 갈대 문 기러기<sup>1)</sup> 떨어뜨리지. |
| 麻衣黑肥衝北風 | 삼베옷 입고<sup>2)</sup> 까맣게 때에 절은 채 삭풍을 맞고 |
| 帶酒日晚歌田中 | 저물녘 술 들고 밭 가운데서 노래 부른다. |
| 男兒屈窮心不窮 | 사나이는 몸이 곤궁해도 마음은 가난하지 않으니 |
| 枯榮不等嗔天公 | 영고성쇠榮枯盛衰 다르다 하여 하늘을 원망하랴? |
| 寒風又變爲春柳 | 찬바람 다시 변해 봄버들이 되었나니 |
| 條條看卽烟濛濛 | 가지마다 자세히 보면 새싹에 어린 안개 자욱하구나. |

---

1) 『고금주古今註』에 따르면, 기러기가 하북에서 강남으로 건너올 때에는 몸이 말라 높이 날 수 있기 때문에 줄 매단 화살을 무서워하지 않지만, 비옥한 강남에서 하북으로 돌아갈 때에는 몸에 살이 많이 쪄서 높이 날 수 없기 때문에 사냥꾼들에게 잡힐

까봐 항상 입에 몇 마디 길이의 갈대를 물어 줄 매단 화살을 방비한다고 했다.
2) 왕기의 주석에 따르면, 당나라 때의 거인擧人들은 삼베나 모시, 칡 등으로 엮은 옷을 입었다고 한다.

## 술 마시세 將進酒<sup>1)</sup>

琉璃鍾 유리 술잔에
琥珀濃 호박처럼 노란 술
小槽酒滴眞珠紅 작은 주전자에 떨어지는 술 방울 진주처럼 붉구나.
烹龍炮鳳玉脂泣 용 삶고 봉황 구우니 옥 같은 기름 눈물처럼 흐르고
羅幃繡幕圍香風 비단 휘장 수놓은 장막 향긋한 바람을 둘러싸고 있다.[2]
吹龍笛 용무늬 조각된 피리 불고
擊鼉鼓 악어가죽 북을 치니
皓齒歌 하얀 이 드러내며 노래하고
細腰舞 가는 허리 흔들며 춤추네.
況是靑春日將暮 하물며 푸른 봄날 해는 저물어가고
桃花亂落如紅雨 복사꽃 붉은 빗방울처럼 어지러이 떨어짐에랴?
勸君終日酩酊醉 그대여, 종일토록 얼큰하게 취해보세나.
酒不到劉伶墳上土 유영劉伶의 무덤[3] 위 흙에는 술이 이르지 않나니!

1) 『송서宋書』에 따르면, 한나라 때「고취요가鼓吹鐃歌」18곡 가운데「장진주」라는 노래가 있었다고 했다.
2) 본문의 '나위羅幃'를 '나병羅屛'으로, '향풍香風'을 '춘풍春風'으로 쓴 판본도 있다. 본문의 '수繡'를 '수綉'로 쓰기도 하는데, 후자는 전자와 뜻은 같고 간략히 쓴 글자이다.
3) 유영은 육조 진晉나라 때의 패국沛國 사람으로서, 자는 백륜伯倫이다. 그는 성품이 호방하고 거침없었고, 술을 좋아하여「주덕송酒德頌」을 남기기도 했다. 『일통지』에 따르면, 그의 무덤은 광주光州(지금의 허난성河南省 황촨현潢川縣)에 있는데, 그 옆에 우물이 있다. 한편, 위휘衛輝(지금의 허난성 지현汲縣)에도 그의 무덤이라고 알려진 곳이 있다.

## 머리 빗는 미녀 美人梳頭歌

| | |
|---|---|
| 西施曉夢綃帳寒 | 서시西施가 새벽꿈에 젖어 있을 때 비단 장막 쌀쌀하고 |
| 香鬟墮髻半沉檀 | 향긋한 머리의 비스듬한 쪽은 박달나무 베개 반쯤 가렸네. |
| 轆轤咿啞轉鳴玉 | 우물의 도르래 삐걱삐걱 옥 구르는 소리 낼 때 |
| 驚起芙蓉睡新足 | 놀라 일어난 부용꽃 같은 미녀는 잠이 덜 깬 듯. |
| 雙鸞開鏡秋水光 | 두 마리 난새 장식된 거울은 가을 물처럼 빛나는데 |
| 解鬟臨鏡立象牀 | 머리 풀고 거울 보며 상아 침대 앞에 섰네. |
| 一編香絲雲撒地 | 한 다발 향기로운 실 같은 머리칼 구름처럼 땅에 흩어지고 |
| 玉釵落處無聲膩 | 옥비녀1) 닿는 곳은 소리 없이 매끄럽네. |
| 纖手却盤老鴉色 | 가녀린 손으로 까마귀처럼 검은 머리칼 감아 뭉치지만 |

| 취활보채잠부득
翠滑寶釵簪不得 | 짙푸르고 매끄러워 귀한 비녀도 꽂을 수 없다네. |
| 춘풍란만뇌교용
春風爛熳惱嬌慵 | 따스한 봄바람이 게으른 미녀 괴롭히니 |
| 십팔환다무기력
十八鬟多無氣力 | 열여덟 살에 쪽머리 풍성한 아가씨는 기운이 하나도 없네. |
| 장성와타의불사
粧成髩鬌欹不斜 | 단장 다한 고운 머리칼 높이 서서 기울어지지 않으니 |
| 운거촉보답안사
雲裾數步踏雁沙 | 구름치마에 잰걸음은 모래 위를 걷는 기러기 같네. |
| 배인불어향하처
背人不語向何處 | 돌아서며 말도 없이 어디로 가나? |
| 하계자절앵도화
下堦自折櫻桃花 | 계단 내려와 몸소 앵두꽃 꺾네. |

---

1) 왕기의 주석에 따르면, 이미 풀어헤친 머리에 비녀가 꽂혀 있을 리 없기 때문에, 본문의 '채釵'는 머리 빗는 도구인 '비鎞'를 잘못 쓴 것이라 했으며, 예총치의 주석에서도 그 설명이 타당하다고 했다.

## 달빛은 촉촉하고 月漉漉篇

| 월록록
月漉漉 | 달빛은 촉촉하고 |
| 파연옥
波煙玉 | 옥 같은 안개 파도처럼 일렁인다. |
| 사청계화번
莎青桂花繁 | 향부자 푸르고 계수나무꽃 만발할 때 |
| 부용별강목
芙蓉別江木 | 부용꽃은 강가 나무와 헤어지지. |
| 분태겁라한
粉態袷羅寒 | 미녀의 몸엔 얇은 비단 차갑고 |

| 안우포연습<br>雁羽鋪煙濕 | 기러기 깃털 안개에 젖었다. |
| 수능간석범<br>誰能看石帆 | 뉘라서 석범산石帆山[1]을 볼 수 있으랴? |
| 승선경중입<br>乘船鏡中入 | 배를 타고 거울 속으로 들어간다. |
| 추백선홍사<br>秋白鮮紅死 | 맑은 가을 찹쌀이 무르익을 때[2] |
| 수향련자제<br>水香蓮子齊 | 향긋한 물 위에 연밥이 가지런하네. |
| 만릉격가수<br>挽菱隔歌袖 | 노래하는 여인 옷소매 사이로 마름 따면 |
| 녹자견은니<br>綠刺罥銀泥 | 연둣빛 가시 은물 장식한 천[3]에 얽히네. |

---

1) 지금의 저쟝성浙江省 사오싱현紹興縣에는 경호鏡湖 또는 감호鑑湖라는 큰 호수가 있는데, 그 호수 남쪽에 석범산石帆山이 있다. 이 산의 동북쪽에는 높이 20길 남짓에 넓이 18자 정도 되는 바위가 홀로 우뚝 솟아 있는데, 멀리서 보면 마치 돛과 같다고 해서 그런 이름이 붙었다고 한다.
2) 왕기의 주석에 인용된 두보杜甫 시의 주석[鮮于註]에 따르면 강절江浙 지방에서는 찹쌀[江米]을 '홍선紅鮮'이라고 부른다고 했는데, 본문의 '선홍鮮紅'은 이것을 가리키는 듯하다. 또한 여기서 '사死'는 벼가 무르익었다는 뜻이다.
3) 『중화고금주中華古今注』에 따르면, 진秦나라 시황제始皇帝는 궁녀들에게 엷은 노란색으로 물들인 비단에 은물로 구름 문양을 새겨서 치마를 지어 입게 했다고 한다. 본문의 '녹자綠刺'를 '녹사綠絲'로 쓴 판본도 있다.

## 경성 京城

| 구비출문의<br>驅馬出門意 | 말 몰아 성문 나서는 뜻 |
| 뇌락장안심<br>牢落長安心 | 장안에서 실의에 찬 마음. |

兩事向誰道 <sub>양사향수도</sub>　그 두 가지를 누구에게 말할까?
自作秋風吟 <sub>자작추풍음</sub>　스스로 가을바람의 노래[1] 지을 뿐.

---

1) '가을바람[秋風]'은 곧 '시름겨운 풍자의 노래[愁諷]'와 통한다.


## 큰길의 북소리 官街鼓[1]

曉聲隆隆催轉日 <sub>효성륭륭최전일</sub>　새벽 북소리 둥둥 날 새기를 재촉하고[2]

暮聲隆隆催月出 <sub>모성륭륭최월출</sub>　저물녘 북소리 둥둥 달뜨기를 재촉하네.

漢城黃柳映新簾 <sub>한성황류영신렴</sub>　경성京城의 노란 버들 새롭게 주렴에 비치고

柏陵飛燕埋香骨 <sub>백릉비연매향골</sub>　측백나무 우거진 황릉皇陵에는 조비연[3]이 향기로운 뼈 묻었지.

磓碎千年日長白 <sub>추쇄천년일장백</sub>　천년을 찧어 부숴도[4] 해는 길이 밝게 빛나건만

孝武秦皇聽不得 <sub>효무진황청부득</sub>　한 무제도 진시황제도 더 이상 저 소리 들을 수 없지.[5]

從君翠髮蘆花色 <sub>종군취발로화색</sub>　그대의 푸르던 머리칼 갈대꽃처럼 하얗게 변할지라도

獨共南山守中國 <sub>독공남산수중국</sub>　홀로 남산과 함께 장생長生하며 중국을 지키려 하지.

幾回天上葬神仙 <sub>기회천상장신선</sub>　하늘에 신선을 묻은 일[6]이 몇 번이었던가?

漏聲相將無斷絕 <sub>누성상장무단절</sub>　줄기찬 물시계 소리는 끊어질 줄 모른다.

---

1) 『당서』에 따르면, 당나라 때에는 해가 저물면 8백 번의 북을 치며 성문을 닫았고,

오경五更 이점二點(새벽 3시 20분경)이면 내궁內宮으로부터 시작해서 모든 거리의 북들이 연달아 울리면서 저잣거리의 문들이 모두 열렸는데, 북소리가 3천 번을 울리며 주위 경물을 구별할 정도로 날이 밝아지면 그쳤다고 한다. 또 마주馬周의 상소에 따라, 금오金吾로 하여금 모든 거리마다 북을 걸어놓고 밤에 두드려 통행을 금지시키고 도둑을 예방하게 하니, 당시 사람들이 그것을 동동고鼕鼕鼓라고 불렀다고 한다.

2) 본문의 '최催'를 '호呼'로 쓴 판본도 있다.
3) 조비연趙飛燕에 대해서는 「공주의 나들이」에 대한 주석 4)와 5)를 참조하기 바란다. 여기서는 궁중의 비빈妃嬪을 가리키는 일반적인 의미로 쓰였다.
4) 본문의 '추쇄磓碎'를 '추발鎚發'로 쓴 판본도 있다.
5) 이미 죽어 지금 저렇게 울리는 북소리를 들을 수 없다는 뜻이다.
6) 왕교王喬나 무함巫咸처럼 옛날에 신선이 되어 하늘로 올라갔다는 이를 오늘날 다시 만났다는 이가 없으니, 결국 이들을 하늘에 묻은 것과 마찬가지라는 뜻이다.

## 허공자의 첩 정씨 — 정원에서 정씨의 청을 받고 지음
허공자정희가 정원중청하작
**許公子鄭姬歌** 鄭園中請賀作

허사세가외친귀
**許史世家外親貴** 허씨와 사씨¹⁾는 신분 높은 황실의 외척이라

궁금천단매침취
**宮錦千端買沉醉** 궁중의 비단 이천 길로 좋은 술 사들였네.

동타주숙홍명교
**銅駝酒熟烘明膠** 동타가銅駝街에 술이 익어 맑은 아교에 횃불 비춘 듯하고

고제대류연중취
**古堤大柳煙中翠** 오래된 제방의 큰 버들은 안개 속에 푸르네.

계개객화명정수
**桂開客花名鄭袖** 계수나무에 손님으로 핀 꽃 이름이 정수鄭袖²⁾라

입락문향정문구
**入洛聞香鼎門口** 낙양에 들어설 때 정문³⁾ 어귀에서 그대의 향기 맡았다네.

선장작약헌장대
**先將芍藥獻粧臺** 먼저 작약꽃을 그대의 화장대에 바쳤고

後解黃金大如斗 뒤이어 풀어놓은 황금은 크기가 말[斗]만 했다네.[4]

莫愁簾中許合歡 막수莫愁[5]는 주렴 속에서 즐거운 만남 허락하고

淸絃五十爲君彈 맑은 비파로 노래 50곡 낭군 위해 연주했지.

彈聲咽春弄君骨 연주 소리 봄기운 삼키고 낭군의 뼈 간지럽히니

骨興牽人馬上鞍 뼈가 일어나매 그대 이끌어 말 위의 안장에 앉혔지.[6]

兩馬八蹄踏蘭苑 두 마리 말 여덟 발굽 난초 핀 꽃밭 밟으니

情如合竹誰能見 부신符信[7]처럼 들어맞는 애정을 뉘라서 알 수 있을까?

夜光玉枕棲鳳凰 밤에 빛나는 옥 베개[8]에는 봉황이 깃들어 있고

裌羅當門刺純線 문을 가린 두 겹 비단엔 고운 수가 놓여 있네.

長翻蜀紙卷明君 촉 땅의 긴 종이에「왕명군곡王明君曲」[9] 적어 말았는데

轉角含商破碧雲 각조角調를 돌아 상조商調를 머금으니 푸른 구름도 흩어 버렸지.[10]

自從小蠻來東道 볼에 연지 찍어 화장하고 동쪽 길 따라 찾아왔는데

曲裏長眉少見人 기녀妓女[11] 가운데 뛰어난 몸이라 남 앞에 나타나는 일 드물었지.

相如塚上生秋柏 사마상여[12]의 무덤 위에는 가을 측백나무가 자라나니

三秦誰是言情客 삼진三秦[13]에서 사랑을 얘기하는 나그네는 누구인가?

蛾鬟醉眼拜諸宗 아리따운 미녀[14] 취한 눈으로 여러 높은 손님들께 절하더니

爲謁皇孫請曹植 황제의 자손 뵙고 조식曹植 같은 시인이 돼보라 하네.[15]

1) 한나라 선제宣帝 때 허백許伯은 황제의 장인이었고, 사고史高는 황제의 외가 친척이었다. 이 때문에 흔히 '허사許史'는 권세 높은 외척을 대변하는 말로 쓰이곤 했다. 여기서는 허공자가 당나라 황실의 외척이었기 때문에 이런 비유를 들어 묘사한 것으로 보인다.
2) 원래 전국시대 초楚나라 회왕懷王의 부인 이름이다. 이에 대해서는 『사기·초세가楚世家』 또는 『사기·장의열전張儀列傳』을 참조하기 바란다. 여기서는 허공자의 첩 정씨를 가리킨다.
3) 『후한서』에 따르면, 주공周公이 세운 낙읍성洛邑城의 동쪽 문을 '정문鼎門'이라 한다고 했다. 여기서 '정문 어귀'는 허공자의 첩 정씨가 사는 곳을 가리키며, "그대의 향기 맡았다"는 것은 그녀의 방명芳名에 대한 자자한 소문을 들었다는 뜻이다.
4) 허공자가 정씨를 만나는 과정을 묘사한 것이다.
5) 「석성의 새벽」에 대한 주석 1)과 「녹수의 노래」에 대한 주석 1)을 참조하기 바란다.
6) 이어지는 묘사로 보건대, 허공자의 성기性器를 암시하는 듯하다. 그러므로 "안장 위에 앉혔다"는 것은 성교性交할 때의 체위體位를 암시한 표현이라 하겠다.
7) 『설문해자』에 따르면, 한나라 때에는 부신符信을 여섯 치 길이의 대나무를 쪼개서 양쪽이 들어맞도록 만들어 신분을 확인하는 데에 사용했다고 한다.
8) 『명황잡록明皇雜錄』에 따르면, 괵국부인虢國夫人에게는 밤에도 빛이 나는 베개가 있었으니 그 값을 매기기 어려운 희대의 보물이었다고 했다. 괵국부인은 양귀비楊貴妃의 셋째 언니로서, 배씨裵氏에게 시집갔다가 괵국부인에 봉해졌다. 천보天寶 15년(756) 안安·사史의 반란군이 장안을 공격하자, 그녀는 진창陳倉 땅으로 도망쳤다가 결국 자살했다.
9) 본문의 '명군明君'에 대해서는 ① 명비明妃, 즉 양귀비의 초상화라는 설명과 ② 악부의 「음탄吟歎」 4곡 가운데 포함된 「왕명군곡王明君曲」을 가리킨다는 설이 있는데, 본 번역에서는 왕기와 예총치의 설명을 따라 후자의 설을 채택했다.
10) 각角과 상商은 궁宮, 상, 각, 치徵, 우羽의 다섯 음조音調에 속한 것으로, 여기서는 가무歌舞를 위해 연주한 음악을 나타낸다.
11) 본문의 '곡曲'은 당나라 때 기녀들이 모여 살던 곳을 가리킨다. 손계孫棨의 『북리지北里志』에 따르면, 장안의 북문北門을 들어서 동쪽으로 모퉁이 3개를 돌면 평강리平康里가 있는데, 바로 기녀들이 모여 사는 곳이라고 했다. 또한 기녀들 가운데 명성이 쟁쟁한 이들은 대개 남쪽 모퉁이[南曲]와 가운데 모퉁이[中曲]에 모여 살았고, 담장으로 이어지는 나머지 모퉁이에는 천한 기녀들이 살았다고 했다. 결국 허공자의 애첩 정씨가 기녀 출신임을 알 수 있다.

12) 「회포를 노래함·하나」의 주석 1)을 참조하기 바란다. 본문의 '총상塚上'을 '분상墳上'으로 쓴 판본도 있다.
13) 원래 지금의 산시성陝西省 일대를 가리키는데, 여기서는 장안을 가리킨다. 항우項 羽가 진나라를 무너뜨리고 관중關中 땅을 셋으로 나누어 다스리게 한 데에서 비롯된 말이다. 항우는 항복한 진나라 장수 장단章邯을 옹왕雍王으로 삼아 함양咸陽 서쪽을 다스리게 했고, 사마흔司馬欣을 새왕塞王으로 삼아 함양 동쪽에서 황하黃河에 이르는 지역을 다스리게 했으며, 동예董翳를 적왕翟王으로 삼아 상군上郡(섬서 북부 지역)을 다스리게 했다. 본문의 '삼진三秦'을 '삼춘三春'으로 쓴 판본도 있다.
14) 본문의 '아환蛾鬟'을 '아미蛾眉'로 쓴 판본도 있다.
15) '황제의 자손'과 '조식 같은 시인'은 모두 이하 자신을 가리킨다.

## 새로 맞는 여름 新夏歌

曉木千籠眞蠟綵  빽빽이 들어선 새벽 나무 밀랍 칠한 듯 잎사귀 반짝이고[1]

落蔕枯香數分在  꼭지 떨어진 시든 꽃[2] 몇 송이 가지에 남아 있다.

陰枝拳芽卷縹茸  그늘진 가지엔 움켜쥔 주먹처럼 연둣빛 싹[3]들이 말려 있고

長風迴氣扶蔥蘢  거센 바람 휘감아 돌아 우거진 여뀌 흔들거린다.

野家麥畦上新壟  시골집 보리밭엔 새로 이랑이 올라갔고[4]

長畛徘徊桑柘重  긴 두렁에서 머뭇거리는 것은 뽕나무 잎 무겁게 무성하기 때문.[5]

刺香滿地菖蒲草  창포 밭에선 코를 찌르는 향기 땅에 가득 풍기고

雨梁燕語悲身老  비에 젖은 들보에서 재잘거리는 제비는 늙음을 슬퍼한다.

<sub>삼 월 요 양 입 하 도</sub>
三月搖楊入河道   3월의 하늘거리는 버들가지 물길에 끝이 잠기고
<sub>천 농 지 농 류 소 소</sub>
天濃地濃柳梳掃   천지에 무성한 버들가지는 빗인 듯 빗자루인 듯.

---

1) 본문의 '납채蠟采'를 '강채絳采'로 쓴 판본도 있다.
2) 본문의 '낙체落蒂'를 '낙예落蘂'로 쓴 판본도 있다.
3) 본문의 '표용縹茸'을 '표대縹帶'로 쓴 판본도 있다.
4) 보리 싹이 많이 자라 이랑이 높아진 모양을 묘사한 것이다.
5) 이 두 구절은 여름이 연인들이 밀회하기 좋은 계절임을 암시하고 있다.

## 귀향의 꿈 <sub>제 귀 몽</sub> 題歸夢

<sub>장 안 풍 우 야</sub>
長安風雨夜   장안의 비바람 치는 밤
<sub>서 객 몽 창 곡</sub>
書客夢昌谷   나그네 신세 선비는 창곡昌谷을 꿈꾼다.
<sub>이 이 중 당 소</sub>
怡怡中堂笑   어머님의 방에선 포근한 웃음소리 들리고
<sub>소 제 재 간 록</sub>
小弟裁澗菉   동생은 계곡의 조개풀 베겠지.
<sub>가 문 후 중 의</sub>
家門厚重意   집안의 두텁고 무거운 뜻은
<sub>망 아 포 기 복</sub>
望我飽飢腹   내가 주린 배 채워주길 바라는 것.
<sub>노 로 일 촌 심</sub>
勞勞一寸心   힘겨운 내 마음이여!
<sub>등 화 조 어 목</sub>
燈花照魚目   등불은 물고기처럼 감을 수 없는 눈[1]을 비춘다.

---

1) 예총치의 주석에 인용된 『시경소詩經疏』에 따르면, 아내가 없는 사람을 '환鰥'이라

하는 것은 그가 수심에 잠겨 잠을 이루지 못하고 항상 멀뚱멀뚱 눈을 뜨고 있기 때문에, 눈을 감지 못하는 물고기를 빌려 '홀아비'라는 뜻을 나타낸 것이라고 했다. 그러나 왕기의 주석에서는 이것이 눈물방울[淚珠]을 머금은 눈이라고 했다.

## 사원[1]을 지나며 經沙苑

| | |
|---|---|
| 野水汎長瀾 (야수범장란) | 들판의 강물 긴 물결 넘실거리고 |
| 宮牙開小蒨 (궁아개소천) | 관청[2] 뜰에는 꼭두서니풀[茜草] 무성하다. |
| 無人柳自春 (무인류자춘) | 인적 없어도 버들은 절로 봄기운 풍기고 |
| 草渚鴛鴦暖 (초저원앙난) | 풀 우거진 물가에서 원앙새는 따스한 햇볕을 즐긴다. |
| 晴嘶臥沙馬 (청시와사마) | 맑은 날 모래밭에 누워 우는 말은 |
| 老去悲啼展 (노거비제전) | 늙어가 울음소리 슬피 퍼진다. |
| 今春還不歸 (금춘환불귀) | 이 봄에도 돌아가지 못하고 |
| 塞嚶折翅雁 (색앵절시안) | 목메어 우는 날개 부러진 기러기. |

---

1) 『원화군현지』에 따르면, 사원沙苑은 사부沙阜라고도 하는데, 동주同州 풍익현馮翊縣에서 남쪽으로 12리 떨어진 곳에 있다. 이곳은 동서로 80리, 남북으로 30리 크기의 땅인데 가축을 기르기 좋은 여건이라 사원감沙苑監을 설치하여 황제의 식용으로 제공되었다고 했다.
2) 본문의 '궁아宮牙'에 대해서 요문섭은 고조高祖 이연李淵이 장안으로 갈 때 들르곤 했던, 사원의 남쪽에 있는 흥덕궁興德宮을 가리킨다고 했다. 그러나 왕기의 주석에서는 다른 판본에 이 부분을 '관아官牙'로 쓴 것이 있다고 하면서, 이것은 관아官衙, 즉 사원감을 가리킨다고 했다. 한편, 예총치는 기본적으로 왕기의 설명에 동

의하면서, 다만 사원감이 애초에 황궁에서 설치한 관청이기 때문에 '궁관宮官'이라 해도 틀리지 않다고 지적했다.

## ❊ 성을 나서 장우신[1]과 작별하며 이한[2]에게 지어주다
출성별장우신수리한
**出城別張又新酬李漢**

| | |
|---|---|
| 이자별상국<br>李子別上國 | 이선생[3]이 장안을 떠나는데 |
| 남산공동춘<br>南山崆峒春 | 높고 험한 종남산[4]엔 봄기운 시작되었다. |
| 불문금석고<br>不聞今夕鼓 | 오늘 저녁 북소리 듣지 않게 되었으니 |
| 차위전정인<br>差慰煎情人 | 고향 생각에 애타던 이에게 조금 위로가 된다. |
| 조일부명박<br>趙壹賦命薄 | 조일은 야박한 운명을 부賦로 읊었고[5] |
| 마경가업빈<br>馬卿家業貧 | 사마상여[6]는 집안 살림이 쪼들렸지. |
| 향서하소보<br>鄕書何所報 | 고향에서 보낸 편지에 어디서 답장할까? |
| 자궐생석운<br>紫蕨生石雲 | 자줏빛 고비나물 구름 덮인 돌 틈에서 자라고 있다. |
| 장안옥계국<br>長安玉桂國 | 장안은 먹을 것과 땔감[7] 풍족한 곳이고 |
| 극대피후문<br>戟帶披侯門 | 왕후 집 대문 앞엔 창 매단 깃발 펄럭인다.[8] |
| 참음지자광<br>慘陰地自光 | 지독히 흐린 날에도 땅은 절로 빛나고 |
| 보마답효혼<br>寶馬踏曉昏 | 보배로운 말들이 어스름한 새벽길을 걷는다.[9] |
| 납춘희초원<br>臘春戱草苑 | 햇볕 따스한 늦겨울 풀밭으로 놀러 가면 |

| 옥만명은린<br>玉輓鳴慇轔 | 옥 장식 수레 끄는 소리 삐걱삐걱. |
| 녹망추금령<br>綠網縋金鈴 | 초록빛 그물에 금방울 매달아 |
| 하권청지순<br>霞卷淸池滣 | 맑고 깊은 못가에 물고기 가득 잡아놓았다. |
| 개관사부모<br>開貫瀉蚨母 | 끈 풀어 돈 뿌리며[10] |
| 매빙방하승<br>買冰防夏蠅 | 얼음 사서 여름의 파리 막는다. |
| 시의렬대피<br>時宜裂大被 | 때에 맞춰 많은 손님 맞을 큰 이불 펴니[11] |
| 검객거반인<br>劍客車盤茵 | 칼 찬 무사들 수레에 자리 깔고 앉아 지킨다. |
| 소인여사회<br>小人如死灰 | 소인배들은 불 꺼진 재와 같아 |
| 심절생추진<br>心切生秋榛 | 마음이 모질어 가을 개암나무[12]가 자란다. |
| 황도과사해<br>皇圖跨四海 | 나라의 판도는 사해를 넘어섰고 |
| 백성타장신<br>百姓拖長紳 | 백성들은 긴 허리띠 차고 있지만[13] |
| 광명애불발<br>光明靄不發 | 밝은 빛은 자욱한 구름에 가려 피어나지 않고 |
| 요귀도추은<br>腰龜徒鍪銀 | 허리의 거북 도장 공연히 은으로 만들어 차고 있다.[14] |
| 오장조례악<br>吾將譟禮樂 | 내 장차 예악禮樂을 노래하리니 |
| 성조마청신<br>聲調摩淸新 | 소리와 곡조 맑고 신선하리라.[15] |
| 욕사십천세<br>欲使十千歲 | 그리하여 만년 후에도 |
| 제도여비신<br>帝道如飛神 | 황제의 다스림 하늘 나는 신처럼 전해지게 하리라. |
| 화실자창로<br>華實自蒼老 | 꽃과 열매 저절로 무성하여 무르익고 |
| 유래장경분<br>流來長傾盆 | 흐르는 은택은 동이를 엎을 듯 길이 성대하리라.[16] |

| 몰몰암색설<br>沒沒暗齰舌 | 구차하게 몰락하여 남몰래 혀 깨물고 |
| 체혈불감론<br>涕血不敢論 | 피눈물 흘리며 감히 비난하지 못하는구나. |
| 금장하동도<br>今將下東道 | 이제 장차 동쪽으로 길을 내려가리니 |
| 제주이별진<br>祭酒而別秦 | 길제사 지내며 술 마시고 진秦 땅을 떠나리라.[17] |
| 육군무초아<br>六郡無勦兒 | 여섯 군郡[18]에 용맹한 사람 없으니 |
| 장도수식진<br>長刀誰拭塵 | 긴 칼의 먼지 닦아줄 이 누구일까? |
| 지리양무정<br>地理陽無正 | 백락伯樂도 왕량王良도 땅에 묻혀[19] |
| 쾌마축복원<br>快馬逐服轅 | 준마가 수레나 끌며 고생하는구나. |
| 이자미년소<br>二子美年少 | 젊고 빼어난 두 사람[20]은 |
| 조도강청혼<br>調道講淸渾 | 도덕을 수양하여 맑고 흐림을 강구하지.[21] |
| 기소단동야<br>譏笑斷冬夜 | 세상 비웃으며 겨울밤 지샜는데 |
| 가정소소천<br>家庭疏篠穿 | 집 뜰엔 성긴 조릿대가 자라고 있다오.[22] |
| 서풍기사방<br>曙風起四方 | 새벽바람 사방에서 일어나고 |
| 추월당동현<br>秋月當東懸 | 가을처럼 밝은 달[23] 동쪽에 걸렸다. |
| 부시면투척<br>賦詩面投擲 | 시를 지어 얼굴 대하고 건네주나니 |
| 비재불우인<br>悲哉不遇人 | 슬프도다, 때를 만나지 못한 사람[24]이여! |
| 차별정첨억<br>此別定沾臆 | 이제 헤어지면 눈물이 가슴을 적실 테니 |
| 월포선재건<br>越布先裁巾 | 월越 땅의 고운 천으로 수건 미리 만들어 놓았다오. |

1) 장우신張又新의 자는 공소孔昭이며, 원화元和 연간(806~820)에 진사에 급제하여 좌사낭중左司郎中을 지냈으며, 문장을 잘 짓는다는 평을 들었다.
2) 이한李漢의 자는 남기南紀이며, 회양왕淮陽王 이도명李道明의 후손이다. 원화 7년(812) 진사에 급제했으며 장경長慶(821~824) 말년에 좌습유左拾遺가 되었다. 그는 한유韓愈의 사위이며, 어려서부터 한유에게서 글공부를 하여 고문경학古文經學에 뛰어났다고 한다.
3) 이하 자신을 가리킨다.
4) 「신의 악기」에 대한 주석 2)를 참조하기 바란다.
5) 조일趙壹은 한나라 때 양서현陽西縣 사람으로, 자는 원숙元叔이다. 그는 키가 9척이나 될 정도로 장대했고 머리카락이며 눈썹이 멋들어졌으나, 자신의 재주를 믿고 거만을 부리는 바람에 지방의 무리들에게 배척당했다. 한번은 원봉袁逢이 관상쟁이에게 그의 관상을 보게 하자, 관상쟁이의 말이 군郡 지역의 작은 벼슬아치밖에 지내지 못할 거라고 했는데, 과연 그대로 되었다고 한다. 그의 「자세질사부刺世疾邪賦」에는, "현명한 이가 비록 홀로 깨달음이 있다 해도, 어리석은 무리들 때문에 곤궁하게 지내네. 제각기 분수를 지키고, 헛되이 이리저리 뛰어다니지 말지라. 슬프고도 슬프도다! 이것이 운명이던가!(賢者雖獨悟, 所困在群愚. 且各守爾分, 勿復空馳驅. 哀哉復哀哉, 此是命也夫!)"라는 구절이 있다.
6) 「회포를 노래함・하나」에 대한 주석 1)을 참조하기 바란다.
7) 『전국책』 권16 『초책楚策・삼三』에는, "초나라에는 먹을 것이 옥보다 귀하고 땔감이 계수나무보다 귀하다(楚國之食貴于玉, 薪貴于桂)"라는 구절이 있다.
8) 『당서・백관지百官志』에 따르면, 당나라 때에는 귀족들의 집 대문 앞에 의장용으로 양날 창[戟]을 꽂아두었는데, 1품 벼슬아치의 대문 앞에는 16개를, 2품 벼슬아치 및 경조윤京兆尹, 하남윤河南尹, 태원윤太原尹, 대도독大都督, 대도호大都護의 대문 앞에는 12개를, 그리고 하도독下都督, 하도호下都護와 중주中州 및 하주下州를 다스리는 지방관의 대문 앞에는 10개를 꽂았다고 한다. 그리고 창에 매단 깃발이 해지면 5년마다 한 번씩 바꿔 달았다고 한다.
9) 이 두 구절부터는 높은 벼슬아치들의 집이 외진 곳에 있지만 호사로운 생활을 누리고 있음을 묘사하고 있다.
10) 『수신기』에 따르면, 남쪽 지방에 생김새는 매미 같으나 크기가 더 큰 청부青蚨라는 곤충이 있는데, 그 애벌레는 누에처럼 풀잎에 붙어 있기를 좋아한다. 그 애벌레를 잡으면 어미가 날아와 데려가곤 한다. 만약 그 어미를 죽여 동전에 바르고, 애벌레를 죽여 동전 꿰는 끈에 바르면, 시장에서 그 동전을 쓰더라도 나중에 저절로 돌아온다고 했다.
11) 진晉나라 우희虞喜의 『지림志林』에 따르면, 강하江夏 땅의 맹종孟宗이 젊은 시절

타지에서 유학하고 있을 때, 그의 모친이 넓이가 12폭이나 되는 이불을 만들어 주며 현명한 선비들을 많이 초빙해서 함께 자게 했다고 한다.
12) 옛날 글에는 가시나무[荊]와 개암나무[榛]를 같이 쓰는 경우가 많은데, 이것들은 모두 남에게 상처를 주거나 해치는 존재를 비유한다.
13) 본문의 '타타拖'를 '시施'로 쓴 판본도 있다. 긴 허리띠를 차고 있다는 것은 문화 수준이 높다는 것을 암시한다.
14) 「여장군의 노래」에 대한 주석 7)을 참조하기 바란다.
15) 이후의 서술을 보면, 관리들의 수탈에 괴로운 백성들의 생활과 심경이 절실하게 나타나 있다. 그러므로 이 구절의 진술은 반어적인 풍자의 의미를 담고 있다고 하겠다.
16) 꽃과 열매는 황제의 다스림의 명분과 실질을 비유하고 있다. 이 두 구절에 대해서는 이설이 많은데, 왕기는 이 구절 가운데 어딘가 잘못 표기된 글자가 있기 때문이 아닐까 추측하고 있다. 본문의 '유래流來'를 '유미流米'로 표기한 판본도 있다.
17) 『주례』의 주석에 따르면, 길 떠나기 전에 술을 마시는 것을 조祖라 한다고 했다. 나중에는 길 떠나기 전에 전제餞祭를 지내는 것을 조도祖道라고 불렀다. 이 시에서 '제주祭酒'는 조제祖祭를 지내고 전별주餞別酒를 마셨음을 의미한다. 또한 본문의 '진秦'은 장안을 가리킨다.
18) 『한서・지리지』의 "六郡良家子選給羽林期門"에 대한 안사고顔師古의 주석에 따르면, '육군'은 농서隴西, 천수天水, 안정安定, 북지北地, 상군上郡, 서하西河를 가리킨다고 했다. 여기서는 '중원 천하' 정도의 뜻이다.
19) 오개생吳闓生의 주석에 따르면, 본문의 '이리'는 '매리'로 써야 옳으며, '양무정陽無正'은 손양孫陽(즉 천리마를 잘 알아보기로 유명한 주나라의 백락伯樂)과 우무정郵無正(옛날에 수레를 잘 몰았다는 왕량王良)을 가리킨다고 했다.
20) 장우신과 이한을 가리킨다.
21) 본문의 '조도강調道講'을 '강도조講道調'로 쓴 판본도 있다.
22) 이 두 구절은 이제 두 사람과 헤어지면 즐거운 이야기로 겨울밤을 따스하게 보낼 일이 없으니, 집 뜰의 대밭이나 거닐어야겠다는 뜻이다.
23) 이 시에는 뚜렷이 작별의 시점을 나타내는 표지가 드물지만, 제2구와 제43구의 묘사로 보건대, 대개 늦겨울 내지 초봄이 아닐까 생각된다. 그러므로 제2구와 제13구의 '춘春'이나 제46구의 '추秋'는 실제 계절을 가리키는 것이 아니라, 그 계절의 분위기를 나타내는 형용어로 사용되었다고 보는 편이 타당하다.
24) 이하 자신을 가리킨다.

# 시귀詩鬼의 노래

## 외집外集

# 남쪽 정원 南園<sup>남원</sup>[1]

| 方領蕙帶折角巾<br><sup>방령혜대절각건</sup> | 곧은 옷깃에 혜초蕙草 허리띠 매고 접은 각건 썼는데[2] |
| --- | --- |
| 杜若已老蘭茗春<br><sup>두약이로란초춘</sup> | 두약杜若[3]은 이미 시들었어도 빼어난 난초엔 봄물 올랐다. |
| 南山削秀藍玉合<br><sup>남산삭수람옥합</sup> | 종남산 깎아지른 봉우리들 남전藍田의 옥을 모아놓은 듯 빼어나고 |
| 小雨歸去飛涼雲<br><sup>소우귀거비량운</sup> | 가랑비 물러나자 서늘한 구름 난다. |
| 熟杏暖香梨葉老<br><sup>숙행난향리엽로</sup> | 익은 살구 따스한 향기 풍길 때 배나무 잎은 시들고 |
| 草梢竹色鎖池痕<br><sup>초초죽색쇄지흔</sup> | 대나무 색 뾰족한 풀잎 끝이 연못의 흔적 가려버렸다.[4] |
| 鄭公鄕老開酒樽<br><sup>정공향로개주준</sup> | 정공鄭公의 마을[5]에서 늙어 술통 열고 |
| 坐泛楚奏吟招魂<br><sup>좌범초주음초혼</sup> | 앉아 초나라 음악 연주하며 「초혼招魂」을 읊조리리라.[6] |

---

1) 송宋나라 때 포흠정鮑欽正의 주석에 따르면, 이 작품은 제1권에서 빠진 것이라 했다.
2) 『예문류취藝文類聚』에 인용된 「곽임종별전郭林宗別傳」에 따르면, 곽태郭泰(자는 임종林宗)가 양梁나라와 진陳나라 사이에서 놀러 다니다 비를 맞아서 쓰고 있던 각건의 한 쪽이 젖어 꺾였는데, 두 나라의 선비들이 모두들 그 흉내를 내서 각건의 한 쪽을 꺾어서 두르고 다니며 '곽태의 각건'이라 불렀다고 한다.
3) 「호수의 노래」에 대한 주석 1)을 참조하기 바란다.
4) 본문의 '초초草梢'를 '초포草蒲'로, '죽색竹色'을 '죽책竹柵'으로, '지흔池痕'을 '지근池根'으로 쓴 판본도 있다.
5) 『후한서』에 따르면, 공융孔融은 정현鄭玄을 깊이 존경하여, 정현의 고향에 특별히 정공향鄭公鄕이라는 마을 이름을 붙였다고 한다. 예총치의 설명에 따르면, '정공의

마을'이라는 표현이 이하 자신을 정현에 비유하는 것은 아니며, 그저 학자들이 사는 시골 마을에서 조용히 늙겠다는 의미라고 했다. 본문의 '주준酒樽'을 '주앙酒盎'으로 쓴 판본도 있다.
6) 「초혼」에 대해서는 「창곡에서 낙양의 후문까지」에 대한 주석 8)을 참조하기 바란다.


## 가짜 용울음<sup>1)</sup>을 노래함 假龍吟歌 <sub>가 룡 음 가</sub>

石軋銅杯 <sub>석 알 동 배</sub>  돌로 구리잔 두드리며

吟詠枯瘁 <sub>음 영 고 췌</sub>  읊조리는 소리 노쇠한 듯 힘이 없구나.

蒼鷹擺血 <sub>창 응 파 혈</sub>  푸른 매 피를 쏟는 듯

白鳳下肺 <sub>백 봉 하 폐</sub>  하얀 봉황 허파를 떨어뜨리는 듯.<sup>2)</sup>

桂子自落 <sub>계 자 자 락</sub>  계수나무 열매 저절로 떨어지고

雲弄車蓋 <sub>운 롱 거 개</sub>  구름은 수레덮개 모양으로 피어난다.

木死沙崩惡溪島 <sub>목 사 사 붕 오 계 도</sub>  나무도 죽고 모래 무너진 황량한 계곡의 섬에서

阿母得仙今不老 <sub>아 모 득 선 금 불 로</sub>  서왕모처럼 신선이 되어 이제는 늙지 않는다네.

窞中跳汰截淸涎 <sub>담 중 도 태 절 청 연</sub>  깊은 구렁은 물에 씻겨<sup>3)</sup> 맑은 침의 흔적도 없어졌고

隈壖臥水埋金爪 <sub>외 연 와 수 매 금 조</sub>  물굽이 연안에 누운 땅이 황금 발톱 파묻어버렸다.

崖磴蒼蒼弔石髮 <sub>애 등 창 창 조 석 발</sub>  돌벼랑엔 파릇파릇 돌이끼<sup>4)</sup>가 매달려 있고

江君掩帳簀簹折 <sub>강 군 엄 장 운 당 절</sub>  강아江娥<sup>5)</sup>가 침실 휘장 가릴 때 큰 대나무<sup>6)</sup> 부러진다.

蓮花去國一千年 <sub>연 화 거 국 일 천 년</sub>  연꽃<sup>7)</sup>이 나라를 떠난 지 천년이나 되었는데

우 후 문 성 유 대 철
雨後聞腥猶帶鐵　　비갠 후 풍기는 비린내 속엔 아직 쇠 냄새가 담겨 있다.[8]

---

1) 『영괴록靈怪錄』에 따르면, 방관房琯이 종남산 계곡에서 공부하던 도중 문득 무언가 구리 그릇을 두드리는 듯한 소리를 들었는데, 생전 처음 듣는 소리였다. 부친에게 여쭤보자, 그것은 용울음이니 조만간 비가 올 것이라 했다. 방관이 먼 하늘을 쳐다보니, 과연 구름이 뭉게뭉게 일어나며 소낙비가 내렸다. 그 후로 이런 소리를 들을 때마다 항상 같은 일이 일어났다. 나중에 그는 적금赤金으로 발鉢을 만들어 용울음을 흉내내곤 했다. 예총치의 설명에 따르면, 이 작품은 옳고 그름이 뒤바뀌고 참과 거짓이 구별되지 않는 세상의 언론에 대한 비웃음을 담은 풍자시로서, 진짜 용을 내치고 가짜 용의 울음에 대해 찬탄하는 것을 역설적으로 묘사한 것이라고 했다.
2) 『한무내전漢武內傳』에 따르면, 명약 가운데는 몽산蒙山에 사는 하얀 봉황의 허파와 영구靈邱에 사는 푸른 난새[鸞]의 피 같은 것이 있다고 했다. 본문의 '창응蒼鷹'을 '창란蒼鸞'으로 쓴 판본도 있다.
3) 왕기의 주석에 따르면, 본문의 '도태跳汰'는 '씻는다'는 뜻의 '조태洮汰'를 잘못 쓴 것으로 보인다고 했다. 또 이 구절의 '맑은 침'은 옛적에 이곳에 살던 용龍이 흘려놓은 것이라고 했다.
4) 『본초경』에 따르면, '오구烏韭'라는 돌이끼는 '석발石髮'이라고도 부르는데, 햇볕이 닿지 않는 바위틈에서 자란다고 했다. 본문의 '창창蒼蒼'을 '창태蒼苔'로 쓴 판본도 있다.
5) 「이빙의 공후인」에 대한 주석 2)를 참조하기 바란다.
6) 『이물지異物志』에 따르면 '운당篔簹'은 여릉廬陵 지역에 자라는 큰 대나무로 주로 물가에서 자란다. 이 대나무는 길이가 몇 길이나 되고, 둘레는 한 자 대여섯 치인데, 마디 사이가 보통 예닐곱 자이고 큰 것은 한 길이나 된다고 했다.
7) 왕기의 주석에 따르면, 『공작경孔雀經』에 청련화룡왕青蓮花龍王이니 백련화룡왕白蓮花龍王이니 하는 명칭이 있는 것으로 보아, 본문의 '연꽃[蓮花]'도 용을 가리키는 뜻이 아닐까 생각된다고 했다.
8) 『모시명물해毛詩名物解』에 따르면, 쇠[鐵]는 신맛이 나서 눈을 해치는데, 물고기나 용은 눈을 보호하기 위해 쇠를 두려워한다고 했다. 마지막 구절은 결국 쇠 냄새 때문에 진짜 용이 오지 못하고 있다는 뜻을 나타내고 있다.

## 느낌을 풍자한 여섯 편 感諷 六首[1]

### 其一  하나

| | |
|---|---|
| 人間春蕩蕩 | 인간 세상엔 봄기운 가득하고 |
| 帳暖香揚揚 | 따스한 침실 휘장엔 향기 자욱하네. |
| 飛光染幽紅 | 빛이 그윽한 붉은 꽃잎 물들이니 |
| 誇嬌來洞房 | 아름다움 뽐내는 미녀들 방안으로 들어오네. |
| 舞席泥金蛇 | 춤추는 자리[2]는 뱀 비늘처럼 금물로 장식했고 |
| 桐竹羅花床 | 거문고며 피리 꽃무늬 침상에 널려 있네. |
| 眼逐春瞑醉 | 눈동자는 봄날 따라 취한 듯 몽롱해지고 |
| 粉隨淚色黃 | 분가루는 눈물 따라 노랗게 흐르네. |
| 王子下馬來 | 왕가의 자손 말에서 내려 찾아오니 |
| 曲沼鳴鴛鴦 | 굽은 못에서 원앙새 우네. |
| 焉知腸車轉 | 어찌 알랴, 애끓는 그리움의 수레[3] 굴러 |
| 一夕巡九方 | 하룻밤에도 온 세상[4] 돌아다니는 것을? |

---

1) 송나라 포흠정의 설명에 따르면, 이 작품들은 제2권에서 떨어져 나온 것들이라고 했다.
2) 춤출 때 깔아놓는 양탄자의 일종이다.

3) 왕기의 주석에 인용된 옛 악부의 노래 가운데에는, "마음속의 그리움 말하지 못하여, 뱃속에서 수레가 굴러가는 듯하네.(心思不能言, 腸中車輪轉)"라는 구절이 있다.
4) 본문의 '구방九方'은 '구주九州', 곧 온 세상을 가리킨다.

### 其二　　　둘

| | |
|---|---|
| 苦風吹朔寒 | 매서운 바람 북방의 추위를 불어오니 |
| 沙驚秦木折 | 놀란 모래 속에서 진秦 땅의 나무[1] 부러진다. |
| 舞影逐空天 | 춤추는 그림자 빈 하늘을 내달리고 |
| 畫鼓餘淸節 | 화려한 북소리 여운 맑게 울린다. |
| 蜀書秋信斷 | 촉蜀 땅의 가을 편지는 끊어지고 |
| 黑水朝波咽 | 흑수黑水[2]엔 아침 물결 목메어 운다. |
| 嬌魂從回風 | 아름다운 혼은 회오리바람 따라 떠나고 |
| 死處懸鄕月 | 죽은 곳엔 고향의 달 걸려 있다.[3] |

1) 본문의 '진목秦木'을 '진수秦水'로 쓴 판본도 있다.
2) '흑수'는 세 가지가 있다. 하나는 『상서尙書·하서夏書·우공禹貢』의 "華陽黑水惟梁州"에 언급된 것으로, 지금의 노강怒江을 가리킨다. 이 강의 상류를 합라오소哈喇烏蘇라 하는데, '합라'는 검다는 뜻이고 '오소'는 강이라는 뜻이다. 둘째는 몽고의 악이다사鄂爾多斯에 있는 무정하無定河의 지류이고, 셋째는 지금의 헤이룽강黑龍江을 가리킨다. 본문의 흑수가 이 가운데 어느 것을 가리키는지는 알 수 없지만, 그저 '북방의 강'이라는 일반적인 의미로 해석하는 편이 나을 듯하다.
3) 예총치의 설명에 따르면, 이 작품은 북방 이민족과 화친을 위해 혼인한 어느 공주의 슬픔을 대신 묘사한 것이라고 했다.

| 기 삼<br>其三 | 셋 |
|---|---|
| 잡 잡 호 마 진<br>雜雜胡馬塵 | 자욱하게 일어나는 북방 오랑캐의 말 먼지 |
| 삼 삼 변 사 극<br>森森邊士戟 | 빽빽하고 살벌한 변방 병사들의 창 |
| 천 교 호 마 전<br>天敎胡馬戰 | 하늘이 북방 오랑캐의 말 전장으로 내모니 |
| 효 운 개 혈 색<br>曉雲皆血色 | 새벽 구름은 모두 핏빛이다. |
| 부 인 휴 한 졸<br>婦人攜漢卒 | 여자 같은 태감太監이 중원의 장정들 이끄는데 |
| 전 복 낭 건 괵<br>箭箙囊巾幗 | 화살통엔 부인네들의 두건이 묶여 있구나. |
| 불 참 금 인 중<br>不慚金印重 | 금 도장 무겁다고 부끄러워 마라 |
| 양 장 요 건 력<br>踉鏘腰鞬力 | 어기적거리며 걷는 것은 말 허리에 찬 활통[1]이 힘겹기 때문. |
| 순 순 향 문 로<br>恂恂鄕門老 | 공손하게 고향집에서 늙어가다가 |
| 작 야 시 봉 적<br>昨夜試鋒鏑 | 간밤에 창끝의 제물이 되었구나. |
| 주 마 견 서 훈<br>走馬遣書勳 | 전령이 말 달려 공훈 적은 글 전하지만 |
| 수 능 분 분 묵<br>誰能分粉墨 | 분가루와 먹물을 구별할 줄 아는 이 누구인가?[2] |

---

1) 『방언』에서는 화살을 담은 통 가운데 큰 활[弩]의 화살을 담은 통을 일컬어 복箙이라 하고, 활[弓]의 화살을 담는 통은 건鞬이라고 했다.
2) 이 작품은 「여장군의 노래」 등에서 자주 언급된 것처럼, 태감이 군대를 이끌고 변방에 나가 전투를 지휘한 데에 대한 불만을 드러내고 있다.

## 其四   넷

| 青門放彈去 | 청성문青城門[1]에 사냥하러 가니 |
| 馬色連空郊 | 빈 교외에 치장한 말들 줄지어 있다. |
| 何年帝家物 | 어느 시대 황실의 물건이기에 |
| 玉裝鞍上搖 | 옥 장식 안장 위에서 흔들리는지? |
| 去去走犬歸 | 내달리던 사냥개 돌아오면 |
| 來來坐烹羔 | 몰려와 앉아 새끼양 삶아 먹는다. |
| 千金不了饌 | 천금도 안주 장만하기에 부족하지만 |
| 貉肉稱盤臊 | 담비 고기도 노릇한 요리라고 칭송 받는다. |
| 試問誰家子 | 물어보세, 뉘 집 자제인가? |
| 乃老能佩刀 | 알고 보니 부친께서[2] 칼 찬 관료로구나. |
| 西山白蓋下 | 서산의 흰 띠풀 지붕 아래에선 |
| 賢俊寒蕭蕭 | 현명한 인재[3] 가난에 찌들어 처량하거늘! |

---

1) 『삼보황도』에 따르면, 장안성에서 동쪽으로 나가는 남쪽의 첫번째 성문은 원래 패성문霸城門이라 했는데, 백성들은 그 문의 색깔이 푸르게 보인다고 해서 '청성문'이라고 불렀다고 한다. '청문青門'을 '청곽青郭' 또는 '청조青鳥'로 쓴 판본도 있다.
2) 본문의 '내로乃老'를 '내운乃云'으로 쓴 판본도 있다.
3) 본문의 '준俊'을 '준儁'으로 쓴 판본도 있다.

## 其五 다섯

| | |
|---|---|
| 曉菊泫寒露 | 새벽 국화에 맺힌 눈물 같은[1] 찬 이슬 |
| 似悲團扇風 | 둥근 부채[2]에 이는 바람처럼 슬프구나. |
| 秋凉經漢殿 | 서늘한 가을 한나라 궁전에 들어오면 |
| 班子泣衰紅 | 반첩여班倢伃[3]는 시든 꽃 보고 눈물 흘린다. |
| 本無辭輦意 | 본래 황제의 수레 사양하지 않았더라면[4] |
| 豈見入空宮 | 어찌 빈 궁전에 틀어박히는 신세 되었을까? |
| 腰衱佩珠斷 | 허리띠에 매단 패옥佩玉은 끊어지고 |
| 灰蜨生陰松 | 소나무 그늘에선 종이 재[5]만 나비처럼 날아오른다. |

---

1) 본문의 '泫'을 '泣'으로 쓴 판본도 있다.
2) 한나라 때 반첩여班倢伃가 지었다는 「원가행怨歌行」에 다음과 같은 내용이 들어 있다. "제나라 땅 하얀 비단 새로 자르니, 눈서리처럼 희고 깨끗하네. 재단하여 합환선 만드니, 발은 달처럼 둥글구나. 그대 품과 소매 속을 드나들면서, 하늘하늘 흔들리며 미풍을 일으켰다. 언제나 걱정스러운 것은 가을이 와서, 서늘한 바람 무더위의 자리를 빼앗는 것. 그때는 상자 속에 버려져서, 임의 은혜로운 사랑도 중간에 끊어지겠지.(新裂齊紈素, 皎潔如霜雪, 裁爲合歡扇, 團團似明月. 出入君懷袖, 動搖微風發. 常恐秋節至, 涼飇奪炎熱, 棄捐篋笥中, 恩情中道絶)."
3) 한나라 성제成帝(기원전 32~기원전 7 재위) 때 후궁으로 뽑혀 들어가 황제의 총애를 입어 첩여倢伃가 되었으나, 얼마 후 조비연趙飛燕 자매가 황제의 사랑을 독차지하는 바람에 버림받는 신세가 되었다.
4) 『한서・반첩여전』에 따르면, 성제가 궁정 뒤뜰에 놀러갈 때 반첩여를 자신의 수레에 함께 태우려 했으나, 반첩여는 사양하며 이렇게 말했다. "옛 그림을 보면 현명하고 성스러운 군주는 모두 훌륭한 신하를 곁에 두고 있었으나, 삼대三代의 마지막 군주들만은 그 옆에 아끼는 여인들을 두고 있었사옵니다. 지금 저를 폐하의

수레에 함께 태우게 되면, 그와 비슷해지지 않겠습니까?" 결국 성제는 그 말이 옳다고 여겨 뜻을 접었다.
5) '소나무 그늘'은 무덤을 암시한다. 그러므로 이 구절은 쓸쓸히 죽어간 여인을 위해 지전紙錢을 태우는 모습을 묘사한 것이다.

其六 여섯

蝶飛紅粉臺  나비는 붉은 분 냄새 자욱한 누대를 날고
柳掃吹笙道  버들은 생황 소리 울리는 길을 쓴다.
十日懸戶庭  열 개의 해가 뜰에 걸리니
九秋無衰草  가을 내내 시든 풀 없다.[1]
調歌送風轉  노랫가락은 부는 바람 따라 흐르고
杯池白魚小  술잔 같은 못에는 하얀 피라미 조그맣다.
水宴截香腴  물가에서 잔치하며 향기로운 고기 잡으니
菱科映青罩  우거진 마름 푸른 통발에 비친다.
芊蒙梨花滿  배꽃 흐드러지게[2] 피어 있는
春昏弄長嘯  봄날 황혼녘에 긴 휘파람 분다.[3]
惟愁苦花落  그저 쓸쓸히[4] 꽃 지는 것만 근심할 뿐
不悟世衰到  세상이 시들어가는 것은 깨닫지 못했지.
撫舊惟銷魂  옛 일을 생각하면 그저 혼만 스러질 뿐
南山坐悲悄  남산 보며 앉아 슬픔에 잠긴다.[5]

1) 본문의 '구추九秋'는 가을을 가리킨다. 가을은 석 달이고, 석 달은 90일이기 때문에 이렇게 표현한 것이다. 한편, 본문의 '쇠초衰草'를 '소초素草'로 쓴 판본도 있다.
2) 본문의 '풍몽芉蒙'을 '풍용芉茸'으로 쓴 판본도 있다.
3) 본문의 '장소長嘯'를 '장소長笑'로 쓴 판본도 있다.
4) 본문의 '고곤苦'를 '만晩'으로 쓴 판본도 있다.
5) 본문의 '비초悲悄'를 '비초悲峭' 또는 '비소悲嘯'로 쓴 판본도 있다.

## 막수<sup>1)</sup>의 노래 莫愁曲

| | |
|---|---|
| 草生龍坡下 | 용파龍坡<sup>2)</sup> 아래엔 풀이 자라고 |
| 鴉噪城堞頭 | 까마귀는 성벽 머리에서 울어댄다. |
| 何人此城裏 | 이 성 안에 누가 있는가? |
| 城角栽石榴 | 성 모퉁이엔 석류나무가 심어져 있다.<sup>3)</sup> |
| 靑絲繫五馬 | 푸른 실 다섯 마리 말에 매고 |
| 黃金絡雙牛 | 황금 굴레 두 마리 소에 씌웠다.<sup>4)</sup> |
| 白魚駕蓮船 | 하얀 피라미<sup>5)</sup>는 연꽃 배를 저어 |
| 夜作十里游 | 밤이면 10리 먼 곳까지 놀러 다닌다. |
| 歸來無人識 | 돌아오니 아는 사람 하나 없어 |
| 暗上沉香樓 | 어둠 속에서 침향沈香 그윽한 누대에 오른다. |
| 羅牀倚瑤瑟 | 비단 침상에서 옥 장식 거문고 타며 노래하는데 |
| 殘月傾簾鉤 | 지는 달이 주렴 고리에 비스듬히 걸렸다. |

| 금일근화락 |
| 今日槿花落 | 오늘 무궁화꽃 떨어지면
| 명조동수추 |
| 明朝桐樹秋 | 내일 아침 오동나무엔 가을이 오리라.
| 약부평생의 |
| 若負平生意 | 평생의 뜻 저버릴 양이면
| 하명작막수 |
| 何名作莫愁 | 무엇하러 이름은 막수莫愁라 지었던가?[6]

1) 「석성의 새벽」과 「녹수의 노래」에 대한 주석 1)을 참조하기 바란다.
2) 『수경주』에 따르면, 강릉江陵 서북쪽에 기남성紀南城이 있는데, 그 성의 서남쪽에 적판강赤坂岡이 있다. 그 아래에 독수瀆水가 있는데, 동북쪽에서 성으로 흘러 들어갔다가 다시 동북쪽으로 나가, 성 서남쪽의 용피龍陂로 스며든다. 이곳은 예로부터 자연적으로 생긴 못인데, 둘레가 2백 보步 남짓 되며, 영계靈溪 동강東江의 제방 안에 있다. 못이 깊어서 그 속에 용이 나타나곤 하기 때문에 '용피'라는 이름이 붙었다고 한다. 『악부시집』에는 '용판龍陂'으로 되어 있다.
3) 『북사北史』에 따르면, 제齊나라 무제武帝가 이비李妃의 집을 찾아가니, 이비의 모친 송씨宋氏가 석류나무 두 그루를 옮겨 심었다. 무제가 그 뜻을 묻자, 송씨는 석류가 방안에 많은 열매를 품고 있으니, 새로 아내를 얻은 무제도 많은 자식을 낳기를 바란다는 뜻이라고 했다.
4) 옛날 악부「맥상상陌上桑」에, "푸른 실 말꼬리에 묶고, 황금 굴레 말머리에 씌우네.(靑絲繫馬尾, 黃金絡馬頭)"라는 구절이 있다.
5) 요경삼姚經三은 '백어白魚'를 배[船]라고 했으나, 왕기는 '어魚'가 다른 어떤 글자를 잘못 쓴 것이 아닐까 추측했다.
6) 본문의 '작막수作莫愁'를 '하막수何莫愁'라고 쓴 판본도 있다.

## 밤에 들리는 음악소리 夜來樂

| 홍라복장금류소 |
| 紅羅複帳金流蘇 | 두 겹 붉은 비단 장막에 금실 띠[1] 묶었는데
| 화등구지현리어 |
| 華燈九枝懸鯉魚 | 고운 등 아홉 가지 잉어 모양으로 걸렸구나.

<sup>여 인 영 월 개 동 포</sup>
麗人映月開銅鋪　　미인은 달빛 아래 구리 장식 문고리 당겨 열고

<sup>춘 수 적 주 성 성 고</sup>
春水滴酒猩猩沽　　봄물에 담근 술 성성이 모양 술병[2]에 떨어진다.

<sup>가 중 일 협 향 십 주</sup>
價重一篋香十株　　값비싼 향 열개들이 한 상자는

<sup>적 금 과 자 겸 잡 부</sup>
赤金瓜子兼雜麩　　참외 씨 같은 적금赤金과 밀기울 같은 금가루[3]를 치러야 하지.

<sup>오 색 사 봉 청 옥 부</sup>
五色絲封青玉鳧　　오색 실로 푸른 오리 조각 묶었으니

<sup>아 후 차 소 천 만 여</sup>
阿侯此笑千萬餘　　아후阿侯[4]의 이 웃음은 값어치가 천만 금도 넘는구나!

<sup>남 헌 한 전 렴 영 소</sup>
南軒漢轉簾影疎　　남쪽 집에 은하수 흘러 주렴 그림자 성근데

<sup>동 림 아 아 협 자 오</sup>
桐林啞啞挾子烏　　오동나무 숲에선 깍깍 새끼 거느린 까마귀 울어댄다.

<sup>검 애 편 절 청 석 주</sup>
劍崖鞭節青石珠　　자루에 조각한 검, 마디마디 무늬 새긴 채찍, 푸른 옥 장식한 안장

<sup>백 왜 취 단 응 상 수</sup>
白騧吹湍凝霜鬚　　백마가 내뿜는 거품이 서리처럼 하얀 수염에 엉긴다.

<sup>누 장 송 패 승 명 려</sup>
漏長送珮承明廬　　눈물처럼 늘어진 옥 도장 차고 승명려承明廬[5]에 들어가는데

<sup>창 루 차 아 명 월 고</sup>
倡樓嵯峨明月孤　　높다란 기루에 밝은 달 외롭게 떴다.

<sup>속 객 하 마 고 객 거</sup>
續客下馬故客去　　새 손님[6] 도착하니 옛 손님 떠나가고

<sup>녹 선 수 대 중 불 소</sup>
綠蟬秀黛重拂梳　　푸른 살쩍 매미눈썹 곱게 화장하고[7] 다시 빗질한다.

---

1) 「골치 아픈 사람」에 대한 주석 45)를 참조하기 바란다. 본문의 '유소流蘇'를 '도소塗蘇'로 쓴 판본도 있다.
2) 옛날에는 성성이가 술을 좋아한다고 해서, 그 모양으로 술병을 만들곤 했다.
3) 『계신잡지癸辛雜識』에 따르면, 광서廣西 지역의 동굴들에서 채취된 사금砂金은 그

알갱이가 지렁이 똥처럼 동글동글한데, 큰 것은 참외 씨만큼 커서 '과자금瓜子金'이라 부르고, 작은 것은 밀기울 조각 같아서 '부피금麩皮金'이라 부르는데, 그 색이 보통 금보다 두 배나 선명하다고 했다.
4) 「녹수의 노래」에 대한 주석 1)을 참조하기 바란다.
5) 한나라 궁전의 석거각石渠閣 밖에 있던 곳으로 황제의 숙소이다.
6) 본문의 '속객續客'을 '신객新客'으로 쓴 판본도 있다.
7) 『중화고금주中華古今注』에 따르면, 위魏나라 문제文帝의 궁녀인 막경수莫瓊樹가 처음 매미 날개 모양의 살쩍을 그려 화장하여, '선빈蟬鬢'이라는 이름이 붙었다고 한다. 본문의 '수대秀黛'를 '분대粉黛'로 쓴 판본도 있다.

## 눈을 비웃다 嘲雪

| | |
|---|---|
| 昨日發蔥嶺 | 어제 총령蔥嶺[1]을 출발하여 |
| 今朝下蘭渚 | 오늘 아침 난초 우거진 물가에 내려왔다. |
| 喜從千里來 | 반갑게 천리 길을 와서 |
| 亂笑含春語 | 어지러운 웃음 속에 봄기운 담은 말[2] 건넨다. |
| 龍沙涇漢旗 | 변방의 사막에선 한나라[3] 깃발 젖고 있는데 |
| 鳳扇迎秦素 | 봉황 부채는 장안 찾아온 하얀 손님을 맞이한다. |
| 久別遼城鶴 | 오래 전에 요동성遼東城 떠나온 학[4]은 |
| 毛衣已應故 | 깃털 옷이 이미 해져버렸겠지.[5] |

---

1) 신강新疆 서남쪽에 있는 고개로 곤륜산崑崙山과 천산天山의 맥脈이 이곳에서 시작된다.

2) 은근한 유혹을 뜻한다. 본문의 '춘어春語'를 '춘우春雨'로 쓴 판본도 있다.
3) 당시의 당나라, 즉 중국을 가리킨다.
4) 간보의 『수신기』에 따르면, 요동 사람 정령위丁令威가 영허산靈墟山에서 도를 배우고 학으로 변해 요동성으로 돌아와 성문 기둥에 앉아 있었다. 마침 한 소년이 활로 쏘려 하자 학이 공중으로 날아오르며, 집 떠난 지 천년 만에 돌아와 보니 성곽은 여전한데 사람들은 옛 사람들이 아니라고 탄식하고, 왜 모두들 신선의 도를 배우지 않고 죽어서 무덤만 총총하냐고 반문하며 떠났다고 한다. 이 시에서 학은 북방에서 온 눈을 비유하고 있다.
5) 눈이 너무 먼 길을 와서 심신이 피폐해졌을 터라, 장안에 도착해서는 금방 녹아버릴 것이라는 뜻이다.

## 봄날의 회포 春懷引[1]

芳蹊密影成花洞　　향긋한 오솔길에 그림자 빽빽하여 꽃 동굴이 되었고
柳結濃煙香帶重　　버들가지엔 짙은 안개 맺혀 향긋한 띠 무겁게 늘어졌네.[2]
蟾蜍碾玉掛明弓　　두꺼비는 맷돌에 옥[3] 갈아 활 같은 밝은 달 걸렸는데
捍撥裝金打仙鳳　　금칠한 채로 비파 타니 신선세계 봉황도 놀라네.
寶枕垂雲選春夢　　보배로운 베개에 드리운 구름머리는 봄날 꿈을 기다리고
鈿合碧寒龍腦凍　　금장식한 화장품 갑 싸늘하여 용뇌향龍腦香[4]도 얼어붙네.
阿侯繫錦覓周郎　　아후阿侯[5]가 비단옷 입고 주랑周郎[6] 찾아 나서니
憑仗東風好相送　　봄바람 속에 지팡이 짚고 잘 전송해야지.[7]

---

1) 이 작품의 제목을 「봄날의 춘정(懷春引)」으로 쓴 판본도 있다.

2) 본문의 '농연濃煙'을 '농음濃陰'으로, '향대香帶'를 '화대花帶'로 쓴 판본도 있다.
3) 구름을 가리킨다.
4) '빙편氷片'이라고도 한다.『유양잡조』에 따르면 이 향은 바리국婆利國과 파사국波斯國에서 나는데, 원료가 되는 나무는 높이가 8, 9길에 둘레가 6, 7아름이나 된다. 그 나무의 잎은 둥근 모양이고 뒷면이 흰색인데, 꽃도 피지 않고 열매도 맺히지 않는다. 나무 가운데 줄기가 두꺼운 것에서는 용뇌향이 나오고, 줄기가 가는 것에서는 '바율고婆律膏'라는 기름이 나온다. 용뇌향은 나무를 쪼개 그 심心에서 채취하고, 바율고는 가지 끝에 칼자국을 내서 받아낸다.『도경본초圖經本草』에 따르면 용뇌향은 남해南海의 산속에서도 생산된다고 했다.
5) 「녹수의 노래」에 대한 주석 1)을 참조하기 바란다. 여기서는 춘정에 겨워 사랑하는 이를 그리워하는 소녀를 가리킨다.
6) 삼국시대 오吳나라의 주유는 자가 공근公瑾이며, 체구가 건장하고 용모가 멋졌다고 한다. 그가 24세 때에 손책孫策은 그를 건위중랑장建威中郞將에 임명했는데, 당시 오나라 사람들은 모두 그를 '주랑周郞'이라 불렀다고 한다. 여기서는 '아후'가 그리워하는 멋진 청년을 비유하고 있다.
7) 왕기의 주석에 따르면 이것은 꿈속에서 사랑의 정표를 주러 간다는 뜻이다.


## 백호의 노래 白虎行

火烏日暗崩騰雲    불 까마귀의 해는 어두워지고 뭉게구름 무너지니[1]

秦皇虎視蒼生群    진시황은 호랑이처럼 창생蒼生들을 노려보았지.

燒書滅國無暇日    역사서 태우고 제후들의 나라 없앨 날[2] 멀지 않으니

鑄劍佩玦惟將軍    칼 갈고 옥결玉玦[3] 찰 이는 오직 장군뿐이리라.

玉壇設醮思衝天    옥 제단에 초례醮禮[4] 올리며 하늘로 치솟을 기세 생각하나니

一世二世當萬年    한 세대 두 세대 거쳐 만년을 버티리라.[5]

| 소 단 미 득 불 사 약 | |
|---|---|
| 燒丹未得不死藥 | 단약 달궈도 불사의 약 얻지 못해 |
| 나 주 해 상 심 신 선 | |
| 拏舟海上尋神仙 | 배 저어 바다로 나가 신선을 찾게 했지. |
| 경 어 장 렵 해 파 비 | |
| 鯨魚張鬣海波沸 | 고래가 수염 세우니 바다의 파도 들끓고 |
| 경 인 반 작 정 인 귀 | |
| 耕人半作征人鬼 | 농사짓던 이들 반쯤은 나그네 귀신 되어버렸지.[6] |
| 웅 호 맹 염 열 소 공 | |
| 雄豪猛燄烈燒空 | 영웅호걸들은 타오르는 불길처럼 허공으로 사라져[7] |
| 무 인 위 결 천 하 수 | |
| 無人爲決天河水 | 은하수 물길 막아줄 사람 아무도 없었지. |
| 수 최 고 혜 수 최 고 | |
| 誰最苦兮誰最苦 | 가장 괴로운 이는 누구인가, 가장 괴로운 이는? |
| 보 인 의 사 심 상 허 | |
| 報人義士深相 | 은혜 갚는 의로운 사내[8]는 굳게 약속했지. |
| 점 리 격 축 형 경 가 | |
| 漸離擊築荊卿歌 | 고점리高漸離가 축筑을 타니 형가荊軻가 노래하고 |
| 형 경 파 주 연 단 어 | |
| 荊卿把酒燕丹語 | 형가는 술잔 들어 연燕나라 태자 단丹에게 얘기했지. |
| 검 여 상 혜 담 여 철 | |
| 劍如霜兮膽如鐵 | 검은 서릿발 같고 간담은 무쇠 같아 |
| 출 연 성 혜 망 진 월 | |
| 出燕城兮望秦月 | 연나라 성을 나와 진나라 달을 바라보았지. |
| 천 수 진 봉 조 미 종 | |
| 天授秦封祚未終 | 하늘이 진나라를 천하의 주인으로 삼은 복 아직 끝나지 않아[9] |
| 곤 룡 의 점 형 경 혈 | |
| 袞龍衣點荊卿血 | 진시황의 곤룡포袞龍袍엔 형가의 피만 묻었지. |
| 주 기 탁 지 백 호 사 | |
| 朱旗卓地白虎死 | 붉은 깃발 땅에 꽂히면 백호가 죽나니[10] |
| 한 왕 지 시 진 천 자 | |
| 漢王知是眞天子 | 한나라 왕은 이것을 아는[11] 진정한 하늘의 아들[天子]이로다! |

---

1) 『사기·주본기周本紀』에 따르면, 주周나라 무왕武王이 황하를 건너는데 중류에서

372 시귀詩鬼의 노래 : 완역 이하李賀 시집

흰 물고기가 배 안으로 뛰어들자, 무왕이 그걸 놓고 제사를 지냈다. 강을 건너자 공중에서 불꽃이 내려와 왕의 처소에 이르더니 까마귀로 변했는데, 그 색은 검붉고[赤色] 그 소리는 사람의 마음을 편하게 해주었다고 한다. 이 구절은 주나라가 망했음을 의미한다.

2) 『사기・진시황본기』에 따르면, 진시황제는 여섯 제후국을 멸망시키고 천하를 통일한 후, 진나라의 역사서를 제외한 다른 나라의 역사서를 모두 불태우고, 박사博士의 관직에 있는 자가 아니면 『시경』과 『서경』 및 제자백가諸子百家의 책을 소장하지 못하게 하여, 각 지역을 다스리는 관리들로 하여금 모두 수거하여 태워버리게 했다고 한다.

3) '결玦'과 '결決'은 서로 발음이 통하기 때문에, 옛날에는 허리에 옥결玉玦을 차는 것은 단호한 결단을 했다는 것을 의미했다고 한다. 한편 본문의 '유惟'를 '호呼'로 쓴 판본도 있다.

4) 「도사의 초례」에 대한 주석 1)을 참조하기 바란다.

5) 진시황이 태산泰山에서 봉선封禪의 제사를 올린 것을 비유한 표현이다.

6) 진시황이 방사方士들의 꾐에 빠져 불로장생의 약을 얻기 위해 부질없이 백성을 바다로 파견하여 물고기밥이 되게 한 일을 비유한 것이다.

7) 본문의 '맹염렬소공猛焰烈燒空'을 '기맹여염연氣猛如焰烟'으로 쓴 판본도 있다.

8) 진시황을 암살하려 했던 자객 형가荊軻를 가리킨다.

9) 본문의 '미종未終'을 '미이未移'로 쓴 판본도 있다.

10) 한漢나라는 스스로 적제赤帝의 후손이라 칭하며 깃발과 관리들의 복장을 모두 붉은 색[赤色]으로 만들었다. 백호가 죽었다는 것은 진나라가 멸망했음을 의미한다. 한나라가 세워진 후, 유가의 학자들은 유방劉邦이 천하를 통일한 것은 오행에서 화火가 금金을 이긴다는 원리에 따라 하늘의 도道가 바뀐 결과라고 설명했다. 붉은색은 화의 색이고, 흰색은 금의 색이다. '탁지卓地'를 '탁립卓立'으로 쓴 판본도 있다.

11) 본문의 '지知'를 '각卻'으로 쓴 판본도 있다. 오정자의 주석에서는 이 시가 이하의 것이 아닐 것이라고 했다.

## 그리운 그대 有所思(유소사)[1]

去年陌上歌離曲 작년 밭두렁에서 이별 노래 불렀는데
今日君書遠游蜀 오늘 그대 편지 보니 먼 촉蜀 땅에 놀러갔다지요.
簾外花開二月風 주렴 밖엔 2월의 바람 속에 꽃이 피고
臺前淚滴千行竹 누대 앞에 떨어진 눈물 천 줄기 대나무 되었지요.
琴心與妾腸 거문고 마음도 제 마음과 같아
此夜斷還續 이 밤에 끊어졌다 이어졌다 하네요.
想君白馬懸彫弓 백마에 고운 활 건 그대 생각하니
世間何處無春風 세상 어디에 봄바람 없을까?
君心未肯鎭如石 그대 마음은 돌처럼 진중하지 않고
妾顏不久如花紅 제 얼굴은 붉은 꽃처럼 오래가지 않지요.
夜殘高碧橫長河 밤도 스러지는 새벽하늘에 긴 은하수 비스듬한데
河上無梁空白波 강 위에 다리 없어 덧없이 흰 물결만 찰랑입니다.
西風未起悲龍梭 서풍 불지 않아 베틀로 변한 용[2] 슬프게 하니
年年織素攢雙蛾 해마다 흰 비단 짜며 두 눈썹 찡그린답니다.
江上迢遞無休絶 아득한 강물은 끊임없이 흐르고
淚眼看燈乍明滅 젖은 눈으로 바라보는 등불은 자꾸만 깜박거립니다.

| | |
|---|---|
| 自從孤館深鎖窓 | 외로운 여관 깊이 잠긴[3] 창 안에서 |
| 桂花幾度圓還缺 | 계수나무 꽃은 몇 번이나 피고 또 졌을까요? |
| 鴉鴉向曉鳴森木 | 까마귀들은 날이 밝도록 숲속에서 울어대고 |
| 風過池塘響叢玉 | 바람은 연못을 스치며 무리진 옥[4]을 울립니다. |
| 白日蕭條夢不成 | 밝은 낮은 쓸쓸하여 꿈도 이루어지지 않아 |
| 橋南更問仙人卜 | 다리 남쪽[5]에서 다시 선인仙人에게 점을 쳐봅니다. |

---

1) 『송서』에 따르면, 한나라 때 『고취요가鼓吹饒歌』 18곡 가운데 「그리운 그대(有所思)」가 있다고 했는데, 후세 사람들은 대개 이 곡조를 흉내내서 이별과 그리움의 슬픔을 노래하곤 했다.
2) 『이원異苑』에 따르면, 도간陶侃은 항상 산 아래에서 낚시를 하곤 했는데, 어느 날 베틀 북[梭] 하나를 얻어 집에 돌아와 벽에 걸어두었다. 얼마 후에 천둥이 치면서 비가 내리자, 베틀은 붉은 용으로 변해 하늘로 올라가버렸다고 한다.
3) 본문의 '심쇄深鎖'를 '쇄심鎖深'으로 쓴 판본도 있다.
4) 『천보유사天寶遺事』에 따르면, 기왕岐王의 궁궐 안 대나무숲에는 옥 조각들을 걸어놓아서 매일 밤 옥이 짤랑거리는 소리가 들렸다고 한다. 한편, 왕기의 주석에서는 이것이 처마 밑에 매달아 바람에 울리며 소리를 내는 장식물인 '풍마風馬'를 가리키는데, 후세에는 옥 대신에 구리나 쇠로 그것을 만들면서 '철마鐵馬'라고 불렀다고 했다.
5) 본문의 '교남橋南'을 '성남城南'으로 쓴 판본도 있다.

## 젊은이를 비웃다 嘲少年[1]

| | |
|---|---|
| 靑驄馬肥金鞍光 | 살찐 청총마靑驄馬에 황금 안장 빛나고 |
| 龍腦入縷羅衫香 | 실처럼 피어나는 용뇌향 배여 비단 적삼[2] 향기롭네. |
| 美人狹坐飛瓊觴 | 미녀가 붙어 앉아[3] 옥 술잔 돌리니 |
| 貧人喚云天上郎 | 가난뱅이는 그를 보고 '천상의 도령'이라 부른다네. |
| 別起高樓臨碧篠 | 별장으로 지은 높은 누대 푸른 대숲 가에 솟았고[4] |
| 絲曳紅鱗出深沼 | 낚싯줄에 끌린 붉은 물고기 깊은 못에서 나오네. |
| 有時半醉百花前 | 어떤 때는 만발한 꽃밭 앞에 반쯤 취해서 |
| 背把金丸落飛鳥 | 등 뒤로 황금 구슬 쥐고 나는 새 떨어뜨렸지.[5] |
| 自說生來未爲客 | 스스로 말하기를 태어나서 나그네살이 해본 적 없다 하고 |
| 一生美妾過三百 | 평생[6] 거느린 아리따운 첩이 3백 명도 넘는다지. |
| 豈知斸地種田家 | 땅 파서 농사짓는 이들[7]의 일이야 어찌 알랴? |
| 官稅頻催沒人織 | 관청에선 자꾸 세금 독촉하여 애써 짠 비단 빼앗아 가네. |
| 長金積玉誇豪毅 | 황금 늘리고 옥을 쌓아 호사로움 자랑하고 |
| 每揖閑人多意氣 | 언제나 한가한 이에게 절하며 품은 기상 많은 체하네. |
| 生來不讀半行書 | 평생 책이라곤 반줄도 읽지 않았어도 |
| 只把黃金買身貴 | 그저 황금으로 높은 벼슬 사들였네. |

| 소년안득장소년
少年安得長少年 | 젊은이가 어찌 영원히 젊은이일 수 있으랴? |
| 해파상변위상전
海波尙變爲桑田 | 바다조차 변하여 뽕나무 밭이 되는 것을. |
| 영고체전급여전
榮枯遞轉急如箭[8] | 영화와 쇠락[8] 뒤바뀜은 화살처럼 빠르니 |
| 천공기긍어공편
天公豈肯於公偏 | 하늘이 어찌[9] 그대 편만 들어주려 할까? |
| 막도소화진장재
莫道韶華鎭長在 | 화려하고 멋진 시절 영원히 머문다 말하지 마오, |
| 발백면추전상대
髮白面皺專相待 | 머리 희어지고[10] 얼굴에 주름질 날 기다리고 있으니! |

---

1) 이 시의 제목을 '자년소刺年少'라고 쓴 판본도 있다. 이 작품은 담긴 뜻이 천박하고 조잡하며, 구법句法 또한 산만하여 이하 본인의 작품이 아니라는 설이 많다.
2) 본문의 '나삼羅衫'을 '나의羅衣'로 쓴 판본도 있다.
3) 본문의 '협좌狹坐'를 '압좌狎坐' 또는 '협좌挾坐'로 쓴 판본도 있다.
4) 본문의 '임臨'을 '연連'으로 쓴 판본도 있다.
5) 『서경잡기』에 따르면, 한언韓嫣은 팔매질을 좋아했는데, 항상 금으로 만든 구슬을 써서 하루에도 10개가 넘는 황금 구슬을 잃어버리곤 했다. 그 때문에 당시 장안에는 "춥고 배고픔에 시달리거든 황금 구슬을 쫓아가라"는 말이 생길 정도였고, 아이들은 그가 팔매질을 하러 간다는 소문을 들으면 바로 뒤쫓아가서 황금 구슬이 떨어진 곳을 봐두었다가 주워오곤 했다고 한다.
6) 본문의 '일생一生'을 '일신一身'으로 쓴 판본도 있다.
7) 본문의 '전가田家'를 '묘가苗家'로 쓴 판본도 있다.
8) 본문의 '영고榮枯'를 '고영枯榮'으로 쓴 판본도 있다.
9) 본문의 '기긍豈肯'을 '불긍不肯'으로, '어공於公'을 '위군爲君'으로 쓴 판본도 있다.
10) 본문의 '발백髮白'을 '백두白頭'로 쓴 판본도 있다.

## 고평현[1] 동쪽의 내 길 高平縣東私路

| 침침곡엽향
侵侵槲葉香 | 빽빽한 떡갈나무 잎 향기롭고 |

| 목화체한우
木花滯寒雨 | 나무에 핀 꽃엔 차가운 비 맺힌다. |
| 금석산상추
今夕山上秋 | 오늘 밤 산에는 가을이 찾아와[2] |
| 영사무인처
永謝無人處 | 영원히 사람 없는 곳으로 떠난다. |
| 석계원황삽
石谿遠荒澀 | 황량하고 거친 돌길은 멀리 이어지는데 |
| 당실현신고
棠實懸辛苦 | 시고 쓴 팥배 열매 매달려 있다. |
| 고자정유심
古者定幽尋 | 옛날엔[3] 분명 숨은 은자 찾아가는 길이었을 테니 |
| 호군작사로
呼君作私路 | 너를 일컬어 내 길이라 부르리라! |

---

1) 『원화군현지』에 따르면, 고평현은 하동도河東道 택주澤州에 있다고 했는데, 지금의 산시성山西省 가오핑현高平縣에 해당한다.
2) 여기서는 계절을 가리키는 것이 아니라 꽃이 지는 것을 의미한다.
3) 본문의 '고자古者'를 '고도古道'로 쓴 판본도 있다.

## 신선의 노래 神仙曲

| 벽봉해면장령서
碧峰海面藏靈書 | 바다 위 푸른 산봉우리[1]엔 신령한 책 숨겨져 있어 |
| 상제간작신선거
上帝揀作神仙居 | 상제上帝께서 골라 신선[2]의 거처로 삼았다네. |
| 청명소어문공허
淸明笑語聞空虛 | 해맑은 날[3]이면 웃음소리 말소리 허공에서 들리고 |
| 투승거랑기경어
鬪乘巨浪騎鯨魚 | 다투어 큰 파도에 올라 고래를 타네. |
| 춘라서자요왕모
春羅書字邀王母 | 봄날 비단에 편지 써서[4] 서왕모 초청하고 |
| 공연홍루최심처
共宴紅樓最深處 | 붉은 누대 가장 깊숙한 곳에서 함께 잔치를 여네. |

| 학우충풍과해지<br>鶴羽衝風過海遲 | 학의 날갯짓으로 바람 가르며 느릿하게 바다 건너니 |
| 불여각사청룡거<br>不如卻使靑龍去 | 차라리 청룡을 타고 가는 것만 못하네. |
| 유의왕모불상허<br>猶疑王母不相許 | 그래도 서왕모가 허락하지 않을까 하여 |
| 수무요환갱전어<br>垂霧妖鬟更傳語 | 구름머리 드리운 예쁜 시녀[5] 보내 다시 말 전하네.[6] |

---

1) 봉래산蓬萊山, 영주산瀛洲山, 방장산方丈山 등 전설 속의 신선이 산다는 바다 위의 섬들을 가리킨다.
2) 본문의 '신선神仙'을 '선인仙人'으로 쓴 판본도 있다.
3) 본문의 '청명淸明'을 '청시晴時'로 쓴 판본도 있다.
4) 본문의 '서자書字'를 '전자剪字'로 쓴 판본도 있다.
5) 본문의 '요환妖鬟'을 '와환娃鬟'으로 쓴 판본도 있다.
6) 본문의 '전어傳語'를 '전어轉語'로 쓴 판본도 있다.

## ❎ 용이 밤에 울다 龍夜吟[1]

| 권발호아안정록<br>鬈髮胡兒眼睛綠 | 곱슬머리 북방 아이 눈동자도 푸른데 |
| 고루야정취횡죽<br>高樓夜靜吹橫竹 | 고요한 밤 높은 누대에서 대나무 피리 부네. |
| 일성사향천상래<br>一聲似向天上來 | 그 소리 마치 하늘로 올라가는 듯하여 |
| 월하미인망향곡<br>月下美人望鄕哭 | 달빛 아래 미녀[2]는 고향 보며 통곡하네. |
| 직배칠점성장지<br>直排七點星藏指 | 반듯이 늘어선 별 같은 일곱 구멍 손가락으로 막고 |
| 암합청풍조궁징<br>暗合淸風調宮徵 | 은근히 맑은 바람과 어울려 음조音調를 연주하네. |
| 촉도추심운만림<br>蜀道秋深雲滿林 | 촉蜀 땅의 길에 가을 깊어 숲에는 구름 가득한데 |

| 상강반야룡경기<br>湘江半夜龍驚起 | 한밤의 상강湘江에선 용이 놀라 일어나네. |
| 옥당미인변새정<br>玉堂美人邊塞情 | 옥 같은 집 미녀는 변방으로 떠난 임 그리워 |
| 벽창호월수중청<br>碧窓皓月愁中聽 | 푸른 창에 비친 밝은 달 보며 시름겨워 듣고 있네. |
| 한침능도백척련<br>寒碪能搗百尺練 | 차가운 다듬잇돌에 백 자나 되는 비단 두드릴 수 있지만 |
| 분루응주적홍선<br>粉淚凝珠滴紅線 | 분가루 녹아 엉긴 눈물방울 붉은 실에 떨어지네. |
| 호아막작롱두음<br>胡兒莫作隴頭吟 | 북방 아이야, 「농두음隴頭吟」[3] 불지 마라, |
| 격창암결수인심<br>隔窓暗結愁人心 | 창 너머로 남몰래 시름겨운 내 마음 맺힌단다. |

1) 한나라 때 마융馬融이 지은 「장적부長笛賦」에는, "오늘날 쌍피리는 강족羌族에게서 시작되었지만, 강족 사람들은 때맞춰 대나무를 벨 수 없지. 용은 물속에서 울지만 제 모습 드러내지 않고, 대나무 베어 불면 소리가 비슷하지(近世雙笛從羌起, 羌人伐竹未及已. 龍吟水中不見己, 伐竹吹之聲相似)"라는 내용이 있다. 여기서는 밤중에 들리는 피리소리를 용울음에 비유하여 노래하고 있다.
2) 오여륜의 주석에 따르면, 여기의 '미인美人'은 아홉째 구절과 중복되기 때문에, 어쩌면 '강인羌人'을 잘못 쓴 것일 수도 있다고 했다.
3) 「관직을 마치고 연주로 돌아오는 둘째 형에게」에 대한 주석 3)을 참조하기 바란다.

## 곤륜산으로 보낸 사자 崑崙使者[1]

| 곤륜사자무소식<br>崑崙使者無消息 | 곤륜산으로 보낸 사자는 소식이 없고 |
| 무릉연수생수색<br>茂陵煙樹生愁色 | 무릉茂陵[2]의 안개 덮인 나무는 시름겨운 색깔 피워내네. |
| 금반옥로자림리<br>金盤玉露自淋漓 | 금 쟁반의 옥 같은 이슬[3] 저 혼자 축축이 젖었는데 |

| 원기망망수부득
元氣茫茫收不得 | 아득히 멀어져버린 무제의 원기元氣는 거둘 수가 없다네.
| 기린배상석문렬
麒麟背上石文裂 | 기린麒麟⁴⁾ 등의 돌 문양 갈라지고
| 규룡린하홍지절
虯龍鱗下紅肢折 | 규룡虯龍⁵⁾의 비늘 아래 붉은 다리 부러졌네.
| 하처편상만국심
何處偏傷萬國心 | 어디에서 만국萬國 다스리는 황제의 마음에 상처났는가?
| 중천야구고명월
中天夜久高明月 | 밤 깊은 하늘엔 밝은 달만 높이 떠 있네.

---

1) 『한서・장건전張騫傳』에는 장건이 황하의 발원지인 어느 산을 찾아가 옥을 캐오자, 무제武帝가 옛날의 지도책을 보고 그 산의 이름이 곤륜산崑崙山이라고 했다는 기록이 있다. 그러나 여기서는 장건이 아니라 무제에 대해 노래하고 있다.
2) 한나라 무제의 무덤을 가리킨다.
3) 「금동선인 한나라를 떠나다―서문과 함께」의 서문과 주석 1)을 참조하기 바란다.
4) 무제의 무덤 앞에 세워진 조각상을 가리킨다.
5) 단청 칠한 기둥에 조각된 장식이다.

## 한나라 당희의 음주가 漢唐姬飮酒歌¹⁾

| 어복첨상로
御服沾霜露 | 황제의 옷은 서리와 이슬에 젖었고
| 천구장진극
天衢長蓁棘 | 황도皇都의 거리엔 가시나무 우거졌네.
| 금은추진자
金隱秋塵姿 | 황금은 가을 먼지에 자태가 가려져 버려
| 무인위대식
無人爲帶飾 | 차고 다니려는 이 아무도 없네.
| 옥당가성침
玉堂歌聲寢 | 화려한 집의 노랫소리 스러지고

| 방림연수격<br>芳林煙樹隔 | 향긋한 숲의 안개 덮인 나무 멀어져 있네. |
| 운양대상가<br>雲陽臺上歌 | 운양대雲陽臺[2] 위에 노래 퍼지는데 |
| 귀곡부하익<br>鬼哭復何益 | 귀신이 곡한들 또 무슨 도움이 되랴? |
| 장검명추수<br>仗劍明秋水 | 긴 칼은 가을 물처럼 맑건만 |
| 흉위루협핍<br>凶威屢脅逼 | 흉험한 위세로 자주 위협하며 다그치네.[3] |
| 강효서모심<br>强梟噬母心 | 드센 올빼미 어미 가슴 물어뜯으니 |
| 분려색인백<br>奔厲索人魄 | 도망 다니는 악귀惡鬼[4]가 사람의 혼백 붙잡았네. |
| 상간량상읍<br>相看兩相泣 | 서로 바라보며 둘이 함께 눈물 흘리니 |
| 누하여파격<br>淚下如波激 | 흐르는 눈물 파도처럼 넘실거리네. |
| 영용청주위<br>寧用淸酒爲 | 맑은 술은 어디에 쓰랴? |
| 욕작황천객<br>欲作黃泉客 | 저승의 나그네[5] 되려 한다네. |
| 불설옥산퇴<br>不說玉山頹 | 옥산玉山이 무너지듯 취하는 일[6]이야 말하지 마오, |
| 차무음중색<br>且無飮中色 | 술 마시며 여색女色을 찾는 일도 없다오. |
| 면종천제소<br>勉從天帝訴 | 천제天帝께 하소연이나 열심히 하게, |
| 천상과침액<br>天上寡沉厄 | 하늘나라엔 억울한 일 드물다네. |
| 무처장수유<br>無處張穗帷 | 영전의 장막 칠 곳도 없으니[7] |
| 여하망송백<br>如何望松柏 | 소나무 잣나무에 둘러싸인 무덤이야 어찌 바라랴? |
| 첩신주단단<br>妾身晝團團 | 이 몸은 낮에도 불안하고 |
| 군혼야적적<br>君魂夜寂寂 | 그대 영혼은 밤에도 쓸쓸하오. |

| 아 미 자 각 장 | |
|---|---|
| 蛾眉自覺長 | 고운 눈썹 길어진 줄이야 스스로 느끼지만 |
| 경 분 수 련 백 | |
| 頸粉誰憐白 | 목덜미의 분가루 하얗다고 어여삐 여겨줄 이 누구일까? |
| 긍 지 소 양 의 | |
| 矜持昭陽意 | 소양궁昭陽宮의 뜻 소중히 지켜 |
| 불 긍 간 남 맥 | |
| 不肯看南陌 | 남쪽 거리는 바라보지 않으리.[8] |

---

1) 동탁董卓이 소제少帝를 폐하여 홍농왕弘農王으로 삼았는데, 이듬해 의병이 일어나자 동탁은 당시 낭중령郎中令으로 있던 이유李儒를 시켜 홍농왕에게 짐독鴆毒을 먹이게 했다. 이유가 짐독을 약이라고 속였으나 홍농왕이 속지 않고 마시기를 거부하자 결국 억지로 먹게 했다. 이에 홍농왕은 영천潁川 출신으로 자신의 첩이 된 당희唐姬 및 궁녀들과 작별의 술자리를 열었다. 술잔이 돌자 홍농왕이 슬피 노래하며 당희에게 춤을 추라고 했다. 당희는 소매로 얼굴을 가리고 흐느끼며 노래했다. 홍농왕은 그녀에게 왕비의 몸이니 다른 관리나 백성의 아내가 되지 말고 자존심을 지키라는 말을 남기고 독약을 마셨다. 그 뒤 당희는 고향으로 돌아갔는데, 회계會稽 태수太守인 부친 당모唐瑁가 그녀를 다른 사람에게 시집보내려 했으나 그녀는 끝까지 절개를 지켰다고 한다.
2) 소제가 짐독을 마신 누대 이름이다.
3) 본문의 이 구절을 "쇠칼은 항상 빛나, 흉한 일 닥치니 위세로 자주 핍박하네.(鐵劍常光光, 至凶威屢逼)"라고 쓴 판본도 있다.
4) 『좌전・소공昭公 7년』의 기록에 따르면, 귀신[鬼]이 제대로 저승으로 돌아가지 못하면 악귀[厲]가 된다고 했다.
5) 본문의 '객客'을 '격隔'으로 쓴 판본도 있다.
6) 『진서』에 따르면, 혜강嵇康이 취하면 옥산이 무너지듯 순식간에 쓰러졌다고 한다.
7) 여기서는 조조曹操가 죽으며 동작대銅雀臺에 장막을 쳐놓고 아침저녁으로 제사상을 올리고, 그 자녀들로 하여금 종종 누대에 올라 자신의 무덤을 바라보라고 유언을 남긴 일을 비유하고 있다. 이에 대해서는 「사조와 하손의 「동작기」를 떠올리며 화창함」에 대한 주석 1)을 참조하기 바란다. 한편, 본문의 '장張'을 '멱覓'으로 쓴 판본도 있다.
8) 『삼보황도』에 따르면, 한 무제 때에 후궁들이 거처하던 8곳 가운데 소양궁과 비상궁飛翔宮 등이 있었다고 한다. 마지막 두 구절은 임종 때에 남긴 소제의 뜻을 지켜 죽을 때까지 수절하겠다는 뜻을 나타내고 있다.

## 영사[1]의 거문고 연주를 듣고 聽穎師琴歌

| 별포운귀계화저<br>別浦雲歸桂花渚 | 이별의 포구에 구름은 돌아가고 물가엔 계수나무 꽃[2] 피었는데 |
| --- | --- |
| 촉국현중쌍봉어<br>蜀國絃中雙鳳語 | 촉蜀나라 거문고 속에서 봉황 한 쌍 속삭이네.[3] |
| 부용엽락추란리<br>芙蓉葉落秋鸞離 | 부용꽃잎 떨어져 가을 난새도 떠나가고 |
| 월왕야기유천모<br>越王夜起游天姥 | 월왕越王은 밤에 일어나 천모산天姥山[4]에 놀러가네. |
| 암패청신고수옥<br>暗佩淸臣敲水玉 | 옷 속에 패옥 찬 청렴한 신하 수정水晶 소리 짤랑이고 |
| 도해아미견백록<br>渡海蛾眉牽白鹿 | 바다 건너온 고운 선녀 흰 사슴 끄네.[5] |
| 수간협검부장교<br>誰看挾劍赴長橋 | 칼 차고 긴 다리[6]로 가는 걸 본 사람 있는가? |
| 수간침발제춘죽<br>誰看浸髮題春竹 | 머리카락에 먹물 적셔[7] 봄날 대나무 노래한 시 쓰는 걸 본 사람 있는가? |
| 축승전립당오문<br>竺僧前立當吾門 | 서역 스님이 내 집 대문 앞에 서 있으니 |
| 범궁진상미릉존<br>梵宮眞相眉稜尊 | 범천梵天의 나한羅漢[8]은 눈썹이 서슬 높게 올라갔다네. |
| 고금대진장팔척<br>古琴大軫長八尺 | 큰 기러기발 달린 옛 거문고는 길이가 여덟 자[9]인데 |
| 역양로수비동손<br>嶧陽老樹非桐孫 | 오동나무의 후손이 아니라 역양산嶧陽山[10] 늙은 나무로 만들었다네.[11] |
| 양관문현경병객<br>涼館聞絃驚病客 | 싸늘한 여관에서 거문고 소리 들으니 병든 나그네 놀라 |
| 약낭잠별용수석<br>藥囊暫別龍鬚席 | 약 주머니는 잠시 용수초龍鬚草[12] 방석에 떼어놓네. |

請歌直請卿相歌  노래 청하면 그저 경상卿相의 노래만 청할 뿐[13]
奉禮官卑復何益  봉례랑奉禮郞은 낮은 벼슬이라 또 무슨 보탬이 되랴?

---

1) 영사潁師는 당시 거문고 연주를 잘하기로 유명한 승려로서, 한유韓愈도 「영사의 거문고 연주를 듣고(聽潁師彈琴)」라는 시를 남겼다.
2) 여기서는 물가에 비친 달을 가리킨다.
3) 두 손으로 거문고를 연주하는 모습을 묘사한 것이다.
4) 『태평환우기』에 따르면, 천모산은 월주越州 섬현剡縣에서 남쪽으로 80리 떨어진 곳(지금의 저장성浙江省 신창현新昌縣 일대)에 있다고 했는데, 그 산은 동쪽으로 천태산天台山에 이어져 있다. 전설에 따르면, 그곳에 오르면 천모天姥의 노랫소리를 들을 수 있다고 했다.
5) 본문의 '견牽'을 '승乘'으로 쓴 판본도 있다.
6) 긴 다리에서 교룡蛟龍을 죽인 일에 대해서는 「춘방정자의 칼」에 대한 주석 4)를 참조하기 바란다.
7) 『선화서보宣和書譜』에 따르면, 장욱張旭은 술을 좋아해서 미친 듯이 소리치고 내달리다가 붓을 들어 글씨를 쓰곤 했다. 하루는 술에 만취하여 머리카락에 먹을 적셔 큰 글자를 썼는데, 술에서 깨어 보니 스스로 생각하기에도 신기에 가까운 작품이었지만, 다시는 그런 글씨를 쓰지 못했다고 한다.
8) 절 안의 보살과 나한의 모습으로 영사의 모습을 비유한 것이다.
9) 『사기·악서樂書』에 따르면, 거문고琴는 길이가 8자 1치[寸]가 올바른 크기라고 했다. 그러나 일반적인 거문고는 3자 6치 6푼[分]이니, 8자 1치는 큰 거문고라 하겠다.
10) 『풍속통』에 따르면, 오동나무는 역양산(역산嶧山이라고도 하며, 지금의 장쑤성江蘇省 피현邳縣의 서남쪽에 있다) 암석 위에서 자라는데, 동남쪽으로 새로 자란 가지를 채취해 거문고를 만들면 그 소리가 무척 아름답다고 했다.
11) 영사의 거문고는 오동나무 가지로 만든 것이 아니라 오래 묵은 오동나무 줄기로 만든 것이라는 뜻이다.
12) 『촉본초蜀本草』에 따르면, 석룡추石龍芻라는 풀은 무더기로 자라는데, 실처럼 가는 모양이라 방석을 짜기에 좋다고 했다. 이 풀은 세간에서 '용수염풀[龍鬚草]'이라고도 부른다.
13) 본문의 '지청直請'을 '당청當請'으로 쓴 판본도 있다.

## 민간의 노래 謠俗

| | |
|---|---|
| 上林胡蜨小 <sub>상림호접소</sub> | 상림上林<sup>1)</sup>의 작은 나비<sup>2)</sup> |
| 試伴漢家君 <sub>시반한가군</sub> | 시험 삼아 한漢나라 군주<sup>3)</sup> 따라다니네. |
| 飛向南城去 <sub>비향남성거</sub> | 성 남쪽으로 날아갔다가 |
| 誤落石榴裙 <sub>오락석류군</sub> | 잘못하여 그만 석류빛 붉은 치마에 떨어져버렸네.<sup>4)</sup> |
| 脈脈花滿樹 <sub>맥맥화만수</sub> | 흐드러지게 꽃은 나무에 가득 피었고 |
| 翾翾燕繞雲 <sub>현현연요운</sub> | 훨훨 제비는 구름 주위를 도네. |
| 出門不識路 <sub>출문불식로</sub> | 대문 나서니 길을 몰라 |
| 羞問陌頭人 <sub>수문맥두인</sub> | 수줍게 밭두렁의 백성에게 물어보네. |

---

1) 원래 진秦나라 때 황실의 정원이었는데, 한나라 때에 이르러 더욱 확대되었다. 『사기・진시황본기』에 따르면, 그것은 위수渭水 남쪽에 세워졌다고 한다.
2) 궁녀宮女를 비유한 것이다.
3) 본문의 '군君'을 '춘春'으로 쓴 판본도 있다.
4) 시집을 잘못 갔음을 비유한 것이다. 원화元和 4년(809)에 궁녀들을 내보낸 일이 있는데, 원래는 칭송 받을 만한 일이었으나 역사서에 그에 대한 자세한 기록은 보이지 않는다. 예총치의 주석에 따르면, 당시 버려진 궁녀들이 강제로 마음에도 없는 사람과 짝 지어진 일이 있는지라, 이하가 그걸 보고 궁녀를 동정해서 이 작품을 지었을 것이라고 했다.

[보유補遺]

다음의 두 작품은 곽무천郭茂倩이 편찬한 『악부시집樂府詩集』에 들어 있는 것인데, 「소년의 즐거움(少年樂)」은 원元나라 때에 편찬된 『당음유향唐音遺響』에도 수록되어 있다. 그러나 왕기의 설명에 따르면, 이것들은 모두 후세 사람들이 모방한 작품인 듯하며, 그밖에 『금수만화곡錦繡萬花谷』이나 『해록쇄사海錄碎事』에 인용된 몇몇 구절은 더욱 수준이 떨어져서 아예 수록하지도 않는다고 했다.

## 얌전한 여인의 봄날 새벽 靜女春曙曲

嫩蝶憐芳抱新蘂  예쁜 나비 꽃을 어여삐 여겨 새로 돋은 꽃술 안으니

泣露枝枝滴天淚  가지마다 눈물 같은 이슬 하늘의 눈물인 양 떨어지네.

粉窓香咽頹曉雲  분내 나는 창 안 숨막히는 향연기에 새벽 구름 스러지고

錦堆花密藏春睡  비단 더미처럼 빽빽한 꽃 속에 봄날의 졸음 숨겨져 있네.

戀屛孔雀搖金尾  침실 병풍의 공작새 금빛 꼬리 흔들 때[1]

鶯舌分明呼婢子  꾀꼬리처럼 또렷한 말소리로 하녀를 부르네.

冰洞寒龍半匣水  얼음 동굴의 추운 용은 반쯤 채워진 상자 안의 물에 있는데

一隻商鸎逐煙起  한 마리 미끼새 안개 따라 날아오르네.

1) 『남방이물지南方異物志』에 따르면, 공작새는 교지국交趾國과 뇌주雷州, 나주羅州 등의 고산高山 교목喬木에 많이 자라는데, 크기는 기러기만하고 키는 서너 척으로, 학보다 작지 않다고 한다. 이 새는 여름에 털이 빠지고 봄이 되면 다시 자라는데, 등에서 꼬리까지 오색의 둥근 동전 같은 무늬가 있다고 했다. 특히 이 새는 꼬리를 무척 아껴서, 둥지를 틀 때에도 먼저 꼬리 둘 곳을 찾았다고 한다. 이 새는 비가 오면 꼬리가 무거워 잘 날지 못하기 때문에, 남방 사람들은 그 틈에 그놈을 잡으러 나선다고 했다.

## 소년의 즐거움 少年樂

芳草落花如錦地　향긋한 풀에 꽃잎 떨어져 비단을 깔아놓은 듯한데
二十長遊醉鄉里　스무 살에 항상 놀러만 다니며 시골에서 취해 지내네.
紅纓不動白馬驕　붉은 낙영絡纓[1] 움직이지 않아 백마는 거드름 피우고
垂柳金絲香拂水　금실처럼 늘어진 버들가지 향긋하게 수면을 스치네.
吳娥未笑花不開　오吳 땅의 미녀 웃지 않으니 꽃도 피지 않고
綠鬢聳墮蘭雲起　푸른 살쩍 단정히 늘어져 있을 때 난초 같은 구름 피어나네.
陸郎倚醉牽羅袂　육랑陸郎은 술에 취해 몸을 기댄 채 비단 소매 잡아당기면서
奪得寶釵金翡翠　황금과 비취로 장식된 보배로운 비녀 빼앗아버리네.

1) 말의 가슴에 걸어 안장에 매는 끈이다.

# 해 제

## 1

이하는 자字가 장길長吉이고, 당나라 때 하남河南 복창현福昌縣(지금의 이양宜陽) 창곡昌谷 사람이다. 그는 당나라 황족 대정왕大鄭王의 후손이지만 그의 가문은 몇 대를 거치면서 쇠락을 거듭해서, 부친 이진숙李晉肅은 변방인 촉주蜀州(지금의 쓰촨성四川省 총칭崇慶)에서 거의 20년 남짓 말단 관리로 있었다. 그곳에서 반백半百의 나이에 아들을 낳고 하남 임협任陝의 현령縣令이 되었을 무렵 이하는 겨우 4세였다. 그나마 부친의 임기가 다한 후로는 집안 형편이 더욱 어려워져서 이하는 스스로 살아갈 길을 모색해야 했으며, 결국 과거에 응시하기 위해 독서와 시 창작에 밤낮으로 매진했다. 그가 낮이면 시동 하나를 거느린 채 친척에게 빌린 나귀를 타고 들판으로 나가 시구詩句를 찾아 고심하다, 밤이 되어 돌아오는 일을 매일 되풀이하여 모친이 그의 건강을 염려했다는 유명한 이야기는 이상은(李商隱:812~858)이 쓴 「이장길소전李長吉小傳」에도 들어 있다. 이런 노력 덕분에 이하는 15세 무렵에 이미 장안長安에 명성이 자자해져서, 자신보다 나이가 30세나 많은 이익(李益:748~829)과 나란히 이름을 날렸다. 명나라 때 서응추徐應秋가 편찬한 『옥지당담회玉芝堂談薈』에 따르면, 당나라 때 이하와 이익의 작품이 나올 때마다 악사樂士들이 많은 돈을 주고 사서 노래로 불렀다고 했다.

17세 무렵에 남방을 여행하고 돌아온 이하는 이듬해에 결혼을 하고, 하남부河南府의 향시鄕試에 응시했다. 그가 써낸 작품들은 당시 낙양洛陽에 머물던 문단의 거두 한유(韓愈:768~824)와 황보식(皇甫湜:777~835)의 찬탄을 자아냈으나, 당시 사회적인 악습惡習으로 변질된 '가휘家諱'의 문제로 인해 그는 장안에서 거행된 진사進士 시험에서 한 차례 고배를 마신 후로는 더 이상

응시조차 하지 못했다. 그의 명성과 재주를 시기한 이들은 부친 이진숙의 이름자에 들어 있는 '진쯥'이 '진進'과 발음이 같다는 이유로 그가 진사가 될 수 없다고 몰아세웠기 때문이다. 결국 한유가 그를 위해「휘변諱辯」을 써서 변호했음에도, 이하는 견고한 관습의 벽에 막혀 중앙 조정에서의 벼슬살이에 대한 꿈을 접어야 했다. 그리고 몇 차례의 우여곡절 끝에 '봉례랑奉禮郎'이라는 9품의 말단 관직을 얻었는데, 그 임무는 황실에서 조회나 제사를 치를 때 행사를 보조하거나, 공경公卿 같은 고위 벼슬아치들이 황실 능묘를 돌아볼 때 의장대儀仗隊를 안배하고 제사 의식을 주관하는 따위였다.

그러나 3년 동안 그처럼 명예도 보잘것없고 봉록俸祿도 박한 봉례랑을 지내면서, 이하는 당나라 문명의 중심지인 장안에서 수많은 문인들과 교류하면서 예술적 소양을 착실히 배양했다. 실제로 오늘날 남아 있는 그의 작품 가운데 절반 이상이 이 시기에 창작되었다. 특히 환관宦官의 전횡과 번진藩鎭의 할거割據로 부패가 극에 달한 헌종(憲宗 : 805~820) 재위 때의 정국政局 위에 개인적 불행이 더해짐으로써 생겨난 날카로운 현실 인식이 그의 작품에 다양한 형태로 반영됨으로써, 이하의 시는 개인적 서정뿐만 아니라 강렬한 사회의식까지 겸비하고 있었다.

이 때문에 청나라 때의 요문섭은 『창곡집주昌谷集注』에서 이하의 시가 당나라 때의 『춘추春秋』라고 할 만하다고 했다. 「느낌을 풍자하다感諷五首」와 「느낌을 풍자한 여섯 편感諷六首」, 「여장군의 노래呂將軍歌」, 「사나운 호랑이 猛虎行」, 「그대여, 대문 나가지 마오公無出門」, 「모란을 심다牡丹種曲」, 「영화락榮華樂」, 「진궁—서문과 함께秦宮詩幷序」, 「강담원 그림을 보고追賦畫江潭苑四首」 등등은 부패한 관료들의 호사스러운 생활과 추악한 심사를 대담하고 신랄하게 꼬집고 비판하며 조롱하고 있다. 그리고 「곤륜산으로 보낸 사자崑崙使者」랄지 「괴로워라, 짧은 낮이여苦晝短」 등은 진시황秦始皇이나 한 무제漢武帝 시절보다 더 깊이 허무맹랑한 신선술神仙術에 빠진 당 헌종 시기의 분위기를 조롱하고 있다.

## 2

  이하의 시집은 스스로 엮어서 심자명沈子明에게 전해준 것에는 223수가 수록되어 있었다고 하지만, 북송北宋 이래 전해지던 『이하집李賀集』(4권)에는 219수가 수록되어 있었다고 한다. 또 이 무렵부터 5권으로 된 판본도 나돌고 있었는데, 여기에는 4권 판본에 「외집外集」(1권, 23수)을 덧붙여 모두 242수를 수록하고 있었다. 오늘날 남아 있는 옛 판본들 가운데 급고각汲古閣에서 교감하여 간행한 북송 포흠지본鮑欽止本과 동씨董氏 송분실본誦芬室本 및 장씨蔣氏 밀운루密韻樓에서 영인한 선성본宣城本은 모두 제목이 『이하가시편李賀歌詩編』으로 되어 있다. 또 "속고일총서續古逸叢書"로 영인된 남송南宋 때의 판본은 제목이 『이장길문집李長吉文集』인데, 여기에는 「외집」이 포함되어 있지 않다. 그 외에 철금동검루鐵琴銅劍樓에서 사부총간四部叢刊 가운데 포함된 것을 영인한 몽고간본蒙古刊本은 제목이 『이하가시편』이다.

  이하 시에 대한 주석 가운데 지금까지 남아 있는 것으로 가장 오래된 것은 남송 때에 오정자吳正子의 주석본이 있는데, 이 판본은 일본에서도 간행되었다. 그 후에 청나라 때 왕기(王琦 : 1696~1774)가 『이장길가시휘해李長吉歌詩彙解』를 간행했는데, 여기에는 오정자와 남송 유진옹(劉辰翁 : 1231~1297), 명대의 서위徐渭, 동무책(董懋策 : ?~?), 증익(曾益 : ?~?), 여광余光, 요문섭 등의 평론과 주석을 모아 놓았다. 또한 진본례(陳本禮 : 1739~1818)의 『협률구현協律鉤玄』과 여간평본黎簡評本, 오여륜평주본吳汝綸評注本 등이 있다. 현대에 들어서는 1959년에 예총치葉葱奇가 펴낸 『이하시집李賀詩集』(北京 : 人民文學出版社)과 1977년에 상해인민출판사上海人民出版社에서 간행한 『이하시가집주李賀詩歌集注』가 대표적이다. 전자는 예총치의 독자적인 해석이 많이 들어 있고, 후자는 왕기의 '휘해彙解'와 요문섭의 주석, 그리고 방세거(方世擧 : ?~?)의 비주批注까지 3종을 모아 교정한 것이다. 그 밖에 쉬촨우徐傳武의 『이하시집역주李賀詩集譯注』(濟南 : 山東教育出版社, 1992), 우치밍吳企明의 『이하자료휘편李賀資料彙編』(北京 : 中華書局, 1994) 등을 비롯한 많은 연구 자료와 연구서들이 있다. 일본과 구미歐美에서는 몇몇 주석서 및 선집들만 나와 있을 뿐, 아직까지 완역서는 찾아볼 수 없다.

국내에서는 이하의 시에 관한 박사 논문이 1편 나오기는 했으나, 정작 그의 시집은 그 동안 두 권의 선역選譯만 간행되었을 뿐이다. 또한 이 선역본들은 일반 독자들이 편히 읽을 수준의 간략한 번역이고, 작품에 대한 주석 또한 지나치게 소략하다. 그러므로 이런 선역본들은 원래 난해하기로 유명한 이 시인의 작품에 대한 잘못된 이해를 조장한다는 비판에서 자유로울 수 없다.

## 3

무엇보다도 이하 시의 특징은 귀신에 대한 언급이 많다는 데에 있다. 이에 관해 원나라 때의 학경(郝經 : 1223~1275)은 「긴 노래로 이하를 애도함長歌哀李長吉」에서 다음과 같이 요약했다.

| | |
|---|---|
| 元和比出屠龍客 | 원화元和 연간에 용을 잡은 사내가 나타났는데 |
| 三斷韋編兩毛白 | 책을 너무 열심히 읽어 두 눈썹이 하얗게 세었지. |
| 黃塵草樹徒紛披 | 속세에선 초목만 어지럽게 헤치지만 |
| 幾人探得神仙格 | 신선의 품격 찾은 이 몇이나 될까? |
| 青衣小兒下玉京 | 푸른 옷의 어린아이 천상에서 내려와 |
| 滿天星斗兩手摘 | 하늘 가득 별들을 두 손으로 땄다네. |
| 胸中旁魄銀河湧 | 가슴 속 혼백은 은하수처럼 솟구쳐 |
| 驅出鱣鯨嗔霜雪 | 웅장한 언어를 눈서리처럼 매섭게 토해냈지. |
| 逸氣似如秋天杳 | 뛰어난 기상은 가을 하늘처럼 아득했고 |
| 辭鋒忽劃青雲裂 | 문장을 써 내리면 하늘의 구름 찢어졌지. |

| 전공일검단청예<br>劃空一劍斷靑霓 | 허공에 한 칼 휘둘러 무지개를 자르니 |
| --- | --- |
| 제량요얼개읍혈<br>齊梁妖孽皆泣血 | 겉만 꾸미는 제량齊梁 시대의 요괴들이 모두 피눈물 흘렸지. |
| 상제아경구불래<br>上帝俄驚久不來 | 하느님도 깜짝 놀라 한참 동안 오지 못하시고 |
| 공향진환복미철<br>恐向塵寰覆迷轍 | 속세를 어지러운 자취로 덮어놓을까 걱정하셨지. |
| 적규시입조화굴<br>赤虯嘶入造化窟 | 붉은 용 포효하며 조화造化의 굴로 들어가매 |
| 천장홍광요명월<br>千丈虹光遶明月 | 천 길 무지개가 밝은 달을 둘렀지. |
| 인간불부견기재<br>人間不復見奇才 | 인간 세상에 다시 기이한 재능 볼 수 없어 |
| 백옥루두경광결<br>白玉樓頭耿光潔 | 백옥루白玉樓 지붕 위엔 달빛만 밝고 맑았지. |
| 자차웅문가익고<br>自此雄文價益高 | 이로부터 웅대한 문장은 값어치 더욱 높아져 |
| 취화작삭자예체<br>翠華灼爍紫霓掣… | 화려한 명성이 붉은 무지개를 밀쳐 떨어뜨렸지…… |

천상에서 타고난 듯한 놀라운 재능과 눈썹이 희어질 정도의 경이적인 노력, 눈서리처럼 매섭고 하늘의 구름조차 찢어버릴 듯하여 하느님마저 깜짝 놀랄 높은 기상을 담은 웅장한 언어 등은 과장된 면이 있긴 하지만 이하 시의 독특함과 탁월함을 잘 요약하고 있다. 그것은 이하 스스로 "조물주의 오묘함을 붓으로 보충하니 하늘도 내세울 공이 없어지리라(筆補造化天無功)"(「높은 관리께서 내 집을 찾아오시다高軒過」에서)하고 선언했던 시인으로서의 자부심이었던 것이다.「꿈에 하늘을 오르다夢天」,「천상의 노래天上謠」,「귀신을 보내는 노래神絃別曲」,「귀신의 노래神絃曲」,「신의 악기神絃」등의 작품들은 바로 이와 같은 귀기鬼氣와 환상이 어울린 가운데 투철한 현실의식과 비극적 정서를 교묘하게 표출한 걸작들이다.

현대 중국의 학자 리즈훙李志紅은 귀신과 신선을 주요 소재로 하는 이하의 독특한 시풍詩風이 형성된 배경에 대해, ① 뜻을 이루지 못하게 하는 사회 현실에 대한 울분과, ②『초사楚辭』를 위주로 한 남방 초楚의 문화, 그리고 ③ 험괴險怪함을 추구하는 안진경(顔眞卿 : 709~785)의 글씨체와 불교 등이 어우러진 당시의 독특한 '중원문화中原文化'의 영향으로 설명했다. 그러나 사실 이러한 영향은 소재素材의 유사성에 대한 지적 이상의 의미가 없다. 왜냐하면 이하의 시 속에 반영된 귀신의 유명幽冥 세계나 신선의 세계는 더 이상 『초사』에 담겨 있는 것과 같은 공포와 경외의 대상이 아니라, 오히려 현재적 삶에 대한 순수한 '상징'으로 질감을 변화시켜서 사용되고 있기 때문이다. 예를 들어서 「귀신의 노래神絃曲」를 살펴보면 이하가 추구한 비극적 상징의 성격을 한결 쉽게 이해할 수 있다.

|  |  |
|---|---|
| 西山日沒東山昏 (서산일몰동산혼) | 서산에 해가 저무니 동쪽 산이 흐릿해지고 |
| 旋風吹馬馬踏雲 (선풍취마마답운) | 회오리바람이 말을 부니 신마神馬가 구름을 밟네. |
| 畫絃素管聲淺繁 (화현소관성천번) | 화려한 악기들 소리 어지러이 오르내릴 때 |
| 花裙綷縩步秋塵 (화군최채보추진) | 무녀巫女는 치맛자락 사각거리며 걸음마다 가을 먼지 일으키네. |
| 桂葉刷風桂墜子 (계엽쇄풍계추자) | 계수나무 잎사귀 바람에 휩쓸리며 열매가 떨어질 때 |
| 青狸哭血寒狐死 (청리곡혈한호사) | 푸른 살쾡이 피울음 속에 처량한 이리 죽어가네. |
| 古壁彩虬金帖尾 (고벽채규금첩미) | 낡은 벽에 화려한 용은 금빛 꼬리 달려 있는데 |
| 雨工騎入秋潭水 (우공기입추담수) | 우공雨工이 그것을 타고 가을 연못 속으로 들어가네. |
| 百年老鴞成木魅 (백년로효성목매) | 백년 묵은 올빼미는 나무귀신이 되고 |
| 笑聲碧火巢中起 (소성벽화소중기) | 웃음소리 일으키며 파리한 도깨비불 둥지에서 일어나네. |

바람을 일으키며 구름을 말을 삼아 타고 위풍당당하게 내려오는 하늘의 신들이 '푸른 살쾡이'와 '이리', 그리고 '백년 묵은 올빼미'로 상징되는 세상의 악귀惡鬼들을 물리치는 모습을 노래한 이 작품은 무녀의 제사를 소재로 하고 있다는 점에서 『초사』와 비슷한 면을 보인다. 그러나 이하의 노래에서 귀신의 이야기는 신화성神話性과는 완전히 결별한 채, 현실의 모순에 대한 비극적 상징으로 즉, 사악한 약탈자로서 횡포를 부리는 현실의 부패한 벼슬아치들에 대한 통렬한 저주이자 조롱으로 변모해버린다. 결국 부패한 현실의 억압에서 자유롭지 못한 시인이 모순된 현실을 극복할 수 있는 길은 문학적 상상으로 귀결되고, 그 과정에서 『초사』의 환상적 소재는 적절한 매개체를 제공해주는 것이다.

샤르트르Jean Paul Sartre의 설명처럼 있는 그대로의 인간사에 대한 초상肖像인 산문과는 달리 시란 인간사를 '신화적' 형상으로 창조해 내는 것이고, 또한 시가 창조하는 이미지란 본질적으로 시인의 체험과 직관을 통해 얻어진 인식을 예술적으로 변용變容해 낸 결과물―바슐라르Gaston Bachelard의 표현을 빌면, '직접적인 존재론'―이다. 다만 이하가 추구하는 새로운 세계는 시인 자신의 현실 속에서 당장 실현될 수 없는 것이었기 때문에, 그것을 묘사하는 시인의 언어는 표면적으로 '비틀리고' 기괴함을 추구하는 것처럼 보일 수밖에 없었다. 이런 맥락에서 이하의 시는 현실세계 전체의 광대하고 보편적인 상징을 통해 이상세계를 지향하는 일종의 '초절적超絶的 상징주의'라고 규정할 수 있을 것이다.

## 4

안安·사史의 난亂에 뒤이어 전개되는 이른바 '중당中唐(대체로 지덕至德 1년인 756년에서 원화元和 7년인 812년까지를 가리킴)' 시대는 문학사에서 중요한 몇 가지 변화를 보여주고 있다는 점에서 문학사가文學史家들의 주목을 받아 왔다. 특히 한유韓愈와 유종원柳宗元을 중심으로 한 '고문운동古文運動'은 제齊·양梁에서 초당初唐으로 이어지던 형식주의의 폐단을 극복하고,

글〔文〕의 기능과 그것을 쓰는 형식에 대한 기본 관념을 혁신시켰다. 그리고 그것은 비단 산문뿐만 아니라 시에도 중요한 변화의 실마리를 제공했다. 어떤 의미에서 당대 초기에 확립된 중국 시의 정형격定型格인 '근체시近體詩'는 한자의 리듬과 의미를 가장 아름답게 형상화할 수 있는 방법, 즉 '형식'을 완성했다는 점 외에는 주목할 만한 가치가 별로 없다고 할 수 있다. 또한 '근체시'의 형식 완성에 주력했던 시인들이 주로 궁정의 화려한 생활을 중심으로 여인들과의 사랑을 묘사하는 데에 치중함으로써, 어떤 의미에서는 시의 제재題材를 협소화시켰다는 부정적인 평가를 내릴 수도 있다.

그러나 '시선詩仙' 이백李白이 '고체시古體詩'와 '악부체樂府體'를 활용하여 호방하고 다양한 내용을 시로써 노래했고, 두보杜甫가 '요체拗體'라는 일종의 파격破格을 응용하며 사회 현실을 시 속에 반영하는 작품을 내놓으면서부터 시의 창작 태도와 내용의 측면에서 상당한 변화의 조짐이 보이기 시작했다. 그리고 중당에 이르러 다시 한유가 변형적인 구법句法으로 「남산南山」과 같은 기괴한 내용까지 포괄하는 다양한 시들을 지음으로써 '근체시'의 완고한 틀을 완전히 벗어던져 버렸고, 원진元稹과 백거이白居易 등이 '신악부新樂府' 운동으로 서민 정서와 사회의식을 시 속에 담음으로써, 중국 시가 형식의 속박으로부터 벗어나 개인적·사회적 차원의 다양한 내용을 포괄적으로 노래할 수 있는 기틀을 마련해 주었다.

그리고 한유 이후 시인들의 묘사에 나타난 이른바 '내용의 해방', 특히 기괴한 상상의 이야기를 시 창작에 반영한 것은 중당에 이르러 중국시의 창작 관념이 완연하게 '읊는 것'에서 '쓰는 것'으로 전환되어 있었음을 암시한다고 할 수 있다. 이하의 경우처럼, 미리 일정한 제목을 정하지 않고 생각나는 대로 시구詩句를 써서 배낭에 담아 두었다가 나중에 그것을 하나의 작품으로 만드는 창작 방식은 이백과 같은 시인들이 즐겨 사용했던 즉흥적인 '읊조림'과는 매우 다른 차원의 '글쓰기' 행위였던 것이다.

한편 중국문학사에서 이하는 특히 사詞의 발전에 관련해서 후대에 미친 영향이 큰 것으로 평가되고 있다. 이것은 그가 절구絶句와 '율시律詩'라는 '근체시'의 정형定型에서 탈피하여 자유로운 구법句法으로 유미주의적인 성향의 염

정염情을 노래한 '악부체'의 작품을 많이 창작했던 데에서 비롯된 현상이다. 실제로 이하의 시 가운데 '악부시'나 '칠언고시七言古詩' 등의 비교적 자유로운 형식으로 된 작품들이 시집 전체의 3분의 2 이상을 차지하고 있다. 또한 어쩌면 그의 시는 악사들과 기녀들에 의해 자주 노래로 불렸다고 했을 때, 그런 인기를 끈 작품들은 대부분 악부 형식의 노래였을 가능성이 많다. 즉 그는 기존의 시인들과는 확연히 다른 그의 독특한 미의식을 표현해내기 위한 새로운 형식이 절실히 필요했고, 이에 따라 당시 장안에서 새롭게 유행하기 시작한 기루妓樓의 노래들을 창의적으로 활용했던 것이다.

다만 악부 시체를 이용하여 여성의 정서를 묘사한 작품일지라도 이하는 대개 삼인칭 관찰자의 시점을 이용하여 객관적으로 묘사하는 경우가 많은데, 이 또한 이하 시의 주요한 특징 가운데 하나이다. 예를 들어서 「대제의 노래大堤曲」를 보자.

| 첩가주횡당<br>妾家住橫塘 | "제 집은 횡당에 있는데 |
| 홍사만계향<br>紅沙滿桂香 | 붉은 비단 가린 창엔 계수나무 향기 가득하지요." |
| 청운교관두상계<br>青雲教綰頭上髻 | 푸른 구름 얽어 머리 위 상투 삼고 |
| 명월여작이변당<br>明月與作耳邊璫 | 밝은 달은 귓가의 귀고리 삼았네. |
| 연풍기<br>蓮風起 | 연꽃에 바람 일어 |
| 강반춘<br>江畔春 | 강가엔 봄기운 날리는데, |
| 대제상<br>大堤上 | 큰 강둑에선 |
| 유북인<br>留北人 | 북으로 떠나는 임 붙잡는 여인의 모습. |
| 낭식리어미<br>郎食鯉魚尾 | "당신은 잉어 꼬리 먹었고 |
| 첩식성성순<br>妾食猩猩唇 | 저는 성성이 입술 먹었지요. |

<sub>막 지 양 양 도</sub>
莫指襄陽道        양양으로 가는 길일랑 가리키지 마셔요,
<sub>녹 포 귀 범 소</sub>
綠浦歸帆少        물결 푸른 항구엔 돌아오는 배도 드물잖아요!
<sub>금 일 창 포 화</sub>
今日菖蒲花        오늘은 창포꽃 피는 여름이지만
<sub>명 조 풍 수 로</sub>
明朝楓樹老        내일 아침은 단풍나무도 시드는 가을일 거예요."

  원래 「대제곡」은 양梁나라 간문제簡文帝 때에 만들어진 것으로, 이른바 '옹주십곡雍州十曲' 가운데 하나인데, 이하는 그 리듬을 빌려 다른 노래를 지어냈다. 이 작품은 마치 고도로 압축된 소설 작품의 한 장면처럼 주인공의 대사와 장면 묘사로 이루어져 있어서, 어떤 의미에서는 작품의 성격을 서정시라기보다는 서사시에 가깝게 만들어놓고 있다. 이런 수사법은 작품 전체를 처음부터 끝까지 여성 화자로 설정하는 방식보다 정서적 측면에서는 긴장감이 떨어지지만, 화자의 대사를 좀 더 정확히 이해하는 데에는 확실히 유리한 면이 있다. 다만 작품 중간에 교묘하게 사용된 상징과 해음諧音의 수사법으로 인해 이 작품의 내용은 이해하기가 쉽지 않다.

  먼저 '잉어 꼬리'나 '원숭이 입술'은 모두 진귀한 요리에 해당하는데, 어떤 주석자들은 이것이 두 연인이 함께 지낼 때의 즐거운 모습을 묘사한 것이라 했다. 그에 비해 청나라 때 요문섭의 주석에서는 "귀종歸終이라는 신령한 짐승은 미래의 일을 알고, 성성猩猩이라는 전설적인 동물은 지나간 일을 알고 있다(歸終知來, 猩猩知往)."라는 『회남자淮南子』의 구절을 인용하면서, 이런 음식을 먹는다는 묘사를 통해 헤어지기 아쉬워하는 그윽한 정을 비유하고 있다고 설명했다. 사실 잉어를 가리키는 '이어鯉魚'는 이별의 말을 뜻하는 '이어離語'와 발음이 통하고, 원숭이의 일종인 성성이를 가리키는 '성성猩猩'은 비린내처럼 씁쓸한 맛과 기분을 의미하는 '성성腥腥'과 발음이 통한다는 점을 고려하면, 이 시는 헤어짐을 슬퍼하며 떠나려는 연인과 마지막 식사를 함께 하며 필사적으로 그를 만류하려는 여인의 모습을 극적으로 묘사하고 있는 셈이다.

그리고 이와 같은 삼인칭 관찰자 시점의 묘사는 교묘하게 상징과 은유의 수사를 부추긴다. 이에 따라 독자(청자)는 때로는 객관적인 입장에서, 또 때로는 감정이입으로 주인공에 몰입된 상태로 시인이 설정한 세계 속으로 빠져들 수밖에 없다. 예를 들어서,「사수재의 첩 호련이 다른 사람에게 개가하려 하자, 사수재가 만류하려 했으나 어쩔 수 없었다. 후세 사람들이 그 일을 두고 느낀 바가 많았다. 자리에 앉은 사람들이 시를 지어 사수재를 비웃었는데, 내가 다시 네 수를 지어 그 뒤를 잇는다(謝秀才有妾縞練, 改從于人, 秀才引留之不得, 後生感憶, 座人制詩嘲誚, 賀復繼四首)」라는 긴 제목의 작품 가운데 첫 번째 작품을 살펴보자.

<br>

| 誰<sup>수</sup>知<sup>지</sup>泥<sup>니</sup>憶<sup>억</sup>雲<sup>운</sup> | 뉘라서 알랴, 진흙이 구름을 생각하는 줄을? |
| 望<sup>망</sup>斷<sup>단</sup>梨<sup>리</sup>花<sup>화</sup>春<sup>춘</sup> | 배꽃 피는 봄에 아득히 멀리 사라져버렸네. |
| 荷<sup>하</sup>絲<sup>사</sup>制<sup>제</sup>機<sup>기</sup>練<sup>련</sup> | 연잎에서 뽑은 실로 고운 비단 짜고 |
| 竹<sup>죽</sup>葉<sup>엽</sup>剪<sup>전</sup>花<sup>화</sup>裙<sup>군</sup> | 대나무 잎으로 꽃치마 재단하네. |
| 月<sup>월</sup>明<sup>명</sup>啼<sup>제</sup>阿<sup>아</sup>姊<sup>자</sup> | 달 밝은 밤에 우는 언니는 |
| 燈<sup>등</sup>暗<sup>암</sup>會<sup>회</sup>良<sup>량</sup>人<sup>인</sup> | 등불 꺼지면 좋은 임 만나겠지. |
| 也<sup>야</sup>識<sup>식</sup>君<sup>군</sup>夫<sup>부</sup>壻<sup>서</sup> | 알 것도 같아, 그대의 남편이 |
| 金<sup>금</sup>魚<sup>어</sup>掛<sup>괘</sup>在<sup>재</sup>身<sup>신</sup> | 금어대 허리에 찬 고귀한 신분임을. |

이 시의 후반 네 구절은 이미 제목을 통해서 뜻이 밝혀져 있기 때문에, 그다지 어렵지 않게 이해할 수 있을 듯하다. 그런데 전반 네 구절의 의미는 도대체 무엇일까? 사실 이 시는 전반부에 대해 어떻게 이해하느냐에 따라 후반부에 대한 해석도 달라지기 때문에, 세심히 연구해볼 필요가 있다.

첫 구절의 '진흙'과 '구름'은 각기 사수재와 호련을 가리킨다는 것을 쉽게 알 수 있다. 그리고 둘째 구는 그들이 헤어진 때가 배꽃 피어 저물어가는 늦봄이라는 것을 밝혀준다. 그러나 이 두 구절에는 이런 표면적인 의미 외에 적어도 한 가지 이상의 다른 의미가 중첩되어 있다. 먼저 진흙으로 비유된 사수재는 입신양명의 뜻을 이루지 못하고 가난과 굴욕에 시달리며 비참하게 사는 신세임이 암시되어 있다. 그에 비해 구름으로 암시된 호련은 언제든지 '비[雨]'를 적실 새로운 땅을 향해 떠날 준비가 되어 있는, 그러나 늪 같은 진흙 속에 빠져 있는 사수재로서는 도저히 그녀가 떠남을 어찌해볼 수 없는 존재이다. 또한 '배꽃[梨花]'은 단순히 계절을 암시하는 표징만이 아니라, 그 자체로 '이별의 말[離話]'을 암시한다.

세 번째와 네 번째 구절에는 더욱 오묘한 의미가 숨겨져 있다. 이 구절을 단순히 표면적인 의미로 해석한 기존의 주석들은 이 두 구절이 모두 호련이 개가한 후 차려입은 화려한 옷차림을 묘사한 것으로 풀이했다. 그러나 첫 구절은 글자의 발음을 따져서 유사한 발음의 다른 글자들로 바꿔보면, '하사지기련何思只其戀, 주야전견화군晝夜煎見華君.' 즉 "어찌 그 사랑만을 생각하랴? 밤낮으로 멋진 임 그리며 애태우네."라는 뜻이 될 수 있다. 즉 이 구절은 호련이 사랑보다 돈을 택해 떠났음을 풍자하고 있는 것이다. 실제로 이 작품의 넷째 수 첫 구절에서 이하는 "평소에 송옥 같은 문인을 우습게 여기더니, 오늘 문앙 같은 무사에게 시집갔네.(尋常輕宋玉, 今日嫁文鴦.)"라고 진술했으니, 호련의 새 남편은 제법 지위가 높은 무관武官이었을 것으로 여겨진다.

이렇게 보면, 다섯째 구와 여섯째 구의 묘사에 대해서도 새로운 해석이 가능하다. 역대의 주석가들은 대개 이 구절이 사치와 부를 찾아 개가한 호련이 신분도 높은 '좋은 임', 즉 새로운 사람과 밤을 보내며 옛 사랑 사수재에 대해 느낀 미련을 빗대어 표현한 것이라고 설명했다.

그러나 이 작품이 단순히 호련의 행위를 서술적으로 묘사한 것이 아니라 제삼자의 관점에서 풍자하며 조롱하고 있다는 점을 생각하면, 달빛 아래 우는 '언니'는 호련이 아니라 사수재의 정실부인을 가리킬 수도 있다. 즉 남편이 호련에게 빠져 있는 동안에 쓸쓸한 눈물의 나날을 보내던 정실부인은 이제 남편과 침실을 같이 쓸 수 있게 되었다는 것이니, '좋은 임'은 결국 사수재를 가리키는 것이다. 이런 맥락에서 마지막 구절도 호련의 새 사람이 현재 높은 벼슬아치임을 가리키는 것이라기보다는, 사수재가 언젠가 높은 벼슬에 오를 날이 있음을 '아마 알게 될[也識]' 것이라는 뜻으로 풀이하는 편이 더 타당해 보인다.

5

글을 쓴다는 행위는 그것이 운문이건 산문이건 간에 작가의 사고 내에서 추상화를 심화시키는데, 그것은 누군가의 지적처럼 글을 읽고 쓰는 행위가 마음psyche을 자신에게 되돌리는 고독한 활동이기 때문이다. 또한 글쓰기 행위란 그 자체가 죽음과 밀접하게 관련되어 있다는 내재적 역설을 내포한다는 점을 고려하면, 글쓰기로서 시 창작의 길을 추구한 이하의 작품들이 시인 자신의 개인적 불행과 맞물려서 더욱 필연적으로 '비극성'과 연관될 수밖에 없었다는 사실을 더욱 잘 이해할 수 있다.

당나라 헌종 원화元和 11년(816)에 이하는 노주潞州에서 병영생활을 마치고 고향으로 돌아왔다가 27세의 젊은 나이로 세상을 떠났다. 17세에 머리가 온통 세어버릴 만큼 속세의 험난함에 시달렸던 까닭에, 허약한 신체로 감당하기엔 너무 버거운 울분과 이상이 그의 생명을 갉아먹어버린 것이다. 그의 짧은 삶은 무력한 자신을 괴롭히는 내적 갈망과 현실의 좌절 사이에서 처절하게 침륜沈淪을 계속했고, 이 때문에 그의 언어는 끝없는 분노로 비틀려갔다. 그 결과 이룩된, 정형적인 중국 시의 틀을 완전히 벗어던져버린 걸작 가운데 하나인 「괴로워라, 짧은 낮이여苦晝短」에서 이하는 심지어 세계의 창조자 혹은 주재자들에게까지 저주를 퍼붓는다.

飛光飛光 (비광비광)  날아가는 빛이여, 시간이여
勸爾一杯酒 (권이일배주)  술 한 잔 받으시게나.
吾不識靑天高 (오불식청천고)  푸른 하늘 높은지도, 땅이 두터운지도

| 황 지 후
黃地厚 | 나는 몰라. |
| 유 견 월 한 일 난
唯見月寒日暖 | 그저 차가운 달빛과 따뜻한 햇볕이 |
| 내 전 인 수
來煎人壽 | 사람의 수명 태우는 줄만 알 뿐. |
| 식 웅 즉 비
食熊則肥 | 곰 발바닥 먹으면 살찌고 |
| 식 와 즉 수
食蛙則瘦 | 개구리 먹으면 비쩍 마르지. |
| 신 군 하 재
神君何在 | 신군神君은 어디 계시며 |
| 태 일 안 유
太一安有 | 태일太一은 어디 있는가? |
| 천 동 유 약 목
天東有若木 | 하늘 동쪽에 약목若木이 있는데 |
| 하 치 함 촉 룡
下置啣燭龍 | 그 아래 촛불 문 용을 두었다네. |
| 오 장 참 룡 족
吾將斬龍足 | 내 장차 용의 다리를 자르고 |
| 작 룡 육
嚼龍肉 | 용의 고기를 씹어 먹어 |
| 사 지 조 부 득 회
使之朝不得迴 | 아침에도 돌아오지 못하고 |
| 야 부 득 복
夜不得伏 | 저녁에도 숨지 못하게 하리라. |
| 자 연 로 자 불 사
自然老者不死 | 그러면 자연히 늙은이는 죽지 않고 |
| 소 자 불 곡
少者不哭 | 젊은이가 곡할 일도 없어지리니 |
| 하 위 복 황 금
何爲服黃金 | 황금 단약丹藥 먹고 |
| 탄 백 옥
吞白玉 | 백옥白玉 선약仙藥 삼켜 무엇하랴? |
| 수 시 임 공 자
誰是任公子 | 누구인가, 구름 속으로 |
| 운 중 기 백 려
雲中騎白驢 | 흰 나귀 타고 간 임공자는? |

<small>유철무릉다체골</small>
劉徹茂陵多滯骨   한 무제의 무덤엔 백골이 많이 남아 있을 테고

<small>영정재관비포어</small>
嬴政梓棺費鮑魚   진시황의 관에는 부질없이 절인 생선 덮어두었지.

  곰 발바닥이나 웅지熊脂를 먹는 부귀한 사람들이건, 개구리를 먹는 가난한 사람들이건 모두 세월 앞에 무력하다. 불로장생不老長生을 도와주는 존재라는 '신군'이나 '태일'은 세상 어디에도 없다. 태양이 깃든 '약목'과 전설적인 여신 희화羲和의 해 수레를 모는 여섯 마리 용은 시간을 진행시키는 원흉인 바, 시인은 그 용의 다리를 자르고 고기를 씹어 먹어 "사람의 수명을 태우는" 세월 자체를 없애버리겠노라고 으름장을 놓는다. 그에게 높은 하늘에 대한 경외나 두터운 땅에 대한 고마움 따위는 이제 알 바 아니다. 이것은 자신을 몰아치는 비틀린 세계에 대한 자신만의 비틀린 응징이었던 셈이었으나, 결과적으로 그것은 씁쓸하기 그지없는 '정신 승리'에 지나지 않았다. 그러므로 끝내 자신에게 다가온 죽음은 이하 스스로 「가을이 왔다秋來」에서 진술한 것처럼 한 맺힌 시들음이었던 것이다.

<small>동풍경심장사고</small>
桐風驚心壯士苦   오동나무에 이는 바람에 마음 놀라 사나이는 괴로운데

<small>쇠등락위제한소</small>
衰燈絡緯啼寒素   스러지는 등불 아래 베짱이 울음 차갑고 쓸쓸하구나.

<small>수간청간일편서</small>
誰看靑簡一編書   누구일까, 푸른 죽간 엮은 책 읽어주어

<small>불견화충분공두</small>
不遣花蟲粉空蠹   좀벌레 먹어 먼지로 변하지 않게 해줄 이는?

<small>사견금야장응직</small>
思牽今夜腸應直   시름 끊이지 않는 이 밤 창자는 곧게 펴지고

<small>우랭향혼조서객</small>
雨冷香魂弔書客   싸늘한 빗속에서 향기로운 영혼 글쟁이를 위로한다.

<small>추분귀창포가시</small>
秋墳鬼唱鮑家詩   가을 무덤 속에선 귀신이 포조鮑照의 시를 읊조리고

<sup>한 혈 천 년 토 중 벽</sup>
恨血千年土中碧   천년의 한 맺힌 피는 흙속에서 푸르게 응어리졌다.

아름다움을 아름답게 노래하는 것은 물론 추한 것을 아름답게 노래하는 것보다 쉽다. 그리고 어떤 의미에서 전자는 현재의 삶에 대한 만족과 기쁨을 확인하는 행위가 될 수 있고, 후자는 슬픔을 기쁨으로 승화시킴으로써 고통스러운 삶에 희망을 부여할 수 있다. 예술이 그것을 향수하는 사람의 마음을 '정화(淨化, Catharsis)'할 수 있다는 아리스토텔레스의 옹호는 어쩌면 이 후자의 경우를 염두에 둔 말일지도 모른다. 그러나 필자는 개인적으로 가장 수준 높은 예술 작품이란 질곡된 삶의 추한 형상을 추함 그 자체로 노래함으로써 표현 자체의 피상적인 추함을 극복하는 내면적인 힘을 갖춘 것들이라고 생각한다.

셰익스피어의 『리어 왕』이나 도스토예프스키의 『죄와 벌』, 헤밍웨이의 『노인과 바다』는 피상적으로 드러나는 비참하고 허무한 삶에 대한 묘사 '이면裏面'에 아름다운 사람을 향한 치열한 염원을 담고 있기 때문에 아름다울 수 있었다. 물론 피상적 차원에서 보면, 시는 이러한 희곡이나 소설과 언어의 운용과 표현 방법이 다르기 때문에 같은 지평에서 논할 수 없는 것처럼 보인다. 그러나 이것들은 모두 언어를 매개로 하는 예술인 '문학'이라는 점에서 본질적으로 상통한다. 또한 어떤 의미에서 시란 '상징'을 위주로 하는 문학예술이기 때문에 '이면'을 내포하기가 더 쉬울 수 있으며, 절제된 언어를 사용하기 때문에 다른 장르보다 더 쉽게 아름다워질 수 있다.

이하는 어쩌면 촛불 같은 시인이었다. 자신의 모든 것을 태워 어둡고 추한 세상을 밝히는 아름다운 시를 만들면서도, 그 자신은 생명이 다하는 날까지 고통에 시달려야 했기 때문이다. 그러나 밤이 지났다고 해서 촛불의 빛에 대한 고마움을 잊어버린다면 우리는 너무 이기적이고 비정한 인간일 것이다.

# 이하李賀 연보年譜[1]

| 황제 | 연호 | 서기 | 나이 | 이하의 생활과 주요 작품 | 주요 역사적 사건 및 문인 동향 |
|---|---|---|---|---|---|
| 덕종德宗 | 정원貞元 6 | 790 | 1 | 이하 태어남. | 당시 한유韓愈 23세, 황보식皇甫湜 14세, 원진元稹 13세, 유종원柳宗元 18세, 유우석劉禹錫 19세, 백거이白居易 19세. |
| | 8 | 792 | 3 | | 한유 진사과進士科에 급제. |
| | 9 | 793 | 4 | | 원진 명경과明經科에 급제, 유종원과 유우석 진사과에 급제. |
| | 10 | 794 | 5 | | 영남嶺南 황가동黃家洞 백성들이 기의起義. |
| | 12 | 796 | 7 | 이때부터 시문을 잘 지어 「높은 관리가 내 집을 찾아오다高軒過」를 지었다는 설이 있으나, 신뢰하기 어려움. | 맹교孟郊 진사과에 급제. 환관宦官 두문장竇文場과 곽선명霍仙鳴이 병권兵權을 장악. |
| | 14 | 798 | 9 | | 오소성吳少誠의 반란이 일어났으나 관병이 토벌에 실패. 절동浙東 산월山越에서 민란民亂 발생. |
| | 15 | 799 | 10 | | 장적張籍 진사과에 급제. |
| | 16 | 800 | 11 | | 백거이 진사과에 급제. 오소성을 사면함. |

---

1) 이 연보는 치앤중리앤錢仲聯의 『이하연보회전李賀年譜會箋』을 토대로 기타 자료를 정리하여 작성한 것이다.

| 황제 | 연호 | 서기 | 나이 | 이하의 생활과 주요 작품 | 주요 역사적 사건 및 문인 동향 |
|---|---|---|---|---|---|
| 순종順宗 | 정원 17 | 801 | 12 | | 두우杜佑『통전通典』을 완성. |
| | 19 | 803 | 14 | | 두목杜牧 출생. |
| | 20 | 804 | 15 | 이익李益과 더불어 '악부시樂府詩'를 잘 짓기로 명성이 높아짐. | 유종원, 유우석 등이 왕숙문王叔文의 정치혁신에 참여. 우승유牛僧孺 진사과에 급제. |
| | 정원 21/ 영정永貞 1 | 805 | 16 | 「금동선인 한나라를 떠나다金銅仙人辭漢歌」, 「회계에서 돌아오며還自會稽歌」를 지음. | 정월正月 덕종 사망. 왕숙문 정치개혁을 시작했으나, 환관과 번진藩鎭 및 보수파의 공격으로 좌절됨. 11월, 양혜림楊惠琳의 반란 토벌. |
| 헌종憲宗 | 원화元和 1 | 806 | 17 | 「한나라 당희의 음주가漢唐姬飮酒歌」, 「상비湘妃」, 「제자들의 노래帝子歌」, 「느낌을 풍자한 여섯 편感諷六首」, 「말을 주제로 한 23편의 시馬詩二十三首」, 「춘방정자의 칼春坊正字歌」, 「궁궐 미녀의 노래宮娃歌」, 「이빙의 공후인李憑箜篌引」 등에서 당시의 정세를 풍자함. | 정월正月, 순종 사망. 왕숙문 유주渝州에서 사약을 받음. 황보식 진사과에 급제. 10월, 헌종이 유벽劉辟을 처형. |
| | 2 | 807 | 18 | 「황씨 오랑캐 마을黃家洞」, 「양나라 공자梁公子」, 「그대여, 대문 나가지 마오公無出門」 등을 지음. 열넷째 형을 만나기 위해 | 권거權璩, 양경지楊敬之, 왕삼원王參元 진사과에 급제. 10월, 진해鎭海 절도사 이기李錡가 반란을 일으켰다가 11월에 처형됨. |

| 황제 | 연호 | 서기 | 나이 | 이하의 생활과 주요 작품 | 주요 역사적 사건 및 문인 동향 |
|---|---|---|---|---|---|
| 헌종 憲宗 | 3 | 808 | 19 | 화주和州를 다녀오다가 강녕江寧, 가흥嘉興, 오흥吳興, 전당錢塘, 회계會稽, 옹주翁洲 등을 둘러봄. 결혼(?) 늦가을, 창곡昌谷에서 낙양洛陽으로 가서 인화리仁和里로 감. 당시 국자박사동도분사國子博士東都分司로 있던 한유에게 시집을 보냄. 육혼위陸渾尉로 있던 황보식과 만남. 한유가 이하에게 편지를 보내 진사과에 응시할 것을 권함에 따라, 하남부河南府에서 향시를 치름. 「하남부에서 지어본 12월의 노래-윤달을 포함해서 河南府試十二月樂詞幷閏月」를 지음. 장안으로 가서 예부禮部 시험에 응시. | 우승유, 이종민李宗閔, 육혼위 황보식이 현량방정능직언극간과賢良方正能直言極諫科에 급제함. 이하가 진사에 급제하여 유명해지자 부친의 피휘避諱를 들어 헐뜯는 이들이 생김. |
| | 4 | 809 | 20 | 진사에 급제하지 못하고 봄에 고향으로 돌아감. 「성을 나서다出城」, 「구리 낙타의 슬픔銅駝悲」, 「허공자의 첩 정씨許公子鄭姬歌」, 「낙양의 미녀 진주洛姝眞珠」, 「회포를 노래함詠 | 한유 도관원외랑都官員外郎이 됨. 황보식 감찰어사監察御史가 됨(?). 장철張徹 진사과에 급제. 9월 성덕군절도사成德軍節度使 왕승종王承宗이 반란을 일으킴. 헌종이 환관 토돌승최吐突承璀 |

이하李賀 연보年譜 407

| 황제 | 연호 | 서기 | 나이 | 이하의 생활과 주요 작품 | 주요 역사적 사건 및 문인 동향 |
|---|---|---|---|---|---|
| 헌종憲宗 | | | | 懷 二首」, 「창곡에서 책을 읽다가 하인에게 보여주다昌谷讀書示巴童」, 「남산의 밭에서南山田中行」, 「호탕하게 노래하다浩歌」 등을 지음.<br>늦가을 다시 낙양으로 감. 한유와 황보식이 방문.<br>「높은 관리께서 내 집을 찾아오시다高軒過」를 지음. 기타 「인화리에서 황보식에게仁和里雜敍皇甫湜」, 「낙양성 밖에서 황보식과 작별하다洛陽城外別皇甫湜」, 「왕준의 무덤 아래서王浚墓下作」, 「슬픔을 털자-꽃 아래에서開愁歌 花下作」, 「여장군의 노래呂將軍歌」 등을 지음. | 를 시켜 토벌하게 했으나 실패함. |
| | 5 | 810 | 21 | 장안에서 봉례랑奉禮郎이 되고, 숭의리崇義里에 거주함.<br>왕삼원, 권거 등과 어울림. 「공주의 나들이貴主征行樂」, 「사나운 호랑이猛虎行」, 「신선仙人」, 「천상의 노래天上謠」, 「아득한 옛날古悠悠行」, 「괴로워라, 짧은 낮이여苦晝短」, 「불 | 7월, 왕승종의 반군과 화해.<br>9월, 권덕여權德輿가 재상이 됨. 이 해에 내급사內給事 장유칙張惟則이 신라新羅에서 돌아와 헌종에게 바다의 섬과 온갖 신기한 것들에 대해 얘기하여 미혹시킴. |

408 시귀詩鬼의 노래 : 완역 이하李賀 시집

| 황제 | 연호 | 서기 | 나이 | 이하의 생활과 주요 작품 | 주요 역사적 사건 및 문인 동향 |
|---|---|---|---|---|---|
| 헌종憲宗 | | | | 무가사拂舞歌辭」, 「요화락瑤華樂」, 「곤륜산으로 보낸 사자崑崙使者」, 「양나라 누대의 옛 뜻梁臺古意」, 「진상에게贈陳商」 등을 지음. | |
| | 6 | 811 | 22 | 「북으로 출정하는 진 광록대부를 전송하며送秦光祿北征」, 「평성 아래에서平城下」 등을 지음. | 이강李絳 재상이 됨. |
| | 7 | 812 | 23 | 「장화 2년에章和二年中」를 지음. 기타 「심부마와 함께 어구수에서同沈駙馬賦得御溝水」, 「화청궁에서過華淸宮」, 「당나라 아들의 노래唐兒歌」, 「도사의 초례綠章封事」, 「진왕의 음주秦王飮酒」, 「이부인李夫人」, 「뱃사공黃頭郎」, 「옥 캐는 노인老夫採玉歌」 등을 지음. | 태자 이녕李寧 사망. 두우 사망. 이한李漢 진사과에 급제. |
| | 8 | 813 | 24 | 봄, 병을 핑계로 봉례랑을 사직하고 고향으로 돌아감. 「도성을 나서면서 권거와 양경지에게出城寄權璩楊敬之」, 「성을 나서 장우신과 작별하며 이한에게 지어주다出城別張又新酬李漢」, | 이상은李商隱 태어남. |

| 황제 | 연호 | 서기 | 나이 | 이하의 생활과 주요 작품 | 주요 역사적 사건 및 문인 동향 |
|---|---|---|---|---|---|
| 헌종憲宗 | | | | 「봄에 창곡으로 돌아가다春歸昌谷」, 「남쪽 정원南園」, 「창곡의 시昌谷詩」, 「아우에게示弟」 등을 지음. | |
| | 9 | 814 | 25 | 가을에 노주潞州로 가서 장철張徹의 막료幕僚가 됨. 「뒤뜰에 우물 파다後園鑿井歌」, 「길 떠나려 하다將發」, 「하양성의 노래河陽歌」, 「7월 1일 새벽에 태행산을 들어서며七月一日曉入太行山」, 「장평 땅의 화살촉長平箭頭歌」, 「술자리가 끝나고 장철에게酒罷張大徹索贈詩時張初效路幕」 등을 지음 | 윤8월, 창의군절도사彰義軍節度使 오소양吳少陽이 죽자, 그의 아들 오원제吳元濟가 반란을 일으킴. 진상陳商 진사과에 급제. 맹교 사망. |
| | 10 | 815 | 26 | 노주에서 지냄. 「장철의 집에서 술병이 들어 열넷째 형에게 부침潞州張大宅病酒, 遇江使寄上十四兄」 등을 지음. | 심아지沈亞之 진사과에 급제. |
| | 11 | 816 | 27 | 노주에서 돌아와 죽음. | 요합姚合 진사과에 급제. |
| 문종文宗 | 대화大和 5 | 831 | | 사후死後 15년. | 집현학사集賢學士 심자명沈子明이 두목杜牧에게 이하 시집의 서문을 청탁하여, 두목이 「이하집서李賀集敍」를 씀. |

# 색 인

## |ㄱ|

가공려귀서곡(賈公閭貴婚曲) 211
가룡음가(假龍吟歌) 358
가의(賈誼) 178
가인일호주(佳人一壺酒) 187
가천석안량삼경(家泉石眼兩三莖)
　　162
가충(賈充) 167
간문제(簡文帝) 398
감춘(感春) 227
감풍 오수(感諷 五首) 176
　　— 기일(其一) 176
　　— 기이(其二) 178
　　— 기삼(其三) 179
　　— 기사(其四) 180
　　— 기오(其五) 182
감풍 육수(感諷 六首) 360
　　— 기일(其一) 360
　　— 기이(其二) 361
　　— 기삼(其三) 362
　　— 기사(其四) 363
　　— 기오(其五) 364
　　— 기륙(其六) 365
강남롱(江南弄) 292
강루곡(江樓曲) 328
강아(江娥) 358
강중록무기량파(江中綠霧起涼波)
　　292
강하왕(江夏王) 130
개수가 화하작(開愁歌 花下作) 240
객유(客游) 215
거년맥상가리곡(去年陌上歌離曲)
　　374
거비의산갈(巨鼻宜山褐) 200
거수홍번옹어장(渠水紅繁擁御牆)
　　183
경사원(經沙苑) 349
경성(京城) 296 342 343
경양루(景陽樓) 207
경요대(瓊瑤臺) 96
경조(京兆) 26
계동(桂洞) 106

계만량(溪晚涼) 325
계문(薊門) 330
고업성동자요효왕찬자조조(古鄴城童子謠效王粲刺曹操) 244
고유유행(古悠悠行) 113
고점리(高漸離) 372
고주단(苦晝短) 248
고죽로초야벽운(古竹老梢惹碧雲) 162
고춘년년재(古春年年在) 319
고취곡(鼓吹曲) 158
고평현동사로(高平縣東私路) 377
고풍취삭한(苦風吹朔寒) 361
고헌과(高軒過) 315
고황조소인(苦篁調嘯引) 282
곡강(曲江) 75 166
곤륜사자(崑崙使者) 380
곤륜사자무소식(崑崙使者無消息) 380
곤륜산(崑崙山) 281
곤산(崑山) 39 301
곤학기문(困學紀聞) 21
공동산(崆峒山) 147 165
공류삼척검(空留三尺劍) 223
공막무가 병서(公莫舞歌 并序) 158
공무출문(公無出門) 306
공우애(公牛哀) 279
공호공호(公乎公乎) 287
공후인(箜篌引) 287

과화청궁(過華淸宮) 52
관가고(官街鼓) 343
관동(關東) 251
관불래 제황보식선배청(官不來題皇甫湜先輩廳) 326
관불래(官不來) 326
관산(關山) 101
관중(關中) 244 251
구당(瞿塘) 65
구마출문의(驅馬出門意) 342
구양수(歐陽修) 35
구월대야백(九月大野白) 266
구의산(九疑山) 98
굴원(屈原) 287 307
궁북전승효기감(宮北田塍曉氣酣) 100
궁성단위름엄광(宮城團圍凜嚴光) 81
궁왜가(宮娃歌) 149
궁체시(宮體詩) 26
권거(權璩) 27 45
권발호아안정록(鬈髮胡兒眼睛綠) 379
귀공자야란곡(貴公子夜闌曲) 61
귀주정행락(貴主征行樂) 140
균죽천년로불사(筠竹千年老不死) 98
근체시(近體詩) 396
금내(琴臺) 225
금동선인사한가 병서(金銅仙人辭漢歌 并序) 111

금릉(金陵) 204
금마문(金馬門) 142
금성(錦城) 261
금소호풍월(今宵好風月) 312
금속산(金粟山) 335
금수(錦水) 65
금어공자협삼장(金魚公子夾衫長) 193
금용(金墉) 165
금첨유(錦襜褕) 275
기와골사아(飢臥骨査牙) 118
기준무소년(奇俊無少年) 178
기한평성하(飢寒平城下) 290

# |ㄴ|

나부산인여갈편(羅浮山人與葛篇) 144
낙(洛) 50 93 146 266 344
낙교무조두(洛郊無俎豆) 152
낙막수가자(落漠誰家子) 216
낙백삼월파(落魄三月罷) 265
낙수(洛水) 265
낙양(洛陽) 21 27 316 389
낙양성외별황보식(洛陽城外別皇甫湜) 323
낙양취별풍(洛陽吹別風) 323
낙주진주(洛姝眞珠) 93
난대(蘭臺) 144 267

난망곡(難忘曲) 210
난향신녀(蘭香神女) 21
난향신녀묘(蘭香神女廟) 319
남산(南山) 56 65 228 299 311 343 350 357 365 396
남산전중행(南山田中行) 139
남산하기비(南山何其悲) 179
남아하부대오구(男兒何不帶吳鉤) 101
남원(南園) 357
남원십삼수(南園十三首) 99
 － 기일(其一) 99
 － 기이(其二) 100
 － 기삼(其三) 100
 － 기사(其四) 101
 － 기오(其五) 101
 － 기륙(其六) 102
 － 기칠(其七) 103
 － 기팔(其八) 104
 － 기구(其九) 104
 － 기십(其十) 105
 － 기십일(其十一) 105
 － 기십이(其十二) 106
 － 기십삼(其十三) 107
남전(藍田) 59 357
남전산(藍田山) 133
남풍취산작평지(南風吹山作平地) 86
납광고현조사공(蠟光高懸照紗空) 149

색 인 413

납월초근첨(臘月草根話) 116
내마사궁인(內馬賜宮人) 121
노동(盧仝) 34
노룡산(盧龍山) 207
노부채옥가(老夫採玉歌) 133
노주(潞州) 401
노주장대택병주 우강사기상십사형(潞州張大宅病酒 遇江使寄上十四兄) 208
노토한섬읍천색(老兎寒蟾泣天色) 68
녹수사(綠水詞) 312
녹장봉사(綠章封事) 70
농두유수곡(隴頭流水曲) 223
농두음(隴頭吟) 380
농서(隴西) 142
농수(隴水) 278
뇌공(惱公) 163
누전류수강릉도(樓前流水江陵道) 328
눈접련방포신예(嫩蜨憐芳抱新蘂) 387
능가경(楞伽經) 218
능연각(凌煙閣) 102

## ㄷ

단수석공교여신(端州石工巧如神) 245
단혈산(丹穴山) 295

담원춘(譚元春) 35
답답마제수견과(踏踏馬蹄誰見過) 286
답증(答贈) 224
당검참수공(唐劍斬隋公) 124
당당(堂堂) 151
당당부당당(堂堂復堂堂) 151
당상행(塘上行) 334
당서(唐書) 21
당아가(唐兒歌) 69
대막사여설(大漠沙如雪) 118
대부연죽근(大婦然竹根) 226
대성(臺城) 204
대인걸마구내한(大人乞馬癯乃寒) 146
대정왕(大鄭王) 389
대제(大堤) 63
대제곡(大堤曲) 63
대최가송객(代崔家送客) 201
도(陶)・사(謝) 130
도도산(桃都山) 298
도엽도(桃葉渡) 332
도잠(陶潛) 260
동경립청란(銅鏡立靑鸞) 197
동교요(董嬌嬈) 163
동무책(董懋策) 391
동방사불금(洞房思不禁) 198
동방풍래만안춘(東方風來滿眼春) 74
동상권석파(東牀卷席罷) 203

동심부마부득어구수(同沈駙馬賦得御
　　溝水) 48
동씨(董氏) 391
동왕(東王) 119
동정(洞庭) 91
동정명월일천리(洞庭明月一千里) 89
동타가(銅駝街) 167 344
동타비(銅駝悲) 265
동탁(董卓) 189
동풍경심장사고(桐風驚心壯士苦) 88
두랑(杜郞) 69
두목(杜牧) 21 24
두옥교교미쇄취(頭玉磽磽眉刷翠) 69
두운경(杜雲卿) 333

## ㅣㄹㅣ

리즈홍(李志紅) 393

## ㅣㅁㅣ

마경(馬卿) 350
마다루자(摩多樓子) 277
마시 이십삼수(馬詩 二十三首) 115
　　　　－ 기일(其一) 115
　　　　－ 기이(其二) 116
　　　　－ 기삼(其三) 116
　　　　－ 기사(其四) 117
　　　　－ 기오(其五) 118

－ 기륙(其六) 118
－ 기칠(其七) 119
－ 기팔(其八) 119
－ 기구(其九) 120
－ 기십(其十) 120
－ 기십일(其十一) 121
－ 기십이(其十二) 122
－ 기십삼(其十三) 123
－ 기십사(其十四) 123
－ 기십오(其十五) 124
－ 기십륙(其十六) 124
－ 기십칠(其十七) 125
－ 기십팔(其十八) 126
－ 기십구(其十九) 126
－ 기이십(其二十) 127
－ 기이십일(其二十一)
　　　　　　　　128
－ 기이십이(其二十二)
　　　　　　　　128
－ 기이십삼(其二十三)
　　　　　　　　129

마주(馬周) 155
막수(莫愁) 345 367
막수곡(莫愁曲) 366
막종수(莫種樹) 202
만두견소련(灣頭見小憐) 217
만천(曼倩) 103
망탕산(芒碭山) 159
매화락(梅花落) 190

색 인 415

맹교(孟郊) 29 35
맹호행(猛虎行) 279
면애행이수 송소계지여산(勉愛行二首
送小季之廬山) 152
　　　 － 기일(其一) 152
　　　 － 기이(其二) 153
목단종곡(牡丹種曲) 237
목왕(穆王) 300
목천자(穆天子) 300
몽고간본(蒙古刊本) 391
몽천(夢天) 68
무릉(茂陵) 162 380
무릉유랑추풍객(茂陵劉郞秋風客) 111
무산(巫山) 98
무산고(巫山高) 289
무산소녀격운별(巫山小女隔雲別) 311
무제(武帝) 55 267
무제애신선(武帝愛神仙) 129
무함(巫咸) 86
무협(巫峽) 166
문앙(文鴦) 198
문제(文帝) 179
미인소두가(美人梳頭歌) 340
민(閔) 258
밀운두(密韻樓) 391

# ㅂ

반악(潘岳) 212 232
반첩여(班倢伃) 364
방령혜대절각건(方領蕙帶折角巾) 357
방세거(方世擧) 391
방중사(房中思) 246
방초락화여금지(芳草落花如錦地) 388
방혜밀영성화동(芳蹊密影成花洞) 370
방화고초배구영(方花古礎排九楹) 158
백경귀서산(白景歸西山) 113
백락(伯樂) 352
백락향전간(伯樂向前看) 126
백석랑(白石郎) 90
백옥루(白玉樓) 28 393
백요궁(白瑤宮) 32
백일하곤륜(白日下崑崙) 281
백철좌청화(白鐵剉靑禾) 125
백호행(白虎行) 371
백호향월호산풍(白狐向月號山風) 325
번진(藩鎭) 390
벽봉해면장령서(碧峰海面藏靈書) 378

벽총총(碧叢叢) 289
변양금조억채옹(邊讓今朝憶蔡邕) 105
별류당마두(別柳當馬頭) 153
별제삼년후(別弟三年後) 46
별포금조암(別浦今朝暗) 51
별포운귀계화저(別浦雲歸桂花渚) 384
병풍곡(屏風曲) 138
보결수가자(寶玦誰家子) 123
보말국의단(寶袜菊衣單) 205
복창회고(福昌懷古) 21
본시장공자(本是張公子) 224
봉화이형파사견마귀연주(奉和二兄罷使遣馬歸延州) 223
부종환공렵(不從桓公獵) 124
북곽소(北郭騷) 227
북로교감절(北虜膠堪折) 188
북망산(北邙山) 265
북중한(北中寒) 303
북해(北海) 298
불무가사(拂舞歌辭) 284
비광비광(飛光飛光) 248
비만천리심(悲滿千里心) 215
비연(飛燕) 343
비죽초찬이(批竹初攢耳) 122
비향주홍만천춘(飛香走紅滿天春) 276

## ㅅ

사군(使君) 167
사로곡(沙路曲) 313
사부총간(四部叢刊) 391
사수재(謝秀才) 333
사수재유첩호련(謝秀才有妾縞練) 개종우인(改從于人) 수재인류지부득(秀才引留之不得) 후생감억(後生感憶) 좌인제시조초(座人製詩嘲誚) 하부계(賀復繼) 사수(四首) 196
　　－ 기일(其一) 196
　　－ 기이(其二) 197
　　－ 기삼(其三) 198
　　－ 기사(其四) 198
사안(謝安) 260
사자사손린완완(蛇子蛇孫鱗蜿蜿) 333
삼산(三山) 68
삼십미유이십여(三十未有二十餘) 101
삼월과행궁(三月過行宮) 183
삼진(三秦) 345
상감출좌동방고(觴酣出座東方高) 213
상강(湘江) 380
상군(湘君) 319
상권주(相勸酒) 298

상루영춘신춘귀(上樓迎春新春歸) 72
상림호접소(上林胡蜨小) 386
상비(湘妃) 98
상수(湘水) 90 144 255 287
상심행(傷心行) 134
상여(相如) 345
상운락(上雲樂) 276
상지회(上之回) 314
상첩원장야(孀妾怨長夜) 79
새하곡(塞下曲) 330
샤르트르(Jean Paul Sartre) 395
서령(西泠) 23
서릉(西陵) 67
서모주장란(西母酒將闌) 119
서산(西山) 363
서산일몰동산혼(西山日沒東山昏) 308
서시효몽초장한(西施曉夢綃帳寒) 340
서연(徐衍) 287
서위(徐渭) 391
서응추(徐應秋) 389
서한(西漢) 179
석거각(石渠閣) 142
석경봉(石鏡峰) 152
석근추수명(石根秋水明) 182
석범산(石帆山) 342
석성효(石城曉) 247
석숭(石崇) 299

석알동배(石軋銅杯) 358
선배갑중삼척수(先輩匣中三尺水) 58
선성본(宣城本) 391
선인(仙人) 228
설하계화희(雪下桂花稀) 201
성기(成紀) 262
성의운저랭(星依雲渚冷) 78
성진사방고(星盡四方高) 180
세류(細柳) 188
소관(昭關) 208
소년락(少年樂) 388
소단마제흔(掃斷馬蹄痕) 49
소련(小憐) 217
소사타경마(蕭寺馱經馬) 126
소소소(蘇小小) 51
소소소묘(蘇小小墓) 66
소수개조경(小樹開朝徑) 107
소양궁(昭陽宮) 383
속고일총서(續古逸叢書) 391
속발방독서(束髮方讀書) 252
송객음별주(送客飮別酒) 322
송경문(宋景文) 34
송계흑수신룡란(松溪黑水新龍卵) 106
송분실본(誦芬室本) 391
송서(宋書) 21
송심아지가 병서(送沈亞之歌 幷序) 53
송옥(宋玉) 267

송옥수공단(宋玉愁空斷)　163
송위인실형제입관(送韋仁實兄弟入關)　322
송진광록북정(送秦光祿北征)　188
수공(隋公)　124
수답 이수(酬答 二首)　193
　　― 기일(其一)　193
　　― 기이(其二)　193
수양엽로앵포아(垂楊葉老鶯哺兒)　41
수지니억운(誰知泥憶雲)　196
순찬(荀粲)　239
숭의리체우(崇義里滯雨)　216
쉬찬우(徐傳武)　391
승명려(承明廬)　368
시위봉례억창곡산거(始爲奉禮憶昌谷山居)　49
시제(示弟)　46
시화(詩話)　36
신계여아미(新桂如蛾眉)　246
신군(神君)　249 402
신녀(神女)　289 311
신모(神母)　301
신선곡(神仙曲)　378
신풍(新豊)　155
신하가(新夏歌)　347
신현(神絃)　310
신현곡(神絃曲)　308
신현별곡(神絃別曲)　311
신호자필률가 병서(申胡子觱篥歌 幷序)　130
심랑(沈郎)　42
심상경송옥(尋常輕宋玉)　198
심자명(沈子明)　24 391
심장적구로조충(尋章摘句老雕蟲)　102
심정동오기(深井桐烏起)　233
십기족부용(十騎簇芙蓉)　207

# ㅇ

아령우전산상궁(鴉翎羽箭山桑弓)　338
아모(阿母)　358
아유사향검(我有辭鄕劍)　97
아후(阿侯)　312 368 370
악록화(萼綠華)　225
악부체(樂府體)　396
안락궁(安樂宮)　233
안문태수행(雁門太守行)　62
안사(顔駟)　229
안열감군주(顔熱感君酒)　131
안정(安定)　146
안진경(顔眞卿)　394
안회(顔回)　253 306 307
애여장(艾如張)　275
야가(野歌)　338
야래악(夜來樂)　367
야분초벽황(野粉椒壁黃)　43

색 인　419

야수범장란(野水汎長瀾) 349
야야산(若耶山) 103
야음조면곡(夜飮朝眠曲) 213
야좌음(夜坐吟) 286
양(梁) 43
양간(梁簡) 231
양경지(楊敬之) 27
양곡(暘谷) 281
양공자(梁公子) 235
양기(梁冀) 241 299
양대(陽臺) 190
양대고의(梁臺古意) 304
양생청화자석연가(楊生靑花紫石硯歌)
　　245
양양(襄陽) 64 97 397
양왕(梁王) 55 237
양왕대소공중립(梁王臺沼空中立)
　　304
양웅(揚雄) 71
양화박장춘운열(楊花撲帳春雲熱)
　　235
어복첨상로(御服沾霜露) 381
엄군평(嚴君平) 180
엄자산(崦嵫山) 298
업성중 모진기(鄴城中 暮塵起) 244
여간평본(黎簡評本) 391
여광(余光) 391
여궤산(女几山) 21
여무요주운만공(女巫澆酒雲滿空)
　　310
여산(驪山) 253
여와(女媧) 39
여우(女牛) 247
여장군(呂將軍) 335
여장군가(呂將軍歌) 335
여포(呂布) 119
역수(易水) 62
역양(歷陽) 306
역양산(嶧陽山) 384
연(燕) 209 372
연견공자이십여(鳶肩公子二十餘)
　　293
연산(燕山) 118
연지미장진형로(蓮枝未長秦蘅老)
　　237
열열학초음(咽咽學楚吟) 134
염라의(染羅衣) 229
염사상춘기(染絲上春機) 331
영(郢) 223
영락서지일배주(零落棲遲一杯酒)
　　155
영륜(伶倫) 282
영사(穎師) 384
영화락(榮華樂) 293
영회 이수(詠懷 二首) 55
　　一 기일(其一) 55
　　一 기이(其二) 56
예(羿) 281

예문지(藝文志)  21
예총치(葉蔥奇)  391
오(吳)  43 144 176 194 223 232 292 295 388
오강(吳江)  53
오립소송가 병서(五粒小松歌 幷序)  333
오사촉동장고추(吳絲蜀桐張高秋)  39
오아성절천(吳娥聲絶天)  284
오여륜평주본(吳汝綸評注本)  391
오원효창창(吳苑曉蒼蒼)  204
오정자(吳正子)  21 391
오질(吳質)  39
오흥재인원춘풍(吳興才人怨春風)  53
옥문관(玉門關)  189
옥산(玉山)  116 382
옥새거금인(玉塞去金人)  277
옥앵급수동화정(玉甖汲水桐花井)  331
옥지당담회(玉芝堂談薈)  389
옥호은전초난경(玉壺銀箭稍難傾)  81
온교(溫嶠)  167
옹주십곡(雍州十曲)  398
옹주이월매지춘(雍州二月梅池春)  193
왕건(王建)  35
왕공원(王恭元)  32
왕기(王琦)  21 23 391
왕량(王良)  352

왕명군곡(王明君曲)  345
왕모(王母)  83 86 379
왕삼원(王參元)  27
왕소군(王昭君)  190
왕안석(王安石)  36
왕응린(王應麟)  21
왕자교(王子喬)  85
왕준묘하작(王浚墓下作)  214
왕직방(王直方)  36
외집(外集)  391
요(廖)  267
요뇨침수연(裊裊沈水煙)  61
요동(遼東)  102
요동성(遼東城)  369
요속(謠俗)  386
요숙거총총(颾叔去匆匆)  120
요순(堯舜)  219 298
요지(瑤池)  319
요하(遼河)  278
요화락(瑤華樂)  300
요희(瑤姬)  289 294
욕수(蓐收)  298
용문(龍門)  323
용야음(龍夜吟)  379
용양군(龍陽君)  222
용양주(龍陽洲)  176
용주(容州)  137
용척첩련전(龍脊貼連錢)  115
용파(龍坡)  366

색 인  421

우경(虞卿) 106
우공(雨工) 309 394
우순(虞舜) 283
우치밍(吳企明) 391
우화량로습(藕花涼露濕) 334
운소(雲韶) 32
운소삭(雲蕭索) 251
운양대(雲陽臺) 382
원공(猿公) 103
원중막종수(園中莫種樹) 202
월(越) 176 194 232 268 352
월라삼메영춘풍(越羅衫袂迎春風) 241
월락대제상(月落大堤上) 247
월록록(月漉漉) 341
월록록편(月漉漉篇) 341
월왕(越王) 135 384
월포(月圃) 32
위관(衛瓘) 166
위낭(衛娘) 87
위랑(韋郞) 322
위성(渭城) 112
유검반면승상수(柳臉半眠丞相樹) 313
유견오(庾肩吾) 26 43
유란로(幽蘭露) 66
유리종(琉璃鍾) 339
유소사(有所思) 374
유수곡(流水曲) 74

·유영(劉伶) 339
유운(柳惲) 57
유진옹(劉辰翁) 391
유철(劉徹) 249 403
유패공(劉沛公) 158
육구몽(陸龜蒙) 29
육랑(陸郞) 94 388
육의(六義) 22
율시(律詩) 396
율양(溧陽) 29
은교(殷橋) 337
음주채상진(飮酒採桑津) 73
응허전(凝虛殿) 32
의양(宜陽) 240
의의의직강우공(依依宜織江雨空) 144
의흥(義興) 58
이궁산형천사수(離宮散螢天似水) 80
이백(李白) 22 34 396
이부인(李夫人) 96
이빙(李憑) 39
이빙공후인(李憑箜篌引) 39
이상은(李商隱) 27 389
이소(離騷) 25 26
이소군(李少君) 128
이익(李益) 389
이자별상국(李子別上國) 350
이장길(李長吉) 111
이장길가시휘해(李長吉歌詩彙解) 391

이장길문집(李長吉文集) 391
이진숙(李晉肅) 389
이하(李賀) 34
이하가시편(李賀歌詩編) 391
이하시가집주(李賀詩歌集注) 391
이하시집(李賀詩集) 391
이하시집역주(李賀詩集譯注) 391
이하자료휘편(李賀資料彙編) 391
이하집(李賀集) 21 391
인간무아동(人間無阿童) 214
인간춘탕탕(人間春蕩蕩) 360
인화리잡서황보식(仁和里雜敍皇甫湜)
　146
일각담광홍쇄쇄(日脚淡光紅灑灑) 82
일난자소조(日暖自蕭條) 227
일방흑조삼방자(一方黑照三方紫)
　303
일석요산추(一夕繞山秋) 268
일석저서파(日夕著書罷) 56
일출행(日出行) 281
임공(臨邛) 167 229
임협(任陝) 389
입수문광동(入水文光動) 47
입원백앙앙(入苑白泱泱) 48

## ㅈ

자창곡도락후문(自昌谷到洛後門)
　266

자황(紫皇) 39
자황궁전중중개(紫皇宮殿重重開) 96
작보축사성촉촉(雀步蹙沙聲促促)
　136
작일발총령(昨日發蔥嶺) 369
작취청광사초사(斫取靑光寫楚辭)
　161
잔사곡(殘絲曲) 41
잠계등황마(暫繫騰黃馬) 128
잡잡호마진(雜雜胡馬塵) 362
장가속단가(長歌續短歌) 156
장가파의금(長歌破衣襟) 156
장경뢰락비공사(長卿牢落悲空舍)
　103
장경회무릉(長卿懷茂陵) 55
장과막용(長戈莫舂) 279
장교(長橋) 190
장길(長吉) 21 142 389
장대(章臺) 126
장렵장랑삼십팔(長鬣張郎三十八)
　141
장뢰(張耒) 21
장만곡구의혜가(長巒谷口倚稽家)
　105
장미월사채란약(長眉越沙採蘭若)
　135
장발(將發) 203
장방(張放) 224
장상사(長相思) 286

장씨(蔣氏)　391
장안(長安)　27 179 216 299 342 350 389
장안숭의리(長安崇義里)　130
장안유남아(長安有男兒)　218
장안풍우야(長安風雨夜)　348
장적(張籍)　35
장주(長洲)　149
장중위(張仲蔚)　182
장진주(將進酒)　339
장평전두가(長平箭頭歌)　326
장화이년중(章和二年中)　251
재생라(裁生羅)　77
적산(赤山)　336
적제(赤帝)　77
적토무인용(赤兔無人用)　119
전당(錢塘)　51 53 190
전시소응사(剪翅小鷹斜)　206
절구(絶句)　396
접비홍분대(蝶飛紅粉臺)　365
접서석죽은교관(蝶棲石竹銀交關) 138
정공(鄭公)　357
정녀춘서곡(靜女春曙曲)　387
정도호(丁都護)　87
정상록로상상전(井上轆轤牀上轉) 239
정수(鄭袖)　344
정왕(鄭王)　31

정정해녀롱금환(丁丁海女弄金環) 317
정주백빈초(汀洲白蘋草)　57
정초(鄭樵)　21
제(齊)　275
제귀몽(題歸夢)　348
제자가(帝子歌)　89
제조생벽(題趙生壁)　226
제중광(帝重光)　83
조(趙)　208
조비연(趙飛燕)　232
조설(嘲雪)　369
조소년(嘲少年)　376
조식(曹植)　345
조어시(釣魚詩)　221
조옥압렴액(雕玉押簾額)　76
조의불수장(朝衣不須長)　211
조일(趙壹)　350
조주(趙州)　87
종남(終南)　310
주(周)　300
주랑(周郎)　370
주마인(走馬引)　97
주보언(主父偃)　155
주성보춘경루전(朱城報春更漏轉) 232
주처(周處)　190
주파장대철색증시장초효로막(酒罷 張大徹索贈詩時張初效潞幕)　141

주희(朱熹)  22
죽(竹)  47
죽리조사도망거(竹裏繰絲挑網車)
  100
중국(中國)  343
중단성(中潬城)  229
중위여연미(重圍如燕尾)  127
증익(曾益)  391
증진상(贈陳商)  218
진(秦)  50 113 159 253 267 352 361
  369
진궁(秦宮)  241 242
진궁시 병서(秦宮詩 幷序)  241
진령(秦嶺)  202
진본례(陳本禮)  391
진부인(甄夫人)  149
진비(秦妃)  85
진숙(晉肅)  31
진시황(秦始皇)  232 390
진왕(秦王)  156
진왕기호유팔극(秦王騎虎游八極)  91
진왕음주(秦王飲酒)  91
진주소낭하청확(眞珠小娘下靑廓)  93
진황(秦皇)  343

**ㅊ**

차마비범마(此馬非凡馬)  117
창곡(昌谷)  268 348

창곡독서시파동(昌谷讀書示巴童)
  200
창곡북원신순 사수(昌谷北園新筍
  四首)  160
        — 기일(其一)  160
        — 기이(其二)  161
        — 기삼(其三)  162
        — 기사(其四)  162
창곡시 오월이십칠일작(昌谷詩 五月
  二十七日作)  257
창곡오월도(昌谷五月稻)  257
창곡집(昌谷集)  21
창곡집주(昌谷集注)  390
창오산(蒼梧山)  98
채옥채옥수수벽(採玉採玉須水碧)
  133
척언(摭言)  35
천모산(天姥山)  384
천미미(天迷迷)  306
천사연와원앙난(泉沙耎臥鴛鴦暖)
  104
천상요(天上謠)  84
천오(天吳)  86
천진교(天津橋)  265
천하야전표회성(天河夜轉漂廻星)  84
철금동검루(鐵琴銅劍樓)  391
첨하(詹何)  222
첩가주횡당(妾家住橫塘)  63
청문곡(靑門曲)  114

색 인  425

청문방탄거(靑門放彈去) 363
청설헌원재시사(請說軒轅在時事) 282
청성문(靑城門) 363
청영사금가(聽穎師琴歌) 384
청예구액호궁신(靑霓扣額呼宮神) 70
청제(靑帝) 298
청총마비금안광(靑驄馬肥金鞍光) 376
청해(靑海) 330
청화자석연(靑花紫石硯) 245
초(楚) 152 165 204 209 222 258 267 292
초난운혼만리춘(草暖雲昏萬里春) 45
초사(楚辭) 22 134 218 394
초생룡파하(草生龍坡下) 366
초양왕(楚襄王) 123 204 267
초혼(招魂) 357
촉(蜀) 57 135 166 260 311 361 374 379 384
촉국현(蜀國絃) 65 237
촉산(蜀山) 94 98
촉왕(蜀王) 52
촉주(蜀州) 389
최방도오강(催榜渡烏江) 120
최식(崔植) 27
추래(秋來) 88
추량시 기정자십이형(秋涼詩 寄正字 十二兄) 269

추부화강담원 사수(追賦畫江潭苑 四首) 204
　　　 - 기일(其一) 204
　　　 - 기이(其二) 205
　　　 - 기삼(其三) 206
　　　 - 기사(其四) 207
추수조홍거(秋水釣紅渠) 221
추야명(秋野明) 139
추지소관후(秋至昭關後) 208
추풍취지백초건(秋風吹地百草乾) 240
추화유운(追和柳惲) 57
추화하사동작기(追和何謝銅雀妓) 187
춘귀창곡(春歸昌谷) 252
춘류남맥태(春柳南陌態) 231
춘방정자검자가(春坊正字劍子歌) 58
춘수초생유연비(春水初生乳燕飛) 104
춘월야제아(春月夜啼鴉) 52
춘유창곡방장길고거(春遊昌谷訪長吉故居) 21
춘주(春晝) 232
춘추(春秋) 390
춘회인(春懷引) 370
출성(出城) 201
출성기권거양경지(出城寄權璩楊敬之) 45
출성별장우신수리한(出城別張又新酬

李漢) 350
충향등광박(蟲響燈光薄) 200
치우(蚩尤) 314
치이자피(鴟夷子皮) 262
치주행(致酒行) 155
칠석(七夕) 51
칠언고시(七言古詩) 397
칠월일일효입태행산(七月一日曉入太行山) 268
칠회골말단수사(漆灰骨末丹水砂) 326
침침곡엽향(侵侵槲葉香) 377

| ㅌ |

탁락장간삭옥개(籜落長竿削玉開) 160
탄금석벽상(彈琴石壁上) 228
태산(泰山) 55 279
태일(太一) 249 402
태평광기(太平廣記) 33
태행산(太行山) 142
태화산(太華山) 219 254
통지(通志)·제략(諸略) 21
투금뢰(投金瀨) 29

| ㅍ |

파동답(巴童答) 200

파수(灞水) 188
패궁부인(貝宮夫人) 317
팽조(彭祖) 86
평릉(平陵) 29
평릉성(平陵城) 29
평성하(平城下) 290
평안리(平安里) 23
평양공주(平陽公主) 232
평원군(平原君) 87 215
폐문감추풍(閉門感秋風) 269
포조(鮑照) 89 403
포초(鮑焦) 306 307
포흠지본(鮑欽止本) 391
풍소련(馮小憐) 217
풍은(馮殷) 241
풍자도(馮子都) 241
풍채출소가(風采出蕭家) 235
풍향만화정(楓香晚花靜) 65

| ㅎ |

하남(河南) 389
하남부시십이월악사(河南府試十二月樂詞) 병윤월(幷閏月) 72
　　　― 정월(正月) 72
　　　― 이월(二月) 73
　　　― 삼월(三月) 74
　　　― 사월(四月) 75
　　　― 오월(五月) 76

| | |
|---|---|
| － 유월(六月)　77 | 한효무(漢孝武)　111 |
| － 칠월(七月)　78 | 함양(咸陽)　111　159 |
| － 팔월(八月)　79 | 합포무명주(合浦無明珠)　176 |
| － 구월(九月)　80 | 항백(項伯)　158 |
| － 시월(十月)　81 | 항산(恆山)　335 |
| － 십일월(十一月)　81 | 항아(姮娥)　252 |
| | 항장(項莊)　158 |
| － 십이월(十二月)　82 | 해기황동련쇄갑(奚騎黃銅連鎖甲)　140 |
| － 윤월(閏月)　83 | 행개류연하(行蓋柳煙下)　201 |
| 하랑(何郎)　48 | 향로봉(香爐峰)　152 |
| 하양(河陽)　212 | 향복자라신(香襆柘羅新)　123 |
| 하양가(河陽歌)　229 | 허공자정희가 정원중청하작(許公子鄭姬歌 鄭園中請賀作)　344 |
| 하양성(河陽城)　140 | |
| 하전서소소(河轉曙蕭蕭)　194 | 허사세가외친귀(許史世家外親貴)　344 |
| 학경(郝經)　392 | |
| 한(漢)　45　241　386 | 헌종(憲宗)　390 |
| 한(韓)　255 | 협도개동문(夾道開洞門)　210 |
| 한강(韓康)　180 | 협률구현(協律鉤玄)　391 |
| 한기(漢旗)　369 | 형가(荊軻)　372 |
| 한단(邯鄲)　293 | 형거실(邢居實)　35 |
| 한당희음주가(漢唐姬飲酒歌)　381 | 혜강(嵇康)　105 |
| 한무(漢武)　284 | 호가(浩歌)　86 |
| 한무제(漢武帝)　228　390 | 호각인북풍(胡角引北風)　330 |
| 한빙(韓憑)　166 | 호접비(蝴蝶飛)　235 |
| 한왕(漢王)　372 | 호중곡(湖中曲)　135 |
| 한유(韓愈)　25　315　389　395 | 홀억주천자(忽憶周天子)　116 |
| 한해(澣海)　291 | 홍라복장금류소(紅羅複帳金流蘇)　367 |
| 한혈도왕가(汗血到王家)　128 | |

홍애(洪崖) 295
화각동성(畫角東城) 194
화거직취청여총(華裾織翠青如蔥) 315
화낭(花娘) 130 131
화오일암붕등운(火烏日暗崩騰雲) 371
화유곡 병서(花游曲 幷序) 231
화지초만안중개(花枝草蔓眼中開) 99
화청궁(華淸宮) 151
환자회계가 병서(還自會稽歌 幷序) 43
황가동(黃家洞) 136
황공(黃公) 279
황금대(黃金臺) 62
황두랑(黃頭郞) 114
황릉(皇陵) 335 343
황보식(皇甫湜) 31 315 389
황정경(黃庭經) 166
황제(黃帝) 282

황하(黃河) 242 303
회계(會稽) 43
회남자(淮南子) 398
횡당(橫塘) 397
효국현한로(曉菊泫寒露) 364
효량모량수여개(曉涼暮涼樹如蓋) 75
효목천롱진랍채(曉木千籠眞蠟綵) 347
효무(孝武) 343
효성륭륭최전일(曉聲隆隆催轉日) 343
후원착정가(後園鑿井歌) 239
휘변(諱辯) 31 390
휘해(彙解) 391
휴세홍(休洗紅) 337
흑수(黑水) 361
흑운압성성욕최(黑雲壓城城欲摧) 62
희씨(羲氏) 83
희화(羲和) 85 91 403
희화빙륙비(羲和騁六轡) 298

색 인 **429**

## 시귀(詩鬼)의 노래

初版 印刷 : 2007年 2月 28日
初版 發行 : 2007年 3月  5日

譯註者 : 洪 尙 勳
發行者 : 金 東 求

發行處 : 明 文 堂 (1926. 10. 1 창립)
서울특별시 종로구 안국동 17~8
대체 010041-31-001194
Tel (영) 733-3039, 734-4798
    (편) 733-4748  Fax 734-9209
Homepage   www.myungmundang.net
E-mail   mmdbook1@kornet.net
등록 1977. 11. 19. 제1~148호

• 낙장 및 파본은 교환해 드립니다.
• 불허복제

값 15,000원
ISBN 89-7270-847-X 93820